Die Beihilfestrafbarkeit von Bankmitarbeitern im Steuerstrafrecht – ein Problem der subjektiven Zurechnung?

Europäische Hochschulschriften

Publications Universitaires Européennes
European University Studies

Reihe II
Rechtswissenschaft

Série II Series II
Droit
Law

Bd./Vol. 3757

PETER LANG
Frankfurt am Main · Berlin · Bern · Bruxelles · New York · Oxford · Wien

Ferdinand Müller

Die Beihilfestrafbarkeit von Bankmitarbeitern im Steuerstrafrecht – ein Problem der subjektiven Zurechnung?

PETER LANG
Europäischer Verlag der Wissenschaften

Bibliografische Information Der Deutschen Bibliothek
Die Deutsche Bibliothek verzeichnet diese Publikation in der Deutschen Nationalbibliografie; detaillierte bibliografische Daten sind im Internet über <http://dnb.ddb.de> abrufbar.

Zugl.: Würzburg, Univ., Diss., 2003

D 20
ISSN 0531-7312
ISBN 3-631- 51232-5

www.peterlang.de

Meinen Eltern

Vorwort

Die Beihilfestrafbarkeit von Bankmitarbeitern im Steuerstrafrecht beschäftigte mich erstmals während meiner Tätigkeit als Rechtsreferendar in der Wirtschaftsstrafrechtsabteilung bei der Staatsanwaltschaft Stuttgart. Dort standen strafprozessuale Fragen im Vordergrund. Bald zeigte sich jedoch, dass zuvor bei der Frage des hinreichenden Tatverdachts geklärt werden muss, was der einzelne Bankmitarbeiter wissen muss, um sich wegen Beihilfe zur Steuerhinterziehung gemäß den § 370 AO, § 27 Abs. 1 StGB strafbar zu machen. Neben den banktechnischen Erörterungen gewannen schließlich die spezifisch steuerstrafrechtlichen Gesichtspunkte das Übergewicht.

Die Arbeit lag der juristischen Fakultät der Universität Würzburg im Wintersemester 2002/2003 als Dissertation vor. Meinem verehrten Lehrer, Herrn Prof. Dr. Ulrich Sieber, danke ich herzlich für lange und vielfältige Förderung sowie seine weiterführenden Hinweise zur Struktur der Arbeit. Dank schulde ich auch Herrn Prof. Dr. Hans Kudlich, Buccerius Law School Hamburg, mit welchem ich mich zu verschiedenen Fragen der äußerst brisanten Fragestellung intensiv austauschen konnte. Für die Übernahme des Zweitgutachtens danke ich Herrn Prof. Dr. Frank Zieschank, Würzburg. Mein besonderer Dank gilt meinen Eltern, die mich während meines Studiums und während der Anfertigung der Dissertation in jeder Hinsicht unterstützt haben. Ihnen ist die vorliegende Arbeit gewidmet.

Stuttgart, im Juni 2003 Ferdinand Müller

Inhaltsübersicht

Inhaltsverzeichnis ____ 11
Literaturverzeichnis ____ 19
Abkürzungsverzeichnis ____ 35
Einleitung: Ausgangsfall und Ausgangshypothese ____ 39
1.Teil: Grundlagen ____ 47
I. Tatsächliche Grundlagen: Banktechnischer Hintergrund 47
II. Steuerrechtliche Grundlagen: Zur Kapitalertragssteuer_ 56
III. Strafrechtliche Grundlagen: Denkbare Beihilfehandlungen ____ 59
2. Teil: Objektive und subjektive Zurechnungskorrektive bei berufsbedingter Beratungstätigkeit ____ 95
A. Problemlösungen auf der Tatbestandsebene ____ 96
I. Objektive Lösungsmodelle ____ 96
II. Objektive Lösungsmodelle mit subjektivierender Tendenz ____ 133
III. Subjektive Lösungsmodelle bei objektivem Tatbeitrag_ 156
B. Allgemeine und besondere Kriterien für die subjektive Zurechnung im Steuerstrafrecht und Bestimmtheit des Gehilfenvorsatzes ____ 178
I. Zum Problem der Vorsatzform ____ 178
II. Die Bestimmtheit des Gehilfenvorsatzes in Bezug auf die nachfolgende Steuerstraftat des Bankkunden ____ 216
III. Subjektive Kriterien bei Auskunftserteilung, Beratung und bei Bereitstellen missbrauchanfälliger Infrastrukturen ____ 238
C. Zwischenergebnis ____ 258
3. Teil: Lösungsansätze de lege ferenda ____ 265
4. Teil: Zusammenfassung der Ergebnisse der Untersuchung ____ 305
I. Ergebnisse für das Steuerstrafrecht und den Ausgangsfall ____ 305
II. Vergleichende Ergebnisse ____ 309
III. Kriterien für das sichere Wissen und den Gehilfenvorsatz __ 312
IV. Ergebnisse de lege ferenda ____ 315
V. Rechtfertigung des Ergebnisses der Untersuchung ____ 317

Inhaltsverzeichnis

Literaturverzeichnis 19

Abkürzungsverzeichnis 35

Einleitung: Ausgangsfall und Ausgangshypothese 39

1. Teil: Grundlagen 47

I. Tatsächliche Grundlagen: Banktechnischer Hintergrund 47

1. Die Zurverfügungstellung eines transnationalen Kontensystems 47
2. Die Dispositionen über das transferierte Geld 50
3. Die Motive für den getarnten Kapitaltransfer 51
4. Zum „System der Verschleierung“ und Grundsatz der Einheit der Rechtsordnung 52
5. Die zahlreichen objektiven Anknüpfungstatsachen im Ausgangsfall 54

II. Steuerrechtliche Grundlagen: Zur Kapitalertragssteuer 56

III. Strafrechtliche Grundlagen: Denkbare Beihilfehandlungen 59

1. Einhellige Ablehnung der Beihilfe durch Unterlassen 60
   a) Allgemeine Grundsätze 60
   b) Garantenstellung aus einem Verstoß gegen §§ 153, 116 AO 62
   c) Garantenstellung aus einem Verstoß gegen §§ 154 I, II AO 62
2. Psychische Beihilfe 71
   a) Psychische Beihilfe durch Unterlassen 72
   b) Bestärkung des Tatentschlusses 73
   c) Zur psychischen Beihilfe im Steuerstrafrecht 75
   d) Keine Umgehung einer fehlenden Garantenstellung durch die Rechtsfigur der psychischen Beihilfe 77

e) Psychische Beihilfe zu einem bereits zum Steuerdelikt tatentschlossenen Bankkunden („omnimodo facturus“) 79
f) Technische Rathilfe als psychische Beihilfe 83
g) Die Beihilfestrafbarkeit im Kreditwesen – allein ein Problem der psychischen Beihilfe? 84
h) Kritische Auseinandersetzung mit der Annahme einer psychischen Stabilisierung im Kreditwesen 87
3. Physische Beihilfe 88
a) Zurverfügungstellung des Systems 88
b) Technische Rathilfe bei Beratung und Geldtransaktionen in die Schweiz und nach Luxemburg 90

2. Teil: Objektive und subjektive Zurechnungskorrektive bei berufsbedingter Beratungstätigkeit 95
A. Problemlösungen auf der Tatbestandsebene 96
I. *Objektive* Lösungsmodelle 96
1. Ältere Zurechnungsmodelle 96
a) Die Lehre von der Sozialadäquanz 97
aa) Straflosigkeit bei „ordnungsgemäßer Geschäftsführung“ 97
bb) Erweiterung durch die Lehre von der professionellen Adäquanz 98
cc) Anwendbarkeit der Lehre von der Sozialadäquanz bei „banküblichen“ Transferaktionen von Kundengeldern 100
dd) Kritik an der Lehre von der Sozialadäquanz 101
b) Die isolierte Betrachtung des Handlungssinns 103
aa) Deliktische Planung als Enttäuschung des Vertrauens der Rechtsgemeinschaft auf den Rechtsfrieden 103
bb) Übertragbarkeit auf die Beihilfe zur Steuerhinterziehung 105
cc) Kritik an der isolierten Betrachtung des Handlungssinns 106
2. Abwägende Zurechnungsmodelle 108
a) Einschränkung des tatbestandsmäßigen Verhaltens wegen verfassungsrechtlich geschützter Grundfreiheiten 108

aa) Besondere Risikosteigerung im Hinblick auf den tatbestandlichen Erfolg und das Grundrecht der Berufsfreiheit 108
bb) Übertragung auf den objektiven Tatbestand der Beihilfe zur Steuerhinterziehung 110
cc) Kritik an der Einschränkung wegen verfassungsrechtlich geschützter Grundfreiheiten 110
b) Grundsatz der Verhältnismäßigkeit 112
aa) Güterabwägung und Interessenabwägung im Spannungsfeld zur Subsumtion 112
bb) Kritik an der Abwägungsmethode 114
cc) Stellungnahme und Besonderheiten der Banktätigkeit 115
c) Der Aspekt der „Förderungseffizienz" 116
aa) Grundaussagen 116
bb) Kritik an dem Aspekt der „Förderungseffizienz" 117
3. Anerkannte klassische objektive Zurechnungsmodelle 118
a) Die Lehre von der objektiven Zurechnung 118
aa) Ausgangspunkt der Überlegungen 118
bb) Kritik an der Lehre von der objektiven Zurechnung 120
b) Lehre vom Schutzzweck der Norm 122
aa) Der Ansatzpunkt für eine teleologische Reduktion des Tatbestandes 122
bb) Kritik an der Lehre vom Schutzzweck der Norm im Kreditwesen 123
c) Am steuerstrafrechtlichen Schutzgut orientierte Auslegung des objektiven Beihilfetatbestandes 124
aa) Ausgangspunkt der Überlegungen 124
bb) Kritik an der schutzgutbezogenen Auslegung im Steuerstrafrecht 128
II. Objektive Lösungsmodelle mit *subjektivierender* Tendenz 133
1. Gemischt objektiv-subjektive Theorie 134
a) Grundaussagen 134
b) Kritik an der gemischt objektiv-subjektiven Theorie 136
2. Theorie vom deliktischen Sinnbezug 138

a) Der „Sinnbezug“ des Handelns als Lösungsansatz im Sinne *Roxins* 138
b) Übertragung auf das Steuerstrafrecht: Mögliche Straflosigkeit bei dolus eventualis 139
c) Kritik an der Lehre vom deliktischen Sinnbezug 140
3. Manifestation des Tatförderungswillens 141
a) Die Subjektivierungstendenz im Schrifttum 141
b) Kritik an der Forderung nach einer Manifestation des Tatförderungswillens 142
4. Die Lehre von der Pflichtwidrigkeit 143
a) Ausgangspunkt der Überlegungen 143
b) Übereinstimmung bei den Fällen sicheren Wissens und das Kriterium der „hinreichenden Sicherheit“ 146
c) Kritik an der Lehre von der Pflichtwidrigkeit 148
5. Der Solidarisierungsgedanke 151
a) Grundaussagen 151
b) Kritik am Solidarisierungsgedanken 153
III. Subjektive Lösungsmodelle bei objektivem Tatbeitrag 156
1. Subjektive Lösungsmodelle in Schrifttum und Rechtsprechung 156
a) Die unterschiedlichen Vorsatznuancen im Schrifttum 156
b) Grundsatzentscheidung des BGH für das Steuerstrafrecht in BGHSt 46, 107 ff 158
c) Kritik zum Urteil des 5. Strafsenats in BGHSt 46, 107 ff 160
2. Zusammenfassende subjektivierende Kritik zu den bisherigen Zurechnungslehren und zum Vorsatzproblem der Beihilfe 166
3. Problemlösung mit der subjektiven Zurechnung 170
4. Ergebnis des bisherigen Gangs der Untersuchung 177
B. Allgemeine und besondere Kriterien für die subjektive Zurechnung im Steuerstrafrecht und Bestimmtheit des Gehilfenvorsatzes 178
I. Zum Problem der Vorsatzform 178
1. Die Kritik an der mangelnden Vorsatzbestimmung für den Bereich der Steuerkriminalität 179
2. Die zweifelhafte Strafbarkeit des Gehilfen de lege lata bei Eventualvorsatz im Steuerstrafrecht 181

3. Zum „doppelten Gehilfenvorsatz“: Fehlende zeitliche Nähe von Beitrag und Haupttat – „Vorgeleistete Begünstigung“ als Beihilfe zur Steuerstraftat 190
4. Zum „Sonderwissen“ von Bankmitarbeitern 193
5. Anforderungen an das Bewusstsein der Tatförderung 196
6. Ablehnung des Erfordernisses des dolus directus ersten Grades 197
7. Die Stimmen im deutschsprachigen Rechtskreis 200
a) Ablehnung des „Täterstrafrechts“ im Schweizer Schrifttum 200
b) Rechtsprechung des Schweizer Bundesgerichts 202
c) Ansätze in Österreich: Dogmatische Differenzierung zwischen voraussehbarem und nicht voraussehbarem Fehlverhalten Dritter beim *Vorsatz*delikt unter besonderer Berücksichtigung des Eigenverantwortlichkeitsprinzips 203
d) Stellungnahme zum österreichischen Ansatz 212
8. Zwischenergebnis zur Vorsatzform 214
II. Die „Bestimmtheit des Gehilfenvorsatzes“ in Bezug auf die nachfolgende Steuerstraftat des Bankkunden 216
1. Rechtsprechung zur Bestimmtheit des Gehilfenvorsatzes und zu den „Einzelheiten der Haupttat“ 217
2. Die Bedeutung des § 16 I 1 StGB und Konsequenzen 222
3. Erwartung einer abstrakt-gattungsmäßig bestimmten Haupttatgeschehens ausreichend? – BGHSt 42, 135 („Edelsteine-Fall“) 224
4. Stellungnahme zum Stand der Diskussion 232
5. Berücksichtigung der gesetzlichen Wertungen in § 11 GwG und § 111b StPO sowie des § 30 StGB und Parallelvergleich zu § 310 Absatz 1 Nr.2 StGB 234
III. Subjektive Kriterien bei Auskunftserteilung, Beratung und bei Bereitstellen missbrauchsanfälliger Infrastrukturen 238
1. Vermutung für die Straflosigkeit von Rechtsanwälten bei der Ratserteilung im Rahmen der zivilrechtlichen Beratung 238
2. Forderung nach direktvorsätzlichem Handeln beim zivilrechtlich beratenden Rechtsanwalt 241

a) Die Rechtsprechung des BGH zu den Grenzen der Beihilfe durch einen Rechtsanwalt 241
b) Die Befürworter im Schrifttum 243
3. Die strafrechtliche Verantwortlichkeit des Steuerberaters gemäß §§ 370 I AO, 27 I StGB 245
a) Forderung nach *bewusster* Tatförderung und Ablehnung der Garantenstellung des Steuerberaters 245
b) Die Forderung nach *sicherem Wissen* als allgemeiner Tendenz im Steuerstrafrecht und Motive 248
4. Die strafrechtliche Verantwortlichkeit von Notaren bei der beratenden Tätigkeit: Strenge Anforderungen zur inneren Tatseite für die Annahme des Eventualvorsatzes und Motive 251
5. Verantwortlichkeit für das Bereitstellen einer missbrauchsanfälligen Infrastruktur: Subjektive Voraussetzungen im Teledienstegesetz 254
6. Zusammenfassung der subjektiven Kriterien und Motive bei anderen *beratenden* Berufen und Übertragbarkeit der Gedanken auf die Dienstleistungen im Kreditwesen 257
C. Zwischenergebnis 258

3. Teil: Lösungsansätze de lege ferenda 265
I. Gesetzgeberische Möglichkeiten im Steuerstrafrecht 265
1. Alternativvorschlag zur subjektiven Zurechnung: Ansatz nach § 369 II AO 268
2. Scheinbarer Wertungswiderspruch zwischen sicherer Kenntnis bei §§ 370 I AO, 27 I StGB und den subjektiven Anforderungen bei § 261 V StGB im Kreditwesen 269
II. Problem der Vorsatzkonkretisierung bei Bankmitarbeitern und Lockerung des Bankgeheimnisses 276
III. Verantwortungssteigerung durch die Auferlegung von Anzeige-, Aufklärungs und Auskunftspflichten als gesetzgeberische Maßnahme 278
IV. Keine Einführung einer neuen Katalogtat (§§ 370 I AO, 27 StGB) in § 138 I StGB und Gedanken zum strafprozessualen Verfolgungszwang 280

V. Das Absichtsmerkmal als Korrektiv objektiv zu weit gefasster Tatbestände 286
1. §§ 89, 125, 181 I Nr.2 StGB 286
2. § 100 StGB (Friedensgefährdende Beziehungen) 287
3. § 109 d StGB 288
4. § 219 b StGB (Inverkehrbringen von Mitteln zum Abbruch der Schwangerschaft) 290
5. Keine Absicht als Tatbestandsmerkmal de lege ferenda – erhöhte subjektive Anforderungen als Methode des Gesetzgebers 291
VI. Bestrafung der Bank und ihrer Organe durch neuen § 76 b I StGB: Forderung nach einer *Unternehmensstrafe* als sinnvoller Lösungsansatz? 292
1. Kritik an der Verbandsgeldbuße 294
2. Bisherige Anwendung der §§ 17 IV, 30 I Nr.1 OWiG in der steuerstrafrechtlichen Gerichtspraxis 296
3. Schuldprinzip und Grundsatz der Verhältnismäßigkeit als Gegenargumente gegen die reine Unternehmensstrafe 298
4. Kein Verstoß gegen den Grundsatz ne bis in idem (Art. 103 III GG) bei „Bestrafung“ gegen Bank und Bankorgan 298
VII. Das Problem im Steuerstrafrecht: Verhinderung der Tat durch Verpflichtung eines Dritten 299

4. Teil: Zusammenfassung und Ergebnisse der Untersuchung 305
I. Ergebnisse für das Steuerstrafrecht und den Ausgangsfall 305
II. Vergleichende Ergebnisse 309
III. Kriterien für das sichere Wissen und den Gehilfenvorsatz 312
IV. Ergebnisse de lege ferenda 315
V. Rechtfertigung des Ergebnisses der Untersuchung 317

Literaturverzeichnis

Achenbach, Hans: „Der BGH zu den Strafbarkeitsrisiken des nachträglich bösgläubigen Steuerberaters – Klärungen und offene Fragen", in: Stbg. 1996, S. 299 – 305

Ahrens, Karl: „Strafrechtliche Verantwortung der Angestellten steuerberatender Berufe", in: DStZ 1957, S. 49 ff.

AK / StPO: Kommentar zur Strafprozessordnung in der Reihe Alternativkommentare (Hrsg. Rudolf Wassermann) Bd. 2, Teilband 1 (§§ 94-212 b) Neuwied 1992 (zitiert nach Bearbeiter und Paragraf)

Ambos, Kai: „Beihilfe durch Alltagshandlungen", in: JA 2000, S. 721 ff.

Amelung, Knut: „Individuelle Verantwortung und Beteiligungsverhältnisse bei Straftaten in bürokratischen Organisationen des Staates, der Wirtschaft und der Gesellschaft", Sinzheim 2000

Amelung, Knut: „Neutralisierung geschäftsmäßiger Beiträge zu fremden Straftaten", in: Festschrift für Gerald Grünwald zum 70. Geburtstag", Baden-Baden 1999, herausgegeben von Erich Samson / Friedrich Dencker/ Peter Frisch/ Helmut Frister / Wolfram Reiß, S. 9 ff.

Arzt, Gunther: „Vorsatz und Fahrlässigkeit", in: recht 1988, S.66 ff.

Arzt, Gunther: „Geldwäscherei – Eine neue Masche zwischen Hehlerei, Strafvereitelung und Begünstigung", in: NStZ 1990, S. 1 ff.

Backes, Otto: Strafrechtswissenschaft als Sozialwissenschaft – die sogenannte Parallelwertung in der Laiensphäre, Saarbrücker Habilitationsschrift, 1976

Barton, Stephan: „Sozial übliche Geschäftstätigkeit", in: StV 1993, S. 156 ff.

Baumann, Jürgen / Weber, Ulrich / Mitsch, Wolfgang: Strafrecht: Allgemeiner Teil, begründet und bis zur 9. Auflage bearbeitet von Jürgen Baumann; 10. neubearbeitete Auflage, fortgeführt von Ulrich Weber und Wolfgang Mitsch, Bielefeld 1995

Baunack, Martina: Grenzfragen der strafrechtlichen Beihilfe unter besonderer Berücksichtigung der sogenannten psychischen Beihilfe, Schriften zum Strafrecht, Heft 117, Berlin 1999

Beckemper, Katharina: „Strafbare Beihilfe durch alltägliche Geschäftsvorgänge", in: JURA 2001, S. 163 ff.

Behr, Volker: Kommentar zum Urteil des 5. Strafsenates des BGH vom 01.08.2000, in: BB 2000, 2240 ff.

Behr, Volker: „Die Strafbarkeit von Bankmitarbeitern als Steuerhinterziehungsgehilfen bei Vermögenstransfers ins Ausland", in: wistra 1999, S. 245- 252
Bennhold, Martin: Absicht bei Verfassungsgefährdung: ein Beitrag zur Auslegung der Staatsgefährdungsdelikte, Neuwied 1966
Bertel, Christian / Schwaighofer, Klaus: Österreichisches Strafrecht, Besonderer Teil I, Wien – New York, 1996
Bilsdorfer, Peter: „Das Bankgeheimnis", in: DStR 1984, S. 498 ff.
Bilsdorfer, Peter: „Die steuerstraf- und bußgeldrechtliche Verantwortlichkeit des steuerlichen Beraters", in: NWB, Fach 13, 2001, S. 975 ff.
Bindokat, Heinz: „Fahrlässige Beihilfe", in: JZ 1986, S. 421 ff.
Blesinger, Karl: „Materielle Steuerpflicht von Zinseinkünften nach § 20 I Nr.7 EStG und Ermittlungsbefugnisse der Finanzbehörden", in: NJW 2001, S. 1459 ff.
Bloy, René: Die Beteiligungsform als Zurechnungstypus im Strafrecht, Berlin 1985
Blumers, Wolfgang / Göggerle, Werner: Handbuch des Verteidigers und Beraters im Steuerstrafverfahren, 2. Auflage, Köln 1989
Bottke, Wilfried: Urteilsanmerkung in: JA 1980, S. 448 ff.
Brenner, Karl: „Muß der Steuerberater die Steuererklärung berichtigen, wenn er zugunsten seines Mandanten Steuern verkürzt hat?", in: BB 1987, S. 1856-1860
Burgstaller, Manfred: Das Fahrlässigkeitsdelikt im Strafrecht: unter besonderer Berücksichtigung der Praxis in Verkehrsstrafsachen, Wien 1974
Burhoff, Detlef: „Durchsuchung bei Banken und Strafbarkeit von Bankmitarbeitern", in: Praxis Steuerstrafrecht 1999, S. 148 – 149
Burhoff, Detlef: „Geldwäsche durch Strafverteidiger?", in: Praxis Steuerstrafrecht 2000, S. 73 ff.
Burhoff, Detlef: „Ein Blick zurück nach vorn", in: Praxis Steuerstrafrecht 2000, S. 154 – 160
Burkhard, Jörg: „Die Strategie der Staatsanwaltschaft bei der Vernehmung von Bankkunden", in: Praxis Steuerstrafrecht 1998, S. 154- 160
Burkhard, Jörg: „Die Tatentdeckung im Sinne des § 371 Abs.2 Nr.2 AO", in: Stbg. 1999, 410 ff.
Carl, Dieter / Klos, Joachim: „Schwarzgeldtransfer nach Luxemburg – Zur Rechtmäßigkeit der Durchsuchung von Kreditinstituten durch die Steuerfahndung", in: wistra 1994, S. 211 ff.
Carl, Dieter / Klos, Joachim: „Inhalt und Reichweite der Kontenwahrheitspflicht nach § 154 AO als Grundlage der steuerlichen Mitwirkungspflichten der Kreditinstitute", in: DStZ 1995, 296 ff.

Carl, Dieter / Klos, Joachim: „Das ungelöste Problem des Verfügungsberechtigten im Sinne des § 154 II AO aus Sicht der Ermittlungsbehörden“, in: wistra 1990, 41 ff.

Carl, Dieter / Klos, Joachim: Bankgeheimnis und Quellensteuer im Vergleich internationaler Finanzmärkte, Herne – Berlin 1993

Carl, Dieter / Klos, Joachim: „Die Kontenwahrheitspflicht“, in: NWB Fach 2, S. 5635

Carl, Dieter / Klos, Joachim / Hoyer, Petra: GwG, Gesetz zur Verbesserung der Bekämpfung der Organisierten Kriminalität, internationale Regelungen: Regelungen zur Bekämpfung der Geldwäsche und ihre Anwendung in der Praxis, 1994; 2. Auflage, Bielefeld 1998

Carl, Dieter/ Klos, Joachim: „Tafelgeschäfte – steuerlich unzulässige Geldwäsche der Kreditinstitute?“ in: DStZ 1991, S. 24 ff.

Claß, Wilhelm: „Die Kausalität der Beihilfe“, in: Festschrift für Ulrich Stock zum 70. Geburtstag, Studien zur Strafrechtswissenschaft, hrsg. von Günter Spendel, Würzburg 1966, 115 ff.

Coenders, Albert: Über die objektive Natur der Beihilfe, ZStW 46 (1925), S.1 ff.

Dahm, Joachim / Hamacher, Rolfjosef: „Identitätsprüfung bei Tafelgeschäften mit Wertpapieren ?“, in: DStZ 1992, S. 753-759

Dannecker, Gerhard: „Fahrlässigkeit in formalen Organisationen“, in: Amelung (Hrsg.), Individuelle Verantwortung und Beteiligungsverhältnisse in bürokratischen Organisationen des Staates, der Wirtschaft und der Gesellschaft, Sinzheim 2000

Deimel, Paul Albert / Messner, Michael: Steuerfahndung bei Banken, Köln 1998

Dembowski, Anke: „Tafelgeschäft – Wertpapiere zwischen Tresor und Matratze“, 4. Auflage, Berlin 1992

Derksen, Roland: Handeln auf eigene Gefahr, Bonn 1992

Dölling, Dieter: „Die Behandlung der Körperverletzung im Sport im System der strafrechtlichen Systemkontrolle“, in: ZStW 96 (1984), S. 36 ff.

Dörn, Harald: „Aktuelle Rechtsprechung und Literatur zur Steuerfahndung bei Banken“, in: Stbg. 1999, 319 ff.

Feldhausen, Peter: „Die konzentrierte Selbstanzeige in den Bankenfällen“, in: Praxis Steuerstrafrecht 1998, 12 ff., 24 ff.

Feldhausen, Peter: „Das Monheimer Modell als Instrument des Krisenmanagements“, in: Praxis Steuerstrafrecht 1998, S. 157 – 179

Feldhausen, Peter: „Das Wuppertaler Beihilfe-Urteil“, in: Praxis Steuerstrafrecht 1999, S. 190 – 192

Feldhausen, Peter: „Strafbefreiende Selbstanzeige mit Blick auf Steuerfahndungen in Kreditinstituten“, in: Praxis Steuerstrafrecht 1998, S. 9 ff.

Flore, Ingo/ Dörn, Harald/ Gillmeister, Ferdinand: Steuerfahndung und Steuerstrafverfahren: Handbuch für die Strafverteidigung, Berlin 1998

Flume, Werner: „Steuerwesen und Rechtsordnung“, in: Rechtsprobleme in Staat und Kirche – Festschrift für Rudolf Smend zum 70. Geburtstag am 15.1.1952, dargebracht von Freunden, Schülern und Kollegen, Göttingen 1952, S. 69 ff.

Forthauser, Roman: Geldwäscherei de lege lata et ferenda, München 1992

Frank, Reinhard: Das Strafgesetzbuch für das Deutsche Reich nebst dem Einführungsgesetze, 11.- 14. Auflage, Tübingen 1914

Franzen, Klaus / Gast –De Haan, Brigitte/ Joecks, Wolfgang: Kommentar zum Steuerstrafrecht, 4. Auflage, München 1996; 5. Auflage, München 2001

Frisch, Wolfgang: Vorsatz und Risiko, Köln u.a., 1983

Frisch, Wolfgang: „Tatbestandsmäßiges Verhalten und Zurechnung des Erfolges“, Mannheimer rechtswissenschaftliche Abhandlungen, Band 1, Heidelberg 1988

Frisch, Wolfgang: „Tatbestandsprobleme der Strafvollstreckungsvereitelung“, in: NJW 1983, S. 2471 ff.

Frisch, Wolfgang: „Zum tatbestandsmäßigen Verhalten der Strafvereitelung“ in: JuS 1983, 915 ff.

Gallandi, Volker: „Straftaten von Bankverantwortlichen und Anlegerschutz“, in: wistra 1989, S. 125 ff.

Gehre, Horst: Steuerberatungsgesetz mit Durchführungsverordnung, Kommentar, 3. Auflage, München 1995

Gehrig, Klaus: Der Absichtsbegriff in den Straftatbeständen des Besonderen Teils des StGB, Dissertation, Berlin – Heidelberg 1986

Geppert, Klaus: „Die Beihilfe (§ 27 StGB)“, in: JURA 1999, S. 266 ff.

Gerking, Ralf: „Beihilfe durch Großhändler?“, in: Praxis Steuerstrafrecht 2000, S. 238 – 242

Göhler, Erich: Gesetz über Ordnungswidrigkeiten, Kommentar, 12. Auflage, München 1998

Greiser, Peter: „Eine bedeutungslose Strafbestimmung (§ 109 d StGB)“, in: NJW 1973, S. 231

Hadding, Walther / Menke, Thomas: Anmerkung zu BGH-Urteil vom 18.10.1994 zu § 154 AO (JZ 1996, S. 476 ff.), in: JZ 1996, S. 479 – 480

Hamacher, Rolfjosef: „Dagobert Duck – ein kriminelles System?“ , in: DB 1995, S. 2284 ff.

Harms, Monika / Jäger, Markus: „Aus der Rechtsprechung des BGH zum Steuerstrafrecht 2000 / 2001 – 1. Teil“, in: NStZ 2001, S. 181 – 187, 2. Teil in: NStZ 2001, S. 236 ff.

Hassemer, Winfried: „Professionelle Adäquanz – Bankentypisches Verhalten und Beihilfe zur Steuerhinterziehung“ (Teil 2), in: wistra 1995, S. 82 ff.
Hefendehl, Roland: „Examensklausur Strafrecht“, in: JURA 1992, S. 376 ff.
Herrler, Hans: Mitwirkung der Banken bei der Besteuerung von Bankkunden, Köln 1984
Herzberg, Rolf Dietrich: „Anstiftung zur unbestimmten Haupttat – BGHSt 34, 63“ , in: JuS 1987, S. 617 ff.
Herzberg, Rolf Dietrich: „Anstiftung und Beihilfe als Straftatbestände“, in: GA 1971, S. 1 ff.
Herzberg, Rolf Dietrich: „Das Wollen beim Vorsatzdelikt und dessen Unterscheidung von bewusst fahrlässigem Verhalten – Teil 1“, in: JZ 1988, S. 573 ff.
Herzberg, Rolf Dietrich: Urteilsanmerkung zu BGH- Urteil vom 15.12.1976 – 3 StR 432 / 76 (S), in: JR 1977, 469 ff.
Hetzer, Wolfgang: „Der Geruch des Geldes – Ziel, Inhalt und Wirkung der Gesetze gegen Geldwäsche“, in: NJW 1993, S. 3298- 3301
Hetzer, Wolfgang: „Geldwäsche und Steuerhinterziehung“, in: WM 1999, 1306 ff.
Hetzer, Wolfgang: „Schuldlose Sanktionsobjekte?“ in: wistra 1999, S. 361 ff.
Hillenkamp, Thomas: „Die Bedeutung von Vorsatzkonkretisierungen bei abweichendem Tatverlauf, Göttingen 1971
Hoeren, Thomas / Sieber, Ulrich: Handbuch – Multimedia-Recht, Rechtsfragen des elektronischen Geschäftsverkehrs, München 1999
Höreth, Ulrike: Die Bekämpfung der Geldwäsche unter Berücksichtigung einschlägiger ausländischer Vorschriften und Erfahrungen, Dissertation, Tübingen 1996
Hruschka, Joachim: Strafrecht nach logisch-analytischer Methode: systematisch entwickelte Fälle mit Lösungen zum Allgemeinen Teil, 2. Auflage, Berlin 1988
Hruschka, Joachim: „Alternativfeststellung zwischen Anstiftung und sogenannter psychischer Beihilfe“, in: JR 1983, S. 177 ff.
Hübschmann, Walter / Hepp, Ernst / Spitaler, Armin: Kommentar zur Abgabenordnung und Finanzgerichtsordnung, 9. Auflage, Köln 1991
Jakobs, Günther: Strafrecht, Allgemeiner Teil – Die Grundlagen und die Zurechnungslehre, 2. Auflage, Berlin / New York 1991
Jakobs, Günther: „Regreßverbot beim Erfolgsdelikt. Zugleich eine Untersuchung zum Grund der strafrechtlichen Haftung für Begehung“, in: ZStW 89 (1977), S.1 ff.

Jakobs, Günther: „Tätervorstellung und objektive Zurechnung", in: Gedächtnisschrift für Armin Kaufmann, hrsg. von Gerhard Dornseifer, Köln 1989, S. 277 ff.

Jäger, Markus: Anmerkung zum Urteil des 5. Strafsenat des BGH vom 01.08.2000, in: wistra 2000, S. 344 – 348

Jahn, Joachim: Kurzkommentar zu BGH, Urteil vom 01.08.2000 = ZIP 2000, S. 1828 ff., in: EWiR 2000, S. 895-896

Jescheck, Hans-Heinrich / Weigend, Thomas: Lehrbuch des Strafrechts, Allgemeiner Teil, 4. Auflage, Berlin 1988; 5. Auflage, Berlin 1996

Joecks, Wolfgang: „Die Stellung der Kreditwirtschaft im steuerstrafrechtlichen Ermittlungsverfahren gegen Kunden", in: WM 1998, Sonderbeilage Nr.1 zu Heft 20 / 1998

Joecks, Wolfgang: Anmerkung zum Urteil des OLG Stuttgart (in: NJW 1979, 2573), in: JA 1980, S. 127

Joecks, Wolfgang: Praxis des Steuerstrafrechts, Berlin – Heidelberg – Greifswald 1997

Joecks, Wolfgang: „Berichtigungspflichten des nachträglich bösgläubigen Steuerberaters", in: INF 1997, S. 21 ff.

Joecks, Wolfgang: Strafgesetzbuch, Studienkommentar, 2. Auflage, München 2000

Kaligin, Thomas: „Steuerfahndung bei Banken", in: WM 1996, S. 2267-2269

Kaligin, Thomas: „Steuerfahndungsermittlungen gegen Banken und Bankkunden", in: StB 1998, S. 492 ff.

Karlsruher Kommentar zur StPO: Karlsruher Kommentar zur Strafprozessordnung und zum GVG, hrsg. von Gerd Pfeiffer, 3. Auflage, München 1993; 4. Auflage, München 1999

Kaufmann, Armin: „Objektive Zurechnung beim Vorsatzdelikt?", in: Festschrift für Hans-Heinrich Jescheck zum 70. Geburtstag, hrsg. von Theo Vogler, Berlin 1985

Kienapfel, Diethelm: Grundriss des österreichischen Strafrechts, Besonderer Teil I: Delikte gegen Personenwerte, 4. Auflage, Wien 1997

Kienapfel, Diethelm: Strafrecht, Allgemeiner Teil, 7. Neubearbeitete und erweiterte Auflage, Wien 1998

Kindhäuser, Urs Konrad: Strafrecht, Allgemeiner Teil, Baden-Baden 2000

Kindhäuser, Urs Konrad: „Vorsatz als Zurechnungskriterium", in: ZStW 96 (1984), S.1 ff.

Kindhäuser, Urs Konrad: Urteilsanmerkung, in: NStZ 1997, 273 ff.

Klein, Hans / Orlopp, Gerd: Abgabenordnung, 4. Auflage, München 1989, 5. Auflage, München 1995, 6. Auflage, München 1998; 7. Auflage, München 2000

Klos, Joachim: „Die Neuregelung der Legitimationspflicht nach § 154 I AO“, in: StBp. 1992, S. 53 ff.
Kniffka, Rolf: „Die Durchsuchung von Kreditinstituten“, in: wistra 1987, S. 309 ff.
Koch, Karl / Baum, Michael: Abgabenordnung, 3. Auflage, Köln, München u.a., 1986
Köhler, August: Deutsches Strafrecht, Allgemeiner Teil, Leipzig 1917
Kohlmann, Günter: Steuerstrafrecht mit Ordnungswidrigkeitenrecht und Verfahrensrecht, Kommentar zu den §§ 369-412 AO 1977, Band I und II, 7. Auflage, Köln, Stand: Oktober 1998 ff.
Körner, Harald Hans / Dach, Eberhard: Geldwäsche – Ein Leitfaden zum geltenden Recht, München 1994
Kottke, Klaus: Schwarzgeld – was tun?, 8. Auflage, Freiburg 1999, S. 227 ff.
Krauß, Detlef: „Erfolgsunwert und Handlungsunwert im Unrecht“, ZStW 76 (1964), 19 ff.
Krekeler, Wilhelm: „Die strafrechtliche Verantwortlichkeit des Notars bei der Gründung einer GmbH“, in: AnwBl. 1993, S. 69 ff.
Kreß, Claus: „Das neue Recht der Geldwäschebekämpfung“, in: wistra 1998, S. 121 ff.
Krey, Volker: Strafrecht, Besonderer Teil , Bd.1: Besonderer Teil ohne Vermögensdelikte, 11. Auflage, Stuttgart 1998; Bd. 2: Vermögensdelikte, 11. Auflage, Stuttgart 1997
Kudlich, Hans: Anmerkung zum Urteil des BGH vom 01.08.2000, in: JZ 2000, S. 1178 – 1180
Kudlich, Hans: „Grundfälle zum Rücktritt vom Versuch“, in: JuS 1999, 449-452
Kühl, Kristian: Strafrecht, Allgemeiner Teil, 2. Auflage, München 1997; 3. Auflage, München 2000
Kühn, Rolf / Hofmann, Ruth: AO (FGO) und Nebengesetze, 17. Auflage, Stuttgart 1995
Küper, Wilfried: „Die gemeinschaftliche Körperverletzung im System der Konvergenzdelikte“, in: GA 1997, S. 322 ff.
Küpper, Georg: „Strafvereitelung und „sozialadäquate“ Handlungen“, in: GA 1987, S. 385 ff.
Lackner, Karl / Kühl, Kristian: StGB, Kommentar, 23. Auflage, München 1999
Laubenthal, Klaus: „Zur Abgrenzung zwischen Begünstigung und Beihilfe zur Vortat“, in: JURA 1985, S. 630 ff.
Leipziger Kommentar zum Strafgesetzbuch: Strafgesetzbuch – Großkommentar, 11. Auflage, Hrsg. Burkhard Jähnke, Heinrich-Wilhelm Laufhütte

und Walter Odersky, 1.-28. Lieferung, Berlin – New York 1999; zit.: LK-Bearbeiter

Leise, Horst: Steuerverfehlungen, Kommentar zum materiellen Strafrecht und Strafverfahren sowie Bußgeldvorschriften und Bußgeldverfahren in Steuersachen, Loseblattausgabe, Frankfurt am Main, Stand: Dezember 1996, fortgeführt von Gottfried Dietz

Lenckner, Theodor: „Zum Tatbestand der Strafvereitelung“, in: Schröder-Gedächtnisschrift, München 1978, hrsg. von Walter Stree, Theodor Lenckner, Peter Cramer und Albin Eser, S. 339 ff.

Lenckner, Theodor: „Probleme beim Rücktritt des Beteiligten“, in: Festschrift für Wilhelm Gallas zum 70. Geburtstag am 22.7.1973, hrsg. von Karl Lackner u.a., Berlin 1973, S. 281 ff.

Leukauf, Otto / Steininger, Herbert: Kommentar zum StGB (Österreich), 2. Auflage, Eisenstadt 1979

Löwe-Krahl, Oliver: Steuerstrafrechtliche Risiken typischer Banktätigkeiten, Kiel 1989

Löwe-Krahl, Oliver: Die Verantwortung von Bankangestellten bei illegalen Kundengeschäften, Stuttgart, München, Hannover 1990

Löwe-Krahl, Oliver: „Beteiligung von Bankangestellten an Steuerhinterziehungen ihrer Kunden – Tatbestandsmäßigkeit berufstypischer Handlungen“, in: wistra 1995, S. 201 ff.

Löwe-Krahl, Oliver: Steuerhinterziehung bei Bankgeschäften: zur Strafbarkeit von Bankangestellten bei illegalen Kundengeschäften, 2. Auflage, Oldenburg – Stuttgart – München 2000

Löwe-Krahl, Oliver: „BFH oder BGH?“, in: Praxis Steuerstrafrecht 2001, S. 64 – 65

Lübbe, Heike: „Anfertigungen von Kontrollmitteilungen bei Kreditinstituten im Rahmen von Außenprüfungen“, in: Die steuerliche Betriebsprüfung 1999, S. 169 ff.

Lüderssen, Klaus: „Die Parteispendenproblematik – Vorsatz und Irrtum“, in: wistra 1983, S. 233 ff.

Lüderssen, Klaus: „Beihilfe, Strafvereitelung und objektive Zurechnung“, in: Festschrift für Gerald Grünwald zum 70. Geburtstag, Baden-Baden 1999, herausgegeben von: Erich Samson/ Friedrich Dencker/ Peter Frisch/ Helmut Frister / Wolfram Reiß, S. 329 ff.

Luhmann, Niklas: Rechtssoziologie, 3. Auflage, Opladen 1987

Maiwald, Manfred: „Literaturbericht: Strafrecht Allgemeiner und Besonderer Teil“, in: ZStW 93 (1981), 885 ff.

Mallison, Jürgen: Rechtsauskunft als strafbare Teilnahme, Tübingen 1979

Marx, Thomas: „Steuerstrafrechtliche und bußgeldrechtliche Verantwortung des Steuerberaters“, in: DStR 1993, 1901 ff.

Marx, Thomas: „Steuerstrafrecht: Leitentscheidung zur Beihilfe zur Steuerhinterziehung durch Bankmitarbeiter“, in: DStR 2001, S. 96 ff.

Maunz, Theodor: Grundgesetz, Kommentar zum GG, von Theodor Maunz, Günter Dürig und Roman Herzog, 4 Bände (Loseblattsammlung), München, Stand: Dezember 1999, (zitiert: Maunz/ Dürig-Bearbeiter)

Maurach, Reinhart/ Schröder, Friedrich-Christian: Straftaten gegen Gemeinschaftswerte, BT 2, 6. Auflage 1981; 8. Auflage Heidelberg 1999

Mayer, Hellmuth: Strafrecht – Allgemeiner Teil, Stuttgart 1936

Mayer, Hellmuth: „Täterschaft, Teilnahme, Urheberschaft“, in: Festschrift für Theodor Rittler zum 80. Geburtstag, Aalen 1957, hrsg. von Siegfried Hohenleitner, S. 243 ff.

Mecke, Friedrich / Lerch, Klaus: Beurkundungsgesetz, Kommentar, 2. Auflage, München 1991

Messner, Michael: „Durchsuchungen und Beschlagnahmen bei Kreditinstituten“, in: DB 1996, 2196 ff.

Meyer, Jürgen / Hetzer, Wolfgang: „Neue Gesetze gegen die Organisierte Kriminalität“, in: NJW 1998, 1020 ff.

Meyer-Arndt, Lüder: „Beihilfe durch neutrale Handlungen?“, in: wistra 1989, S. 281 ff.

Mielicke, Wienand: „Wird das Steuerstrafrecht für die Steuerpraxis zum russischen Roulette?“ in: BB 1984, 1885 ff.

Moos, Reinhard: „Sozialadäquanz und objektive Zurechnung bei Tatbeiträgen im Finanzstrafrecht“, in: Aktuelles zum Finanzstrafrecht, hrsg. von Roman Leitner, Wien 1996, S. 112 ff.

Mösbauer, Heinz: Steuerstraf- und Steuerordnungswidrigkeitenrecht (einschließlich Steuer- und Zollfahndung), München 1988, 2. Auflage, München-Wien 2000

Müller-Brühl, Franz Josef: Die Legitimationsprüfung und andere Steuerthemen für Banken, 8. Auflage, Wiesbaden 1992

Müller-Guggenberger, Christian: Kommentar zum Wirtschaftsstrafrecht, 2. Auflage, Stuttgart, 1995; 3. Auflage, Stuttgart 2001

Murmann, Uwe: „Zum Tatbestand der Beihilfe“, in: JuS 1999, 548 ff.

Neuenschwander-Hesse, Victoria: Die Strafbarkeitsvoraussetzungen der Beihilfe nach Art. 25 StGB (Schweiz), Dissertation, Zürich 1954

Niedermair, Harald: „Straflose Beihilfe durch neutrale Handlungen?“, in: ZStW 107 (1995), S. 507 ff.

Nomos-Kommentar-Bearbeiter: Kommentar zum StGB, Gesamtredaktion: Ulfried Neumann, bearbeitet von Hans-Jörg Albrecht, Baden-Baden, Loseblattausgabe, Stand: 1995 ff.

Oehler, Dietrich: „Das objektive Zweckmoment in der rechtswidrigen Handlung", Berlin 1959

Ostendorf, Heribert: „Strafbare Angriffe auf einzelne Staatsgewalten sowie auf den Bestand staatlicher Maßnahmen" in: JZ 1994, S. 555-562

Otto, Harro: Allgemeine Strafrechtslehre, 5. Auflage, Berlin 1996

Otto, Harro: Grundkurs Strafrecht – Die einzelnen Delikte, 4. Auflage, Berlin 1998

Otto, Harro: Urteilsanmerkung zu BVerfG, Beschluß vom 23.3.1994 – 2 BvR 396 / 94 (2. Kammer), in: StV 1994, S. 409 ff.

Otto, Harro: „Personales Unrecht, Schuld und Strafe", in: ZStW 87, S. 539 ff.

Otto, Harro: „Beihilfe des Bankangestellten zur Steuerhinterziehung", in: ZKredW 1994, S. 775 ff.

Otto, Harro: „Kausaldiagnose und Erfolgszurechnung im Strafrecht", in: Festschrift für Reinhart Maurach zum 70. Geburtstag, hrsg. von Friedrich – Christian Schroeder und Heinz Zipf, Karlsruhe 1972, S. 91-105

Otto, Harro: „Vorgeleistete Strafvereitelung als Beihilfe", Festschrift für Theodor Lenckner zum 70. Geburtstag, hrsg. von Albin Eser, München 1998, S. 193 ff.

Otto, Harro: „Das Strafbarkeitsrisiko berufstypischen, geschäftsmäßigen Verhaltens", in: JZ 2001, S. 436 – 444

Pelz, Christian: „Wann verjährt die Beihilfe zur Steuerhinterziehung?", in: wistra 2001, S. 11 ff.

Philipowski, Rüdiger: „Steuerstrafrechtliche Probleme bei Bankgeschäften", in: „Strafverfolgung und Strafverteidigung im Steuerstrafrecht", herausgegeben im Auftrag der Deutschen Steuerjuristischen Gesellschaft von G. Kohlmann, S. 131 ff., Köln 1993

Philipowski, Rüdiger: „Zum Begriff des Verfügungsberechtigten im Sinne des § 154 II AO", in: WM 1992, S. 721 ff.

Phleps, Anja: „Psychische Beihilfe durch Stärkung des Tatentschlusses", Freiburg 1997

Prittwitz, Cornelius: Strafrecht und Risiko: Untersuchungen zur Krise von Strafrecht und Kriminalpolitik in der Risikogesellschaft, Frankfurt a. M., 1993

Puppe, Ingeborg: „Die Beziehung zwischen Sorgfaltswidrigkeit und Erfolg bei den Fahrlässigkeitsdelikten", in: ZStW 99 (1987), S. 595 ff.

Puppe, Ingeborg: „Der Vorstellungsinhalt des dolus eventualis", in: ZStW 103 (1991), S.1 – 42

Pütz, Johannes: „Zum Zugriff der Strafverfolgungsbehörden auf CpD-Konten", in: ZIP 1990, S. 703 ff.

Ramirez, Bustos: „Die objektive Zurechnung: Methodologische und systematische Fragen", in: Gedächtnisschrift für Armin Kaufmann, hrsg. von Gerhard Dornseifer, Köln u.a. (1989), S. 213 ff.

Ransiek, Andreas: „Pflichtwidrigkeit und Beihilfeunrecht", in: wistra 1997, S. 41 ff.

Ransiek, Andreas: „Die Information über strafprozessuale und steuerrechtliche Ermittlungsmaßnahmen bei Kreditinstituten", in: wistra 1999, 461 ff.

Ransiek, Andreas: „Neutrale Beihilfe in formalen Organisationen", in: Amelung, Knut (Hrsg.), „Individuelle Verantwortung und Beteiligungsverhältnisse bei Straftaten in bürokratischen Organisationen des Staates, der Wirtschaft und der Gesellschaft, Sinzheim 2000, S. 95 –104

Ratuschny, Hans: § 109 d – Lügnerische Propaganda, Köln 1960

Rebmann, Kurt /Roth, Werner / Herrmann, Siegfried: Gesetz über Ordnungswidrigkeiten, Loseblatt- kommentar (zitiert nach Randnummer und Paragraph), Stuttgart, 3. Auflage, Stand: April 1998

Reiß, Wolfram: „Die Hinführung zur Steuerehrlichkeit", in: ZRP 1989, S. 168 ff.

Rengier, Rudolf: Strafrecht, Besonderer Teil I : Vermögensdelikte, 2. Auflage, München 1998

Riegel, Ralf / Kruse, Harald: „Strafbefreiende Selbstanzeige nach § 371 AO durch Bankmitarbeiter", in: NStZ 1999, 325 ff.

Rischar, Andreas: „Die Selbstanzeige im Lichte der Bankdurchsuchungen", in: BB 1998, S. 1341 ff.

Roxin, Claus: Strafrecht, Allgemeiner Teil Band 1 – Grundlagen. Der Aufbau der Verbrechenslehre, 2. Auflage, München 1994, 3. Auflage, München 1997

Roxin, Claus: „Was ist Beihilfe?" in: Festschrift für Koichi Miyazawa, dem Wegbereiter des japanisch-deutschen Strafrechtdiskurses, hrsg. von Hans-Heiner Kühne, Baden-Baden 1995, S. 501 ff.

Roxin, Claus: „Bemerkungen zum Regreßverbot", in: Festschrift für Herbert Tröndle zum 70. Geburtstag, herausgegeben von Hans-Heinrich Jescheck und Theo Vogler, Berlin und New York, 1989, S. 177 ff.

Roxin, Claus: „Bemerkungen zur sozialen Adäquanz im Strafrecht", in: Festschrift für Ulrich Klug zum 70. Geburtstag (hrsg. von Günter Kohlmann), Band II, Köln 1983

Roxin, Claus: „Finalität und objektive Zurechnung", in: Gedächtnisschrift für A. Kaufmann, Köln u.a. 1989, S. 237 ff.

Roxin, Claus: „Zur Bestimmtheit des Teilnehmervorsatzes“, in: Festschrift für Hannskarl Salger zum Abschied aus dem Amt als Vizepräsident des BGH, hrsg. von Albin Eser u.a., Köln-Berlin 1995, S. 129-137

Roxin, Claus: Höchstrichterliche Rechtsprechung zum Allgemeinen Teil des Strafrechts, 100 Entscheidungen für Studium und Examen, München 1998

Roxin, Claus: „Über den Strafgrund des Versuchs“, in: Festschrift für Haruo Nishihara, hrsg. von Albin Eser, Baden-Baden, 1998, S.157-170

Roxin, Claus: Literaturkritik zu „Harmlose Gehilfenschaft? – Eine Studie über Grund und Grenzen bei der Gehilfenschaft, in: JZ 1996, S. 29 ff.

Salditt, Franz: „Der BGH hat gesprochen“ (Bankenfälle), in: Praxis Steuerstrafrecht 2000, S. 197 – 198

Salditt, Franz: „Ersuchen statt durchsuchen? Neues von der Suche nach Kapitalvermögen in Luxemburg und in der Schweiz“, in: Praxis Steuerstrafrecht 1998, S. 63 – 66

Salditt, Franz: „Der Tatbestand der Geldwäsche“, in: StV- Forum 1992, S. 129 ff.

Samson, Erich/ Schillhorn, Ulf: „Beihilfe zur Steuerhinterziehung durch anonymisierten Kapitaltransfer?“, in: wistra 2001, S. 1 – 10

Schebesta, Michael: „Rechtsfragen bei CpD-Konten sowie „Und“-Konten“, in: WM 1985, S. 1329 ff.

Scheffler, Uwe: „Zur Konkretisierung des Gehilfenvorsatzes – BGH, NJW 1996, 2517“, in: JuS 1997, 598 ff.

Schild Trappe, Grace Marie Luise: Harmlose Gehilfenschaft? Eine Studie über Grund und Grenzen der Gehilfenschaft, Bern 1995

Schlehofer, Horst: Anmerkung zu BGHSt 42, 135 ff., in: StV 1997, S. 412 ff.

Schmidhäuser, Eberhard: Strafrecht: Allgemeiner Teil, Studien-Buch, 2. Auflage, Tübingen 1983/1984 unter Mitwirkung von Heiner Alwart

Schmoller, Kurt: „Fremdes Fehlverhalten im Kausalverlauf“ – Zugleich ein Beitrag zur fahrlässigen Beteiligung – in: Festschrift für Otto Triffterer zum 65. Geburtstag“, hrsg. von Kurt Schmoller, Wien 1996 und unveränd. Neudruck 1998, S. 223 ff.

Scholz, Franz – Tiedemann, Klaus / Crezelius, Georg (Bearbeiter): Kommentar zum GmbH-Gesetz, insbesondere zum GmbH-Strafrecht, 2. Auflage, Sonderausgabe aus Scholz, Kommentar zum GmbH- Gesetz, 8. Auflage, Köln 1993; Bd. 2, 8. Auflage, Köln 1995

Schönke, Adolf / Schröder, Horst: Strafgesetzbuch, 24. Auflage, München 1991 und 25. Auflage, München 1997 – Kommentar, bearbeitet von Theodor Lenckner, Peter Cramer, Albin Eser und Walter Stree; 26. Auflage, bearbeitet von Theodor Lenckner, Albin Eser, Peter Cramer, Walter Stree, Günter Heine, Walter Perron und Detlev Sternberg-Lieben, München 2001. Zitiert: S/S – Bearbeiter

Schroeder, Friedrich-Christian: Der Schutz von Staat und Verfassung im Strafrecht, München 1970

Schudt, Rolf: Die subjektive Unrechtselemente in der neueren Strafrechtsentwicklung, München 1951

Schulz, Joachim: „Anstiftung oder Beihilfe", in: JuS 1986, S. 934 ff.

Schumann, Heribert: Strafrechtliches Handlungsunrecht und das Prinzip der Selbstverantwortung der Anderen, München 1986

Schwaiger, Theodor: Beihilfe, Begünstigung und Hehlerei in ihren wechselseitigen Beziehungen, München 1948

Schwarz-Berarbeiter: Abgabenordnung, Praxis Kommentar (Loseblatt), Band 4, Freiburg im Breisgau, Stand: Juni 2000

Schwedhelm, Rolf / Olbing, Klaus: „Selbstanzeigeberatung in den Luxemburg-Fällen", in: Stbg. 1999, 145 ff.

Seelmann, Kurt: „Neue Entwicklungen beim strafrechtsdogmatischen Schuldbegriff", in: JURA 1980, S. 505 ff.

Seier, Jürgen: „Die Trennungslinie zwischen zulässiger Verteidigungstätigkeit und strafbarer Strafvereitelung – OLG Frankfurt, in: NStZ 1981, S. 144 ff.", in: JuS 1981, S. 806 ff.

Sieber, Ulrich: „Die Abgrenzung von Tun und Unterlassen bei der „passiven Gesprächsteilnahme", in: JZ 1983, S. 431 ff.

Sieber, Ulrich: „Die strafrechtliche Verantwortlichkeit für den Datenverkehr in internationalen Computernetzen (1) und (2)", in: JZ 1996, S. 429 – 442 und S. 494 – 507

Sieber, Ulrich: „Die rechtliche Verantwortlichkeit im Internet" – Grundlagen, Ziele und Auslegung von § 5 TDG und § 5 MDStV", in: MMR 1999, Beilage zu Heft 2 / 1999

Simon, H. Eberhard/ Vogelberg, Claus-Arnold: Steuerstrafrecht, 1. Auflage, Stuttgart 2000

Sommer, Ulrich: „Verselbständigte Beihilfehandlungen und Straflosigkeit des Gehilfen, in: JR 1981, S. 490 ff.

Sonnen, Bernd-Rüdeger: „Beitrag zur psychischen Beihilfe – Anmerkung zu BGHSt, Beschluss vom 17.3.1995 (=StV 1995, 363)", in: JA 1995, 746

Spatscheck, Rainer: „Bankenfälle und Selbstanzeigenpraxis – Ein Zwischenbericht", in: DB 2000, S. 492-495

Steiner, Claus: „Beihilfe von Bankmitarbeitern zur Steuerhinterziehung: Wen betrifft das Grundsatzurteil des BGH?", in: ZKredW 2001, S. 65 ff.

Stoffers, Kristian F.: „Streitige Fragen zur psychischen Beihilfe im Strafrecht", in: JURA 1993, S. 11 ff.

Stratenwerth, Günter: Strafrecht, Allgemeiner Teil I – Die Straftat, 3. Auflage Köln, Berlin, Bonn 1981; 4. Auflage, Köln – Bonn 2000

Streck, Michael: „Besteuerung inländischer und ausländischer Einkünfte aus Kapitalvermögen", in: DStR 1993, 342

Streck, Michael: „Banken zwischen Kundenberatung und Steuerfahndung", in: WM 1999, S. 719 ff.

Streck, Michael / Mack, Alexandra: „Banken und Bankkunden im Steuerstrafverfahren", in: BB 1995, S. 2137 ff.

Struensee, Eberhard: „Der subjektive Tatbestand des fahrlässigen Delikts", in: JZ 1987, S. 53 ff.

Stützle, Rudolf: „Die Barauszahlung von Schecks durch Kreditinstitute", in: ZIP 1990, S. 1316 ff.

Systematischer Kommentar zum Strafgesetzbuch: Bearbeitet von Hans-Joachim Rudolphi/ Eckhard Horn / Samson, Erich/ Hoyer, Andreas, Hans-Ludwig Günther, Loseblatt-Sammlung, Neuwied-Kriftel-Berlin, Band I, Allgemeiner Teil, 7. Auflage, 28. Lfg. November 1997/ 34. Lieferung im Oktober 2000; Band II, Besonderer Teil, 6. Auflage, 45. Lfg., Juli 1998

Tag, Brigitte: „Beihilfe durch neutrales Verhalten", in: JR 1997, S. 49 ff.

Tiedemann, Klaus: „Examensklausur Strafrecht"- „Fall zu Spezialfragen des materiellen und des Strafverfahrensrecht", in: JURA 1981, S. 24 ff.

Tipke, Klaus: „Kann das Steuerstrafrecht das Steuerrecht verbessern?", in: Praxis Steuerstrafrecht 2000, S. 143 ff.

Tipke, Klaus: „Zur Steuerfahndung bei Banken und Bankkunden"- Von langjähriger „Pflege eines besonderen Vertrauensverhältnisses" zur Verfolgung durch die Steuerfahndung, von illegitimer, ineffizienter Besteuerung zur Amnestie", in: BB 1998, S. 241 ff.

Tipke, Klaus / Kruse, Heinrich Wilhelm: Abgabenordnung / Finanzgerichtsordnung, Kommentar zur AO, 22. Auflage, Sonderausgabe, München, Stand: 1. Januar 1998

Tittmann, Carl August: Handbuch der Strafrechtswissenschaft I, 2. Auflage, Halle 1822-24

Többens, Hans: „Die Bekämpfung der Wirtschaftskriminalität durch die Troika der §§ 9, 130, 30 des Gesetzes über Ordnungswidrigkeiten", in: NStZ 1999, 4 ff.

Triffterer, Otto: Österreichisches Strafrecht, Allgemeiner Teil, Wien 1994

Triffterer, Otto: Die österreichische Beteiligungslehre: eine Regelung zwischen Einheitstäter- und Teilnahmesystem? Wien 1983

Tröndle, Herbert / Fischer, Thomas: Strafgesetzbuch und Nebengesetze, Kommentar, 49. Auflage, München 1999; 50. Auflage, München 2001

Trzaskalik, Christoph: „Die Strafrechtspflege und das Steuerrecht“, in: DB 1994, S. 550 ff.
Vahrenbrink, Uwe: Die vorgeleistete Begünstigung (§§ 257, 258 StGB) – Zugleich ein Beitrag zur Kausalität der Beihilfe, Frankfurt 1997
Vogelberg, Claus Arnold: „Bankmitarbeiter sind meist Hinterziehungsgehilfen“, in: Praxis Steuerstrafrecht 1999, S. 8 – 11
Vogler, Theo: „Zum Begriff des „Hilfeleistens“ in § 257 StGB“ , in: Festschrift für Eduard Dreher zum 70. Geburtstag, hrsg. von Hans-Heinrich Jescheck, Berlin 1977, S. 409 ff.
Vogler, Theo: „Zur Frage der Ursächlichkeit der Beihilfe für die Haupttat“, in: Festschrift für Ernst Heinitz zum 70. Geburtstag, hrsg. von Hans Lüttger, Berlin 1972, S. 312 ff.
Volk, Klaus: „Zum Strafbarkeitsrisiko des Rechtsanwaltes bei Rechtsrat und Vertragsgestaltung“, in: BB 1987, S. 139 ff.
Von Bar, Ludwig: Gesetz und Schuld im Strafrecht, Band II: Die Schuld nach dem Strafgesetze“, Berlin 1907
Voßmeyer, Klaus: „Der Beihilfevorsatz des Bankmitarbeiters“, in: DStR 1998, S. 842
Wabnitz, Heinz-Bernd/ Janovsky, Thomas: Handbuch des Wirtschafts – und Steuerstrafrechts, München 2001
Walther, Susanne: Eigenverantwortung und strafrechtliche Zurechnung: zur Abgrenzung der Verantwortungsbereiche von Täter und Opfer bei riskantem Zusammenwirken, Freiburg i.Br., 1991
Wannemacher, Wolfgang: „Steuerberater und Mandant im Steuerstrafverfahren“, 3. Auflage, Bonn 1989
Wannemacher, Wolfgang: Steuerstrafrecht, Handbuch, 4. Auflage, Bonn – Berlin 1999
Wegner, Carsten: „Ist § 30 OWiG tatsächlich der „Königsweg“ in den Banken-Strafverfahren?“, in: NJW 2001, 1979 ff.
Weigend, Thomas: „Grenzen strafbarer Beihilfe“, in: Festschrift für Haruo Nishihara, hrsg. von Albin Eser, Baden – Baden, 1998, S. 197-212
Welzel, Hans: Das deutsche Strafrecht, 11. Auflage, Berlin 1969
Werner, Elke: „Beihilfe durch Bankangestellte bei berufstypischen Handlungen?“, in: Praxis Steuerstrafrecht 1999, S. 50-51
Werner, Gerhard: Die Bekämpfung der Geldwäsche in der Kreditwirtschaft, Freiburg 1996
Wessels, Johannes / Beulke, Werner: Strafrecht, Allgemeiner Teil. Die Straftat und ihr Aufbau, 28. Auflage, Heidelberg 1998, 29. Auflage, Heidelberg 1999, 30. Auflage, Heidelberg 2000

Wessels, Johannes / Hillenkamp, Thomas: Strafrecht, Besonderer Teil/ 2: Straftaten gegen Vermögenswerte, 1999, 21. Auflage, Heidelberg 1999

Widmer, Ursula / Bähler, Konrad: „Strafrechtliche und aktienrechtliche Haftung von Internet Providern", in: CR 1996, S. 178 ff.

Wild, Peter: „Bestimmtheit des Gehilfenvorsatzes und Teilanfechtung von Strafurteilen – BayObLG, NJW 1991, S. 2582", in: JuS 1992, S. 911 ff.

Wohlers, Wolfgang: „Gehilfenschaft durch „neutrale" Handlungen – Ausschluß strafrechtlicher Verantwortlichkeit bei alltäglichem bzw. berufstypischem Verhalten?", in: Schweizer Zeitschrift für Strafrecht, Bd. 117, 1999, Heft 4, Bern 1999, S. 425 ff.

Wohlleben, Marcus: Beihilfe durch äußerlich neutrale Handlungen, Münchener Universitätsschriften, Bd. 125, München 1996

Wolf, Gerhard: Urteilsanmerkung zu BayObLG, Urteil vom 27.3.1991 (= JR 1992, 427-428), in: JR 1992, S. 428 ff.

Wolff-Reske, Monika: „Berufbedingtes Verhalten als Problem mittelbarer Erfolgszurechnung – ein Beitrag zu den Grenzen der Beihilfestrafbarkeit", 1. Auflage, Baden-Baden 1995

Wolsfeld, Jürgen: „Außersteuerliche Sanktionierung einer Selbstanzeige gemäß § 371 AO", in: Praxis Steuerstrafrecht 2000, S. 10 ff.

Wolsfeld, Jürgen/ Karpinski, Markus: „Bankmitarbeiter sind meist keine Hinterziehungsgehilfen", in: Praxis Steuerstrafrecht 1999, S. 12 – 15

Wolter, Jürgen: Objektive und personale Zurechnung von Verhalten, Gefahr und Verletzung in einem funktionalen Straftatsystem, Berlin 1981

Zachert, Hans-Ludwig: „Professionelle Tatplanung, präzise Ausrichtung am Markt", in: Frankfurter Allgemeine Zeitung vom 18.9.1998, Seite 14

Zielinski, Diethart: Handlungsunrecht und Erfolgsunwert im Unrechtsbegriff, Berlin 1973

Zipf, Heinz: „Rechtskonformes und sozialadäquates Verhalten", in: ZStW 82 (1970), S. 633 ff.

Abkürzungsverzeichnis

a.a.O.	am angegebenen Ort
Abs.	Absatz
a.E.	am Ende
Alt.	Alternative
Anm.	Anmerkung
AnwBl.	Anwaltsblatt
AO.	Abgabenordnung
Art.	Artikel
BayObLG.	Bayerisches Oberstes Landesgericht
BB.	Der Betriebs-Berater (zit. nach Jahr und Seite)
BGB.	Bürgerliches Gesetzbuch
BGH.	Bundesgerichtshof
BGHR.	BGH-Rechtsprechung in Strafsachen, hrsg. von den Richtern des Bundesgerichtshofs (seit 1987), zitiert nach Paragraf, abgekürztem Stichwort und lfd. Nummer
BGHSt.	Entscheidungen des Bundesgerichtshofs in Strafsachen (zit. nach Band und Seite)
BMF.	Bundesministerium für Finanzen
BR.	Bundesrat
BStBl.	Bundessteuerblatt (zit. nach Jahr und Seite)
BtMG.	Betäubungsmittelgesetz
BVerfG.	Bundesverfassungsgericht
BVerfGE.	Entscheidungen des Bundesverfassungsgerichts (zit. nach Band und Seite)
bzw.	Beziehungsweise
CpD.	Conto pro diversa
DB.	Der Betrieb (zit. nach Jahr und Seite)
ders.	derselbe
d.h.	Das heißt
DM.	Deutsche Mark
DStR.	Deutsches Steuerrecht (zit. nach Jahr und Seite)
DStZ.	Deutsche Steuerzeitung (zit. nach Jahr und Seite)
EStDV.	Einkommenssteuerdurchführungsverordnung
EStG.	Einkommenssteuergesetz

etc.	Et cetera
EWiR.	Entscheidungen zum Wirtschaftsrecht (Loseblatt)
F.A.Z.	Frankfurter Allgemeine Zeitung
ff.	folgende
FGO.	Finanzgerichtsordnung
Fn.	Fußnote
FS.	Festschrift
GA.	Goltdammer`s Archiv für Strafrecht (ab 1953 zit. nach Jahr und Seite)
GG.	Grundgesetz für die Bundesrepublik Deutschland
GS.	Gedächtnisschrift
GwG.	Geldwäschegesetz
HFR.	Höchstrichterliche Finanzrechtsprechung
hrsg.	herausgegeben
INF.	Die Information über Steuer und Wirtschaft (zit. nach Jahr und Seite)
i.V.m.	in Verbindung mit
JA.	Juristische Arbeitsblätter (zit . nach Jahr und Seite)
JR.	Juristische Rundschau (zit. nach Jahr und Seite)
Jura.	Juristische Ausbildung (zit. nach Jahr und Seite)
JuS.	Juristische Schulung (zit. nach Jahr und Seite)
JZ.	Juristenzeitung (zit. nach Jahr und Seite)
KWG.	Kreditwesengesetz
LG.	Landgericht
LK.	Leipziger Kommentar
MDR.	Monatsschrift für deutsches Recht (zit. nach Jahr und Seite)
m.w.N.	mit weiteren Nachweisen
NJW.	Neue Juristische Wochenschrift (zit. nach Jahr und Seite)
NStE.	Neue Entscheidungssammlung für Strafrecht (zitiert nach Gesetz, Paragraf und laufender Nr., Hinweise ohne Angabe des Gesetzes beziehen sich auf das StGB)
NStZ.	Neue Zeitschrift für Strafrecht (zit. nach Jahr und Seite)
NWB.	Neue Wirtschafts-Briefe für Steuer- und Wirtschaftsrecht (zitiert nach Fach und Seite)
OLG.	Oberlandesgericht
RG.	Reichsgericht
RGSt.	Entscheidungen des Reichsgerichts in Strafsachen (zit. nach Band und Seite)
Rn.	Randnummer
S.	Seite

SK.	Systematischer Kommentar (vgl. Literaturverzeichnis)
Sog.	sogenannt
S/S.	Schönke/ Schröder (vgl. Literaturverzeichnis)
Schw BGE.	Entscheidungen des Schweizer Bundesgerichts (zit. nach Band, Jahr und Seite)
StB.	Zeitschrift „Der Steuerberater"
Stbg.	Steuerberatung (zit. nach Jahr und Seite)
StGB.	Strafgesetzbuch
StPO.	Strafprozessordnung
StV.	Strafverteidiger (zit. nach Jahr und Seite)
TDG.	Teledienstegesetz
u.a.	unter anderem
u.ä.	und ähnliche
Vgl.	Vergleiche
VO.	Verordnung
WaffG.	Waffengesetz
Wistra.	Zeitschrift für Wirtschaft, Steuer und Strafrecht (zit. nach Jahr und Seite)
WM.	Wertpapier-Mitteilungen, Zeitschrift für Wirtschafts- und Bankrecht (zit. nach Jahr und Seite)
WuB.	Entscheidungssammlung zum Wirtschafts- und Bankrecht
z.B.	zum Beispiel
ZKredW.	Zeitschrift für das gesamte Kreditwesen (zit. nach Jahr und Seite)
ZIP.	Zeitschrift für Wirtschaftsrecht und Insolvenzpraxis (zit. nach Jahr und Seite)
zit.	zitiert
ZRP.	Zeitschrift für Rechtspolitik (zit. nach Jahr und Seite)
ZSchwR.	Zeitschrift für Schweizerisches Recht
ZStW.	Zeitschrift für die gesamte Strafrechtswissenschaft (zit. nach Band, Jahr und Seite)

Einleitung: Ausgangsfall und Ausgangshypothese

Die generelle Fragestellung, wann man sich durch *wirtschaftliches Handeln* der Beihilfe zu vorsätzlich und eigenverantwortlich begangenen Straftaten Dritter schuldig macht, müsste in einer arbeitsteiligen Gesellschaft wie der unseren zu den meistdiskutierten Problemen der Strafrechtswissenschaft gehören. In der strafrechtlichen Diskussion geht es dabei in erster Linie um die Problematik der strafrechtlichen Verantwortung von beratenden Berufsgruppen, die eine *Dienstleistung* anbieten. Die Frage der Beihilfestrafbarkeit im Zusammenhang mit wirtschaftlichem Handeln wird in den Lehrbüchern zum Allgemeinen Teil des StGB fast nur im Hinblick auf den Verkauf von Waren abgehandelt, äußerst spärlich jedoch im Hinblick auf Dienstleistungen. Es hat lange Zeit gedauert, bis die Strafrechtslehre dieses Thema aufgriff. In Deutschland wurde das Thema viele Jahre nicht oder nicht systematisch bearbeitet. Es ist vor allem das Verdienst von *Jakobs*[1], die Fragestellung als Problem des Allgemeinen Teils des Strafrechts etabliert zu haben. Wie die unglaubliche „Flut" von Beiträgen zu „äußerlich neutralen" Handlungen momentan zeigt, hat die eingesetzte strafrechtliche Diskussion weder für das materielle Strafrecht noch für das Nebenstrafrecht (Steuerstrafrecht) und Wirtschaftsstrafrecht ein abschließendes Ergebnis gebracht. Uneinigkeit herrscht weiterhin darüber, ob man deliktsfördernde Verhaltensweisen dann, wenn sie das „Sozialübliche" oder das „Berufstypische" *nicht* überschreiten, mit Hilfe subjektiver oder objektiver Zurechnungskorrektive aus der Beihilfestrafbarkeit herausnehmen soll oder nicht. Die vorliegende Arbeit erörtert die Fragestellung für das *beratende* Kreditwesen unter dem Aspekt der Beihilfe von Bankmitarbeitern zur Steuerhinterziehung von Bankkunden. Dabei soll zu dem wichtigen Problem Stellung genommen werden, ob nicht auch eine Tatbestandseinschränkung für *diejenigen* Fälle erforderlich und im Steuerstrafrecht begründbar ist, in denen der im Kreditwesen Handelnde weit über das „Sozialtypische" und „Berufstypische" *hinaus*geht, ohne dabei den gesetzlichen Rahmen des berufsrechtlich Zulässigen zu überschreiten.

Zusätzliche Intensivierung erhielt das wissenschaftliche Interesse an dem steuerstrafrechtlichen Bezug zum oben genannten Thema im Jahre 1994 durch das massive Vorgehen der Steuerfahndung und Strafverfolgungsbehörden gegen-

1 Vgl. *Jakobs*, in: ZStW 89 (1977), S. 1 ff.; *Jakobs*, Strafrecht AT (1. Auflage), S. 577 ff.

über Bankmitarbeitern, die der Beihilfe zur Steuerhinterziehung von Kunden, die ihr Kapital nach Luxemburg mit Hilfe der Bank transferiert hatten, verdächtigt wurden. Ohne die Mitarbeiter der Bank genau bezeichnen zu können, erwirkten die beteiligten Staatsanwaltschaften Durchsuchungsbeschlüsse gegen die Banken. Dies stellte ein Novum dar, da bis dahin die Durchsuchungsbeschlüsse bei Banken sich stets gegen bestimmte Kunden und nicht gegen den oder die Bankmitarbeiter richteten. Eine der betroffenen Banken legte dagegen Rechtsmittel bis zum Bundesverfassungsgericht ein, das über diese Verfassungsbeschwerde innerhalb der ganz ungewöhnlichen Zeit von nur sechs Wochen zu Lasten der Bank entschied.[2]

Die gleichmäßige Durchsetzung des staatlichen Steueranspruchs (geschütztes Rechtsgut) erscheint durch die „Kapitalflucht" ins Ausland und die dadurch gebotene Möglichkeit des Verschweigens von Kapitaleinkünften gegenüber dem Fiskus gefährdet. Speziell für das Steuerstrafrecht drängt sich daher die Frage auf, ob der tatsächliche Zusammenhang zwischen den steuerrechtswidrigen Deklarationen von Kapitaleinkünften der Kunden gegenüber dem Fiskus und bankgeschäftlicher Beratung der Steuerschuldner strafrechtlich als Beihilfe zu würdigen ist oder ob nicht auf subjektiver Tatbestandsebene wegen den speziellen steuerstrafrechtlichen Besonderheiten und des nachgewiesenen Sachverhalts in den „Luxemburg-Fällen", eine subjektive Tatbestandsrestriktion im Beihilfetatbestand erforderlich ist.

Den nachfolgenden Erörterungen und Untersuchungen soll folgender aktueller[3] Ausgangssachverhalt zugrunde gelegt werden:

Die Einführung einer Quellensteuer auf Kapitalerträge im Jahre 1989 hatte zu erheblicher Unruhe auf dem deutschen Kapitalmarkt und einer Verlagerung von Kapital ins Ausland geführt. Verstärkt wurde diese Unruhe noch, als für 1993 fast sämtliche im Inland erzielten Einkünfte aus Kapitalvermögen, wenn sie bestimmte Voraussetzungen erfüllten, nach dem EStG mit einer 25-35 % -igen Zinsabschlagsteuer belegt wurden. Zum großen Teil verlagerten inländische Steuerpflichtige ihre Guthaben auf Konten im Ausland,[4] wobei es sich vorwiegend um solche in Luxemburg handelte.[5] Die gewählten Kreditinstitute waren unter anderem Tochtergesellschaften deutscher Großbanken.

Als steuerstrafrechtlich zu untersuchender Sachverhalt wird folgender Fall angenommen: Kunde K hatte seit 1985 aus seinem versteuerten Einkommen Gelder in Höhe von

---

2 BVerfG, Beschluß vom 23.3.1994, 2 BvR 396/94, in: wistra 1994, 211 ff.

3 Vgl. insbesondere: F.A.Z. vom 11.8.1998, Seite 15; Der Spiegel, 33 / 1998, S. 63.

4 Hierbei handelt es sich trotz rein innerstaatlicher Abwicklung um eine Form des innergemeinschaftlichen Kapitalverkehrs, vgl. *Hamacher*, „Dagobert Duck – ein kriminelles System?", in: DB 1995, 2284 (2288, unter 4.).

5 Vgl. dazu auch: *Kaligin*, „Steuerfahndung bei Banken", WM 1996, 2267, A. 1. Spiegelstrich; *Hamacher*, „Dagobert Duck" – ein kriminelles System ?", in: DB 1995, 2284.

DM 600.000 auf einem Sparkonto angespart. Jährlich fielen Zinsen (Einkünfte aus Kapitalvermögen) an, die K nicht in seinen Steuererklärungen angab. Mit der Einführung der Quellensteuer auf Zinseinkünfte ab dem 01.01.1993 befürchtete er nun, entdeckt zu werden. Ohne diesen Hintergrund zu offenbaren, ließ K sich daraufhin vom Bankberater B über das „Banktransfersystem" aufklären und beraten. Dabei sollte alles so geschehen, dass keine Aufzeichnungen der Bank über den Geldtransfer in Deutschland mehr verbleiben. B ließ sich daraufhin den üblichen Gepflogenheiten entsprechend von einem Kollegen in Luxemburg telefonisch ein Referenzkonto nennen, welches auf eine Zahlen-Nummernkombination lautete. Sodann hob K mit Hilfe von B den Betrag von seinem Sparkonto ab und zahlte den Geldbetrag an der Kasse der gleichen Bank wieder ein. Die Bank buchte den Geldbetrag zugunsten der direkten Kontenverbindung der Luxemburger Tochterbank unter Angabe der Zahlen-Nummern-Kombination als Referenz. In Anbetracht dieser banktechnischen Vorgänge zum Teil dadurch „psychisch stabilisiert"[6] hinterzog K später in den Folgejahren mehrfach Steuern, indem er die Zinseinkünfte aus den ausländischen Konten in seinen Einkommenssteuererklärungen nicht deklarierte.

Als Sachverhaltsvariante ist denkbar, dass der Bankberater seinem Kunden K eine Kapitalanlage in Luxemburg nahe legte, weil insofern ein sofortiger Zinsabschlag wie in Deutschland wegen der hiesigen Quellensteuer (vgl. §§ 43, 43 a, 44 EStG) nicht anfällt, ohne dabei den Tatentschluss des Kundens, bei seiner Steuererklärung die Kapitaleinkünfte zu verheimlichen, schon im Sinne des § 26 StGB hervorzurufen.

Seit Beginn des Jahres 1994 fanden nun bei fast allen deutschen Banken Ermittlungen gegen Bankmitarbeiter wegen des Verdachts der Beihilfe zur Steuerhinterziehung gemäß § 370 AO, § 27 I StGB zugunsten von Kunden statt. Umfassende Durchsuchungen bei deutschen Großbanken und Zentralinstituten der Sparkassen und Genossenschaftsbanken folgten. An diesen Durchsuchungsmaßnahmen, die generalstabsmäßig geplant wurden, nahmen bis zu mehrere Hundert Mitarbeiter der Finanzverwaltung und Vertreter der Staatsanwaltschaften teil, die aus ganz Deutschland zusammengezogen wurden. Die Durchsuchungsaktionen wurden in der Presse mit erheblicher Aufmerksamkeit dargestellt und, wie von der Finanzbehörde intendiert, mit dem Hinweis versehen, die Kunden der betroffenen Bank, bei der durchsucht worden sei, hätten jetzt noch die Möglichkeit der strafbefreienden Selbstanzeige. Mehrere Verfassungsbeschwerden, welche gegen die Durchsuchungsmaßnahmen und diese in vollem Umfang bestätigenden Gerichtsbeschlüsse eingelegt wurden, wies das Bundesverfassungsgericht als unbegründet zurück.[7] Es bestünde der hinreichende Verdacht einer Teilnahme von Bankverantwortlichen an Steuerhinterziehungen von Kunden; daher seien die

---

6 Vgl. zu dieser Sachverhaltsdarstellung auch den instruktiven Beschluß der 1. Großen Strafkammer des LG Bielefeld vom 16.3.1999, 1 KLs 2 / 99, in: DStRE 1999, 611.

7 Vgl. BVerfG *wistra* 1994, 221; 1995, 139; *Carl / Klos*, „Schwarzgeldtransfer nach Luxemburg – Zur Rechtmäßigkeit der Durchsuchung von Kreditinstituten durch die Steuerfahndung", in: *wistra* 1994, 211.

Durchsuchungen[8] der betroffenen Banken und die Beschlagnahme von umfangreichen Unterlagen und Akten verfassungsrechtlich nicht zu beanstanden.

Nach der Grundsatzentscheidung des Bundesverfassungsgerichts 1994 zu diesem Thema ergingen auch recht früh erstinstanzliche Entscheidungen[9] zu dem Ausgangsfall, die ohne größeren Begründungsaufwand im Verfahren[10] gegen das Bankinstitut selbst wegen psychischer Beihilfe und Beihilfe durch Unterlassen (§ 370 AO, §§ 27 I, 13 I StGB) durch ihre Organe zu hohen Geldbußen und zur Gewinnabschöpfung gegen das Kreditinstitut gemäß den §§ 30 I Nr.1, 17 IV OWiG kamen. Zum zweiten verwarnte das LG Wuppertal[11] in seiner Entscheidung vom 19.5.1999 einen bedingt vorsätzlich handelnden Bankmitarbeiter einer nordrhein-westfälischen Stadtsparkasse wegen Beihilfe zur Steuerhinterziehung (§§ 370 I AO, 27 I StGB, § 25 EStG) mit Strafvorbehalt. Eine Entscheidung des 5. Strafsenats des BGH als Revisionsinstanz erging am 1. August 2000. Der BGH bestätigte die Beihilfestrafbarkeit des Wuppertaler Bankangestellten, ohne näher zu begründen, warum das Problem im Steuerstrafrecht im *subjektiven* Bereich liegt.

Die nach Einführung des Zinsabschlages aggressiv angelegte *Werbung* von Finanzanlegern und Banken zu zinsabschlagsfreien Kapitalanlagen im Ausland, vorzugsweise in Luxemburg[12], trug sicher dazu bei[13], dass eine beachtliche Kapitalflucht in sogenannte „Steueroasenländer“ einsetzte. *Empfehlungen* und *Mitwirkungen* der Bank bei der Anlage von Spargeld im Ausland waren und sind aber für sich gesehen nicht ungesetzlich. Sachlich unzutreffend war hierbei insbesondere der von Ermittlungsbehörden pauschal erhobene Vorwurf, die Banken hätten durch die *Anlageberatung* Beihilfe (bzw. Anstiftung) zur Zinssteuerhinterziehung der Bankkunden geleistet, denn von der deutschen Zinsabschlagsteuer werden im Wege des Steuerabzugs zunächst nur Zinseinnahmen von Spargeldern erfaßt, die in Deutschland angelegt werden. Ob die Bankkunden ihre Erträge aus den ausländischen Kapitalanlagen, die sie selbstverständlich in der Steuererklä-

---

8 Vgl. zur strafprozessualen Problematik des Falles: *Joecks*, „Die Stellung der Kreditwirtschaft im steuerstrafrechtlichen Ermittlungsverfahren gegen Kunden“, in: WM–Sonderbeilage Nr.1 zu Heft 20 / 1998.

9 Vgl. dazu sehr instruktiv: Beschluß der 1. Großen Strafkammer – Wirtschaftsstrafkammer vom LG Bielefeld vom 16.3.1999, in: DStRE 1999, 611, dazu: *Werner*, Praxis SteuerstrafR 1999, S.50, 51; LG Wuppertal, Urteil vom 19. Mai 1999, in: wistra 1999, 473 ff.

10 Hierbei handelt es sich um ein im Wirtschaftsstrafrecht häufig durchgeführtes Ordnungswidrigkeitenverfahren gegen das Bankinstitut selbst gemäß §§ 30, 17 IV OWiG.

11 Vgl. dazu: LG Wuppertal, wistra 1999, 473 ff.

12 Siehe dazu die Beispiele bei *Carl / Klos*, in: wistra 1994, 212.

13 *Kohlmann*, Steuerstrafrecht, § 370 AO 1977, Rn. 17.8.

rung angeben müssen, ordnungsgemäß deklarieren würden, entzog sich oftmals aus verschiedenen Gründen dem Einfluß und dem Verantwortungsbereich der Bankmitarbeiter. Die von den Banken entwickelten „Ausweichmodelle" zur zinsabschlagsteuerunschädlichen Kapitalanlage, die grundsätzlich auf dem Prinzip basierten, Zinsen durch Kurs- und Veräußerungsgewinne zu ersetzen, nutzten in der Regel legal die durch das Zinsabschlaggesetz eröffneten Lücken aus und waren damit in steuerstrafrechtlicher Hinsicht isoliert gesehen unerheblich.[14] Seit dem 1.1.1994 sind aber auch diese „Schlupflöcher" durch die Besteuerung von Stückzinsen und Erträgen aus der Veräußerung von ab- oder aufgezinsten Wertpapieren gesetzlich geschlossen worden (§ 20 Abs. 2 Nr.3, 4 EStG in der Fassung des Gesetzes vom 21.12.1993).[15]

Mit der hier vorgelegten Arbeit wird für das *Steuerstrafrecht* gewürdigt werden, dass der beratende Bankmitarbeiter in einer für das Steuerstrafrecht *typischen und charakteristischen* Weise eine *Vorbereitungshandlung* aus Sicht des Haupttäters (Bankkunden) in einer – gemessen an den Tatbeständen des Besonderen Teils des StGB – *sehr langen* Zeitspanne *vor* der Steuerstraftat *(Abgabe* der unrichtigen Steuererklärung) leistet. Dabei erbringt der Bankmitarbeiter einen, oft aber mehrere objektive Tatbeiträge. Weiter wird dargelegt werden, dass gerade deshalb – auch bei Überschreitung des „Sozialüblichen" und „Berufstypischen", nicht jedoch des gesetzlich Zulässigen – eine subjektive Einschränkung der strafrechtlichen Verantwortung für fremde, eigenverantwortliche Straftaten geboten ist. Auf Grund des noch darzustellenden Sachverhaltes bestehen mannigfaltige Anknüpfungstatsachen für die Annahme des objektiven Beihilfetatbestands zur Steuerhinterziehung des Kunden in den typischen Fällen, was für das Kreditwesen nicht ernstlich bestritten werden kann. Ein Verantwortlichkeitskorrektiv ist aber auch aus mehreren Gründen geboten: Ein solches Korrektiv drängt sich zum einen auf, wenn man an die steuerstrafrechtlichen Besonderheiten denkt (gleichrangige Haftung des Gehilfen nach §§ 71, 235, 219 Satz 1 AO für die Steuerschuld des Kundens und die Hinterziehungszinsen, wirksame Gehihilfenselbstanzeige nach § 371 AO nur bei Vollständigkeit der tatsächlichen Angaben). Hinzu kommen die allgemein feststellbaren *Subjektivierungstendenzen* (vgl. Teil 2 B III.) bei anderen (beratenden) Berufsgruppen, die berücksichtigt werden müssen. Nicht vernachlässigt werden dürfen ferner die übrigen Forderungen im Schrifttum zum Wirtschaftsstrafrecht nach *sicherer Kenntnis* von der zukunftsbezogenen und ungewissen zeitlich weit entfernten vorsätzlichen Steuerstraftat des Kunden (also einer Abschwächung des *voluntativen* Vorsatzelements zugunsten

14 Vgl. zur Besteuerung inländischer und ausländischer Einkünfte aus Kapitalvermögen: *Streck*, DStR 1993, 342 m.w.N..

15 BGBl. 1993, 2310.

einer starken Betonung des *kognitiven* Vorsatzelements). Ebenfalls sind im Rahmen dieser Untersuchung für das Steuerstrafrecht die noch zu erörternden Ansatzpunkte in der Schweiz und in Österreich angemessen zu berücksichtigen und in die Überlegungen einzubeziehen. Auch sei hier erwähnt, dass als Motive der Kunden für den Kapitaltransfer nicht nur stets künftige Steuerhinterziehungen in Betracht kamen, sondern auch „außersteuerliche Gründe“ wie z.B. höhere Zinssätze, andere Anlagesegmente, Währungsspekulationen, besondere Entwicklungspotentiale bestimmter Märkte, Risikostreuung oder gar Geheimhaltung vor Verwandten.[16]

Es muss konsequenterweise in Anbetracht des großen Strafbarkeitsrisikos im Kreditwesen untersucht werden, ob *nur* noch auf subjektiver Ebene eine subjektive Zurechnung einer fremden Rechtsgutverletzung im Sinne einer am Eigenverantwortungsprinzip orientierten Tatbestandsrestriktion im Falle *sicheren Wissens* dem Verantwortungsgrad für vorsätzliches Handeln Dritter entspricht, wenn nicht gar der Gesetzgeber aufgefordert ist, zu handeln. Darüber hinaus soll im Rahmen dieser Arbeit diskutiert werden, wann dieses sichere Wissen gegeben ist – auch in Anbetracht der „Lockerung“ der Rechtsprechung des BGH zur Bestimmtheit des Gehilfenvorsatzes, welche das bei jeder Bankdienstleistung latent bestehende Beihilfestrafbarkeitsrisiko noch größer erscheinen lässt.

Untersucht werden muss daher, ob der einzelne Bankmitarbeiter wegen der *großen Zeitspanne* zwischen Tatbeitrag und Haupttat nur dann eine *gesteigerte* Verantwortlichkeit für sein geschaffenes erhöhtes Risiko für die fremde Rechtsgutsverletzung trägt, wenn er *konkret weiß* oder es sich ihm „aufdrängt“, dass die Steuerstraftat nachfolgt: Es besteht nämlich erheblicher Grund zu der Annahme, dass erst die größeren empirischen konkreten *Kenntnisse* eines Bankmitarbeiters von der Haupttat und nicht etwa schon das nur ernstliche „Fürmöglichhalten“ von konkreten Gefahren für das geschützte Rechtsgut des staatlichen Steueranspruchs die bankspezifische Verantwortlichkeit – im Gegensatz zu unbeteiligten, nichtsahnenden Dritten – steigern und damit im Kreditwesen verantwortungskonstituierend sind.[17] Es wird ferner untersucht werden, ob Wissen erst dann mit Verantwortung im Steuerstrafrecht korreliert, wenn das Fehlverhalten des Dritten im planenden Vorbereitungsstadium der Haupttat konkret vorhersehbar ist, das zukünftige Fehlverhalten sich also für den Bankmitarbeiter geradezu „aufdrängt“, der zudem oft als Nicht-Garant beruflich handelt. Erst dann könnte es gerechtfertigt sein, dass oft mehr als ein Jahr nach der Teilnehmerhandlung noch für das

---

16 Zu den Motiven vgl. nur *Burkhard*, in: Praxis SteuerstrafR 1998, S. 154 ff. (155).

17 Zu diesem Gedanken, dass konkretes Sonderwissen die Verantwortlichkeit des einzelnen steigert: *Moos*, „Sozialadäquanz und objektive Zurechnung“, in: Aktuelles zum Finanzstrafrecht, S. 85 ff., S. 98 m.w.N. unter Fn. 34; jetzt auch: SK-*Hoyer*, § 27 Rn. 27, 32.

geschaffene, rechtlich missbilligte, erhöhte Risiko für den staatlichen Steueranspruch gehaftet wird, und zwar mit Blick auf die drohende gesamtschuldnerische Haftung für die Steuerschuld des Kunden nach der Abgabenordnung und den besonderen bankspezifischen berufsrechtlichen Konsequenzen einer Beihilfestrafbarkeit (vgl. §§ 36 I, 33 I Nr.2 KWG). Auf eine Betonung des voluntativen Vorsatzelements, das sich nur schwer nachweisen lässt, kommt es dann nicht mehr an. Die hier zu prüfende und vertretene Forderung nach *sicherem Wissen* auf Grund konkreter Indizien wird von vielen noch darzustellenden Meinungen mit unterschiedlichen Kriterien und Einschränkungen, auch im Rahmen anderer *beratender* Berufsgruppen, diskutiert, wenn auch zum Teil nähere Rechtfertigungen dieses „Privilegs“ bislang nicht hervorgebracht wurden. Im Rahmen der steuerstrafrechtlichen Erörterung wird infolgedessen geprüft werden, ob

(a) eine Durchbrechung des Eigenverantwortungsprinzips im Steuerstrafrecht nur dann gerechtfertigt ist, wenn das fremde Fehlverhalten konkret subjektiv vorhersehbar ist. Denn diese *konkrete* Voraussicht ist nichts anderes als das *abstrakte, zukunftsbezogene sichere Wissen* um die *notwendigen* Auswirkungen des eigenen Verhaltens im Sinne des *dolus directus zweiten Grades* hinsichtlich einer konkreten Steuerstraftat.

(b) Es wird dargelegt werden, dass Wissen als zukunftsorientierter Faktor nie ganz konkret sein kann, sondern dass Wissen *abstrakt* im Rahmen einer Wertung in Wechselbezüglichkeit zum objektiven Tatbestand zugeordnet werden muss (vgl. auch § 16 I 1 StGB).

(c) Ferner wird aufgezeigt werden, dass erst dieses *konkrete Wissen* eine steuerstrafrechtliche Zurechnung fremden eigenverantwortlichen Fehlverhaltens rechtfertigt, *nicht* aber dann an eine Zurechnung zu denken ist, wenn nach der allgemeinen Vorsatzdoktrin, die zumal *nicht legaldefiniert* ist, der Tatbeteiligte ein steuerliches Fehlverhalten der Kunden – wie jeder andere beliebige Dritte auch – nur eventualvorsätzlich kognitiv „ernstlich für möglich hält“: Denn bei nur ernstlichem Fürmöglichhalten im Sinne des intellektuellen Moments des bedingten Vorsatzes muss – auch wegen der erheblich langen Zeiträume zwischen Tatbeitrag im Vorbereitungsstadium der Steuerstraftat und dem tatsächlichen Haupttatsgeschehen – selbst bei Überschreitung des „Sozialüblichen“, nicht jedoch des berufsrechtlich Erlaubten (§ 154 I, II AO) – der Vertrauensgrundsatz als weiteres strafrechtliches Prinzip auch beim *Vorsatz*delikt der Beihilfe berücksichtigt werden. Anderenfalls ist zu erörtern, ob der Gesetzgeber die Rechtsunsicherheit im Steuerstrafrecht durch Formulierung eines eigenen Beihilfetatbestands unter Berücksichtigung der Besonderheiten des Steuerstrafrechts mit subjektiver Tatbestandsfassung beseitigen kann (vgl. dazu auch den 3. Teil dieser Arbeit).

(d) Zudem wird für das Steuerstrafrecht geprüft werden, ob sich das ernstliche Fürmöglichhalten einer zukünftigen vorsätzlichen Steuerstraftat im Sinne der Eventualvorsatzdoktrin und die hinreichende Bestimmtheit des Gehilfenvorsatzes als dogmatische Begriffe gegenseitig ausschließen.

(e) Letztlich wird mit dieser Arbeit geprüft werden, ob erst bei sicherer Voraussicht an Hand von konkreten Indizien im Hinblick auf die notwendigen Auswirkungen des eigenen Tuns im Steuerstrafrecht Wissen mit der *Verantwortung* für das Fehlverhalten vorsätzlich und eigenverantwortlich handelnder Dritter bei wirtschaftlichem Handeln korrespondiert.

Teil: Grundlagen

I. Tatsächliche Grundlagen: Banktechnischer Hintergrund

Nachdem zuvor die Ausgangsproblematik und die Ausgangsfragestellungen dieser Arbeit kurz skizziert wurden, soll nun anhand in der Öffentlichkeit bekannter Fälle der banktechnische Hintergrund zur „systematischen Verschleierung" von Kapitaleinkünften dargestellt werden und zudem auf Motive hierfür näher eingegangen werden. Auf die Motive der Kunden kommt es deshalb an, weil nur im Hinblick auf diese Motive der Bankberater schließen kann, ob in ferner Zukunft Steuern verkürzt werden sollen und er dies subjektiv als „sicher" voraussieht. Dabei soll deutlich werden, dass genügend objektive Anknüpfungstatsachen vorhanden sind, um die objektive Tatbestandsmäßigkeit des Verhaltens der Bankmitarbeiter steuerstrafrechtlich als Beihilfe zu würdigen. Auch soll deutlich werden, dass selbst, wenn man „berufstypisches Handeln" als objektiv nicht tatbestandsmäßig erachten würde, hier jedenfalls bei der Installation von Sammelkonten und den Hilfehandlungen der Bank nach dem eigentlichen Geldtransfer zwar nicht gegen die Bankgesetze und die Abgabenordnung verstoßen wurde, jedoch *„weit"* über das sonst *„Bankübliche"* hinausgegangen wurde.[18]

1. Die Zurverfügungstellung eines transnationalen Kontensystems

Die privaten Großbanken, Genossenschaftsbanken und die Spitzeninstitute der Sparkassen ermöglichten auf Grund des Bestrebens der Kunden, den Zinsabschlag auf ihren Guthaben zu vermeiden, den Bankkunden einen besonderen Weg: Die Kontoeröffnung bei einem ausländischen Bankinstitut (meistens eine Tochtergesellschaft des eigenen Hauses oder einer verbundenen Bank) erfolgte von Deutschland aus. Es gab keine Überweisung vom inländischen auf das ausländische Konto der Bankkunden; vielmehr wurde eine Bareinzahlung des Kunden auf ein ausländisches Sammelkonto durchgeführt. Dieses Sammelkonto unterhielt ein ausländisches Kreditinstitut bei einem inländischen Kreditinstitut, insbesondere die ausländische Tochtergesellschaft einer deutschen Bank bei ihrer

---

18 So auch das erstinstanzliche Urteil der 6. Großen Strafkammer des LG Wuppertal, vom 19. Mai 1999, in: wistra 1999, 473 ff.

Muttergesellschaft. Auf dieses Sammelkonto (Cpd-Konto)[19] zahlte nun der Bankkunde seine Geldbeträge ein. Bei einem Cpd-Konto *(„Conto pro diversa")* handelt es sich um ein bankeninternes, also nicht kundenbezogenes Sammelkonto, welches den Sinn und Zweck hat, bestimmte Geschäftsvorfälle für andere Personen – auch Nichtkunden – buchungsmäßig unterzubringen.[20] Die Besonderheit liegt bei diesen Konten nun darin, dass der verbuchte Geschäftsvorgang *noch nicht* endgültig einer bestimmten Person zugeordnet werden kann (gesetzlicher Regelfall) oder erst gar nicht nach den Grundsätzen ordnungsgemäßer Buchführung zugeordnet werden sollte (Ausgangsfall). Diese nur nummernmäßig erfassten Konten („Zwischenkonten"), die eigentlich nur bankinternen, *noch nicht* zuzuordnenden Buchungen von „Bank zu Bank" dienen sollten, bargen seit ihrer Einführung im Kreditwesen ein erhebliches Missbrauchsrisiko, welches dem Gesetzgeber bekannt war. Die Buchung „unklarer" Geldbeträge auf Zwischenkonten war wegen der handelsrechtlichen Grundsätze ordnungsgemäßer Buchführung gesetzlich geboten; das Kreditinstut sollte im übrigen eine Prüfungsmöglichkeit erhalten, die Zuordnung der eingegangenen oder abgehenden Gelder aufzuklären.[21]

Vor diesem bankrechtlichen Hintergrund war die weitere „Verschleierung" von Geldtransfers einfach: Es musste also bei der Einzahlung sichergestellt sein, dass der Einzahlungsbeleg keinen Hinweis auf die Person des Bankkunden trägt. Man erreichte dies dadurch, dass der Name des Bankkunden weggelassen oder ein Phantasiename angegeben wurde – häufig mit „besonderer Kreativität", wie zum Beispiel *Helmut Kohl, Theo Waigel* oder *Donald Duck* oder gar nur eine „Referenznummer", z.B. xyz700597, notiert wird.

Die ausländische Bank fand nunmehr auf ihrem Kontoauszug eine Gutschrift über den Betrag, den der Bankkunde an seinem Bankschalter im Inland eingezahlt hat. Zugleich erhielt sie ein Exemplar des Einzahlungsbelegs. Die Bank wußte damit aber noch nicht, welchem Kunden dieser Betrag zuzurechnen ist. Zu diesem Zweck schrieb der Bankkunde – oder der ihn beratende Bankangestellte – auf den Einzahlungsbeleg eine Nummer. Bei dieser Nummer handelte es sich

---

19 Cpd steht als Abkürzung für „Conto pro diversa" (=Konto für Verschiedenes).Siehe zu den sog. CpD-Konten die Darstellung von *Carl / Klos*, „Der Verfügungsberechtigte im Sinne des § 154 Abs.2 AO", in: wistra 1990, S. 41 ff., insb. 45 ff.; *Lübben*, S. 169 ff..

20 Vgl. dazu : *Schebesta*, „Rechtsfragen bei Cpd-Konten sowie „und"- Konten", in: WM 1985, S. 1329 ff. (1332); instruktiv: *Wabnitz*, S. 711 ff.; *Blesinger*, in: NJW 2001, S. 1460.

21 Falls eine Zuordnung nicht erfolgen kann, wird das Geld an den Einzahler oder den Überweisenden zurückbezahlt, vgl. *Wabnitz*, Handbuch des Wirtschafts- und Steuerstrafrechts, S. 219, 220.

ganz einfach um die Kontonummer, die der Einzahlende bei der ausländischen Bank künftig unterhält. Die ausländische Bank konnte nun anhand der eingetragenen Kontonummer genau erkennen, für welchen Kunden die jeweilige Einzahlung bestimmt ist. Gleichzeitig befand sich auf diesem Einzahlungsbeleg *keinerlei Hinweis* auf die wirkliche Identität des Bankkunden. In der Regel wollten die Kapitalanleger keinen Schriftverkehr, der auf die Verbindung zur ausländischen Bank hinwies, bei sich aufbewahren. Dadurch vergaßen die Kunden mitunter ihre Kontonummer. Als besonderen Service führten einige Kundenberater geheime Listen, in denen die Namen ihrer Anleger nebst der dazugehörigen ausländischen Kontonummern verzeichnet waren.

Ganz entsprechend wickelten die Banken den Transfer von Wertpapieren von Deutschland nach Luxemburg ab. Von besonderer Bedeutung waren die sogenannten Tafelpapiere[22], also Wertpapiere nebst dazugehörigen Zinsscheinen in Form von effektiven Stücken, die sich oft in Bankschließfächern befanden. Diese Tafelpapiere reichten die Kunden bei der Bank ein, die Bank schrieb sie einem Sammeldepot, welches das ausländische Kreditinstitut bei ihr unterhält, gut, und auf dem Gutschriftsbeleg gab sie ebenfalls *keinerlei* Hinweis auf den Namen des Kunden, sondern nur die dortige Konto- bzw. Depotnummer an.

Bemerkenswert ist dabei, dass zwar immer von einem Transfer von Geldern oder Wertpapieren ins Ausland gesprochen wird. Bei der oben dargestellten Vorgehensweise befinden sich die Vermögenswerte jedoch nach wie vor im Inland, denn das Geld wurde bei der Kasse des inländischen Kreditinstituts eingezahlt und verblieb auch dort. Es erfolgte lediglich eine bankinterne Umschreibung von einem inländischen Konto auf ein ausländisches Sammelkonto bei der deutschen „Hausbank“, wobei nun allerdings das neu eingerichtete Konto der Kunden bei der Auslandsbank über das Cpd-Konto (als „Zwischenkonto“) bedient werden konnte.

Mit dem systematischen Weglassen der bekannten Personenangaben auf den Einzahlungsbelegen wurde es der Finanzverwaltung unmöglich gemacht, nachzuvollziehen, ob und in welcher Höhe der Steuerpflichtige zu versteuernde Gelder im Ausland angelegt hatte. Die Verantwortlichen der Bank verteidigten sich oft mit der Behauptung, die Bank sei gesetzlich (nach Vorschriften der AO, KWG) nicht verpflichtet gewesen, die Identität des Einzahlenden festzustellen und auf den Bankbelegen aufzuzeichnen. Entscheidend für den Vorwurf der Beihilfe zur Steuerhinterziehung des Bankkunden war jedoch, dass die angewandten Metho-

---

22 S. zu den Einzelheiten des Tafelgeschäfts auch: *Rischar*, „Die Selbstanzeige“, in: BB 1998, 1341 ff., 1341, 1342. BFH WM 00, 2482 ff.; BFH DB 2000, 1997 ff.=WM 00, 1842 ff.; im übrigen: BFH vom 4.9.2000, in: NJW 2001, S. 318 ff.; *wistra* 2000, S. 354-356.

den der Banken fundamental von den sonstigen Gepflogenheiten des Zahlungsverkehrs abwichen. Denn dort wurde bisher üblicherweise stets der Name des Zahlungsempfängers und des Auftraggebers festgehalten, allein um mögliche Reklamationen und Fehlüberweisungen zu vermeiden. Wenn nun in diesem sensiblen Bereich systematisch die Identität des Bankkunden verschwiegen oder verschleiert wurde, konnten die Überweisungen in diesen Fällen oftmals nur den Sinn haben, diesen Kunden die anonyme Kapitalanlage im Ausland zu ermöglichen.[23] Wenn es den Anlegern ausschließlich um die – vollkommen legale – Vermeidung des sofortigen Zinsabschlages (Liquiditätsvorteil) gegangen wäre, hätten sie diese Anlage ebenso gut unter vollständiger Identitätsangabe vornehmen können. Die Banken waren auch von der üblichen Zahlungsweise insofern abgewichen, indem sie keine Überweisung von Konto zu Konto veranlaßten, sondern die umständliche Einzahlung auf ein bankinternes Verrechnungskonto unter bloßer Angabe der Kontonummer im Ausland.

2. Die Dispositionen über das transferierte Geld

Hinzu kommt noch ein weiterer Gesichtspunkt im Hinblick auf diesen Kapitaltransfer, der die strafrechtliche Relevanz des Verhaltens der Bank verdeutlicht. Die Kapitalanleger wollten ihre Vermögenswerte nicht nur in das Ausland verbringen, sie wollten auch die rasche Verfügungsbefugnis über diese Guthaben behalten. Für die Bankkunden war es nicht ratsam, die ausländische Bank aufzusuchen und dort das Geld bar entgegenzunehmen, da bekannt war, dass deutsche Steuerfahnder an der Grenze z.B. nach Luxemburg Kontrollen durchführten. Aus Gründen der Anonymität hatten die Kunden ferner kein Interesse daran, Zahlungen auf ihr Konto aus dem Ausland zu erhalten. In diesem Falle wäre für die Finanzverwaltung leicht zu hinterfragen gewesen, woher diese Zuflüsse stammen. Auch für die Lösung dieser Problematik, nämlich anonyme Geldzahlungen aus dem Ausland zu erhalten, ohne irgendwelche Papierspuren zu hinterlassen, hatten die Banken eine adäquate Lösung parat. Hatte der Bankkunde den Wunsch, von seinem ausländischen Konto Geldbeträge abzuheben, rief er seinen Bankberater

23 So jedenfalls begründen dies die unterinstanzlichen Gerichte, vgl. z. B. den Beschluss des LG Itzehohe vom 9.6.1999 – 9 Qs 67 / 99 I, in: wistra 1999, 432 ff., 432, 433 l.Sp. für den Fall, wenn Kunden des betreffenden Kreditinstituts, die ein Konto bei der Bank hatten und in ständiger Geschäftsbeziehung operierten, Buchungen über andere Konten wünschten. Dabei wurden in der (anonymen) Form von Tafelgeschäften zuvor von dem Institut zu bestellende Wertpapiere gekauft und dann die erforderlichen Mittel für den Ankauf der Wertpapiere über Barabhebungen von der „Hausbank“ unterhaltenen Konten unmittelbar vor dem Geschäft abgebucht; LG Detmold vom 11.8.1999, in: wistra 1999, 434 ff (434).

an. Dieser informierte die ausländische Bank über den Wunsch des Anlegers. Die ausländische Niederlassung wiederum stellte einen Barscheck aus, der auf ein anderes Bankinstitut oder auch auf das deutsche Zentral- oder Spitzeninstitut der deutschen Bankfiliale gezogen war. Dieser Scheck wurde dann dem Kunden zugeleitet. Dies erfolgte entweder auf dem *Postwege* oder über das Filialnetz der Bank an die inländische Geschäftsstelle. Der Bankkunde konnte dann mit diesem Scheck in seiner inländischen örtlichen Bankfiliale vorsprechen und ihn dort gegen *bar* einlösen lassen. Im gesamten Buchführungswerk der inländischen Bank fand sich dabei kein Hinweis auf eine Zahlung des Bankkunden X aus dem Ausland. Der Bankkunde tauchte bei dieser Transaktion namentlich überhaupt nicht auf. Es wurde vielmehr der Anschein erweckt, es handele sich um eine Zahlung zwischen zwei Banken. Bei dieser Geldtransaktion hatten die beteiligten Bankmitarbeiter in besonders auffälliger Weise die Herkunft der Gelder aus dem Ausland verschleiert. In einigen Fällen versandten die ausländischen Bankinstitute sogar Bargeld über einen Wertbrief direkt an ihre deutschen Anleger.

3. Die Motive für den getarnten Kapitaltransfer

Da die Privatbanken, die Genossenschaftsbanken und die öffentlich-rechtlichen Sparkassen positiv wussten, dass andere Banken ähnliche Handlungen vornahmen, gingen sie oftmals, ebenso wie ihre eigenen Mitarbeiter[24] davon aus, dass die Kunden zu einem anderen Kreditinstitut wechseln würden, wenn sie die jeweilige „Mithilfe" an einem getarnten Auslandstransfer verweigerten. Viele Bankmitarbeiter hatten zudem den Eindruck, dass die Vorgesetzten und der Vorstand, sowie der Aufsichtsrat, die Anonymisierung einer Kapitalverlagerung in das Ausland zumindest duldeten, denn an Hand der Vorstandsprotokolle lässt sich erkennen, dass das Thema „Zinsabschlag" intensiv bei den Banken diskutiert wurde; der Leiter der jeweiligen Wertpapierabteilung stand in *direktem Kontakt* mit dem Vorstand.[25] Zum Teil gab den Bankangestellten auch die Tatsache Mut, dass bei anonymen Tafelgeschäften bisher schon eine "*Steuerhinterziehungsabsicht*" des Kunden sich „*regelmäßig aufgedrängt*" habe und trotzdem strafrechtlich nichts unternommen wurde. Zudem hat auch der deutsche Gesetzgeber die besondere Eignung speziell der Tafelgeschäfte zur Steuerhinterziehung erkannt und daher mit einem um 5 Prozentpunkte höheren Zinsabschlag belegt. Andererseits wurden Cpd-Konten vor dem sehenden Auge des Gesetzgebers schon seit

24 Vgl. zur Motivation laut Einlassung eines Bankmitarbeiters: Urteil des LG Wuppertal vom 19. Mai 1999, wistra 1999, 473 ff.

25 Vgl. Urteil des LG Wuppertal (6. Grosse Strafkammer) vom 19.5.1999, in: wistra 1999, 473 ff.

längerem auch für *nicht bankinterne* Buchungen im Kreditwesen von vielen Instituten in der Vergangenheit genutzt. Gleichwohl *erkannten* einige Mitarbeiter der Banken, dass ihre Mitwirkung an der verschleierten Verbringung von Kapital ins Ausland – gerade durch die *Aufteilung in zwei getrennte Geschäftsvorfälle* und die Tarnung des Einzahlers – über ein Tafelgeschäft der bisher „üblichen Art" mit Wertpapieren und ihre bisherige Tätigkeit erheblich hinausging.[26] Andererseits war allen Beteiligten bewusst, dass Cpd-Konten und Überweisungen über diese Konten ins Ausland bei Einhaltung des § 154 AO de lege lata zulässig sind.

4. Zum „System der Verschleierung" und Grundsatz der Einheit der Rechtsordnung

Während zu Anfang noch ein angeblicher Verstoß der Bankmitarbeiter gegen die Vorschrift des § 154 AO bemüht wurde, der normiert, dass die Banken keine Konten auf falsche oder erdichtete Namen der tatsächlichen Kontoinhaber errichtet dürfen und sie sich vor Konteneinrichtung Gewißheit über die Verfügungsberechtigten verschaffen müssen (§ 154 II AO), deutete sich in der Entscheidung des Bundesverfassungsgerichts vom 23. März 1994[27] ein Wandel an. Ein angeblicher Verstoß gegen Verfahrensrecht wurde verneint. Statt dessen stützte das Bundesverfassungsgericht seinen Ausspruch zunehmend auf die Tatsache, es sei ein „*System* der Verschleierung" durch Umgehung von § 154 AO im Zusammenhang mit der Geldverbringung ins Ausland unterhalten worden "[28] und ließ Durchsuchungen aufgrund des Verdachts der Beihilfe zur Steuerhinterziehung von (noch) unbekannten Bankmitarbeitern zu.[29]

Das Bundesverfassungsgericht bestätigte die Auffassung der Vorgerichte, die zum Erlaß der Durchsuchungsbeschlüsse ermittelten Anknüpfungstatsachen begründeten den Verdacht, im Betrieb der beschwerdeführenden Bank sei systematisch Beihilfe zur Steuerhinterziehung geleistet worden, sei „keinesfalls willkürlich, sondern ohne weiteres nachvollziehbar, wenn nicht sogar naheliegend." Andererseits könnte in diesem Zusammenhang zunächst die Frage aufgeworfen werden, ob es in jeden Fall von Erfolg gekrönt ist, dieses Begriffspaar des Bundesverfassungsgerichts (*System der Verschleierung*) einmal zu sezieren. Das „System" hatte offensichtlich darin bestanden, dass das Bankinstitut aufgrund des

26 So auch das LG Wuppertal ausdrücklich in den Urteilsgründen, vgl. wistra 1999, 473 ff.

27 BVerfGE 2 BvR 396/94, in: wistra 1994, 221 ff; *Harms/Jäger*, in: NStZ 2001, S. 236.

28 Vgl. dazu auch *Hamacher*, „Dagobert Duck- Ein kriminelles System?", in: DB 1995, 2284 (2286); im übrigen, *Wabnitz*, Handbuch, S. 220 ff.

29 Vgl. BVerfG, Beschluß vom 24. März 1994, *wistra* 1994, 221 ff.

Geschäftsbetriebs mit verschiedenen Haupt- und Zwischenkonten die Möglichkeit nutzte, Geld ins Ausland zu transferieren. Dies war nun allerdings keine Besonderheit, sondern im Gegenteil genau das, was man von einer Bank im gewöhnlichen Geschäftsverkehr erwartete. Anders ausgedrückt war und ist auch gegenwärtig gerade der Überweisungsverkehr ein Grundelement des Bankwesens. Schon seine historischen Wurzeln zeigen auf, dass es mindestens seit dem 12. Jahrhundert seine Hauptaufgabe gerade darin sah und sehen mußte, den Geldtransfer über die Grenzen hinweg zu bewältigen. Dieses „System" als solches kann mithin, für sich allein betrachtet, nicht anstößig sein.

Der strafrechtliche Vorwurf reichte jedoch weiter: Es wäre dieses System durch *Verschleierung* sozusagen *missbraucht* worden. Schon vom Wortlaut her bedeutet Verschleierung ein aktives Tun, das an sich offenkundige Vorgänge durch die entsprechende Tathandlung verdeckt. Offenkundigkeit des Vorgangs, oder wie hier der handelnden Personen, müsste mithin das Prinzip sein, und die Tathandlung müsste diesem Prinzip zuwiderhandeln. Gerade so war es aber bei den hier interessierenden Sachverhalten nicht. Es gibt kein allgemeines Gebot, dass Geschäftsvorfälle nur unter Namensnennung vollzogen werden können. Das tägliche Leben beweist vielmehr, dass das gegenteilige Prinzip Geltung beansprucht. Der Bürger ist aus vielerlei guten Gründen nicht gehalten, in gleichsam vorauseilendem Gehorsam Datenspuren zu hinterlassen. Vielmehr ist es eine Aufgabe des Gesetzgebers, im Ausnahmefall anzuordnen, in welchen konkreten Fällen er dieses Gebot statuiert. De lege lata fehlte es jedoch an einer solchen Anordnung des Gesetzgebers. In Bezug auf die Bankgeschäfte hatte der Gesetzgeber auch seit vielen Jahrzehnten diese Problematik erkannt und ordnete etwa in Gestalt von § 154 AO und in neuerer Zeit auch auf der rechtlichen Grundlage von § 2 GwG Identifikationspflichten an. Bareinzahlungs- und Auszahlungsvorgänge – ebenso wie sog. Tafelgeschäfte – wurden jedoch vom Regelungsbereich des § 154 AO nicht erfasst und werden es seit dem Inkrafttreten des GwG nur partiell.

Nach einer solchen Argumentation war es im Hinblick auf die Bundesverfassungsgerichtsentscheidung nicht zwingend, von einem „System der Verschleierung" zu sprechen, wenn die betroffene Bank nur das tat, was ihr die Verfahrensgesetze zubilligten. Anders formuliert stellt sich hier die Frage nach dem Grundsatz der Einheit der Rechtsordnung. Man kann nicht über die Auslegung strafrechtlicher Tatbestände Verfahrensrecht konterkarieren und gleichsam im nachhinein Verpflichtungen des Bürgers erfinden. Vielmehr beginnt der strafrechtliche relevante Bereich erst dort, wo der Bereich des gesetzlich (KWG, AO) Erlaubten verlassen wird. Das Strafrecht darf daher nicht das Verfahrensrecht und Berufsrecht im Bankbereich faktisch aushöhlen bzw. außer Kraft setzen, wenn dieses bewusst Tatbestände (Bargeschäfte) nicht regeln will.[30] Das Prinzip der Einheit der Rechtsordnung beruht gerade auf der Widerspruchsfreiheit von Normen bei gleicher Zweckrichtung des Gesetzes und auf der Verhinderung der faktischen Außerkraftsetzung einer Norm durch die andere.[31] Es könnte also vertreten werden, es handele sich rechtlich nicht um eine Umgehung des zwingend geltenden § 154 AO im Berufsrecht der Banken, sondern eher umgehe der Vorwurf der Beihilfestrafbarkeit das Faktum der gewollten Lückenhaftigkeit des Gesetzes.[32]

Im folgenden soll nun dargelegt werden, dass trotz dieser teilweise kritischen Argumentation ein „(Konten-)System" der deutschen Bankenwelt zur gezielten Verschleierung von Vermögenstransaktionenen vorlag, indem die „Hausbanken" der Kunden infolge einer letztlich *„bankinternen" Umbuchung* durch zwei hintereinandergeschaltete, raffinierte Geschäftsvorgänge das „Bankübliche" in weitem Maße[33] verließen und auch nach der Geldtransaktion dem Kunden noch behilflich waren, über das transferierte Geld zu verfügen, ohne dabei Spuren zu hinterlassen, welche von den Steuerfahndungen hätten zurückverfolgt werden können.

Der Liquiditätsverlust der Banken durch die Transferierung des Kapital ins Ausland und die Liquiditätszurückführung nach Deutschland folgten sehr schnell aufeinander[34]. Insgesamt gesehen gibt es viele Anhaltspunkte für objektiv tatbestandsmäßiges Handeln im Sinne objektiv tatbestandsmäßiger physischer Beihilfe und technischer Rathilfe der Bankmitarbeiter auf Grund eines von den Mutterbanken in Deutschland installierten Kontensystems. Deshalb kann eine pauschale Kritik an dem vom Bundesverfassungsgericht im Urteil vom 23.03.1994 angenommenen Begriff des „Systems" der Verschleierung nicht überzeugen.

5. Die zahlreichen objektiven Anknüpfungstatsachen im Ausgangsfall

Die Aufteilung der Banktransaktionen in mehrere Geschäftsvorgänge und die Anonymisierung des Bankkunden legt bei der Beurteilung der objektiven Beihilfetatbestandsmerkmale für die Gerichte zwingend den Schluss nahe, dass hier die

30 Die Nichterfassung von Barvorgängen war dem Gesetzgeber seit langem bekannt, vgl. Staatssekretär *Haehser* im BMF am 27.6.1979 vor dem Deutschen Bundestag, stenogr. Protokoll, 8. Wahlperiode, 163. Sitzung.

31 Vgl. grundlegend dazu: *Flume*, „Steuerwesen und Rechtsordnung", in: FS für *Rudolf Smend,* 1952, S. 69 ff.

32 Zu weiteren strafrechtlichen Aspekten vgl. *Hamacher*, WuB X § 370 AO 1. 95.

33 Vgl. dazu auch: Urteil des LG Wuppertal, in: wistra 1999, 473 ff.

34 Vgl. dazu den Beschluss des LG Bielefeld vom 22.6.98 in einer Strafsache gegen die Bank und ihre Organe nach §§ 30, 17 IV OWiG, in: WM 1998, 2290 ff.

Grenze des „Sozialüblichen“ und „Berufstypischen“ überschritten wird[35]. Zutreffend wird dies auch vom LG Wuppertal so beurteilt. Dies gilt auch dann, wenn man entgegen der hier geforderten Korrektur mit Hilfe einer kognitiv „verschärften“ subjektiven Zurechnung „übliches“ Verhalten für nicht tatbestandsmäßig halten sollte. Die Unterscheidung „üblich/unüblich“ ist im Bereich des Kreditwesens äußerst schwer zu treffen. Unerlaubt sind die Bankgeschäfte, die verboten sind. Diese sind in den §§ 3, 54 I Nr.1 KWG angesprochen, wenn deren Voraussetzungen vorliegen. Im übrigen ist den Stimmen beizupflichten, die die These aufstellen, es gäbe *gar keine* „alltäglichen“, schlechthin und absolut „nichtkriminellen“ Verhaltensweisen.[36] Gerade ein Geldtransfer ist weder immer alltäglich, noch immer erlaubt. Er ist zunächst isoliert betrachtet geeignet, als objektive Beihilfehandlung tatbestandsmäßig in Betracht zu kommen.

Die strafrechtliche Diskussion um die Beihilfestrafbarkeit im Bankwesen wird nur deshalb so intensiv in Deutschland, der Schweiz und in Österreich erörtert, weil sich die Tathandlung des Bankmitarbeiters für den Haupttäter *als Vorbereitungshandlung*, bzw. besser formuliert, als *„Unterstützung im Bereich des tatbestandlichen Vorbereitungsstadiums“* darstellt, und weil hinzu kommt, dass der potentielle Gehilfentatbeitrag häufig örtlich und zeitlich relativ weit von dem offensichtlichen späteren rechtsgutsverletzenden Geschehen entfernt ist und daher fälschlich oft nur getrennt beurteilt wird[37]. Dabei wird nicht genügend berücksichtigt, dass gerade die unrichtige Abgabe der Steuererklärung als Haupttat dann *nachfolgend* bei der Beihilfe die Akzessorietät der Beihilfehandlung *erst begründet.* Diese Begründung ist eine gesetzliche Ausnahme vom Regressverbot, d.h. es darf trotz der langen Zeitspanne zur Täterhandlung und trotz fremder, vorsätzlicher und eigenverantwortlicher Haupttat an ein früheres Verhalten eines Dritten angeknüpft werden. In der Konsequenz dieses im Steuerstrafrecht misslichen Umstands sind dann andere Lösungskorrektive auf *subjektiver Ebene* erforderlich, wenn die Strafbarkeit des Bankmitarbeiters wegen Beihilfe zur Steuerhinterziehung in Anbetracht der hier noch zu erörternden steuerstrafrechtlichen Besonderheiten[38] im Nebenstrafrecht[39] eingeschränkt werden soll. Sollte rechtspolitisch

---

35 So im Ergebnis in den Gründen auch das LG Wuppertal (6. Grosse Strafkammer) in seinem Urteil vom 19.5.1999 im Strafverfahren gegen einen einzelnen Bankmitarbeiter, in: wistra 1999, 473 ff. (475).

36 Gleicher Auffassung ist *Weigend*, „Grenzen strafbarer Beihilfe“ (1998), S. 197 ff. (204, 205) und jetzt auch im Steuerstrafrecht der 5. Strafsenat des BGH, vgl. BGHSt 46, 107 ff..

37 Siehe zu diesem guten Gedanken: *Weigend*, „Grenzen strafbarer Beihilfe“ (1998), S. 197 ff. (205).

38 Wirksame Selbstanzeige des Gehilfen nach § 371 AO im Hinblick auf deren konkreten Inhalt und Anforderungen in subjektiver Hinsicht und die Haftungsproblematik nach §§ 71, 219 Satz 1, 235 AO, sowie bankrechtliche, berufsrechtliche Zu-

und kriminalpolitisch die Strafbarkeit erstrebt werden, müsste wegen des Bestimmtheitsgrundsatzes des Art. 103 II GG und den typischen noch zu erörternden Besonderheiten des Steuerstrafrechts der Gesetzgeber im Hinblick auf einen steuerstrafrechtlichen eigenen Beihilfetatbestand mit expliziter subjektiver Gesetzesfassung tätig werden.

II. Steuerrechtliche Grundlagen: Zur Kapitalertragssteuer

Nach § 2 Nr. 5 EStG i.V. m. § 20 EStG sind Zinserträge einkommenssteuerpflichtig. Fraglich war aber seit langem, wie die Höhe der Erträge konkret festzustellen ist. Die Erhebung der Einkommenssteuer auf Zinseinkünfte war bis Anfang der 90er Jahre in besonderem Maße durch den Bankenerlaß von 1979 geprägt. Der Bankenerlaß vom 19. Juni 1979, der eine Verwaltungsanweisung vom 2. August 1949 neu fasste, bestimmte, dass auf das Vertrauensverhältnis von Bank und Bankkunde besondere Rücksicht zu nehmen sei. Es sei für den Regelfall von der Prämisse auszugehen, dass die Angaben in der Steuererklärung des Steuerpflichtigen hinsichtlich seiner Einkünfte aus Kapitalvermögen richtig und vollständig seien. Bezüglich der Guthabenkonten der Kunden, bei deren Errichtung eine Legitimationsprüfung nach § 154 Abs. 2 AO durchgeführt worden war, waren keine Kontrollmitteilungen an das Finanzamt vorgesehen. Der Schutzbereich der Verwaltungsanweisung wurde weit ausgelegt. Die Finanzbehörden vertrauten praktisch ausschließlich auf die Angaben des Steuerschuldners in seiner Deklaration hinsichtlich seiner Kapitalerträge, ohne – wie bei anderen Einkunftsarten – gegebenenfalls durch Rückfragen oder Kontrollmitteilungen die genaue Höhe der tatsächlichen Zinsen aufzuklären. Viele Steuerpflichtige fühlten sich aufgrund dieses Bankgeheimnisses in Sicherheit und verschwiegen in ihrer jeweiligen Steuererklärung die genaue Höhe der Zinseinnahmen, machten sich mithin der Einkommenssteuerhinterziehung nach § 370 AO strafbar.

Allerdings führte der Steuergesetzgeber mit dem Steuerreformgesetz 1990[40] eine „kleine Kapitalertragssteuer“ in Höhe von 10 % des Kapitalertrags als „Quellensteuer“ ein. Um Steuerpflichtigen die Rückkehr in die Legalität zu ermöglichen, erließ er ein Steueramnestiegesetz. Danach konnte der Steuerpflichtige straffrei werden, falls er bis Ende 1990 eine Erklärung abgab, in der er die Angaben zu seinen Einkünften aus Kapitalvermögen (§§ 20, 2 I 1 Nr. 5 EStG) für

---

verlässigkeitsfragen gemäß §§ 1 II, 33 I 2 KWG, vgl. *Simon/Vogelberg*, Steuerstrafrecht, 2000, S. 123, 372 ff.

39 Vgl. dazu: *Behr*, „Die Strafbarkeit von Bankmitarbeiteren als Steuerhinterziehungsgehilfen“, in: *wistra* 1999, 245 ff. (252).

40 Steuerreformgesetz 1990 vom 25. Juli 1988 , BGBl. I 1988, 1093.

die Zeiträume ab 1986 berichtigte. Für Veranlagungszeiträume vor dem Jahre 1986 wurde für hinterzogene Steuern – entgegen der Bestimmung in § 169 Abs.2 Satz 2 AO, der insoweit eine Festsetzungsfrist von zehn Jahren vorsah – von einer Steuerfestsetzung abgesehen. Zur selben Zeit übernahm der Gesetzgeber den Bankenerlaß 1979 fast übereinstimmend als neuen § 30 a AO mit der gesetzlichen Überschrift: „Schutz von Bankkunden". Im folgenden hob der Gesetzgeber die „kleine Kapitalertragssteuer" bereits nach wenigen Monaten wieder auf.[41] Dies hatte den Sinn, dem mit der Einführung der kleinen Kapitalertragssteuer für alle steuerrechtlich Beteiligten verbundenen Verwaltungsaufwand und den Belastungen des deutschen Kapitalmarktes durch die Geldvermögensbildung der Privatanleger im Ausland Rechnung zu tragen. Am 27. Juni 1991 entschied aber das Bundesverfassungsgericht[42], dass die Praxis der Besteuerung der Kapitalerträge mit dem verfassungsrechtlichen Gleichheitssatz des Art. 3 Abs. 1 GG, unvereinbar sei. Das Bundesverfassungsgericht stellte ein Vollzugsdefizit, einen „strukturellen Erhebungsmangel", bei der Besteuerung der Zinseinkünfte fest. Nicht allein eine rechtliche, sondern auch eine tatsächliche Gleichbehandlung bei der Durchsetzung der Besteuerung sei notwendig. Eine Steuerbelastung, die wie bisher nahezu ausschließlich auf der Erklärungsbereitschaft des Steuerpflichtigen basiere, verfehle den Grundsatz der steuerlichen Lastengleichheit. Ermittlungen des Gerichts ergaben, dass in der Vergangenheit etwa nur die Hälfte der Steuerpflichtigen ihre Kapitaleinkünfte korrekt versteuert hatten. Wesentlicher Grund für die Ungleichbehandlung sei der Bankenerlass aus dem Jahr 1979 gewesen. Insbesondere das Verbot von Kontrollmitteilungen gemäß § 30 a Absatz 3 AO schützte die Bankkunden vor den Ermittlungen der Steuerbehörden und enthob den Steuerpflichtigen des Risikos, bei einer Steuerverkürzung entdeckt zu werden. Nachdem die kleine Kapitalertragssteuer nach wenigen Monaten wieder abgeschafft und der Bankerlass in der Form des § 30 a AO als Gesetz verfestigt worden war, wurde der Erhebungsmangel evident.

Das Bundesverfassungsgericht bestimmte daher, dass der Gesetzgeber mit Wirkung vom 1. Januar 1993 eine verfassungskonforme, d.h. gleichheitskonforme Regelung zu schaffen habe. Bei dieser Neuregelung sollte aber zulässigerweise die gesteigerte Inflationsanfälligkeit der Einkunftsart „Kapitalvermögen" und die Kapitalbildung als Quelle der Altersversorgung bei der Besteuerung berücksichtigt werden. Auch eine Quellensteuer in der Form der Abgeltungssteuer und eines „beachtlichen Freibetrages" für Kleinsparer war nach seiner Begründung verfassungsgemäß.

41 Gesetz zur Änderung des Steuerreformgesetzes 1990 vom 30. Juni 1989, BGBl. I 1989, 1267.

42 BVerfGE, 2 BvR 1493 / 89, in: NJW 1991, 2129.

Mit dem Zinsabschlaggesetz von 1992[43] reagierte der Gesetzgeber. Der Sparerfreibetrag wurde mit Wirkung vom 1. Januar 1993 auf 6.000 DM bei Ledigen und 12.000 DM bei Verheirateten verzehnfacht. Im gleichen Zuge wurde ein Abschlag auf Kapitaleinkünfte in Höhe von 30 %, bei Erträgen aus Tafelpapieren in Höhe von 35 % im Wege des Steuerabzugs (§§ 43 a I Nr.4, II 1 EStG, §§ 43 I 1 Nr.7, 20 I Nr. 7, 44 I 1 Nr.1a, Doppelbuchstabe bb. EStG) eingeführt. Diesen Abschlag hatten die *inländischen* Kreditinstitute bei der Auszahlung der Zinserträge einzubehalten und anonym an die Finanzbehörden abzuführen. Der Kunde erhielt eine Zinsbescheinigung, die er bei der Jahreseinkommenssteuererkärung als Vorauszahlungsnachweis vorlegen konnte. Mit der festgesetzten Einkommenssteuer wurde der Zinsabschlag dann verrechnet.

Die Kapitalflucht ins europäische Ausland intensivierte sich 1992 auf Grund des neuen Zinsabschlaggesetzes ganz erheblich. Die Schweiz und Luxemburg waren aufgrund eines fehlenden Zinsabschlags für Ausländer, eines als „sicher" geltenden Bankgeheimnisses und des Fehlens einer Rechtshilfe bei einem Verdacht auf Steuerhinterziehung als Kapitalanlageländer von großem Interesse. Im Rahmen der Kapitalverkehrsfreiheit der Europäischen Union (Art. 73 b EGV) konnten die Steuerpflichtigen eine Auslandsanlage wählen, um dem 30 %-igen Zinsabschlag – bzw. 35 %-igen Abschlag bei Tafelpapieren – im Inland zu entgehen. Da dieser Abschlag in Luxemburg und der Schweiz nicht existierte, wurde dem Steuerpflichtigen der Zinsertrag zunächst in voller Höhe ausbezahlt oder gutgeschrieben. Die Anlagen in Luxemburg hatten noch den Vorteil, dass die Renditen der Einlagen etwas günstiger als in Deutschland waren. Selbst wenn der Bankkunde alle ausländischen Zinserträge voll versteuerte, hatte er sich wenigstens einen *Liquiditätsvorteil* verschafft: Die Einkommenssteuer musste erst *nach* der Abgabe der Steuererklärung und der Durchführung des Festsetzungsverfahrens gezahlt werden und wurde nicht schon unmittelbar bei der Auszahlung des Zinsertrages durch Abschlag einbehalten. Bei Kunden, die Einkommenssteuervorauszahlungen nach § 37 I EStG vierteljährlich zu begleichen hatten, war dieser Liqiditätsvorteil freilich von geringerer Dauer, wobei es im Einzelfall darauf ankam, ob diese Einkünfte aus Kapitalvermögen bereits in der Vorjahressteuererklärung beim Finanzamt deklariert worden waren und somit zur Grundlage einer voraussichtlichen Steuerschuldschätzung (§ 37 III EStG) werden konnten. In diesem Fall bestand für den Kunden auch ein *weiteres* Motiv, einen Geldtransfer ins Ausland durchzuführen.[44] Die Vermeidung der in diesen Jahren noch erhobene Vermögenssteuer war für viele Anleger ebenfalls Anlaß für den anonymen

43 Zinsabschlaggesetz vom 9. November 1992, BGBl. 1992, 1853.

44 Siehe ausführlich dazu auch im Teil 1 III. 1. dieser Arbeit bei den tatsächlichen Grundlagen.

Geldtransfer ins „verschwiegene“ Ausland. Andere Motive waren Zinsvorteile, Risikostreuung oder Geheimhaltung von Kapital vor Familienmitgliedern sowie Renditeinteressen und Währungsvorteile (vgl. 1. Teil unter I. 3. dieser Arbeit).

III. Strafrechtliche Grundlagen: Denkbare Beihilfehandlungen

Vor diesem steuerrechtlichen Hintergrund und der verschiedenen Motive der Kunden für den anonymen Kapitaltransfer ins Ausland sowie dem tatsächlichen banktechnischen Sachverhalt ist nun im Rahmen der strafrechtlichen Grundlagen darzustellen, welche Beihilfeformen im Ausgangsfall in Betracht kommen. Unterschieden wird nach der allgemeinen Strafrechtsdogmatik zwischen physischer Beihilfe, Beihilfe durch Unterlassen (§§ 27 I, 13 I StGB) und der Figur der *psychischen* Beihilfe, welche im Schrifttum besonders im Hinblick auf die „Bestärkung des Tatentschlusses“ äußerst umstritten[45] ist. Anhand von Sachverhaltsvarianten vor der jeweils in Betracht kommenden Figur sollen die denkbaren Beihilfehandlungen in Bezug auf die Steuerstraftat des Bankkunden dargestellt und erörtert werden. Dabei wird insbesondere auf die bislang ergangenen Entscheidungen der Gerichte gegen die Bankmitarbeiter und die Bank selbst Bezug genommen.

Im Rahmen der Frage, ob Bankmitarbeiter einer Steuerhinterziehungsgehilfenschaft schuldig sind, kommen auf den ersten Blick also physische Beihilfe, Beihilfe durch Unterlassen (§§ 27 I, 13 I StGB i.V.mit §§ 370 I, 369 II AO) und psychische Beihilfe in Betracht. Dabei ist auch denkbar, dass in einem Falle neben der physischen Beihilfe auch noch *sekundär* eine psychische Gehilfenschaft vorliegt, nämlich in den Fällen, in denen es der Bankmitarbeiter bei seiner beratenden Dienstleistung mit einem in Geldanlagen eher *unerfahrenen* Kunden zu tun hat, der auch *bisher noch nie* Steuern aus Kapitaleinkünften nach §§ 2 I Nr.5, 20 EStG hinterzogen hat. In anderen Fällen, also bei in Geldanlagen erfahrenen Kunden, kann diese Form der Beihilfe ebenso vorliegen.

Anders kann die strafrechtliche Beurteilung bei dieser Konstellation des *Zusammentreffens* von Beihilfe in der Form des aktiven Tuns mit psychischer Beihilfe in den häufig vorgekommenen Fällen liegen, in denen der einzelne Bankkunde bei der *ersten* Kapitalanlageberatung als *fest* zum Steuerdelikt Entschlossener (sog. omnimodo facuturus) in die Bankfiliale kommt, da dann die rein psychische Beihilfe einer *besonderen* Begründung bedarf, um die Beihilfestrafbarkeit des Bankmitarbeiters zur Steuerhinterziehung festzustellen. Dabei drängt sich hier dann zwangsläufig die Frage auf, *wie* ein zum Steuerdelikt bereits fest

---

45 Vgl. dazu SK-*Samson*, § 27 Rn.14 ff.; S/S-*Cramer*, 24. Auflage, § 27 Rn. 12..

Entschlossener noch „entschlossener" gemacht werden kann. Andererseits wird zum Teil erörtert, dass Wissen um die nachfolgende Haupttat *allein* für eine psychische oder physische Beihilfestrafbarkeit nicht genüge, sondern eine „psychische Stabilisierung" des Kunden zur Beseitigung des letzten Hemmungsbewusstseins im Hinblick auf die Steuerstraftat als *zusätzliches* Kriterium *hinzu* kommen müsse.[46] Liegt aber im hier zu erörternden Ausgangsfall bereits eine Beihilfe durch positives Tun vor, muss nach der allgemeinen Beihilfedogmatik eine psychische Komponente, die oft schwer beweisbar ist, nicht mehr mit erheblichem Begründungsaufwand konstruiert werden. Will man aber auf Grund von steuerstrafrechtlichen Besonderheiten und auf Grund von Verantwortungsgrenzen für das vorsätzliche Fehlverhalten Dritter gewisse Banktätigkeiten von der Beihilfestrafbarkeit ausnehmen, ist eine Korrektur dieses vorläufigen Ergebnisses möglicherweise dann nur noch auf subjektiver Ebene denkbar. Parallelen sind bei diesen Gedanken zu den *generellen,* allgemein zu beobachtenden *„Subjektivierungstendenzen"* im Nebenstrafrecht und Steuerstrafrecht bei den beratenden Berufen zu ziehen[47]. Des weiteren erscheint die gelockerte Rechtsprechung des BGH zur Bestimmtheit des Gehilfenvorsatzes[48] gerade im Steuerstrafrecht, wo die Vorbereitungshandlung des Tatbeteiligten viele Monate (manchmal über ein Jahr oder sogar mehr) vor der Haupttat (unrichtige / unvollständige Steuererklärungsabgabe) liegt, besonders problematisch und erörterungsbedürftig. Nunmehr ist also auf die einzelnen denkbaren Beihilfehandlungen im Ausgangsfall der Geldtransfers nach Luxemburg einzugehen. Dabei wird untypischerweise die Strafbarkeit wegen Beihilfe durch Unterlassen zuerst erörtert, da bei dieser Tatbegehungsvariante die klarsten Ergebnisse nach allen Auffassungen erzielt werden.

1. Einhellige Ablehnung der Beihilfe durch Unterlassen

a) Allgemeine Grundsätze

Auf den ersten Blick könnte als denkbare Beihilfehandlung in der Tat eine Beihilfe durch Unterlassen zur Steuerhinterziehung[49] als *unechtes* vorsätzliches Un-

---

46 In diesem Sinne u.a. *Lüderssen*, in: Grünwald-FS, S. 329 ff. (333); *Schild Trappe*, „Harmlose Gehilfenschaft ?", S. 137.

47 Vgl. dazu Teil 2 B III. dieser Dissertation.

48 Vgl. dazu BGHSt 42, 135 ff. und dazu im Teil 2 B. II. dieser Dissertation.

49 S. *Kohlmann*, Steuerstrafrecht (Kommentar), § 370 AO 1977, Rz. 17.7 (Stand: 1997) und 17.8.

terlassungsdelikt in Betracht kommen.[50] Die Beihilfe durch Unterlassen ist trotz des Wortlauts „Hilfe leisten“, welcher nicht sofort darauf schließen lässt, möglich, wie sich aus § 369 II AO in Verbindung mit den §§ 8 Satz 1, 9 II 1, 13 I StGB („im Falle des Unterlassens“) ergibt. Führt der Bankmitarbeiter in Kenntnis der künftigen Steuerunehrlichkeit des Kundens die Transferleistungen nach Luxemburg durch, ohne diesen Vorgang der zukünftigen Steuerhinterziehung zu unterbinden, wäre strafrechtlicher Anknüpfungspunkt für eine Beihilfehandlung diese Nichtabwendung der Steuerhinterziehung des Kundens trotz theoretischer Ablehnungsmöglichkeit des Bankgeschäfts. Dies wäre aber nur dann der Fall, wenn der Bankberater tatsächlich eine *Garantenstellung* im Sinne des § 13 I a. E. StGB innehaben würde, sei es zum einen hinsichtlich des Verhaltens des Bankkunden (Sicherungsgarantenstellung) oder eine Beschützergarantenstellung in Bezug auf das durch § 370 I AO geschützte Rechtsgut (staatlicher Steueranspruch). Nur wenn der Berater nach § 13 I StGB für den Nichteintritt der Steuerverkürzung (Erfolg) „rechtlich einzustehen hätte“, wäre er Garant.

Eine solche Garantenstellung des Bankmitarbeiters wird aber sowohl in Bezug auf das geschützte Rechtsgut als auch hinsichtlich des künftigen Verhaltens des Bankkunden einhellig abgelehnt. Zum einen wird argumentiert, den Bankmitarbeiter treffe keine generelle Pflicht, die Steuerehrlichkeit der Bankkunden zu garantieren.[51] Eine Vermögensbetreuungs- oder -fürsorgepflicht der Banken zugunsten des deutschen Fiskus besteht nicht, so dass auch eine Zurechnung dieser Pflicht zum Berater ausscheidet. Eine *Anzeigepflicht* in „Verdachtsfällen“ hat der Gesetzgeber lediglich für die Geldwäschevorgänge vorgesehen (§ 11 GwG), und davon sind Gelder, die aus Steuerstraftaten herrühren, mit Ausnahme des bandenmäßigen Schmuggels nach § 373 Abs.2 Nr.3 AO, nicht erfasst.[52] Der Gesetzgeber hat damit bisher *bewusst* (auch auf Grund der politischen Gegebenheiten im Bundestag) auf eine Einschaltung von Bankmitarbeitern in die Ermittlungen bei Steuerstraftaten in der jetzigen Gesetzesfassung (nicht jedoch in der Realität) verzichtet.[53] Eine Beschützer- oder Sicherungsgarantenstellung der Bank

50 Siehe zu der Abgrenzungsproblematik zum positiven Tun: BGHSt, Beschluss vom 20.12.1995 – 5 StR 412 / 95, StRK AO 1977, § 370 R. 236 = BGHR AO § 153 = wistra 1996, 184 (188) = NStZ 1996, 563.

51 So zutreffend *Otto*, „Beihilfe des Bankangestellten zur Steuerhinterziehung“, in: ZKredW 1994, 775 ff.,780; *Kohlmann*, Steuerstrafrecht, § 370 AO 1977, Rz. 17.8. (Stand: Sept. 1997).

52 Hierauf wird im dritten Teil dieser Arbeit unter Teil 3 I. bei den Lösungsansätzen *de lege ferenda* noch näher eingegangen.

53 Vgl. die Gesetzesbegründung, Gegenäußerung der Bundesregierung zur kritischen Stellungnahme des Bundesrats, BT- Drucks. 12 / 2704 vom 29.5.1992, S.3, 27. Siehe zur Inpflichtnahme eines privaten Dritten als Problem des Steuerrechts auch Teil

und ihrer Mitarbeiter zugunsten des deutschen Fiskus besteht also nicht. Mangels eines Kapitaltransfergesetzes ist die Übermittlung von Geldern und Vermögenswerten ins Ausland allein nicht strafbar. Somit ist weder eine Sicherungs- noch eine Beschützergarantenstellung im Ausgangssachverhalt de lege lata begründbar.

Es ist jedoch darauf hinzuweisen, dass Verstöße gegen gesetzliche Legitimationspflichten und Dokumentationspflichten im Sinne des § 154 II AO[54] für sich gesehen bußgeldrechtlich gemäß § 379 I Nr.2 AO geahndet werden können[55]. Sie sind im übrigen nur ein *Indiz* für die Annahme einer Beihilfe (oder auch „vorgeleisteten" Begünstigung, § 369 I Nr.4 AO) zur Steuerhinterziehung des Bankkunden.

b) Garantenstellung aus einem Verstoß gegen §§ 153, 116 AO

Schon gar nicht liegt Beihilfe durch Unterlassen vor, weil der Bankmitarbeiter etwa zum Personenkreis nach § 153 AO gehörte. Den Bankmitarbeiter trifft auch *nachträglich* keine Rechtspflicht *zur Berichtigung* der falschen Steuererklärung, da er nicht zum Personenkreis des § 153 I 2 AO gehört (für den Steuerpflichtigen nach §§ 34, 35 AO „Handelnde") [56] und ihm aus seiner beruflichen Stellung allein keine Garantenpflicht im Sinne des § 13 I a.E. StGB erwächst. Darüber hinaus trifft den einzelnen Bankmitarbeiter auch keine Anzeigepflicht gegenüber der Finanzbehörde nach § 116 AO, wenn er den Verdacht einer Steuerstraftat hat.[57] Diese Pflicht haben nur die in § 116 AO aufgezählten Gerichte und Behörden von Bund und Ländern und die kommunalen Träger der öffentlichen Verwaltung.

c) Garantenstellung aus einem Verstoß gegen § 154 I, II AO

Im Steuerstrafrecht und insbesondere im Kreditwesen könnte in einem Verstoß des Beraters gegen § 154 AO ein Anknüpfungspunkt für ein pflichtwidriges bzw. rechtswidriges Vorverhalten (Ingerenzgarantenstellung des Beraters) liegen. Untersucht werden muss daher, was für und was gegen einen Pflichtverstoß im Hin-

---

3 VII. dieser Dissertation. Zur fehlenden Fürsorgepflicht: *Wabnitz*, Handbuch (2000), S. 222.

54 Siehe dazu zum Streit darüber, ob § 154 AO verletzt wurde unter Teil 1, Ziff. III. 1. c.).

55 Vgl. *Kohlmann*, Steuerstrafrecht, § 379 AO 1977 Rn. 48 ff. (Stand: Nov. 1995).

56 Siehe zu dem ähnlichen Fall des Steuerberaters, der nachträglich bösgläubig wird: *Joecks*, „Berichtigungspflichten des nachträglich bösgläubigen Steuerberaters", in: INF 1997, 21 ff.

57 Vgl. dazu: Koch/ Scholtz-*Förster*, AO, 5. Auflage 1996, § 116 Rn. 2-4.

blick auf § 154 AO (Kontenwahrheit) im Steuerstrafrecht spricht. Ein Pflichtverstoß der Bank und ihrer Berater wird zum Teil wegen des Transfers unter fehlender Zuordnung der Referenz*nummer* zum Kunden aus einem Verstoß gegen Sinn und Zweck des § 154 AO (Vermeidung anonymer Geldtransfers) hergleitet.

Bei der Frage einer Teilnahmestrafbarkeit wegen Beihilfe zur Steuerhinterziehung wird zum Teil von einer Pflichtverletzung des Bankmitarbeiters ausgegangen.[58] Dem könne auch nicht mit der Argumentation begegnet werden, die Banken bräuchten die vielfältigen Motive für den Transfer von Geldern ins Ausland nicht zu überprüfen.[59] Mittlerweile müsste auch dem naivsten Kapitalanleger und Sparer einleuchtend sein, daß regelmäßig das entscheidende Motiv für den Kapitaltransfer ins Ausland die bewusste Weigerung des Kapitalanlegers sei, die nach dem Gesetz geschuldeten Steuern auf Zinsen und das Anlagekapital zu entrichten.[60] Der *Steuervermeidungswille* und *konkrete Steuerumgehungswille* seien dabei evident, mögen auch zuweilen andere Motive hinzukommen. Ein abstrakter Anhaltspunkt[61] hierfür sei in den meisten Fällen der Wunsch des Bankkunden nach „erhöhter Diskretion." Wer lediglich dem Zinsabschlag entgehen und dadurch einen *Liquiditätsvorteil* erzielen wolle, brauche keinen Wert darauf zu legen, dass bestimmte Geldtransaktionen ohne Bezug zu seinem Bankkonto in Deutschland und ohne Vermerk seines Namens auf einem Konto oder einem Kontobeleg in Deutschland erfolgten. Jeder Wunsch in dieser Richtung müsse einem Bankmitarbeiter signalisieren, dass hier aller Wahrscheinlichkeit nach ein endgültiger Weg zur „Steuervermeidung" – und damit eine Steuerverkürzung im Sinne des § 370 Abs. 4 AO – geplant ist.

Im Grunde seien immer *drei* Gesichtspunkte gleichzeitig besonders zu berücksichtigen: Zum einem der *konkrete Ratschlag*, auf welche Weise die Anonymität zu gewährleisten ist, um die deutsche Steuer „zu vermeiden", zum anderen die *Zurverfügungstellung ungewöhnlicher Verschleierungswege* und *Verschleierungsmethoden* bzw. dem *Zurverfügungstellen der missbrauchsanfälligen Infrastruktur („System")* und drittens die *tatsächliche Durchführung* der Geldtransaktionen. Insofern habe der objektiv tatbestandsmäßig handelnde Bankmitarbei-

---

58 Übereinstimmend gegen die Auffassung, es liege kein Verstoß gegen § 154 AO vor: *Carl / Klos*, „Zur Rechtmäßigkeit der Durchsuchung von Kreditinstituten durch die Steuerfahndung", in: *wistra* 1994, 211 ff (212, 213). Im übrigen: LG Düsseldorf, in: wistra 1985, 201; LG Kiel wistra 1998, 363; *Otto*, Urteilsanmerkung, in: StV 1994, 409 *Pütz*, „Zum Zugriff der Strafverfolgungsbehörden auf CpD-Konten", in: ZIP 1990, 703.

59 So aber *M. Weber*, in: *Handelsblatt* vom 4./5. 1994, S.5.

60 So vertreten von *Carl / Klos*, „Zur Rechtmäßigkeit der Durchsuchung von Kreditinstituten durch die Steuerfahndung" in: *wistra* 1994, 211 ff (212).

61 Man vertiefe dazu etwa *Dembowski*, „Tafelgeschäft –Wertpapiere zwischen Tresor und Matratze", 4.Aufl., 1992, passim.

ter die Schwelle zur persönlichen Strafbarkeit überschritten. Dies ist nach Auffassung der Finanzverwaltung kein sozialtypisches Verhalten mehr, welches nicht zu kriminalisieren wäre, falls es ein solches überhaupt gibt,[62] sondern mehrere objektiv und subjektiv tatbestandsmäßige Beihilfehandlungen zur Steuerhinterziehung des Kunden und damit ein Tatbestand, der in einem Rechtsstaat aus schutzgutsbezogenen Erwägungen kriminalpolitisch nicht mehr tolerabel ist, selbst „wenn sich ein Teil des Kapitalmarktes an diese Gepflogenheiten – insbesondere die Nichtversteuerung der Zinsen – gewöhnt haben sollte" – wie das Bundesverfassungsgericht schon im Zinsurteil warnend hervorgehoben hat.[63]

Erörtert wird dann die Frage, ob nun als weiterem Anknüpfungspunkt für eine tatbestandsmäßige Beihilfehandlung (durch Unterlassen) zur Steuerhinterziehung des Kunden ein Verstoß gegen die Kontenwahrheitspflicht (§ 154 AO) rechtlich vorliegt.[64] Näher interpretationsbedürftig und umstritten ist die Aussage des Bundesverfassungsgerichts, die vorgenommenen bankinternen Buchungen verstießen gegen die Kontenwahrheitspflicht des § 154 AO, da das konkrete Bankinstitut über viele Jahre hinweg Kundengelder über CpD-Konten laufen ließ, ausgeschriebene Zahlen als Unterschriften passieren beziehungsweise sich von den luxemburgischen Tochterunternehmen große Summen von Kundenkonten überweisen ließ. Die betroffene Bank[65] widersprach dem mit dem Hinweis, dass nach Auffassung des gesamten Kreditgewerbes Barzahlungsvorgänge ohne Namensnennung über Konten von Auslandsbanken keinen Verstoß gegen § 154 AO[66] darstellten.

Es sei eine wichtige Erkenntnis, dass die Einzahlungen inländischer Kunden der betroffenen Bank in der Sache und im Resultat dazu *bestimmt* waren, dem

---

62 Wie hier verneinend: *Weigend*, „Grenzen strafbarer Beihilfe", in: FS für Nishihara, S. 197 ff., S. 204, 205.

63 So ganz deutlich und in klaren Worten das BVerfG im Zinsurteil, BVerfGE 84, 239 ff, 274.

64 Für diese Ansicht, die einen Verstoß bzw. eine Umgehung des § 154 AO befürwortet: LG Kiel, wistra 1998, 363; LG Düsseldorf, wistra 1985, 201.

65 Nach *Handelsblatt* vom 6.4.1994, S.1, 15; angeblich sollen das nordrhein-westfälische und Bonner Finanzministerium diese Auffassung des Kreditgewerbes teilen.

66 Dazu grundsätzlich: *Müller- Brühl*, „Die Legitimationsprüfung und andere Steuerthemen für Banken", 9.Auflage, 1990, passim; *Philipowski*, „Zum Begriff des Verfügungsberechtigten im Sinne des § 154 Abs.2 AO" in: WM 1992, 721, 765; *Klos*, „Die Neuregelung der Legitimationspflicht nach § 154 Abs.2 AO in: StBp 1992, 53; *Kottke*, Tafelgeschäfte, NWB Fach 21, S. 1117; *Dahm / Hamacher*, „ Identitätsprüfung bei Tafelgeschäften mit Wertpapieren ?", in: DStZ 1992, 753; dazu auch der Anwendungserlass zur AO (AEAO) zu § 154 in der Fassung des BMF – Schreibens vom 23.3.1993, vgl. BStBl. I 1993, 330.

Konto des Einzahlenden bei der luxemburgischen Tochter[67] gutgeschrieben zu werden. In der Zielrichtung handelte es sich keineswegs – wie es von der Bankseite gesehen wurde[68] – um Einzahlungen auf das Konto eines fremden Dritten (der Luxemburger Tochter bei der deutschen Mutter), sondern um Einzahlungen auf eigenes Konto. Die *Zwischenschaltung* des Kontos der Luxemburger Tochter in Deutschland beziehungsweise eines bankinternen Verrechnungs-Kontos (CpD-Konto) bei der deutschen Großbank diente nach Auffassung der Verwaltung lediglich der Verschleierung. § 154 Abs.1 AO ist hiervon insoweit betroffen, als es dort untersagt ist, Buchungen auf einen falschen oder erdichteten Namen (im übrigen für sich oder einen Dritten) vornehmen zu lassen.[69] Gleichsam wie die Errichtung eines Nummernkontos durch § 154 Abs.1 AO untersagt ist, ist auch die Vornahme von Buchungen unter einer Nummer untersagt, wenn der Name des Vertragspartner *bekannt* ist. Bei richtigem Verständnis der Kontenwahrheitspflicht nach § 154 AO darf nach Auffassung der Finanzverwaltung der Buchungsvorgang „Einzahlung auf ein (eigenes) Konto“ nicht unter einer Nummer erfolgen; die Identifizierung des Einzahlenden muss ermöglicht werden können, Kontoführung und Buchungen über Bankkonten müssen für den Fiskus nach deutschem Recht *transparent* sein.[70] Verfügt der Bankkunde über ein entsprechendes Konto (etwa ein Girokonto) bei der inländischen Bank, sei der Vorgang hierüber abzuwickeln. Verfüge der Kunde dagegen nicht über ein solches Konto, muss die Bank den Vorgang zwangsläufig entweder über ein zu diesem Zweck von der „Zielbank“ bei ihr eingerichtetes Konto oder über ein CpD-Konto (Verrechnungskonto) verbuchen. Eine solche Verbuchung ist als solche strafrechtlich nicht zu beanstanden. *Entscheidend* sei aber, dass im konkreten Fall die Buchung auf dem Konto der deutschen Tochterfiliale der Großbank in Luxemburg bei ih-

---

67 In Luxemburg ist das Geld vor der deutschen Zinssteuer und Steuerfahndung sicher, vgl. dazu: *Carl / Klos*, „Bankgeheimnis und Quellensteuer im Vergleich internationaler Finanzmärkte“, 1993, S.113 ff.. Im übrigen leistet Luxemburg bisher weder Amts- noch Rechtshilfe in Fiskalsachen.

68 So die Beschwerdeschrift der Dresdner Bank, abgedruckt in: Die AG 1994, 119 ff..

69 Insoweit verkennt *Trzaskalik* das Problem, wenn er ausführt, die Dresdner Bank Deutschland habe ihre *Prüfungs- und Dokumentationspflicht* bezüglich des Kontos ihrer Tochtergesellschaft erfüllt und der Kunde habe auch kein Konto unter falschem Namen eingerichtet, vgl: *Trzaskalik*, „Die Strafrechtspflege und das Steuerrecht“, in: DB 1994, 550 ff., 551.

70 Anders als etwa noch in Österreich, wo die anonyme Kontoführung in bestimmten Fällen vom Gesetzgeber bewusst zugelassen wird; ebenso Liechtenstein, wo Anlagen über Berufsgeheimnisträger – den wirtschaftlich Berechtigten verdeckend – zulässig sind; zu den daraus entstehenden Problemen bei Bekämpfung der Geldwäsche vgl. *Carl / Klos*, „Regelungen zur Bekämpfung der Geldwäsche und ihre Anwendung in der Praxis“, 1994, passim.

rer Mutter (bzw. auf einem Verrechnungskonto der Mutter) unter einer *Nummer* (der „Kontonummer“ des Bankkunden in Luxemburg) erfolgt ist und die Zuordnung zu dem entsprechenden Kunden nicht in der von § 154 AO geforderten Art und Weise (sondern nur in einer Kladde, die als Gedächtnisstütze für die Bankmitarbeiter diente) möglich war. Damit werde es im Übrigen im Ergebnis dem deutschen Kunden unter *Umgehung* auch der Vorschrift des § 154 AO über die Kontoerrichtung ermöglicht, ein *anonymes Konto* zu unterhalten, welches zwar rechtlich in Luxemburg angesiedelt ist, über das aber der deutsche Kunde durch Rechtshandlungen ausschließlich im Inland – wie über ein inländisches Konto – verfügen könne. Ziel des § 154 AO sei es aber, *anonyme* Geldtransfers von Steuerpflichtigen zu vermeiden und damit letztlich die Auskunftsmöglichkeit der Banken bezüglich ihrer Kunden sicherzustellen.[71] Auch hiergegen habe die Vorgehensweise des deutschen Zentralinstituts der Sparkassen, der Genossenschaftsbanken und der privaten Großbanken verstoßen.[72]

Die Bank hätte also im vorliegenden Fall so buchen müssen, dass der Name des Kunden, der über das Konto der luxemburgischen Tochtergesellschaft z.B. in Düsseldorf Überweisungen nach Luxemburg vorgenommen hat, jederzeit verfügbar war, um eventuelle Auskunftsersuchen der Finanzbehörden nach § 93 Absatz 1 und Absatz 3 AO i.V. mit § 30 a Absatz 5 Satz 1 AO beantworten zu können. Dass dies der im vorliegenden Ausgangsfall beschuldigte Bankanlageberater – in der Absicht, *die Papierspur des Kunden* hinsichtlich seines Geldtransfers zu beseitigen – nicht getan hat, erfüllt möglicherweise den Tatbestand einer Steuerordnungswidrigkeit nach § 379 Abs.2 Nr.2 AO. Hätten die Finanzbehörden entdeckt, dass Kundengelder über dieses Konto der Luxemburger Tochterbank transferiert werden, hätte die potentielle Zugriffsmöglichkeit auf dieses Kunden- oder CpD-Konto bestanden. Immer wenn das Finanzamt ein inländisches Konto kennt, wird es die Informationen (über den Kunden) erschließen können.[73] Ein Verstoß gegen die Kontenwahrheitspflicht liege jedenfalls dann vor, wenn Kunden mit Konto oder Depot bei ihrer Bank Anlagegelder von diesen Konten abheben und es an-

71 Ausführlich dazu *Carl / Klos*, „Tafelgeschäfte – steuerlich unzulässige Geldwäsche der Kreditinstitute?“, in: DStZ 1991, 24; *dieselben*, „Die Kontenwahrheitspflicht“, in: NWB F. 2, S. 5635; *Herrler*, „Mitwirkung der Banken bei der Besteuerung von Bankkunden, 1984, passim.

72 In diesem Sinne: LG Kiel, wistra 1999, 363; LG Düsseldorf, wistra 1985, 201; ablehnend zu Recht: *Wannemacher*, Steuerstrafrecht, 4. Aufl., Rn. 2803-2812 und BGHSt 46, 107 ff.

73 So zutreffend: *Streck*, „Besteuerung inländischer und ausländischer Einkünfte aus Kapitalvermögen“, in: DStR 1993, 342 ff., 344 unten.

schließend *bar* auf das Konto der Tochterbank Luxemburg zum Zwecke der Transferierung ins Ausland einzahlen.[74]

Zunächst ist aber festzustellen, dass ein möglicher Verstoß gegen § 154 AO für die Frage der Strafbarkeit wegen Beihilfe zur Steuerhinterziehung *nicht entscheidungserheblich* ist:[75] Diese Auffassung stützt nur als *Hilfs*begründung die Feststellung, dass es sich um Verschleierungs- und damit um Beihilfehandlungen gehandelt hat, um den Geldtransfer zwischen In- und Ausland für Dritte – vor allem die deutschen Finanzbehörden – *anonym* zu gestalten.

Sollte für den Ausgangsfall die *anonyme* Durchführung der Geldtransfers von und nach Luxemburg die Pflichtwidrigkeit begründen, so bedarf es eines besonderen Verbotes, das diese Anonymität untersagt, denn das Verhalten könnte auch als das Unterlassen, die Namen der Kunden und Auftraggeber festzuhalten, rechtlich eingeordnet werden. Da die Banken jedenfalls nicht Garanten für die Erfüllung der Steuerpflichten ihrer Kunden sind, eine solche Pflicht also nicht aus den rechtlich anerkannten Garantenstellungen[76] im Sinne des § 13 I StGB abgeleitet werden kann, könnte es auf eine spezifische Pflicht zur Aufzeichnung ankommen.[77] Dabei drängt sich die schwierige Problematik auf, ob eine Pflichtverletzung vorliegt, wie sich innerhalb der Diskussion über die Reichweite des § 154 AO zeigt.[78] Ausgehend vom Wortlaut lässt sich ein Verstoß gegen § 154 AO bei anonymer Durchführung des Zahlungsverkehrs über ein Konto der luxemburgischen Tochtergesellschaft bei dem deutschen Zentral- oder Spitzeninstitut ohne weiteren Begründungsaufwand nicht feststellen. Zwar ist zuzugeben, dass im Ergebnis der deutsche Kunde von Deutschland aus anonym über ein ausländisches Konto verfügen kann.[79] Vom Wortlaut des § 154 AO ist das aber in direkter Anwendung der Norm nicht unmittelbar erfasst.[80] Das gilt einmal für

74 Bemerkenswerterweise sollen viele Kunden ihre Anonymität unter dem Namen „Theo Waigel" hergestellt haben.

75 Genau dieser Ansicht auch das LG Wuppertal in einem erstinstanzlichen Verfahren gegen einen Bankmitarbeiter wegen Beihilfe zur Steuerhinterziehung, in: wistra 1999, 473 ff. (475).

76 Beschützergarant (z.B. durch Vertrag oder faktische Übernahme) und Sicherungsgarant (z.B.: Ingerenz).

77 *Ransiek*, „Pflichtwidrigkeit und Beihilfeunrecht", in: wistra 1997, 41 ff.

78 Das Bundesverfassungsgericht ging – ohne Begründung – von einem Verstoß gegen § 154 AO aus. Ebenso *Carl / Klos*, in: *wistra* 1994, 211 ff. (213 ff.); *dieselben*, in: DStZ 1995, 296, 299ff., 306 ff.; *Otto*, StV 1994, 409, 410 bei Verwendung von CpD- Konten, „soweit Überweisungen von und auf Kundenkonten erfolgten". LG Bochum NJW 2000, 1430 ff., 1431.

79 So: *Carl / Klos*, in: *wistra* 1994, 211 ff. (213); *Ransiek*, „Pflichtwidrigkeit und Beihilfeunrecht", in: *wistra* 1997, 41 ff. (43).

80 So *Trzaskalik*, in: DB 1994, 550, 551 ff. und die h.M.: vgl. BGHSt 46, 107 ff..

§ 154 Abs.2 AO. Derjenige, der ein Konto führt, hat sich Gewißheit über die Person des Verfügungsberechtigten zu verschaffen und diese Angaben auf dem Konto festzuhalten. Verfügungsberechtigter über *ihr* Konto ist aber *die luxemburgische* Tochterbankgesellschaft, *nicht der einzelne Bankkunde,*[81] der über dieses Konto mit Hilfe des für ihn zuständigen Bankmitarbeiters sein eigenes Konto in Luxemburg bedienen kann. Der Name *des einzelnen Auftraggebers*, der auf dieses Konto einzahlt oder mit von der luxemburgischen Bank ausgestellten Barschecks Geld ausbezahlt bekommt, ist also nach dem Wortlaut der Norm nicht (insbesondere nicht auf dem Konto) festzuhalten, und seine Personenangaben sind nicht zu überprüfen. Wollte man anders entscheiden, wäre § 2 GwG überflüssig. Alle Einzahlungen auf Konten Dritter hätten ohnehin unter Prüfung der Identität des Einzahlers erfolgen müssen und die Angaben hätten auf dem Konto namentlich festgehalten werden müssen. Für die Schaffung des GwG hätte kein Anlass bestanden.[82]

Allerdings besteht der rechtlich erhebliche Einwand, dass die Luxemburger Tochterbankgesellschaft kein „echter Dritter" ist, da sie eingegangene Gelder nur weiterleiten soll. Dagegen könnte dann argumentiert werden, es könne nicht richtig sein, die Verfügungsberechtigung im Sinne des § 154 Abs. 2 AO davon abhängig zu machen, wer wirtschaftlich Inhaber einer Geldforderung ist.[83] Das wäre möglicherweise kaum nachzuprüfen, weshalb die formale Betrachtungsweise den Vorrang verdienen solle.[84] Es besteht darüber hinaus keine gesetzliche Pflicht der Bank, wirtschaftliche Hintergünde vom Verfügungsberechtigten nachzufragen. Das „Strohmannproblem" ist seit langem bekannt.

Dabei wird noch in die Diskussion eingeführt, dass eine andere Betrachtungsweise auch nicht aus § 154 Abs. 1 AO folgen könne. Nach dieser Bestimmung werden zwar (anders als in § 154 Abs.2 AO) auch *Buchungen* unter falschen oder erdichteten Namen untersagt. Vom insoweit eindeutigen Wortlaut richtet sich dieses Verbot aber ausschließlich an den Auftraggeber, nicht jedoch

---

81 Vgl. dazu Teil 1 dieser Arbeit unter III.2. Im übrigen zur Problematik des § 154 AO: *Carl / Klos*, „Das ungelöste Problem des Verfügungsberechtigten", in: wistra 1990, 41 ff.; dieselben: „Inhalt und Grenzen der Kontenwahrheitspflicht nach § 154 AO als Grundlage der steuerlichen Mitwirkungspflichten der Kreditinstitute", in: DStZ 1995, 296 ff.; im übrigen: *Lüderssen*, „Beihilfe, Strafvereitelung und objektive Zurechnung", in: FS für Gerald Grünwald, 1999, 329 ff, (334-337).

82 *Trzaskalik*, in: DB 1994, 550, 552; *Otto*, in: StV 1994, 409, 410.

83 So argumentiert *Ransiek*, „Pflichtwidrigkeit und Beihilfeunrecht", in: *wistra* 1997, 41 ff., 43.

84 Vgl. BGH BB 1995, 62 ff.; zum Strohmann – Konto: vgl. *Phlipowski*, WM 1992, 721 ff. (724); im übrigen sich anschließend: *Ransiek*, „Pflichtwidrigkeit und Beihilfeunrecht", in: wistra 1997, 41 ff. (43, r. oben).

explizit gegen die Bank.[85] Zudem wird angeführt, *anonyme* Buchungen seien vom Wortlaut des § 154 Abs.1 AO (anders als die anonyme Kontoerrichtung nach § 154 Abs.2 AO) gar nicht erfasst. Zwar greife auch hier der zu beachtende Einwand, dass auch anonyme Buchungen untersagt sein müssen, wenn falsche oder erdichtete Namen nicht verwendet werden dürfen (Erst-recht-Schluss). Eine solche Auslegung ist jedoch für den eigentliche Verpflichteten – den Bankkunden – ohne Sinn. Ihm braucht man die Anonymität nicht zu verbieten, sondern es ist ausreichend, dem Kontoführer aufzugeben, namentliche Angaben des Auftraggebers zu fordern. Bei einer Gesetzesauslegung, die die Bank in den Kreis der Normadressaten einbeziehen würde, fehlt in § 154 Abs.1 AO ein ganz wesentlicher und entscheidender Gesichtspunkt: Eine Prüfungspflicht und Aufbewahrungspflicht von Unterlagen, welche de lege lata fehlt. Denn folgt man einer extensiven, am Sinn der Norm orientierten Auslegung, so ist dies weitgehend ohne Wert, wenn die Bank nicht gleichzeitig zur Prüfung der Angaben des Auftraggebers verpflichtet sei. Gerade der Auftraggeber kann einen falschen Namen angeben, die Bank wird ihn ohne Überprüfung für die Buchung zugrunde legen, und nur die Fälle, in denen die Unrichtigkeit erkannt wird, werden erfasst. Man kann für die überwiegende Mehrheit der Sachverhalte nicht verhindern, dass der Auftraggeber eine falschen Namen verwendet. Eine Prüfungspflicht bei in Auftrag gegebenen Buchungen besteht aber nicht, wie eindeutig aus § 154 Abs. 2 AO folgt. Hinzu kommt, dass jedenfalls keine Pflicht begründet wird, die Angaben irgendwie festzuhalten und in geordneter Form aufzubewahren. Ohne eine solche Pflicht ist ein an die Bank selbst gerichtetes Verbot anonymer Buchungen nicht nachvollziehbar, und es ist auch nicht zu erklären, weshalb gerade das in § 154 Abs.2 AO für dessen Anwendungsbereich geregelt ist, für Buchnungsunterlagen aber nicht. Folgt man dieser Auffassung, würde das Endergebnis lauten: § 154 Abs.1 AO verpflichtet entsprechend dem Wortlaut nur den Bankkunden. Allerdings ist der Bank gesetzlich verboten, falsche Belege auszustellen, wie sich aus der Bestimmung des § 379 I Nr.1 AO ergibt (Steuerordnungswidrigkeit).[86]

Schließlich kann als letztes Argument gegen einen Pflichtenverstoß der Bank ein strafrechtliches Grundprinzip ins Felde geführt werden. Zwar ist an die Gesetzesauslegung der steuerrechtlichen Norm des § 154 AO auch im steuerstraf-

---

85 A.A. *Carl / Klos*, in: DStZ 1995, 296 ff., (300).

86 Dieser Tatbestand kann vorliegen, wenn Gelder zunächst bar vom deutschen Konto abgehoben werden und sodann über die beschriebenen Wege nach Luxemburg transferiert werden (und umgekehrt bei Auszahlungen) und aus Barauszahlung bzw. – einzahlung dokumentiert wird, während nach dem eigentlichen wirtschaftlichen Geschehen eine Überweisung auf ein inländisches (CpD-)Konto einer Auslandstochter beim „Mutterinstitut“ vom deutschen Konto aus vorliegt. Siehe *Carl / Klos*, in: *wistra* 1994, S. 211 ff., 213 ff.

rechtlichen Zusammenhang nicht der Maßstab des Art. 103 Absatz 2 GG anzulegen.[87] Allerdings muss die Pflichtverletzung doch eindeutig aus der Norm selbst und ihrem Wortlaut ableitbar sein, um aus diesem Grund eine Pflichtverletzung der Bank anzunehmen. Hieran fehlt es. Dies bedeutet andererseits aber auch lediglich, dass aus diesem Grund die Pflichtwidrigkeit (für eine etwaige Ingerenzgarantenstellung) der Tatförderung im Ausgangsfall nicht positiv folgt. Für die Benutzung von CpD- Konten (bzw. bei der Einzahlung die konkrete Benutzung betriebsinterner Konten)[88] gilt nichts anderes. Die einzelnen Begünstigten sind nicht *Verfügungsberechtigte* im Sinne des § 154 Abs.2 AO, weil durch die bloße Gutschrift noch kein Auszahlungsanspruch des Kunden entsteht. Zudem setzt ein Konto im Sinne des § 154 Abs.2 AO voraus, dass eine *auf Dauer* angelegte Geschäftsverbindung zahlenmäßig wiedergegeben werden soll, nicht Einzelgeschäfte.[89] Die Namen der Begünstigten sind ebenfalls nicht *zwingend* festzuhalten.[90] Folgt man dieser Argumentation, bleibt nur ein Verfügungsberechtigter: die Bank bzw. die Banken *selbst.* Dann ist das CpD-Konto kein kundenbezogenes Konto, welches von § 154 AO erfasst würde.[91] Rechtlich hat dies dann zur Konsequenz, dass Nr.3 (Satz 3) des Anwendungserlasses zu § 154 AO[92], welcher die Abwicklung von Geschäftsvorfällen über CpD-Konten untersagt[93], wenn der Name des beteiligten Kunden bekannt ist oder unschwer ermittelt werden kann und für ihn bereits ein entsprechendes Konto geführt wird, vom Gesetz nicht gedeckt ist. Verwaltungsvorschriften können aber nach dieser bankenfreundlichen Auffassung keine neuen Pflichten begründen.[94] Festzuhalten bleibt aber, dass bei Verwendung von Sammelkonten im Ausgangsfall nicht gegen § 154 AO verstoßen wurde, da die Konten unter richtigem Namen (§ 154 I AO) errichtet waren und Klarheit über die Verfügungsberechtigten, nämlich die eingeschalteten Ban-

---

87 A.A. aber für § 153 AO: *Achenbach*, in: Stbg. 1996, 299, (302).

88 Vgl.dazu: *Schebesta*, „Rechtsfragen bei CpD-Konten sowie „Und"-Konten", in: WM 1985, 1329 ff. (1334).

89 Siehe dazu: *Dahm / Hamacher*, in: DStZ 1992, 753 ff. (759).

90 Vgl. *Schebesta*, aaO., 1332 ff.; *Carl / Klos*, in: *wistra* 1990, 41 ff., (46), die davon ausgehen, dass die Bank bei CpD-Konten *unter Umständen* den Namen und die Anschrift des Kunden festhalten werde.

91 Vgl. *Carl / Klos*, „Inhalt und Reichweite der Kontenwahrheitspflicht nach § 154 AO als Grundlage der steuerlichen Mitwirkungspflichten der Kreditinstitute", in: DStZ 1995, 296 ff., (303).

92 BStBl. I 1987 I, S. 664, 694.

93 Vgl. dazu auch *Lüderssen*, „Beihilfe, Strafvereitelung", in: FS für Grünwald, 1999, 329 ff. (336) zum Wortlaut der Vorschrift.

94 Im Ergebnis anderer Auffassung *Otto*, „Beihilfe des Bankangestellten", in: ZKredW 1994, 775 ff. (780) und die ganz herrschende Meinung im Steuerrecht, vgl. nur *Carl / Klos*, aaO.

ken (§ 154 II AO), bestand. Dem folgt jetzt auch der Bundesgerichtshof in BGHSt 46, 107 ff. in seiner Entscheidung zum Steuerstrafrecht, ohne dies freilich näher auszuführen.

Wenn ferner in dem vom LG Bielefeld[95] entschiedenen Verfahren nach den §§ 30, 17 IV OWiG gegen eine Genossenschaftsbank, und zwar ohne nähere Begründung, von der umstrittensten Beihilfeform der „psychischen Beihilfe der Mitarbeiter durch Unterlassen" die Rede ist[96], so liegt das vielmehr zum einen darin, dass alle Verfahrensbeteiligten in diesem Fall auf Rechtsmittel nach Verkündung des Beschlusses verzichtet haben, um im Interesse der Banken Rechtsfrieden zu schaffen und deren „guten Ruf" zu wahren. Zum anderen wird, was im betreffenden Beschluss nicht näher ausgeführt wird, eine Ingerenzgarantenstellung konstruiert, die aber auch eine Pflichtwidrigkeit voraussetzen würde, die bislang nicht genügend von den Gerichten begründet worden ist und nicht auf der Verletzung von § 154 AO gründen kann, da dessen Voraussetzungen während der gesamten Kapitaltransfers eingehalten waren. Des weiteren wäre zu prüfen gewesen, ob das Vorverhalten, an das die Ingerenzgarantenstellung anzuknüpfen hätte, *pflichtwidrig* oder nur *rechtswidrig* sein müsste oder ob beides *kumulativ* zutreffen müsste. Eine bloße Mitverursachung reicht zur Begründung einer Ingerenz nämlich nicht aus.[97] Auch gibt es keine generelle Garantenpflicht zur Verhinderung fremder Straftaten. Voraussetzung hierfür ist nämlich immer eine besondere die Verantwortung begründende Beziehung zum Schutzgut oder zum Haupttäter und eine Vertrauenslage bzw. ein Verstoß gegen gesetzliche Berufspflichten, die letztlich fremdes Fehlverhalten födert. Keinesfalls hilft mithin eine solche dogmatische Mischkonstruktion einer „psychischen Beihilfe durch Unterlassen" bei der Problematik der Beihilfestrafbarkeit im Steuerstrafrecht in konstruktiver Weise weiter, zumal hier nur die Beihilfestrafbarkeit der *beratenden* Bankmitarbeiter im Kreditwesen untersucht wird und genügend konkrete Anknüpfungstatsachen für den objektiven Beihilfetatbestand durch positives Tun vorliegen. Zusammenfassend liegt im Ausgangsfall keine Beihilfe durch Unterlassen gemäß §§ 370 I AO, 27, 13 I StGB vor.

2. Psychische Beihilfe

Im Rahmen der vorliegenden Untersuchung des Ausgangsfalles, ob den Bankmitarbeitern ein strafrechtlicher Schuldvorwurf wegen Beihilfe zur Steuerhinterzie-

---

95 LG Bielefeld, Beschluss vom 22.6.1998, in: WM 1998, 2290.

96 So der Beschluss des LG Bielefeld vom 22.6.98, in: WM 1998, 2290 ff. und des LG Koblenz, Beschluss vom 24.7.98, WM 1998, 2291 ff.

97 Vgl. NStE § 25 Nr. 10; OLG Oldenburg, NJW 1961, 1938; *Tröndle/Fischer*, § 13 Rn. 11.

hung gemacht werden kann, wird zum Teil auch auf die Rechtsfigur der *psychischen* Beihilfe rekurriert, sowohl in Form des aktiven Tuns als auch in der Form der umstrittenen Figur der psychischen Beihilfe durch Unterlassen.

Dabei stellen sich im Wesentlichen drei Problemkreise, die sich im Ausgangsfall aufdrängen. Der BGH hat in seiner Entscheidung in BGHSt 46, 107 ff. die psychische Beihilfe nicht näher beleuchtet, weil sie im zu entscheidenden Fall des Wuppertaler Bankangestellten keine Rolle spielte. Es ist aber zu prüfen, ob drei wesentliche Problemkreise der *psychischen* Beihilfe im Ausgangsfall womöglich doch in die strafrechtliche Diskussion um die konkrete Strafbarkeit wegen Beihilfe zur Steuerhinterziehung einfließen oder ob nach dem festgestellten Sachverhalt (vgl. dazu oben Teil 1 der Arbeit unter I. bei den tatsächlichen Grundlagen) mit den Lehren und Grundsätzen des Allgemeinen Teils des StGB zum Beihilfetatbestand eine Lösung der Probleme im Steuerstrafrecht gefunden werden kann.

Dabei geht es erstens um das Problem, ob in den „Luxemburg-Fällen" *allein* psychische Beihilfe in Betracht kommt. Dies hätte zur Konsequenz, dass erhebliche Beweisschwierigkeiten in der Praxis auftreten würden. Zum zweiten muss die Frage gestellt werden, ob ein fest zum Steuerdelikt entschlossener Tatbeteiligter („omnimodo facturus"), der zum Teil auch schon in der Vergangenheit Einkommenssteuer hinterzog, im Ausgangsfall überhaupt noch in seinem „Tatentschluss bestärkt" werden konnte, was allein die Annahme einer psychischen Beihilfe rechtfertigen könnte. Als dritter wesentlicher Gesichtpunkt kommt hinzu, ob im beratenden Kreditwesen, welches zwangsläufig und ständig mit Geldtransaktionen ins Ausland berührt und mandatiert wird, die Rechtsfigur der psychischen Beihilfe unter Berücksichtigung von Beweisfragen als Lösungsinstrument für die Beihilfestrafbarkeit im Steuerstrafrecht Sinn macht. Zuvor soll aber kurz auf die allgemeinen Vorwürfe der psychischen Beihilfe durch Unterlassen sowie der „Bestärkung des Tatentschlusses" eingegangen werden, um die drei Problemkreise der psychischen Beihilfe für den Ausgangssachverhalt nachfolgend abschließend darzustellen.

a) Psychische Beihilfe durch Unterlassen

In der steuerstrafrechtlichen Gerichtspraxis[98] wird dem Bankmitarbeiter oft pauschal und ohne besonderen Begründungsaufwand *psychische* Beihilfe zur Steuerhinterziehung vorgeworfen, zum Teil auch die umstrittene Rechtsfigur der *psychischen Beihilfe durch Unterlassen* angenommen, die aber schon wegen der fehlenden Garantenstellung des einzelnen Bankmitarbeiters im Sinne des § 13 I

98 Vgl. insb. den Beschluss des LG Bielefeld vom 16.3.1999, in: DStRE 1999, 611.

StGB für das geschützte Rechtsgut des § 370 AO (staatlicher Steueranspruch) und mangels Garantenstellung für den Bankkunden ausscheiden muss (s. oben im Teil 1 dieser Arbeit unter III. 1.).

b) Bestärkung des Tatentschlusses

Psychische Beihilfe durch „Bestärkung des Tatentschlusses“ soll vorliegen, wenn jemand den „Tatentschluss des Haupttäters bestärkt, ihm letzte Skrupel ausredet oder ihm ein größeres Gefühl an Sicherheit gibt.“[99] Diese Fälle zeigen jedoch zugleich die Besonderheit: In Anbetracht dessen, dass psychische Beihilfe „durch Bestärkung des Tatentschlusses“ nur beim *omnimodo facturus* in Betracht kommt, weil dieser schon einen Tatentschluss *vorgefasst* hat, wird zum einen bezweifelt, dass die Kausalität derartiger Einwirkungen für den Erfolg oder für die Handlung des Haupttäters je nachweisbar sei, so dass diese Art der Beihilfe prinzipiell unüberwindbare Beweisschwierigkeiten begründe.[100] Zum anderen wird eingewandt, Beihilfe durch „Bestärkung des Tatentschlusses“ des Täters stelle eine Einwirkung auf den *Täter* dar und nicht auf *die Tat*, wie der Wortlaut des § 27 I StGB voraussetzt. Die Einwirkung auf den Täter hat der Gesetzgeber jedoch in § 26 StGB als Anstiftung erfasst. Voraussetzung der Anstiftung ist aber ein „Bestimmen“ des Täters zur Tat. Die insoweit schwächere „Bestärkung des Tatentschlusses“ habe der Gesetzgeber im Gegensatz zum Bestimmen (dem Hervorrufen des Tatentschlusses) aber gerade straflos gelassen.[101]

Nur in § 26 StGB hat also der Gesetzgeber das *Hervorrufen* des Tatentschlusses (also die Einwirkung auf den *Täter*) mit Strafe bedroht. Den Anstifter bestraft der Strafgesetzgeber aber bekanntlich wie den Täter. Dieser hohen Strafdrohung entspricht im Gegensatz zu § 27 II 2 StGB (zwingende Strafmilderung beim Gehilfen) dann aber verantwortungskorrelierend ein *sehr bestimmter* Anstiftervorsatz. Wenn nun die „Bestärkung des Tatentschlusses“ im Sinne psychischer Beihilfe *knapp unterhalb* der Schwelle der Anstiftung anzusiedeln ist, muss auch der Vorsatz – trotz der Lockerung der Rechtsprechungsanforderungen zur Bestimmtheit des Gehilfenvorsatzes („Einzelheiten der Tat“)[102] – dementsprechend eine dem Anstiftervorsatz *nahekommende* Bestimmtheit aufweisen, um eine Einwirkung auf den *Täter*, die § 27 I StGB eben gerade nicht voraussetzt („Hilfe lei-

---

99 Vgl. dazu BGHSt 8, 390, 391; BGH NJW 1951, 451; *Jescheck / Weigend*, A.T., § 64 III 2 a; Schönke / Schröder-*Cramer*, § 27 Rn.12.

100 SK-*Samson*, § 27 Rn. 15.

101 Vgl. *Hruschka*, in: JR 1983, 178 ff.. Siehe dazu auch den Gesamtüberblick zum Problem der psychischen Beihilfe für die Fälle der Beihilfe zur Steuerhinterziehung unter 2. Teil A. IV.

102 Vgl. dazu BGHSt 42, 135 ff. und 2. Teil II. 2. dieser Arbeit.

sten“), strafrechtlich zu sanktionieren. Zwar enthält der Wortlaut des § 27 I StGB, wie § 26 StGB auch, das Tatbestandsmerkmal „einem anderen“. Dies bedeutet bei § 27 I StGB aber keine Einwirkung auf den Täter, sondern auf *die Tat*. Es ist der *risikoerhöhende Tatbeitrag*, durch welchen die primäre Rechtsgutsverletzung des Haupttäters konkret gefördert wird, der dem Gehilfen strafrechtlich subjektiv zugerechnet wird. Wegen diesen Bestimmtheitsfragen ist das Problem der *psychischen* Beihilfe im Kreditwesen und seine Bedeutung in den „Luxemburg-Fällen“ *vor* der Vorsatzfrage zu erörtern. Zum anderen kommt hinzu, dass psychische Beihilfe „durch Bestärkung des Tatentschlusses“ häufig nur beim *omnimodo facturus* in Betracht kommt, der einen Tatentschluss schon gefasst hat und nicht „noch entschlossener“ gemacht werden kann, weshalb – auch unter Berücksichtigung der erheblichen Beweisschwierigkeiten bei der psychischen Beihilfe und der Straflosigkeit der versuchten Beihilfe (vgl. § 30 StGB) – die psychische Beihilfe im Kreditwesen nur eine Nebenrolle spielen sollte. Dabei wird vereinzelt bezweifelt, dass die Kausalität derartiger Einwirkungen für den Erfolg oder die Handlung des Haupttäers überhaupt je nachweisbar sei, so dass diese Erscheinungsform der Beihilfe prinzipiell *unüberwindbare Beweisschwierigkeiten* begründe,[103] und deshalb der Bankmitarbeiter wegen dieser Rechtsfigur *allein* nicht bestraft werden kann. Dass aber die Annahme, in den Banken-Fällen liege *allein* psychische Beihilfe tatbestandlich vor, nicht aufrechterhalten werden kann, soll bei den kurzen Erörterungen zur psychischen Beihilfe deutlich gezeigt werden.

Für den Ausgangsfall könnte zu dem bisher Erörterten die umstrittene Teilnahmeform der „psychischen“ Beihilfe Bedeutung erlangen, wenn dem Bankkunden „psychische Stabilität“ vermittelt wird, dass ihm durch die Aufklärung über das Bankensystem die Alleinverantwortung für sein künftiges steuerunehrliches Verhalten genommen oder abgeschwächt wird. Wie zuvor erwähnt, wird im Schrifttum sogar angenommen, die ganze Problematik der Strafbarkeit von Bankmitarbeitern im Kreditwesen wegen Beihilfe zur Steuerhinterziehung sei *allein* ein Problem der *psychischen* Beihilfe.[104] Im Falle des Vorliegens der Voraussetzungen der psychischen Beihilfe stellt sich die Vorsatzproblematik, wie oben ausgeführt wurde, anders dar – zumindest dann, wenn sie *nicht* nur *zusätzlich* neben der Beihilfe durch positives Tun vorliegt, sondern *allein* für strafbarkeitsbegründend erachtet würde. Auch wurde oben schon ausgeführt, dass eine vom Wortlaut des § 27 I StGB nicht geforderte Einwirkung auf den *Täter* („psychische Stabilisierung“ oder „Beseitigung des letzten Hemmungsbewusstseins“)

---

103 Vgl. SK-*Samson*, § 27 Rn. 15.

104 Siehe zu diesem Ansatz: *Lüderssen*, „Beihilfe, Strafvereitelung und objektive Zurechnung“, in: FS für *Gerald Grünwald*, 1999, S. 329 ff. (330, 333, 337 oben).

bei der Gehilfenstrafbarkeit nur dann sanktioniert werden kann, wenn der Gehilfe verantwortungskorrelierend auch einen entsprechend sehr *bestimmten* Gehilfenvorsatz hat, denn die „Stabilisierung des Tatentschlusses" im Sinne psychischer Beihilfe liegt dogmatisch knapp unterhalb der Schwelle zum „Hervorrufen des Tatentschluss" (Bestimmen), welches *nur* in § 26 StGB mit Strafe bedroht ist, und zwar mit derselben hohen Strafe wie der des primär rechtsgutverletzenden, die Tatherrschaft innehabenden Haupttäters.

c) Zur psychischen Beihilfe im Steuerstrafrecht

Im Schrifttum[105] wird insbesondere darauf hingewiesen, dass beim steuerlichen Berater der Tatbestand der *psychischen* Beihilfe von besonderer Bedeutung sei. Eine solche komme dann in Betracht, wenn der Berater erkannt habe, dass sein Mandant steuerunehrlich ist, er jedoch weiterhin einschränkungslos für diesen wie bisher tätig bleibt.[106] Bemerke beispielsweise ein Steuerberater, dass die von ihm für das Vorjahr für einen Mandanten erstellte Steuerbilanz fehlerhaft war, weil der Mandant ihm zu hohe Einzelwertberichtigungen auf Kundenforderungen mitgeteilt hatte, und unterlässt es der Berater, eine Bilanzberichtigung und Selbstanzeige für das Vorjahr herbeizuführen, und beanstandet er ähnliche Wertberichtigungsansätze für die zu erstellende, wenn auch nicht von ihm selbst gefertigte neue Steuerbilanz wiederum nicht, so kommt mindestens (psychische) Beihilfe zur Steuerverkürzung im laufenden Jahr in Betracht.

Zudem führt *Häcker*[107] einen für die steuer*beratenden* Berufe wohl wesentlichen Gedanken aus: Ein Steuerberater muss zwar seinem Mandanten grundsätzlich *kein Misstrauen* entgegenbringen (eindeutige Ablehnung der Misstrauensgesellschaft); deshalb braucht er dessen Angaben regelmäßig nicht nachzuprüfen.[108] Hat er aber *erkannt* oder musste sich ihm unter den gegebenen Umständen *aufdrängen*, dass der Mandant steuerunehrlich ist oder zur Steuerunehrlichkeit neigt, so ist er nach der älteren Rechtsprechung[109], die im wesentlichen noch unbestritten ist[110], verpflichtet, „sich selbst Aufklärung zu verschaffen und die ihm ge-

105 Müller-Guggenberger-*Häcker*, Wirtschaftsstrafrecht, Kommentar, 2. Auflage, § 82 Rn. 21.
106 Vgl. die Einzelfälle bei *Kohlmann*, Rn. 23, 24 zu § 370 AO.
107 Müller-Guggenberger-*Häcker*, Wirtschaftsstrafrecht, § 82 Rn. 33.
108 *Franzen / Gast / Samson*, Rn. 39 zu § 370 AO; *Leise*, Anm. 10 A I c zu § 378 AO.
109 RGSt 68, 411; RG in: JW 1933, 2149.
110 Vgl. z.B.: *Kohlmann*, Steuerstrafrecht, Rn. 23 zu § 370; *Franzen / Gast / Samson*, Rn. 12 zu § 370 AO; BayOLGSt 58, 232, 234; OLG Karlsruhe wistra 1986, 191.

machten Angaben anhand von Unterlagen nachzuprüfen."[111] Tut er dies nicht und trägt er dadurch zu Steuerverkürzungen bei, so ist die *subjektive* Tatseite entscheidend dafür, ob sein Tatbeitrag als vorsätzliche Beteiligung (Mittäterschaft oder Beihilfe) an der Steuerhinterziehung des Mandanten oder als leichtfertige Hinterziehung gemäß § 378 AO zu qualifizieren ist. Weiter wird betont, dass schon die bloße Information eines Mandanten über rechtliche oder steuerliche Fragen dazu führen kann, dass sich der Mandant zu einer bestimmten Straftat entschließt oder seinen erst *vage* gefassten Tatentschluss *bestärkt* sieht und nun endgültig zur Tat schreitet. Da der Rechtsanwalt oder Steuerberater von Berufs wegen zur Erteilung von Auskünften berufen sei, dürfe er dies grundsätzlich auch in Fällen, in denen er damit *rechnet*, dass der Ratsuchende seine Auskunft missbräuchlich oder gar in strafbarer Weise verwenden könnte, ohne sofort (steuer-)strafrechtlichen Sanktionen unterworfen zu sein.[112] Deshalb müsse in derartigen Fällen der Auskunftserteilung besonders geprüft werden, ob der *Wille* und das *Bewusstsein* des Beraters nur dahin ging, nach den Regeln des jeweiligen Berufsrechts sachliche Auskunft zu erteilen oder ob er eine Straftat des Mandanten *fördern wollte*.[113]

Demgegenüber wird es zum Teil abgelehnt[114], wenn beim Rechtsrat und der Rechtsauskunft des Anwalts versucht wird, aus dem Berufsrecht grundsätzliche Straflosigkeit abzuleiten und ihn nur dann als strafbar anzusehen, wenn er das Verhalten seines Mandanten *sicher* als strafbar erkannt hat und mit direktem Vorsatz gehandelt hat. Einem derartigen „Sonderrecht" für Berater sei entgegenzutreten. Insbesondere treffe das Argument[115] nicht zu, der Berater dürfe aus berufsrechtlichen Gründen weiter einen Mandanten unterstützen, dessen Verhalten er als möglicherweise strafbar erkannt habe, in dieser Pauschalität nicht zu. Einerseits sei ein Rechtsanwalt verpflichtet, in „kritischen" Situationen den „sicheren Weg" zu empfehlen[116]. Andererseits sei ein weiteres Tätigwerden in den angesprochenen Fällen schwerlich mit der Pflicht zur gewissenhaften Berufsaus-

---

111 *Franzen / Gast / Samson*, Rn. 39 zu § 378 AO; *Ahrens*, DStZ 1957, 49; *Kohlmann*, Rn. 73 ff. zu § 378 AO; siehe auch: OLG Koblenz, *wistra* 1983, 270; a.A.: *Blumers / Göggerle*, „Handbuch des Verteidigers und Beraters im Steuerstrafverfahren" (2. Auflage, 1989), S.21 ff, Rn. 15 ff.

112 Vgl. dazu *Mallison*, Rechtsauskunft, S. 134; *Maiwald*, ZStW 93, 885 (889); ferner OLG Düsseldorf JR 1984, 157; *Krekeler*, NStZ 1989, 146 (147).

113 Zu weitgehend insoweit das OLG Stuttgart, Justiz 1987, 198, wo nicht genügend zwischen Rechtsauskunft und Ratserteilung unterschieden wurde.

114 Müller-Guggenberger-*Häcker*, Wirtschaftsstrafrecht, § 81 Rn. 11, 12.

115 *Volk*, „Zum Strafbarkeitsrisiko des Rechtsanwalts bei Rechtsrat und Vertragsgestaltung", in: BB 1987, 139 (144).

116 Darauf weist *Volk* selbst hin in: BB 1987, 144.

übung[117] und generell mit der Stellung des Rechtsanwalts als Organ der Rechtspflege[118] zu vereinbaren. Diese Organstellung bedinge, dass dem Rechtsanwalt jedenfalls nicht weniger abverlangt werden könne als seinem Mandanten. Wird der Berater trotz Kenntnis von Kundenabsichten weiter tätig, tritt das Problem der psychischen Beihilfe deutlich in der Vordergrund. Zu untersuchen ist aber das weitere Problem, ob mit der voreiligen Annahme *psychischer* Beihilfe die fehlende Garantenstellung des Bankberaters im Sinne des § 13 I StGB umgangen wird.

d) Keine Umgehung einer fehlenden Garantenstellung durch die Rechtsfigur der psychischen Beihilfe

Das strafrechtliche Schrifttum[119] hat sich in den letzten Jahren eingehend mit den bereits erwähnten streitigen Problemkreisen der Strafbarkeit der psychischen Beihilfe beschäftigt. Dabei kommt es bisweilen anhand mehrerer Entscheidungen der Rechtsprechung[120] zu der Feststellung, dass in der Judikatur die Tendenz besteht, eine *aktive psychische Beihilfe* auch in den Fällen anzunehmen, in denen jemand durch schweigendes *Geschehenlassen* deliktischen Handelns oder durch seine *bloße Anwesenheit am Tatort* oder durch ähnliches Verhalten den oder die Täter in der Tatausführung – möglicherweise – bestärkt und – gegebenenfalls – auch auf das Opfer psychisch einwirkt.[121] Es kommt infolgedessen dazu, dass praktisch jeder, der Zeuge einer Verbrechens- oder Vergehensplanung oder einer Straftatbegehung werde, stets damit rechnen müsste, dass der Täter aus seinem *schweigenden Zuschauen* seinen Tatentschluss bestärkende Schlüsse zieht, und daher, um eine Strafbarkeit wegen psychischer Beihilfe zu vermeiden, dem Zwang ausgesetzt werde, dem Täter entgegenzutreten und dessen kriminelles

---

117 Vgl. dazu: *Müller-Guggenberger*, Wirtschaftsstrafrecht, § 77 Rn 5, 39.

118 Vgl. dazu: *Müller-Guggenberger*, Wirtschaftsstrafrecht, § 76 Rn 11 ff., § 77 Rn. 2.

119 Vgl. *Stoffers*, „Streitige Fragen der psychischen Beihilfe im Strafrecht" in: JURA 1993, 11 ff.; *Baunack*, „Grenzfragen", S. 162 ff.; *Phleps*, Psychische Beihilfe, S. 1 ff., S. 133 ff..

120 Insbesondere: BGH bei *Dallinger*, MDR 1967, 173; BGH StV 1982, 517 = BGH JZ 1983, 462 (= BGH 3 StR 398 / 81 vom 10.2.1982) mit ausführlicher Besprechung von *Sieber*, „Die Abgrenzung von Tun und Unterlassen bei der „passiven Gesprächsteilnahme", in: JZ 1983, 431 ff.; BGHSt 30, 391; BGH DAR 1981, 226= BGH VRS Bd. 61 (1981), 213; zudem: OLG Stuttgart NJW 1950, 118 (Fortsetzung eines ehewidrigen Liebesverhältnisses in Kenntnis der Mordpläne des Liebhabers als Beihilfe zum Mord an der Ehefrau des Liebhabers !) sowie BGH (1955) in: BGH LM (Nr. 10), StGB, Vorbem. zu § 47 .

121 Vgl. *Stoffers*, „Streitige Fragen der psychischen Beihilfe im Strafrecht", in: JURA 1993, 11 ff., 15; s. auch *Wannemacher*, Steuerstrafrecht, 4. Aufl., Rn. 2789.

Handeln zu verhindern. Damit wird aber[122] die Verbotsnorm des § 27 StGB praktisch in das allgemeine Gebot transformiert, deliktischen Planungen und deliktischen Handlungen anderer nicht untätig zuzusehen, sondern ihnen *aktiv* entgegenzutreten. Ein solches Ergebnis widerspricht jedoch dem geltenden Strafrecht, weil dieses eine Garantenpflicht zur Verhinderung fremder Straftaten nur ausnahmsweise begründet – unechte Unterlassungsdelikte (§ 13 Abs.1 StGB) – und auch die Anzeigepflicht des § 138 I StGB (Nichtanzeige geplanter Straftaten) und die allgemeine Hilfeleistungspflicht des § 323 c StGB (Unterlassene Hilfeleistung) – bei echten Unterlassungsdelikten – nur unter bestimmten Voraussetzungen normiert. Hinzu kommt, dass in diesen Fällen die Untätigkeit des Schweigenden nicht nur als Unterlassungsdelikt, sondern sogar als Begehungsdelikt zu ahnden ist.[123] Weiterhin ist zu berücksichtigen, dass auf diese Weise die Gehilfen, die grundsätzlich *neben* der obligatorischen Strafmilderung im Sinne der §§ 27 II 2, 49 I StGB anwendbare weitere fakultative Strafmilderungsmöglichkeit des § 13 II StGB verlieren würden.

Außerdem ist zu befürchten, dass der Kreis strafbarer Teilnehmer so zu Unrecht auf Nicht-Garanten erweitert wird, denn in diesen Fällen fehlt es häufig an einer Garantenstellung des Gehilfen oder es bestehen diesbezüglich zumindest ganz erhebliche Bedenken; auf diesem „Umweg“ werden aus straflosen „Unterlassungs“-Gehilfen strafbare Begehungsgehilfen.[124]

Zusammenfassend wird daher die Auffassung vertreten, dass die Gefahr einer nahezu uferlosen Ausweitung der Strafbarkeit entsteht, wenn man großzügig den Bereich des Handelns zu Lasten des Unterlassens ausdehne und zugleich den „unscharfen“ Begriff der psychischen Beihilfe schnell zur Anwendung bringe. Infolgedessen könne der Judikatur, wenn sie in ihren Entscheidungen bei den diesen zugrundeliegenden Sachverhalten zur Einordnung *aktiver psychischer* Beihilfe gelange, auch aus diesen grundsätzlichen Erwägungen nicht gefolgt werden. Vielmehr ist in diesen Fällen von einer Beihilfe durch Unterlassen auszugehen, welche im Ausgangssachverhalt aber einhellig abgelehnt wird. Dabei sei zudem dann immer noch zu prüfen, ob die passive Verhaltensform überhaupt den Anforderungen einer Hilfeleistung durch Unterlassen zur Haupttat im Sinne von § 27 StGB genügt und ob der Gehilfe eine Garantenstellung gemäß § 13 Abs.1 StGB innehat.[125]

---

122 Vgl. *Stoffers*, in: JURA 1993, 11 ff. (17).
123 *Stoffers*, in: JURA 1993, 11 ff. (17); in diesem Sinne auch *H.J. Rudolphi*, in: SK, Vor § 13 Rn. 7 und *derselbe* in: StV 1982, 518, 520 ff. (521).
124 *Stoffers*, in: JURA 1993, 11 ff., (17).
125 So *Stoffers* in: JURA 1993, 11 ff., (17).

Allerdings ist diesen Ausführungen zur Judikatur hinsichtlich der psychischen Beihilfe eine Entscheidung des BGH[126] zur Beihilfe zum erpresserischen Menschenraub (§§ 239 a, 27 I StGB) vom 22.7.1998 gegenüberzustellen, in der die Anforderungen an die psychische Beihilfe wieder erhöht wurden und die Billigung im Sinne eines „bloßen Einverständnisses mit dem weiteren Tatgeschehen und Vorgehen“ *nicht* als Hilfeleistung im Sinne des § 27 I StGB rechtlich gewürdigt wurde. Dieses „stille Billigen“ sei kein die Haupttat fördernder Beitrag. Allerdings sei eine fördernde Wirkung dann anzunehmen, wenn die Haupttäter durch die – *erkennbare* – Billigung tatsächlich in ihrer Bereitschaft bestärkt worden sind, eine geplante Tat fortzusetzen.[127] Im entschiedenen Fall war genau dies aber – bei ohnehin gewaltbereiten Tätern – nicht genügend sachverhaltlich festgestellt. Dann komme auch mangels vom Täter *erkannter* uneingeschränkter weiterer Solidarität mit den Tätern eine Unterstützungshandlung insofern nicht in Betracht, als man an frühere Beiträge zu anderen Delikten gegenüber demselben Tatopfer anknüpfen wolle und diese mit der bloßen kurzzeitigen Anwesenheit am Tatort des Haupttatgeschehens bei dem erpresserischen Menschenraub in Verbindung bringe. Hier wird eine Einschränkung der Strafbarkeit wegen psychischer Beihilfe mehr als deutlich. Dies steht im Einklang mit einer anderen wichtigen Entscheidung des BGH[128] in diesem Zusammenhang: Hier wurde ausgesprochen, dass der bloße Zustand „des Anwesendseins“ keinesfalls für eine Beihilfestrafbarkeit ausreiche. Vielmehr sei daran festzuhalten, dass – auch die *psychische* Beihilfe – einen durch Handeln erbrachten Tatbeitrag zwingend voraussetze. Ein solcher objektiver Beitrag liegt in dem hier erörternden Beratungsfall aber sicher vor, weshalb auch nicht die bloße Anwesenheit eines Beraters im Bankberatungszimmer bestraft wird. „Bloßes Einverständnis“ mit dem weiteren Tatgeschehen und Vorgehen Dritter ist eben – für sich alleine betrachtet – nur Mitwisserschaft, die de lege lata nicht strafbar ist.

e) *Psychische Beihilfe zu einem bereits zum Steuerdelikt tatentschlossenen Bankkunden* („omnimodo facturus“)

Fraglich ist nun, ob im Steuerstrafrecht die übereilte Annahme *psychischer* Beihilfe bei fest tatentschlossenen Bankkunden wirklich Beifall verdient.[129] Hier wird das bereits oben unter Teil 1 III. 2. angedeutete Problem deutlich, dass der

---

126 Vgl. BGHSt NStZ 1998, 662 (662); im übrigen dazu: BGHSt NStZ 1995, 490 ff.; BGHSt NStZ 1993, 535.

127 BGHSt, Beschl. vom 22.7.1998 – 2 StR 40 / 98, in: NStZ 1998, 622 (622).

128 BGHSt NStZ 1995, 490 ff.

129 Vgl. zum omnimodo facturus: *Hruschka*, in: JR 1983, 177 (178 ff.).

Bankmitarbeiter, falls er durch seine Beratungsdienstleistung „nur“ (noch)[130] eine *psychische* Stabilisierung bewirkt, oft auf einen bereits zur Tat Entschlossenen (sog. *omnimodo facturus*) trifft. Im allgemeinen wird die psychische Beihilfe als eine „dunkle Rechtsfigur“ gekennzeichnet, welcher klare und differenzierende Konturen fehlen. Darüber hinaus ist es in vielen Fällen zum bloßen Zufall geworden, ob jemand als mittelbarer Täter oder Mittäter, als Anstifter oder als „psychischer Gehilfe“ verurteilt werde. Nach klassischer Lehre ist „Beihilfe zur Tat“ formelhaft als Förderung der Tatbestandsverwirklichung zu verstehen[131], während die Anstiftung üblicherweise als das „Hervorrufen des Tatentschlusses“ verstanden wird. Diese klare Differenzierung geht aber verloren, und die Aufgabenteilung zwischen den Begriffen „Anstiftung“ und „Beihilfe“ wird völlig konturenlos und undurchsichtig, wenn der „psychische Gehilfe“ dazu kommt, der beim Täter, wie im Ausgangsfall des mit einer Steuerhinterziehung liebäugelnden Bankkunden, „einen schon vorhandenen Tatentschluss bestärkt“. Die Bestärkung eines schon vorhandenen Tatentschlusses ist zwar schwächer als ein Hervorrufen des Tatentschlusses. Aber offensichtlich gehören Bestärken und Hervorrufen insofern derselben Klasse von Kategorien an, als sie sich beide auf den *Täter* als das *Subjekt* der Tat beziehen und nicht – oder jedenfalls nur auf dem Umweg über den Tatentschluss – auf die vom Täter in Zukunft *zu begehende* Tat. Der springende Punkt ist folgende interessante Erwägung, die möglicherweise auch für den Ausgangsfall fruchtbar gemacht werden kann:

„Die Bestärkung des Tatentschlusses ist – abgesehen von einer noch zu erörternden Ausnahme – im Gegensatz zur Anstiftung – nach geltendem Recht vom Gesetzgeber nicht explizit nach dem Wortlaut des Gesetzes unter Strafe gestellt.“[132] Die heute herrschenden Lehre umgeht diese klare Rechtslage, indem sie kurzerhand betont, der Bestärker des Tatentschlusses sei „Gehilfe“ des Täters, eben „psychischer Gehilfe“. Danach soll Gehilfe nicht nur sein, wer unterhalb der Ebene der (Mit-) Täterschaft dem Täter Arbeit abnimmt und so die Tatbestandsverwirklichung fördert, sondern Gehilfe soll auch sein, wer unterhalb der Ebene der Anstiftung lediglich auf den Tatentschluss des Täters einwirkt, also den Täter die ganze Arbeit allein machen lässt und, wie in einem vom BGH[133] entschiedenen Fall, bloß „seine Zustimmung zu der Tat erteilt“. Dies widerspricht jedoch dem Wortsinn des Tatbestandsmerkmals „Hilfeleisten“.

Ganz abgesehen davon müsste es dann konsequenterweise auch einen „psychischen Begünstiger“ – § 257 StGB – geben (das wäre derjenige, der dem be-

---

130 So die streitbare Auffassung von *Lüderssen*, „Beihilfe, Strafvereitelung und objektive Zurechnung“, S. 329 ff. (330, 333, 337 oben).

131 Vgl. *Hruschka*, „Alternativfeststellung“, in: JR 1983, 177 (178).

132 Vgl. *Hruschka*, „Alternativfeststellung“, in: JR 1983, 177 (178, linke Spalte).

133 Vgl. Entscheidung des BGH vom 28.10.1982, abgedruckt in: JR 1983, 202 (unten).

reits entschlossenen Vortäter die ganze Arbeit der Vorteilssicherung überlasse, aber „seine Zustimmung dazu erteile") oder einen „psychischen Strafvereiteler" – § 258 StGB – (das wäre derjenige, der zwar keinen Finger rührt, um den zur Flucht entschlossenen Vortäter bei der Vorbereitung der Flucht zu unterstützen, aber „seine Zustimmung dazu erteilt") oder einem „psychischen Hehler" – § 259 I StGB (das wäre derjenige, der sich jeder Unterstützung des zur Verwertung der Beute entschlossenen Vortäters enthält, aber seine „Zustimmung erteilt", wenn der Vortäter die Last der Beuteverwertung allein trägt).

Man macht es zu leicht, wenn dagegen eingewendet wird, dass es neben einer möglichen psychischen doch auch eine intellektuelle Mitwirkung an einer Tat, eine *intellektuelle Beihilfe* dazu gebe (die Beihilfe „durch Rat" des § 49 StGB a.F.). Denn zweifellos fördert beispielsweise auch derjenige, der den zur Plünderung einer Bank entschlossenen Täter über die Sicherungsanlagen der Bank und deren mögliche Ausschaltung unterrichtet, *die Tat* und ist damit Gehilfe. Auch kommt die Anwendung des § 257 StGB, des § 258 StGB oder des § 259 StGB in Betracht, wenn jemand dem Vortäter zur Vorteilssicherung, zur Flucht oder zur Beuteverwertung taugliche Ratschläge erteilt. Aber dass zwischen solcher intellektueller Hilfeleistung *zu der Tat* und dem Bestärken des *Tatentschlusses* eine „kategoriale Kluft" besteht, sollte eigentlich evident sein.[134]

Es wird deshalb die Auffassung vertreten, dass das Bestärken des Tatentschlusses eines *omnimodo facturus* nicht in Anwendung des § 27 I StGB bestraft werden sollte. Dabei erscheint es als wenig sinnbringend, dies allein wegen einer wirklichen oder vermeintlichen Unbilligkeit des Ergebnisses bestreiten zu wollen. Nur angemessene begriffliche Differenzierungen könnten die wissenschaftliche Durchdringung des Teilnahmerechts fördern, was schließlich zu der Entwicklung eines Systems von Kategorien führen kann, das auch dogmatisch zufriedenstellt. Werden die Probleme dagegen „um des Ergebnisses willen" vermischt, dann ist die Konsequenz eine Stagnation, die über die zufälligen Formulierungen des zufällig geltenden Strafgesetzes nie und nirgends hinausführen könne.[135] Als Ergebnis ist festzuhalten, dass man sich bei der Annahme „psychischer Beihilfe" oft in die Nähe eines Konflikts mit dem im materiellen Strafrecht herrschenden Prinzips „nullum crimen sine lege" (strafrechtlicher Bestimmtheitsgrundsatz, vgl. § 1 StGB) hineinmanövriert.

Der einzige gangbare Weg, einen Tatbeteiligten dann wegen positiven Tuns zu bestrafen, ist nach heutigem Recht allein die Anwendung des § 30 II StGB. Er lässt aber seinem Wortlaut zufolge die versuchte Beihilfe zur Haupttat gerade

---

134 So *Hruschka*, „Alternativfeststellung", in: JR 1983, 177 (178).

135 Zur Problematik der „Auslegung vom Ergebnis her" vgl. auch *Hruschka*, „Strafrecht nach logisch-analytischer Methode" 1983, S. XII ff.

straflos, da die Beihilfe kein Verbrechen im Sinne des § 12 StGB ist. Es bleiben dann noch die unechten Unterlassungsdelikte (§ 27 I, § 13 I StGB i.V. mit dem Haupttatdelikt), die unterlassene Hilfeleistung nach § 323 c StGB sowie die unterlassene Verbrechensanzeige nach § 138 StGB übrig, um eine Strafbarkeit des Beraters zu begründen.

Jedenfalls stehen Anstiftung und „psychische Beihilfe“ zueinander im Verhältnis der Heterogenität, der Exklusivität.[136] Es sei kein Fall denkbar, bei dem jemand durch eine und dieselbe Handlung in Bezug auf ein und denselben Täter *zugleich* eine Anstiftung und eine „psychische Beihilfe“ begeht. Denn entweder ist der Täter zur Tat noch nicht entschlossen, dann ist die *„psychische Teilnahme“* jedenfalls keine (vollendete) „psychische Beihilfe“, sondern eine Anstiftung. In anderen Fällen ist der Täter zur Tat bereits entschlossen, dann sei die „psychische Teilnahme“ jedenfalls keine (vollendete) Anstiftung, sondern eine „psychische Beihilfe“. Die Feststellung eines solches Exklusivitätsverhältnisses zwischen Anstiftung und psychischer Beihilfe ist aber von größter Bedeutung für die Frage, ob eine Verurteilung möglich ist, wenn nicht feststeht, ob der Tatbeteiligte nun den Tatentschluss des Täters hervorgerufen hat oder ob er als „Minus“ den Täter in dessen bereits vorgefasstem Tatentschluss nur *bestärkt* hat (dann gibt es keine Anwendung des § 26 StGB).[137] Im Ausgangsfall bei der Strafbarkeit von Bankmitarbeitern geht es teilweise auch um genau diese Problematik der nicht konkreten Feststellung hinsichtlich der Sachverhaltsvarianten. Im Ergebnis ist der Bankmitarbeiter dann straflos, wenn sich sein Verhalten allein in einer psychischen Beihilfe in Form der „Sicherheitsgefühlsvermittlung“ im Hinblick auf einen zur Steuerstraftat *bereits Entschlossenen* (sog. omnimodo facturus) – und solche waren in der Praxis der Banken nicht selten – erschöpft.

Im Hinblick auf die gesetzgeberische Intention bei Schaffung des § 26 StGB, nur hier die Einwirkung auf den Täter durch Hervorrufen des Tatentschlusses mit Strafe zu bedrohen, ist dieses Ergebnis zu befürworten. Allerdings wurde schon ausgeführt, dass eben die psychische Beihilfe im Kreditwesen allenfalls noch zu vielen anderen Anknüpfungstatsachen hinzukommt (Beratung, Transaktionen, Hilfe bei der Verfügung über das Geld nach der Transaktion, Gesprächsnotizen, Vorstandsprotokolle, etc.), das positive Tun sich aber nicht immer psychisch auswirken muss. Deshalb darf diese Ansicht nur dann Geltung beanspruchen, wenn im konkreten Sachverhalt *nur* eine „psychische Stabilisierung“ vorliegt. Zu beachten ist ferner, dass psychische Stabilisierung nicht mit der Beseitigung des letzten Hemmungsbewusstseins beim Kunden gleichgesetzt werden kann.

---

136 Vgl. zum Begriff der Heterogenität: *Klug*, ZStW Bd. 68 (1956), 399 ff.; vgl. *Hruschka*, „Strafrecht nach logisch-analytischer Methode“, aaO., S. 380 ff.

137 Vgl. *Hruschka*, „Alternativfeststellung“ in: JR 1983, 177 (180).

f) *Technische Rathilfe als psychische Beihilfe*

Zu den Argumenten im Schrifttum zur *psychischen* Beihilfe und speziell zur Frage der Beihilfestrafbarkeit des Bankmitarbeiters zur Steuerhinterziehung des Bankkunden durch „vorgeleistete Handlungen" (im Vorbereitungsstadium) soll im folgenden kritisch Stellung genommen werden. *Otto*[138] setzt sich in einem Beitrag zur Ausgangsproblematik unter anderem mit den Argumenten gegen die psychische Beihilfe auseinander. Er schließt sich der Kritik an dieser Rechtsfigur insoweit an, als er den Standpunkt vertritt, der endgültig zur Tat entschlossene Bankkunde könne nicht durch bloße „Beifalls-, Zustimmungs- oder Solidarisierungsbekundungen" von einem anderen „noch entschlossener" gemacht werden. Entgegen der Auffassung des BGH[139] könne daher die bloße Solidarisierung mit dem Haupttäter, die Bekundung zu seinem Vorgehen oder die „Äußerung von Sympathie" für das Verhalten keine strafbare Beihilfe begründen.[140] Gleichwohl können nach dieser Auffassung[141] diese Befunde nicht die Möglichkeiten einer Strafbarkeit wegen psychischer Beihilfe durch Bestärkung des Tatentschlusses *völlig* ausschließen, denn auch die Erteilung *technischer Ratschläge* wirke sich oft erst über die *Psyche* des Täters risikosteigernd für das geschützte Rechtsgut (den staatlichen Steueranspruch) aus. Daher sei die Argumentation, die Beihilfe des Bankmitarbeiters erfordere eine Einwirkung auf die Tat, die Anstiftung setze eine Einwirkung auf den Täter voraus, keineswegs geeignet, im Sinne der Rechtssicherheit geeignete Grenzen für die Beihilfestrafbarkeit zu statuieren. Ebenso sei die Kausalität der den Tatentschluss bestärkenden Handlungen nicht grundsätzlich unbeweisbar.

Offensichtlich ist dies in Anbetracht der Intensivierung der Rechtsgutsverletzung. Wer beispielsweise dem Täter, der die begonnene Tat beenden will, aktiv rät, weitere Tathandlungen vorzunehmen, bestimmt den Täter oft nicht zu einer neuen Tat, sondern begründet *weitere Risiken* für eine *Intensivierung* der Rechtsgutsbeeinträchtigung. Ebenso beweisbar (im Ausgangsfall durch Fragebögen der Steuerfahndung und der Staatsanwaltschaft an sich selbst nach § 371 AO anzeigende Bankkunden in Bezug auf die konkreten Dienstleistungen der Bank) ist die Risikoerhöhung für das geschützte Rechtsgut, wenn jemand Bedenken des Täters

138 Vgl. *Otto*, „Vorgeleistete Strafvereitelung als Beihilfe", in: Festschrift für *Theodor Lenckner*, S.193 ff. (198).

139 BGHSt 31, 136.

140 Siehe auch: *Küpper*, in: GA 1997, 324; *Roxin*, in: Miyazawa-FS, S. 506 ff.; *derselbe*, in: LK, § 27 Rn.13; dem folgte jetzt auch der BGH selbst, in: BGHSt 46. 107 ff..

141 Vgl. *Otto*, „Vorgeleistete Strafvereitelung als Beihilfe", in: Festschrift für *Theodor Lenckner*, S.193 ff., (198 ff.).

hinsichtlich der *Art und Weise* der Tatbegehung zerstreut.[142] Problematisch hingegen sind die Sachverhalte der sogenannten „Stabilisierung des Tatentschlusses". Ins Blickfeld gerät hier wieder die Risikoerhöhung. Allerdings sind dies Ausnahmesituationen, so etwa, wenn dem als wankelmütig bekannten Täter *weitere, starke Tatmotive* an die Hand gegeben werden oder die Sicherheit vor Strafverfolgung zugesichert wird.

Die eigentliche Problematik der Beihilfe durch „Bestärkung des Tatentschlusses" liegt also nicht in der Rechtsfigur der psychischen Beihilfe als solcher begründet, sondern darin, dass die Rechtsprechung in der Annahme dieser Form der Beihilfe zu weit geht[143] und die grundsätzlichen Voraussetzungen der Beihilfe dabei vernachlässigt. Auch für die Beihilfe durch „Bestärkung des Tatentschlusses" darf nicht davon abgesehen werden, dass eine Beihilfe nur in jenen Verhaltensweisen gesehen werden kann, mit denen der „Gehilfe" den Täter unterstützt, den bereits gefassten Tatentschluss in die Tat umzusetzen, indem er die Chancen und damit das Risiko der Rechtsgutsverletzung erhöht. Dass das Verhalten des Gehilfen bei der Umsetzung des Tatplans das Risiko der Rechtsgutsverletzung erhöht hat, ist aber in den Sachverhalten der Beihilfe durch „Bestärkung des Tatentschlusses" in gleicher Weise nachzuweisen wie in allen anderen Fällen der Beihilfe.

Entscheidend ist, dass bei der Bestärkung des Tatentschlusses dem Täter oftmals das restliche übrige *„Quantum an Hemmungsbewusstsein"* für das „Kavaliersdelikt" der Steuerhinterziehung genommen wird. Dies ist zum Beispiel durch Kundenaussagen beweisbar, die ja die Steuerschuld auch nach einer etwaigen Selbstanzeige *primär* schulden (§§ 219 S.1, 371 III AO) und folglich kein „Gesamtschuldnerhaftungsinteresse" haben können, wenn sie den Bankmitarbeiter in der Vernehmung (oder im Fragebogen der Steuerfahndung und der Staatsanwaltschaft) belasten.

g) Die Beihilfestrafbarkeit im Kreditwesen – allein ein Problem der psychischen Beihilfe?

Im Schrifttum hat sich[144] speziell zur Strafbarkeit von Bankmitarbeitern wegen Beihilfe zur Steuerhinterziehung – im Zusammenhang mit den steuerrechtswidrigen Deklarationen von Kapitaleinkünften auf der einen Seite und der bankgeschäftlichen Beratung auf der anderen Seite – eine diskussionsbedürftige Mei-

142 Vgl. dazu: *Roxin*, Miyazawa-FS, S. 506; *derselbe*, in: LK, § 27 Rn.13; *Otto*, Grundkurs Strafrecht, AT, § 22 Rn. 56.
143 Vgl. *Küpper*, in: GA 1997, 324; *Roxin*, in: Miyazawa-FS, S. 507 ff..
144 Vgl. *Lüderssen*, „Beihilfe, Strafvereitelung und objektive Zurechnung" in: FS für Gerald Grünwald, 1999, S. 329 ff..

nung herausgebildet. Es wird dabei die Auffassung vertreten, dass der Kunde, der Steuern verkürzen will (§ 370 I, Ziff. 1 oder Ziff. 2 AO) keinerlei Hilfeleistung mehr durch die Bank bzw. ihre Mitarbeiter bedürfe.[145] Die ganze Problematik sei *allein und ausschließlich* eine Frage der *psychischen* Beihilfe, da der Tatentschluss des Kunden zur Steuerverkürzung dadurch bestärkt werde, wenn das (vorher unbekannte) Wissen vermittelt werde, wie man die Gelder verberge. Nach dieser Ansicht sind „Leistungen, die die Steuerhinterziehungen erleichtern, seien sie physischer Natur, seien sie durch technische Rathilfe für die Durchführung bewirkt, nicht erkennbar."[146] *Allein* die psychische Bestärkung eines schon gefassten Tatentschluss des Haupttäters kommt danach in Betracht.[147] Dann ist aber nur noch zu prüfen, ob psychische Beihilfe durch positives Tun oder durch Unterlassen in Betracht zu ziehen ist. Dabei kommt dieser Ansatz zum Ergebnis, dass der Bankmitarbeiter keine Pflicht habe, die Steuerhinterziehung des Kunden zu verhindern. Eine Obhutspflicht ergebe sich weder für das Rechtsgut des staatlichen Steueranspruches noch aus einer erwägenswerten Überwachungsgarantenstellung mit Sicherungspflichten in Bezug auf die Eröffnung einer ganz bestimmten Gefahrenquelle.[148] Auch die Kategorie der Verantwortung „für rechtswidriges Verhalten Dritter" sei im Ausgangsfall nicht in Erwägung zu ziehen, da es sich bei dieser Verantwortlichkeit nur um ganz exklusive Beziehungsverhältnisse handele, denn Strafgrund sei dort nicht die Beziehung zum Rechtsgut, sondern zum Täter selbst.

Dieser Auffassung ist nicht in toto zuzustimmen. Denn objektive Anknüpfungstatsachen für *aktive* Beihilfehandlungen liegen im Sachverhalt vor (vgl. Teil 1 unter I.). Im Schrifttum selbst werden mehrfach die *„banktechnischen Vorgänge"* erwähnt[149]. Diese sind in objektiver Hinsicht als Anknüpfungstatsachen für eine physische Beihilfe durch positives Tun gedanklich nicht zu eliminieren. Entscheidend ist nun Folgendes:

Zwar kann sich Beihilfe durch positives Tun (technische Rathilfe) *auch* psychisch auswirken, wie *Lüderssen* und *Otto*[150] richtig ausführen, sie muss es aber nicht *zwingend*, wie zum Beispiel beim fest zur Tat Entschlossenen *(omnimodo facturus)* deutlich gezeigt wurde und von niemand ernstlich bestritten wird. Zum

---

145 *Lüderssen*, „Beihilfe, Strafvereitelung und objektive Zurechnung", in: FS für Gerald Grünwald, S. 329.

146 *Lüderssen*, aaO., S. 330.

147 Vgl. *Lüderssen*, aaO., S. 329 ff. (330, 333, 337).

148 Im einzelnen jetzt zu diesem Prinzip besonders klar: *Kühl*, Strafrecht, Allg. Teil, 2. Aufl., München, § 18 Rd.ziff. 44 ff.

149 *Lüderssen*, „Beihilfe, Strafvereitelung und objektive Zurechnung", in: FS für Grünwald, S. 329,331.

150 *Otto*, „Vorgeleistete Strafvereitelung", in: FS für *Theodor Lenckner*, S. 193 ff.

anderen wird auch von der Literatur nicht genügend berücksichtigt, dass der Gehilfe im Steuerstrafrecht gar nicht bei der *konkreten Abgabe* der Steuererklärung des Kunden helfen muss: das muss der Bankberater im Zweifel den Steuerberatern überlassen. Deshalb werden im Steuerstrafrecht mit der herrschenden Meinung eben auch (aus Sicht des Haupttäters) *Vorbereitungshandlungen*, wie z. B. die Installation eines CpD-Kontos einer ausländischen Tochterbank bei der Hauptzentrale der Privatbank bzw. Genossenschaftsbank oder Beratungen oder falsche Buchungen, vom objektiven Tatbestand der Beihilfe im Sinne *positiven Tuns* gemäß § 370 I AO, § 27 I StGB jedenfalls dann erfasst, wenn die Tat zumindest das Versuchsstadium erreicht, wenn der Bankkunde also höchstpersönlich die steuerstrafrechtliche Verantwortlichkeit des Beraters begründet (die Akzessorietät herstellt), mag dies auch viel später der Fall sein. Es handelt sich also *nicht* um ein *spezifisches* und *alleiniges* Problem der psychischen Beihilfe (und schon gar nicht einer psychischen Beihilfe durch Unterlassen, die im Schrifttum auf heftigste Kritik gestoßen ist), sondern die „psychische Stabilisierung" *kann* im Einzelfall zur physischen Beihilfe durch positives Tun hinzutreten – jedenfalls in der hier zu erörternden Fallkonstellation. Entgegen *Lüderssens* Prämisse muss im Falle der Annahme positiven Tuns auch nicht besonders dargelegt werden, dass die Anonymisierung der Barzahlungen und Buchungen den konkreten Tatentschluss des Kunden zum Steuerdelikt, in den späteren Einkommenssteuererklärungen jene Gewinne aus Kapitalvermögen nicht zu deklarieren, bestärkt hat (Problem der *Fortwirkung* der verlangten Bestärkung).[151] Dies kann der Fall sein, es ändert aber nichts an dem tatsächlich vorliegenden objektiven – im Vorbereitungsstadium der Steuerstraftat geleisteten – kausalen Tatbeitrag. Eine Korrektur kann dann nur mittels einer am subjektiven Tatbestand der Beihilfe orientierten tatbestandlichen Reduktion im Steuerstrafrecht erfolgen. Auch ist nur so das Hauptproblem im Steuerstrafrecht in den Griff zu bekommen, dass Tatbeitrag und Haupttat zeitlich so weit auseinanderfallen. Bei der vertretenen *alleinigen und ausschließlichen* Annahme psychischer Beihilfe besteht zudem immer die Gefahr der Umgehung des allgemeinen Grundsatzes „in dubio pro reo" (Art. 6 Absatz 2 EMRK), indem oft eine straflose versuchte Beihilfe als vollendete Beihilfe erfasst wird, weil diese weder für den tatbestandlichen Erfolg noch auch nur für die tatbestandsmäßige Handlung des Steuerstraftäters kausale Solidarisierungshandlungen unter Strafe stellen will.

151 Vgl. zu dieser Forderung: *Lüderssen*, „Beihilfe", in: FS für Gerald Grünwald, 1999, 329 ff. (337).

h) Kritische Auseinandersetzung mit der Annahme einer „psychischen Stabilisierung" im Kreditwesen

Die in Gerichtsbeschlüssen[152] zum Teil ausgeführte Beihilfeunrechtsbegründung, der Bankmitarbeiter habe durch die anonymisierten Transfers von Bargeld und Wertpapieren die Kunden „psychisch stabilisiert", um die entsprechenden in Deutschland zu entrichtenden Steuern auf die Zinserträge zu verkürzen, kann nicht überzeugen. Die psychische Stabilisierung kann zum aktiven Tun durch Beiträge des Bankangestellten im Einzelfall *hinzu*treten. Für sich *allein* gesehen rechtfertigt die psychische Beihilfe nicht isoliert die Strafbarkeit des Bankmitarbeiters im Ausgangsfall. Übereinstimmend mit *Hruschka*[153] und *Otto*[154] ist der zum Steuerdelikt „omnimodo facuturus" (fest Tatentschlossene) nicht noch „entschlossener" zu machen. Dies zeigt auch die Wertung in § 26 StGB (ein fest Entschlossener kann nicht „bestimmt" werden) ganz deutlich und darf über die Auslegung des § 27 I StGB nicht ausgehöhlt werden. Im übrigen darf die fehlende Garantenstellung im Sinne des § 13 I StGB gegenüber dem Kunden und dem staatlichen Steueranspruch nicht durch die übereilte Annahme bloßer und *alleiniger* „psychischer" Beihilfe als unscharfer und umstrittener[155] Rechtsfigur durch die Gerichtsbarkeit umgangen werden. Die bloße Solidarisierung mit dem Haupttäter genügt nicht für den Tatbestand der Beihilfe. Es besteht immer latent die Gefahr, dass durch die alleinige Annahme psychischer Beihilfe unter Umgehung des Grundsatzes „in dubio pro reo" die straflose versuchte Beihilfe (§ 30 StGB e contrario) als vollendete Beihilfe erfasst wird, weil sie weder für den Erfolg noch auch nur für die Handlung des Steuerstraftäters kausale Solidarisierungshandlungen unter Strafe stellt. Die Beweisschwierigkeiten dieser psychischen Beihilfe sind, wenn nicht der angeklagte Bankkunde belastend aussagt, im Prinzip unüberwindbar. Allerdings ist *Otto* beizupflichten, dass auch die aktive *technische* Rathilfe („System") sich erst über die Psyche des Bankkunden auswirken *kann.* Erforderlich ist immer mindestens *ein* konkreter Tatbeitrag des Bankangestellten, der nachzuweisen ist und der das restliche Quantum an Unentschlossenheit des Kundens ausgeräumt hat. Dass solche Tatbeiträge vorliegen, wurde aber im Teil 1 unter Ziff. I. dieser Arbeit dargestellt. So ist die psychische Stabilisierung im Resultat der Untersuchung *nur* Zusatzkriterium, das *allein* die Strafbarkeit des Bankmitarbeiters *nicht* begründen kann. Dem folgt nun auch der Bundesgerichtshof in seiner Entscheidung BGHSt 46, 107 ff. (vgl. dazu Teil 2

---

152 Vgl. Beschluss des LG Bielefeld (I. Große Strafkammer) vom 16.3.1999, 1 KLs Ds 2 / 99; DStRE 1999, 618.

153 Vgl. dazu Teil 1 Ziff. III. 2. dieser Arbeit.

154 Vgl. Teil 1 Ziff. III. 2. dieser Arbeit.

155 Vgl. SK-*Samson*, § 13 Rn. 15 ff.

unter A.), ohne hierauf näher einzugehen, da es im konkreten Fall nicht erforderlich war. Im Rahmen der hier vorgestellten Beihilfehandlungen kommt folglich der Figur der psychischen Beihilfe neben den objektiven Anknüpfungstatsachen zum positiven Tun nur eine eher untergeordnete Bedeutung zu.

3. Physische Beihilfe

In Betracht kommt aber physische Beihilfe durch positives Tun zur Steuerhinterziehung des Kunden in Gestalt von *mehreren* im Vorbereitungsstadium (aus Sicht des Haupttäters) geleisteten Tathandlungen des einzelnen Bankmitarbeiters, mit dessen Strafbarkeit sich diese Arbeit vornehmlich befasst.

a) Zurverfügungstellung des Systems

Die Kundengelder wurden in der Regel nicht von den Banken unmittelbar auf die Konten der neuen Bankkunden bei dem ausländischen Bankinstitut in Luxemburg überwiesen, sondern auf ein *Sammelkonto* (Cpd-Konto) der Tochterbank bei der jeweiligen „Hausbank" im Inland.[156]. Wie oben unter Teil 1 Ziff. I. ausführlich dargestellt, haben die Banken ihren Kunden ein gut funktionierendes System zur Verfügung gestellt, das diesen den von ihnen beabsichtigten anonymen Geldtransfer ins Ausland ermöglichte. Hier liegt eine erste Anknüpfungstatsache für *positives Tun* vor, da es nach herrschender Ansicht irrelevant ist, dass diese Tat schon im Vorbereitungsstadium einer noch nicht konkretisierten Tat stattfindet.[157]

Darüber hinaus warben die Banken in Deutschland in Zeitungsanzeigen und Prospekten für diesen Weg und publizierten Broschüren, in denen die konsequente Diskretion und das strenge Bankgeheimnis der Banken in der Schweiz und in Luxemburg hervorgehoben wurde.[158] Sie beschrieben *detailliert* die Anbahnung eines Geschäftskontakts mit den Auslandstochterbankinstituten, gaben einen Überblick über Konditionen, Provisionsregelungen und Anlagemöglichkeiten. Auf die Möglichkeit einer „banklagernden Verwahrung" von Geschäftsdokumenten wurde hingewiesen. Der vom Hausbankmitarbeiter zu kontaktierende Bankmitarbeiter der Auslandsbank wurde mitgeteilt. Durch beispielhaft ausge-

---

156 Vgl. zu den Beihilfehandlungen das Urteil des LG Wuppertal, in: wistra 1999, 473 ff. Zu den Cpd-Konten: *Wabnitz*, Handbuch, S. 711; *Wannemacher*, Handbuch, 1999, Rn. 2803 ff.

157 Vgl. NJW 85, 1035; BGHSt 2, 344 und RGSt 31, 35; Klein-*Gast-de Haan*, § 370, S. 1551.

158 Vgl. dazu insbesondere das Urteil des LG Wuppertal vom 19.5.1999, in: wistra 1999, 473 ff.

füllte Formulare wurde die Informationsaufbereitung ergänzt. Darin liegt zwar eine Anknüpfungstatsache für positives Tun, aber noch keine physische Beihilfe im *Vorbereitungsstadium* einer Steuerstraftat. Da der Beihilfetatbestand streng akzessorisch zu der Haupttat der Steuerhinterziehung stehen muss, ist der Tatbestand erst zu prüfen, wenn der Bankmitarbeiter in einen konkreten Kontakt zum Bankkunden tritt, der eine Rechtsgutsverletzung konkret plant. Bei einem entsprechenden Kontakt kann eine physische Beihilfe zum Delikt des Kunden vorliegen, falls dieser nicht schon ohnehin fest zum Steuerdelikt entschlossen war.

Die meisten Kreditinstitute hatten sich demzufolge auf den Wunsch der Kapitalanleger nach Verschleierung des Auslandstransfers eingestellt und boten in Zusammenarbeit mit der in Luxemburg ansässigen Bank ein „System" an, um den Weg der Gelder zu verschleiern, zu „anonymisieren". Der Bankkunde sollte sein Kapitalvermögen mit Hilfe der Bank im Ausland anlegen können, ohne dass die Kapitalverlagerung bei späteren Steuerprüfungen auffiele. Die realiter zur Verfügung stehende Handlungsalternative des Kundens, nämlich einer denkbaren Überweisung vom inländischen Bankkonto auf das Sammelkonto des Luxemburger Tochterinstituts bei der „Hausbank", wurde dann nicht genutzt. Die konkreten Aufgaben innerhalb der jeweiligen deutschen Wertpapierabteilung der „Hausbank" waren aufgeteilt: Die Möglichkeit und der Zweck eines getarnten Transfers per Bareinzahlung, Referenznummer oder Codewort[159] war in der Wertpapierabteilung der jeweiligen Bankfiliale bekannt. Eine Beihilfehandlung könnte darin gesehen werden, dass der Transfer in *zwei unabhängige* Handlungen, zwei Barzahlungen, gesplittet war:

Der Bankkunde hob den gewünschten Betrag zunächst von seinem Konto bei der Hausbank *in bar* ab, darauf zahlte er ihn *sofort per Zahlschein bar* auf das Sammelkonto der Auslandsbank ein, welches diese bei der Hausbank unterhielt. Die Vorgänge wurden entsprechend als Barzahlungen *gebucht*. Eine zwischenzeitliche Aushändigung des Geldes durch die Bank an den Kunden erfolgte nicht. Auch dieser Buchungsvorgang kommt als steuerstrafrechtlich relevante Beihilfehandlung, wohlgemerkt im *Vorbereitungsstadium* der Steuerstraftat, in Betracht, was nach herrschender Meinung bei entsprechendem Vorsatz des Angestellten ausreichen kann.[160]

Bei der Bareinzahlung auf das Sammelkonto wurde der Transfer dann weiter „verschleiert".[161] Auch hieran kann eine Beihilfehandlung als physische Beihilfe

---

159 Siehe dazu das Urteil des LG Wuppertal vom 19.5.1999, in: wistra 1999, 473 ff.

160 Vgl. S/S- *Cramer*, StGB, 25. Aufl., § 27 Rn. 13.; a. A. bei der Beihilfehandlung lange Zeit vor der Tat: *Voßmeyer*, „Der Beihilfevorsatz des Bankmitarbeiters", in: DStR 1998, 842 (842).

161 Vgl. dazu nochmals das Urteil des LG Wuppertal (6. Grosse Strafkammer) vom 19.5.1999, wistra 1999, 473 ff.

angeknüpft werden: Da das Kassenkonto und das Zahlscheingegenkonto als *Eigenkonten des jeweiligen deutschen Kreditinstituts* nicht dem Schutz des § 30 a Absatz 3 AO unterfielen, Kontrollmitteilungen der Steuerbehörden insoweit möglich waren, war es *entscheidend*, dass der *Name* des Kunden *nicht* auf dem Einzahlungsbeleg erschien. Bei der Bareinzahlung auf das Sammelkonto wurde daher darauf geachtet, dass die Person des Einzahlers nicht auf dem Zahlschein angegeben, sondern nur eine „Referenznummer oder Kontonummer" des ausländischen Kreditinstituts eingetragen wurde. Diese Nummer hatte der Bankmitarbeiter vorher bei der Auslandsbank erfragt. Bei der Partnerbank in Luxemburg war zur Tarnung die *alleinige Angabe des Codeworts* möglich. In der Wirtschaftspresse wurde diese mögliche Gehilfenhandlung des „anonymisierten Transfers" für Banken allgemein detailliert beschrieben.[162] Für den Bankkunden waren diese Handlungen des Beraters im Vorbereitungsstadium der Haupttat eine bequeme und gefahrlose Variante, Geld praktisch anonym nach Luxemburg oder in die Schweiz zu transferieren.

b) Technische Rathilfe bei Beratung und Geldtransaktionen in die Schweiz und nach Luxemburg

Für die Beihilfe in Form der *technischen Rathilfe*, die seit langem anerkannt ist,[163] soll folgende gerichtliche Fallkonstellation dienen[164], in dem ein zum Steuerdelikt bereits entschlossener Kunde[165] in das Bankkundencenter einer Sparkasse kam:

Dabei wurde er im Jahre 1992 in der Hauptstelle einer Bank an die Wertpapierabteilung zu dem für das Privatkundengeschäft zuständigen Bankangestellten verwiesen. Wegen des Bankgeheimnisses (§ 30 a AO) hatte sich der Kunde bisher vor der Steuerfahndung in Sicherheit gewogen und sein Kapital im Inland angelegt. Er hatte in der Vergangenheit schon seine Einkünfte aus Kapitalvermögen nicht versteuert. Er brachte seinen Unmut über die künftige Zinsbesteuerung des Gesetzgebers zum Ausdruck, wollte auch in Zukunft die Einkünfte nach §§ 2 I

162 Vgl. dazu insbesondere die Darstellung in der F.A.Z.: 22.10.1999 unter der Rubrik: *„Recht und Steuern im Überblick"* und in der Ausgabe vom 9.10.1999.

163 Der technische Rathelfer wird im allgemeinen zum „psychischen" (intellektuellen) Gehilfen gerechnet, kann aber bei manchen Delikten auch dem *„physischen"* Gehilfen gleichgestellt werden, vgl.: *Küper*, „Die gemeinschaftliche Körperverletzung im System der Konvergenzdelikte", in: GA 1997, S. 322 mit Fn. 88; *Simon/Vogelberg*, 1.Kap., S. 21-23.

164 Vgl. dazu auch das Urteil des LG Wuppertal vom 19.5.1999, in: wistra 1999, 473.

165 Ein fest zur (Steuerstraf-)Tat Entschlossener wird auch als *omnimodo facturus* bezeichnet.

Nr.5, 20 EStG nicht versteuern und auch dem 30 %-igen Zinsabschlag (§§ 44, 44a, 43, 20 Nr.7 EStG) entgehen. Er war also „unverrückbar" fest dazu entschlossen, sein Kapitalvermögen unter Umgehung von Datenspuren nach Luxemburg zu transferieren und dort verzinslich anzulegen.

Dieser Kunde war bereits durch die Medien über die verschiedenen, auch anonymen Wege der Geldverlagerung in das steuergünstigere Ausland vorgebildet. Er wusste, dass das Geld über ein Konto der Bank „Luxemburg" bei seiner Hausbank zur Auslandstochter verbracht werden sollte und wollte im Falle einer Steuerprüfung nicht entdeckt werden. Er schätzte vor allem das sichere Bankgeheimnis in Luxemburg und legte Wert auf die etwas höhere Rendite für Kapitalanlagen gegenüber Österreich oder der Schweiz. Wenn die Stadtsparkasse seinem Wunsch nach anonymer Transferierung des Kapitals nicht folgen würde, beabsichtigte er, ein anderes Kreditinstitut der Konkurrenz aufzusuchen. Er hatte sich darüber informiert, dass die meisten Banken einen anonymisierten Transfer unterstützten. Der zuständige Bankangestellte war über die Absichten des Kundens nicht erfreut, seine Einlagen notfalls von der Sparkasse abzuziehen, und wies explizit darauf hin, dass auch ausländische Zinserträge in Deutschland steuerpflichtig seien. Allerdings war beiden klar, dass der Hinweis nur der Form halber erfolgte. Nunmehr folgte die *„technische Rathilfe"*: Der Bankangestellte erläuterte dem Kunden im Wege einer umfassenden Beratung und Auskunft (Dienstleistung), wie Gelder unauffällig nach Luxemburg zu transferieren seien, da dies den Kunden oft unklar war.[166] Insbesondere riet der Bankmitarbeiter den Kunden, die Kontoauszüge in Luxemburg zu lagern und den jeweiligen Kontostand telefonisch zu erfragen. Der Bankmitarbeiter bemühte sich um die Kontoeröffnung bei der „Y-Bank Luxemburg" zur verzinslichen Anlage des Kapitals (auch zum Teil per Telefon). Er war also beim Vorgang Nr. 2 maßgeblich involviert. Vorher wurde aber im Vorgang Nr. 1 das Sammelkonto (Zwischenkonto) der Y-Bank Luxemburg beim deutschen Mutterbankinstitut *installiert*. Dabei fehlte dem Bankmitarbeiter allerdings die Entscheidungsbefugnis, die bei der höheren Führungsebene der Bank lag. Das „System", auf das zurückgegriffen werden konnte, war letztlich von der Bank vorgegeben[167]. Hierin liegt insoweit *technischer Rat*, als der Kunde über diese zwei Schritte der Systemverwirklichung im Hinblick auf den Transfervorgang vorher *nichts wusste oder nichts wissen konnte*. Der Kunde vereinbarte mit dem Bankangestellten den Postversand seiner Kontoauszüge und Unterlagen (Hilfe *nach* dem Transfer bei der Disposition über das Geld, aber *vor*

---

166 Vgl. zu den Laien in Steuerfragen: Urteil des LG Wuppertal, vom 19.5.1999, in: wistra 1999, 473 ff.

167 So auch das LG Wuppertal vom 19.5.1999 in den Urteilsgründen; vgl. dazu der Auszug in: wistra 1999, 473 ff; ebenso: BGHSt 46, 107 ff. : „zentrale Steuerung".

der Steuererklärungsabgabe), ließ sie aber später ohne Wissen des Bankmitarbeiters in Luxemburg deponieren. Danach hob der Kunde von seinem Konto „xyz“ bei der Stadtsparkasse einen bestimmten Betrag ab. Das Geld wurde nicht an ihn ausbezahlt, sondern der Betrag wurde unmittelbar nachfolgend auf das „Sammelkonto“ der Y-Bank Luxemburg eingezahlt.

Anknüpfungstatsachen für eine technische Rarthilfe als tatbestandsmäßige Beihilfehandlung im Sinne des § 27 I StGB i.V. mit § 370 I AO liegt auch in Anbetracht der folgenden Handlungen vor: Der Bankangestellte füllte den Einzahlungsschein aus. In das Feld „Verwendungszweck“ setzte er „Kundennummer xyz, Lfd. Konto xyz“ ein. Das Feld *„Auftraggeber/ Einzahler: Name“* ließ er *bewusst* frei, um etwaige Schlussfolgerungen auf die Person des Einzahlers im Entdeckungsfalle zu verhindern. Im Mai 1993 wandte sich der Kunde erneut an den zuständigen Bankangestellten, um weitere Einlagen bei der Sparkasse ins Ausland zu transferieren. Da diese im Oktober 1992 noch fest angelegt waren, hatte er erst bis zur Fälligkeit warten müssen. Der Bankangestellte erkannte, dass der Kunde an das erste Beratungsgespräch und seinen damaligen Auslandstransfer anknüpfen wollte. Der Kunde stellte einen Barscheck, gezogen auf sein Konto xyz bei der Sparkasse, aus. Das Geld wurde nicht an ihn ausgezahlt, sondern zeitgleich per Zahlschein auf das Sammelkonto der Y-Bank Luxemburg bei der Sparkasse in Deutschland, Kontonummer xyz, *Empfänger Y-Bank Luxemburg,* eingezahlt. Um der Verschleierung der Person des Einzahlers Rechnung zu tragen, setzte der Bankberater in dem Feld „Auftraggeber / Einzahler: Name“ nur *den Vermerk* „015xyz106“, eine *Kombination* aus der *Kundennummer* xyz und der Kontonummer des Kunden ein.

Angesichts dieser objektiven Tatsachen und der Feststellung, das Berufsvorschriften konkret nicht verletzt wurden, soll im folgenden zunächst auf die bisherigen Lösungsansätze bei berufsbedingter Beratungstätigkeit eingegangen werden, die teilweise entgegen der hier vertretenen Auffassung das Verhalten der Bankmitarbeiter und Bankorgane bereits auf objektiver Tatbestandsebene „abschichten“ bzw. aussondern wollen, obwohl der hier dargelegte *banktechnische Hintergrund*[168] und die tatsächlichen Grundlagen des Ausgangsfalles am objektiven Beihilfetatbestand im Hinblick auf die Steuerhinterziehung des Kundens Subsumtionen unter § 27 I StGB zulassen. Hier zeigt sich eben gerade der Unterschied zu den klassischen Lehrbuchfällen, bei denen es zumeist nur um den Verkauf einer *Ware* an den zukünftigen Haupttäter geht. Anschließend daran soll gezeigt werden, warum gerade im Steuerstrafrecht eine Lösung in Form der *subjektiven Zurechnung* im Falle sicheren Wissens auf Grund *hinreichender Indizien* wegen der steuerstrafrechtlichen Besonderheiten erforderlich ist. Im Rahmen der

---

168 Vgl. 1. Teil unter I. dieser Arbeit.

nun folgenden Erörterung der objektiven Zurechnungskorrektive auf der Tatbestandsebene wird bei allen Lösungsansätzen immer an die Besonderheiten im Kreditwesen und speziell im Steuerstrafrecht zu denken sein. Dabei wird kritisch untersucht, ob die eigentlich für den Warenverkauf an Dritte konzipierten Tatbestandskorrektive auf das Steuerstrafrecht übertragbar sind. Alle Lösungsansätze werden ferner ins Spannungsverhältnis zum Tatbestandskorrektiv der *subjektiven* Zurechnung gesetzt.

2. Teil: Objektive und subjektive Zurechnungskorrektive bei berufsbedingter Beratungstätigkeit

Vorstehend wurde gezeigt, dass im Ausgangsfall der objektive Sachverhalt im Hinblick auf die Geldtransaktionen sehr viel leichter nachweisbar ist als in den klassischen Lehrbuchfällen zu „berufstypischem Verhalten". Der objektive Sachverhalt ist auch aus Sitzungsprotokollen der Bankvorstände[169] und zudem aus Gesprächsnotizen, die in Ordnern abgeheftet wurden, ersichtlich. Es ergibt sich zusätzlich aus der Beratung des Bankkunden selbst und den banktechnischen Geldtransfervorgängen auch *nach* der eigentlichen Transferaktion, die zeitlich noch im Vorbereitungsstadium der Steuerstraftat des Kundens liegen[170]. Anhand der bisherigen Lösungsversuche in der Literatur soll nun untersucht werden, ob die Frage der Beihilfestrafbarkeit von Bankmitarbeitern bereits bei der Prüfung des objektiven Tatbestands verneint werden kann. Dabei ist zu berücksichtigen, dass ein großer Teil dieser Lehren anhand von Warenverkaufsfällen entwickelt wurde und sich primär nicht mit wirtschaftlichen Dienstleistungen befasst hat.

Danach wird untersucht werden, ob die Beihilfestrafbarkeit von Bankmitarbeitern im Steuerstrafrecht ein *Problem der subjektiven Zurechnung* ist. Dabei wird infolgedessen anschließend geklärt werden, welche subjektiven Anforderungen – speziell für das Kreditwesen – in steuerstrafrechtlicher Hinsicht zu stellen sind, gerade auch unter Berücksichtigung der Anforderungen im subjektiven Bereich anderer *beratender* Berufe und unter dem Gesichtspunkt der steuerstrafrechtlichen Besonderheiten, nämlich der *erheblichen* Zeitspanne zwischen Teilnehmerhandlung und Haupttat, der drohenden gesamtschuldnerischen Gehilfenhaftung für die nachzuzahlenden Steuerschulden des Kunden, §§ 71, 235, 233, 219 S.1 AO sowie den subjektiven Voraussetzungen für eine wirksame Selbstanzeige des Gehilfen zur Steuerstraftat nach § 371 I, III AO.

---

169 Vgl. dazu auch das Urteil des LG Wuppertal, in: *wistra* 1999, 473 ff.

170 Dass eine Hilfeleistung zu diesem Zeitpunkt schon möglich ist, vgl. nur: *Kühn/Hofmann*, AO (FGO), 17.Aufl., 1995, § 370 AO, S. 856; *Klein*, AO, 6. Aufl. (1998) § 370, S. 1549; NJW 85, 1035, selbst wenn der Haupttäter noch nicht zur Tat entschlossen ist, vgl. BGH 2, 344 oder diese Haupttat für den Gehilfen *noch nicht* hinreichend *konkretisiert* ist, RGSt 31, 35 und jetzt BGHSt 46, 107 ff.

A. Problemlösungen auf der Tatbestandsebene

Im Schrifttum wird unter Berücksichtigung verschiedenster Lösungsansätze versucht, die Strafbarkeit des Bankmitarbeiters schon auf der Ebene des Tatbestands des § 27 I StGB im Rahmen der Steuerhinterziehung (§ 370 I AO) des Haupttäters einzuschränken. Hierbei wird auf die in Literatur und Rechtsprechung bereits bestehenden Vorschläge zur Eingrenzung des Beihilfetatbestandes bei der Steuerhinterziehung (§ 370 AO, § 27 I StGB) Bezug genommen, die teilweise in der allgemeinen Strafrechtsdogmatik und Zurechnungslehre erörtert worden sind. Intensiviert wurde die Diskussion auch im allgemeinen materiellen Strafrecht seit Beginn der 90er Jahre. In den letzten zehn Jahren wurden dabei auch zunehmend Lösungen gesucht, speziell für die Beihilfestrafbarkeit von Bankmitarbeitern bei sogenannten „äußerlich neutralen Berufshandlungen" im Kreditwesen zu verschiedenen Delikten von Kunden. Dabei lassen sich diese Lösungsmodelle in rein objektive Lehren und objektive Lehren mit *subjektivierender* Tendenz gliedern. Schon daraus soll deutlich werden, dass sich auch im deutschen Schrifttum subjektive Ansätze finden, die aber wegen ihrer unterschiedlichen Kriterien und Voraussetzungen, so wie in dieser Arbeit vertreten, bislang – jedenfalls für das Steuerstrafrecht – noch nicht konkretisiert oder begründet wurden. Dies ist deshalb der Fall, weil diese Lehren sich hauptsächlich mit den klassischen Lehrbuchfällen (Verkauf einer Ware) beschäftigen, sich aber mit den Besonderheiten des Nebenstrafrechts nicht auseinandergesetzt haben. Im Übrigen ist wegen der bestehenden objektiven Anknüpfungstatsachen kein Raum mehr für eine objektive Beihilfetatbestandsrestriktion bei der Beihilfe zur Steuerhinterziehung der Bankkunden.

Im Folgenden sollen unter I. zunächst die objektiven Lösungsmodelle erörtert werden, die ihrerseits in ältere, in abwägende und in klassische Zurechnungsmodelle untergliedert werden. Anschließend daran soll zu den objektiven Zurechnungsmodellen mit *subjektivierender Tendenz* Stellung bezogen werden (unter II.). Letztlich soll untersucht werden, ob die Problematik im beratenden Kreditwesen *ausschließlich* dem Vorsatzbereich zuzuordnen ist (unter A. III.).

I. Objektive Lösungsmodelle

1. Ältere Zurechnungsmodelle

Zu den schon seit langem diskutierten objektiven Zurechnungskorrektiven bei „neutralem" Verhalten zählen die Lehre von der Sozialadäquanz und die Lehre von der Isolierung des jeweiligen Handlungssinns. Auf diese beiden älteren Zurechnungskorrektive ist zu Beginn der Diskussion näher einzugehen.

a) Die Lehre von der Sozialadäquanz

aa) Straflosigkeit bei „ordnungsgemäßer Geschäftsführung"

Die von *Welzel* begründete „Lehre von der Sozialadäquanz" kommt zum Ergebnis, dass Handlungen, die sich völlig im Rahmen der „normalen", geschichtlich gewordenen sozialen Ordnung des Lebens bewegen, auch dann nicht tatbestandsmäßig sind, wenn sie kausal für eine spätere Rechtsgutverletzung werden.[171] Sozial adäquat seien solche „Geschäfte, die sich im Rahmen ordnungsgemäßer Geschäftsführung halten", wobei ein sozial vorbildliches Verhalten keineswegs notwendig sei.[172]

Einige Autoren sind dieser Ansicht gefolgt. So wird in der Sozialadäquanz „das Korrektiv für die notwendigerweise unzulängliche Tatbestandstypisierung" gesehen.[173] In den Straftatbeständen sei das Erfahrungswissen um die Sozialschädlichkeit bestimmter Verhaltensweisen niedergelegt, so dass die erwiesene Tatbestandserfüllung das Unrecht indiziere. Die Typisierung unrechtmäßigen Verhaltens berge jedoch von Anfang an Fehlerquellen und Ungenauigkeiten, die sich aus der jeweiligen Abstraktheit der gesetzlichen Straftatbestände ergäben. So seien auch Sachverhalte unter den Wortlaut der Norm subsumierbar, die materiell nicht mehr an der Sozialschädlichkeit des typisierten Verhaltens teilhätten. Im übrigen sei jeder Straftatbestand der Dynamik gesellschaftlicher Veränderungen unterworfen, der zufolge eine starre Unrechtsindizierung allein aufgrund des Normwortlautes ausgeschlossen sei.[174] Die bloße Subsumierbarkeit führe nicht notwendig zur Unrechtsindizierung. Dem typisierten, abstrakten Unrechtsbild sei

---

171 *Welzel*, Das Deutsche Strafrecht, 11.Aufl., Berlin 1969, S. 55 ff.

172 *Welzel*, (Fn.83), S.56.

173 *Zipf*, „Rechtskonformes und sozialadäquates Verhalten", ZStW 82 (1970), 633 ff., S. 648 ff., *Dölling*, „Die Behandlung der Körperverletzung im Sport im System der strafrechtlichen Systemkontrolle", ZStW 96 (1984), 36, S. 56 ff. Dieses Korrektiv wird nach überwiegender Auffassung auf der Ebene des objektiven Tatbestandes herangezogen, so *Jescheck*, AT, 4.Aufl., 1988, S. 226 ff.; *Stratenwerth*, S. 116 ff; *Krauß*, „Erfolgsunwert und Handlungsunwert", ZStW 76 (1964), 19, (48); OLG München NStZ 1985, 549; offengelassen von BGHSt 23, 226, 228; andere sehen hierin einen Rechtfertigungsgrund, z.B. *Otto*, AT, S.78; *Schmidhäuser*, AT, S. 298 ff.; vgl. die Darstellung zum Meinungsstand bei *Roxin*, Klug- FS, S. 303 ff.

174 *Zipf*, (Fn.85), S.649.

der „Filter“ der Sozialadäquanz einzubauen, um die konkrete Strafwürdigkeit der einzelnen Handlung beurteilen zu können.[175]

Auch die Strafgerichte haben sich die Folgerungen der Lehre von der Sozialadäquanz in einigen Fällen zu eigen gemacht. Der Gastwirt, der einem Kraftfahrer Alkohol ausgeschenkt habe, brauche die Weiterfahrt regelmäßig nur dann zu verhindern – und hafte strafrechtlich nur dann wegen eines vom Gast verursachten Unfalls –, wenn der Gast offensichtlich so betrunken sei, dass er nach verständiger Berurteilung nicht mehr verantwortlich handeln könne.[176] Verfassungswidriges Propagandamaterial einer verbotenen Partei könne nach § 86 Abs.3 StGB zu „wissenschaftlichen oder künstlerischen Zwecken“ verbreitet werden.[177] In strafrechtlicher Hinsicht völlig unverdächtige Handlungen, die im Rahmen der sozialen Handlungsfreiheit liegen, seien demzufolge „nicht tatbestandsmäßig“ oder „zumindest nicht rechtswidrig“.[178] Ebensowenig handele ein Polizeibeamter, der eine Anzeige aus Irrtum bedingter Wahrnehmung erstelle, tatbestandsmäßig im Sinne der §§ 164, 344 StGB. Diese Tatbestände seien Einschränkungen unterworfen, soweit der Amtsträger sozialadäquat gehandelt habe.[179]

bb) Erweiterung durch die Lehre von der professionellen Adäquanz

Unter Bezugnahme auf die Lehre von der Sozialadäquanz hat *Hassemer* eine den Tatbestand ausschließende „professionelle Adäquanz“ entwickelt, die er insbesondere für die Beihilfe von Bankmitarbeitern zur Steuerhinterziehung zur Anwendung bringt.

Ausgangspunkt dieser Überlegungen ist die Tatsache, dass es im Kredit- und Bankwesen eine Mannigfaltigkeit von berufsspezifischen Regeln gibt, die das übliche und angemessene, mithin das „professionelle“ oder „neutrale“ Verhalten normieren.[180] Zu diesen Regeln gehörten auch die vom Zentralen Kreditausschuss und vom Bundeskriminalamt herausgegebenen Regelwerke[181]. Darüberhinaus gebe es dann den Bereich strafrechtlicher Normen, insbesondere die Vorschrift der Beihilfe, § 27 Abs.1 StGB, und die steuerstrafrechtlichen Tatbestände.

---

175 Ebenda.

176 BGHSt 19, 152, 155. S. zum Problem im Straßenverkehr auch *Kudlich*, StV 2000, 23 ff.

177 BGHSt 23, 226, 228.

178 BGHSt 23, 226, 228.

179 OLG München, NStZ 1985, 549 ff.

180 *Hassemer*, „Professionelle Adäquanz – Bankentypisches Verhalten und Beihilfe zur Steuerhinterziehung“ (Teil 2), in: *Wistra* 1995, S.82.

181 Abgedruckt sind diese Regelwerke bei *Körner / Dach*, Anhang 5.

Für die Abgrenzung der straflosen professionellen Adäquanz von strafrechtlichem Unrecht soll der Prüfungsschwerpunkt darin liegen, wie die beiden Normkomplexe miteinander in Übereinstimmung gebracht werden können.[182] Dabei soll nach dieser Lehre der Grundsatz gelten, dass im Bereich der Kreditwirtschaft, die eine gesellschaftliche Funktion erfüllt und ihre professionellen Regeln den gesetzlichen Vorgaben, insbesondere dem Steuerrecht, ständig anpaßt, die Strafrechtsnormen nicht neutralisiert, sondern vielmehr ergänzt und konkretisiert werden.[183] Es bestehe daher eine Vermutung für die Richtigkeit der bankspezifischen Normen. Nur in Ausnahmefällen sei es denkbar, dass die Übereinstimmung von professioneller und strafrechtlicher Regelung widerlegt werden könne. Diese Fälle seien durch die Methodik der Gesetzesauslegung und durch Indizien im praktischen Handlungsfeld zu ermitteln.[184] Solche Indizien setzen sich nach diesem Standpunkt aus zwei Faktoren zusammen: der objektiven Regelveränderung und der Disposition des Handelnden, kriminelle Ziele zu verfolgen.[185] Unter Beachtung dessen ist der Bereich professioneller Adäquanz etwa im Hinblick auf eine Beihilfe zur Steuerhinterziehung dann verlassen, wenn die Geheimhaltung eines luxemburgischen Kontos ausschließlich der *Absicht* der Steuerverkürzung entspringt.[186] Übertragen auf die Situation des Bankangestellten hinsichtlich einer Strafbarkeit wegen Beihilfe zur Steuerhinterziehung spricht somit bei Beachtung der Regeln im Bereich professioneller Banktätigkeit grundsätzlich die Vermutung für die Annahme straflosen Verhaltens. Strafbar macht sich der Bankbedienstete nur dann, wenn er gegen diese bankinternen Regeln verstößt und damit kriminelle Zwecke verfolgt oder unterstützt. Sobald aber Anhaltspunkte für eine neutrale, professionelle und somit gegen eine kriminelle Disposition erkennbar sind, ist auch bei vorsätzlichem Handeln von strafloser Tätigkeit des Bankangestellten auszugehen.

In der Praxis dürften sich stets Indizien für die professionelle Disposition finden lassen. So spricht etwa für die Annahme und Ausführung von Überweisungsträgern das Interesse des Kunden an der Begleichung von Rechnungen, die beispielsweise für die Vornahme einer legalen Arbeit erstellt worden sind. Des weiteren kann der Verkauf von Wertpapieren zur Realisierung eines Kursgewinns als professionelles Verhalten des Bankmitarbeiters eingeordnet werden. Ebenso verhält es sich mit den Cpd-Konten, die der Aufklärungsmöglichkeit der Bank dienen und den Grundsätzen ordnungsgemäßer Buchführung zunächst Rechnung tragen sollen.

---

182 *Hassemer*, „Professionelle Adäquanz“, in: wistra 1995, 82 ff., S. 84.
183 *Hassemer*, „Professionelle Adäquanz“, in: wistra 1995, 82 ff., S. 85.
184 *Hassemer*, „Professionelle Adäquanz“, in: wistra 1995, 82 ff., S. 86.
185 *Hassemer*, „Professionelle Adäquanz“, in: wistra 1995, 82 ff., S. 86.
186 *Hassemer*, in: wistra 1995, 82 ff., S. 87; dazu *Wannemacher*, Handbuch, Rn. 2818.

Die Lehre von der professionellen Adäquanz führt demnach zu einer weitreichenden Straflosigkeit der Bankbediensteten im Hinblick auf den Vorwurf der Beihilfe zur Steuerhinterziehung, da bereits im ersten Teil der Arbeit (unter III. 1.) festgestellt wurde, dass ein Verstoß gegen die gesetzlichen, d.h. bankrechtlichen und steuerrechtlichen Vorschriften formal nicht vorliegt.

cc) Anwendbarkeit der Lehre von der Sozialadäquanz bei „banküblichen" Transferaktionen von Kundengeldern

Gelangt man mithin zu dem Resultat, dass sich der Bankbedienstete bei Beachtung sowohl des Grundsatzes der Kontenwahrheit, § 154 AO, als auch der Regeln, die sich im Bankverkehr herausgebildet haben, nicht strafbar macht und die Errichtung eines Kontos auf den Namen eines Dritten ein zulässiger Vertrag zugunsten eines Dritten (§§ 328 ff BGB) sein kann, sind Einzahlungen auf ein solches Konto nicht als Verstoß gegen bankrechtliche Vorschriften zu werten. Woher das Geld stammt und wofür es später verwendet wird, hat der Bankmitarbeiter nicht zu erforschen. Die internen Geschäftsangelegenheiten des Kunden, der Einzahlungen von Kundengeldern zum Zwecke der Steuerhinterziehung vornimmt, gehen den Mitarbeiter nichts an. Die Kreditinstitute haben zunächst Geldgeschäfte abzuwickeln, ohne Fragen zu stellen. *Kniffka*[187] gelangt dem entsprechend zu der Ansicht, die Strafbarkeit des Bankangestellten im Hinblick auf die Beihilfe zur Steuerhinterziehung (§ 370 AO, § 27 Abs.1 StGB) sei „durch eine Tatbestandsrestriktion oder durch die Rechtfertigung des „sozialadäquaten Verhaltens" einzuschränken. Entscheidend sei, ob sich der Mitarbeiter innerhalb der beruflichen Ordnungsvorschriften halte.

Gesetzt den Fall, man überträgt die oben dargestellten Grundsätze der Lehre von der sozialen Adäquanz auch auf die Einschränkung des tatbestandlichen Verhaltens von Bankbediensteten bei der Steuerhinterziehung, so ist zunächst zu fragen, worin die „ordnungsgemäße Geschäftsführung" beziehungsweise die bankrechtlichen Regeln bestehen. Bei Einhaltung dieser Regeln im Zuge der Ausführung von banküblichen Geschäften führt die Übertragung der genannten Gedanken dann zur Straflosigkeit von Bankmitarbeitern im Hinblick auf eine Beihilfestrafbarkeit zur Steuerhinterziehung des Kunden. Beachtet der Mitarbeiter bei der Vornahme von typischen Finanzgeschäften – etwa der Entgegennahme von Bargeldeinzahlungen, der Durchführung von Überweisungsaufträgen, dem An- und Verkauf von Wertpapieren – die umfassenden Anzeige-, Aufbewahrungs- und Identifizierungspflichten des Bankgewerbes sowie die übrigen im Bankverkehr bestehenden Regeln, so führt dies nach der Lehre von der Sozialadäquanz

---

187 *Kniffka*, „Die Durchsuchung von Kreditinstituten", in: *wistra* 1987, 309, 310.

trotz der Erfassung des Geldtransfers ins Ausland vom Wortlaut der § 370 AO, § 27 I StGB als Hilfeleistung zur Straflosigkeit. Diese Lehre stellt somit im Bereich der Steuerhinterziehung auch bei möglichem *Wissen* um die Haupttat des Kunden dem Bankmitarbeiter einen „weitgehenden Freibrief" aus.[188]

dd) Kritik an der Lehre von der Sozialadäquanz

Die Lehre von der Sozialadäquanz ist letztlich für sich allein nicht geeignet, Fälle wie den Ausgangsfall zufriedenstellend zu lösen.[189] Gegen sie spricht bereits ihre begriffliche Unklarheit, die sich in der Heranziehung einer unbestimmten Generalklausel für die Bestimmung der Strafbarkeitsgrenze manifestiert.[190] Die Konturen der geforderten „normalen" sozialen Ordnung des Lebens sind überaus unscharf, solange man nicht in bestimmter Weise begründen kann, warum gewisse sozialtypische Handlungen nicht bestraft werden sollen. Dieses mangelnde Begründungspotential wird auch in der Vielzahl unterschiedlichster Fälle deutlich, die mit Hilfe der Sozialadäquanz einer gerechten Lösung zugeführt werden.[191] Der BGH hat schon zu einem Fall der Wählerbestechung nach § 108 b StGB verkündet, dass eine Restriktion des Beihilfetatbestandes allein durch den Gedanken der Sozialadäquanz dem Bestimmtheitsgebot des Art. 103 Abs. 2 GG nicht gerecht werde.[192] Desgleichen gelangt *Roxin*[193] zu der Wertung, bei der Sozialadäquanz handele es sich um ein „Schlagwort ohne klaren Inhalt". Eine selbständige Bedeutung habe der Begriff jedenfalls nicht.[194]

Für das Steuerstrafrecht birgt die Sozialadäquanz ebensowenig eine rechtlich fundierte Begründung für die Restriktion des Tatbestandes, der sehr weit geraten ist. Zum einen ist es nicht vertretbar, die Vornahme von Bankgeschäften nur deswegen als sozialadäquat zu bezeichnen, weil bei deren Umsetzung sämtliche

---

188 So für den Bereich der Geldwäsche: *Barton*, „Sozial übliche Geschäftstätigkeit", in: StV 1993, 156 (157).

189 Siehe zur Ablehnung der Lehre von der Sozialadäquanz die Nachweise bei *Kudlich*, Anmerkung zur BGH-Entscheidung vom 22.7.1999 (4 StR 90 / 99), in: StV 2000, 23 ff. (24).

190 S/S-*Lenckner*, vor § 13 Rn. 70; *Löwe-Krahl*, „Die Verantwortung von Bankangestellten bei illegalen Kundengeschäften", S. 26; für den Bereich der Geldwäsche: *Barton*, „Geschäftstätigkeit", in: StV 1993, 156 (158) ; im übrigen: *Frisch*, „Tatbestandsmäßiges Verhalten und Zurechnung des Erfolges", S. 296.

191 *Küpper*, „Strafvereitelung und „sozialadäquate" Handlungen", in: GA 1987, 385 (389).

192 BGHSt 33, 336, 338 ff.

193 *Roxin*, „Bemerkungen zur sozialen Adäquanz", in: Klug-FS, S.304.

194 *Roxin*, „Bemerkungen zur sozialen Adäquanz", in: Klug-FS, S.313; BGHSt 46, 107 ff.

Rechtsvorschriften des Kreditgewerbes eingehalten werden. Es ist durchaus nicht abwegig, vorsätzliches Handeln von Bankmitarbeitern im Hinblick auf künftige Steuerstraftaten bei der *beratenden* Banktätigkeit als sozial inadäquat zu qualifizieren und unter Strafe zu stellen. Auch die weitgehende Straflosigkeit vorsätzlichen Handelns bei der Anwendung der Gedanken der professionellen Adäquanz ist deshalb kein tragbares Ergebnis, gerade auch im Hinblick auf die im Raum stehende „Bankensystembildung", welche die Staatsanwaltschaften als wesentliches Ergebnis ermittelten.[195]

Ferner ist zu berücksichtigen, daß aufgrund der objektiven Nachweisbarkeit des anonymisierten Geldtransfervorgangs über zwei Bankinstitute auf ein Konto „im Ausland" unter Verwendung eines bankinternen Zwischenkontos quasi als „Pipeline" bei der deutschen Mutterbank und einer zusätzlichen Beschuldigung der Bankmitarbeiter und Vorstände durch die steuerhinterziehenden Kunden selbst Anhaltspunkte für eine objektive Tatbestandsmäßigkeit der Unterstützungshandlung im Vorfeld der Haupttat gegeben sind. Dies ist im Gegensatz zu den sonst in der Literatur besprochenen Fällen („Verkauf eines Schraubenziehers" u.a.), zum Teil evident. Beim Verkauf einer Ware ist zunächst nicht evident, ob sie später zu einer Deliktsbegehung missbraucht wird. Hinzu kommt, dass es kein sozialadäquates oder professionell adäquates Verhalten per se geben kann. Dem stimmt nun auch die Rechtsprechung zu, insbesondere der BGH im Steuerstrafrecht.[196] Es gibt keine schlechthin und absolut „nichtkriminellen Verhaltensweisen."[197] Selbst das friedliche Schlafen im Bett kann unter weiteren rechtlichen Voraussetzungen eine Strafbarkeit begründen – etwa für den Garanten, der gerade seinen Wachdienst zum Schutz gefährdeter Rechtsgutsobjekte erfüllen müsste. *Scheinbar* harmlose Verhaltensweisen werden im Hinblick auf die Beihilfestrafbarkeit nur deshalb als diskussionsbedürftig empfunden, weil der Gehilfenbeitrag oft örtlich und zeitlich der Haupttatshandlung sehr *weit* vorgelagert ist und im Bezug auf diese *für den Haupttäter* zunächst *nur Vorbereitungshandlung oder Unterstützung bei der eigenen Deliktsvorbereitung* ist. Die in § 27 I StGB normierte Akzessorietät wird dann aber durch die Rechtsgutsverletzung des Haupttäters hergestellt, so dass der Gehilfe für seinen Beitrag strafrechtlich verantwortlich ist. Die Beihilfestrafbarkeit ist gerade die Ausnahme vom Regressverbot, d.h. es kann sehr wohl an eine zeitlich weit vorangegangene

195 Unter „System der Verschleierung" versteht die Staatsanwaltschaft das Bereitstellen eines „Kontengeflechts" unter Einbindung von Tochterkreditinstituten zum Zwecke anonymer Geldtransferleistungen mittels Sammelkonten von Deutschland aus ins Ausland, vgl. dazu auch Teil 1 I. dieser Arbeit.

196 Vgl. BGHSt 46, 107 ff.

197 So auch: *Weigend*, „Grenzen strafbarer Beihilfe"(1998), S. 204, 205.

vorsätzliche Handlung im Vorbereitungsstadium der Haupttat[198] angeknüpft werden, obwohl ein Dritter vorsätzlich und eigenverantwortlich handelt.

Zum anderen läuft die Anwendung des Gedankens der Sozialadäquanz und der professionellen Adäquanz bei der Beihilfe zur Steuerhinterziehung einer effektiven Bekämpfung der Bildung von Organisierter Kriminalität zuwider. Selbst das Bundesverfassungsgericht geht bei der schon mehrfach zitierten Entscheidung[199] über den zulässigen Umfang von Bankdurchsuchungen nach dem geltenden Strafprozessrecht inzwischen davon aus, dass es sich beim Bereitstellen eines „*Netzes*" von Tochterbankgesellschaften in Luxemburg nicht mehr um Kleinkriminalität handelt, sondern vielmehr um ein ausgeklügeltes „*Organisationssystem*" der Bank, welches eher dem Bereich der Organisierten Kriminalität („OK") zugeordnet werden kann. Es bleibt daher festzuhalten, dass die Anwendung der Lehre von der Sozialadäquanz (auch in der abgewandelten Form der professioneller Adäquanz) zur Begrenzung der Strafbarkeit von Bankangestellten bei der Beihilfe zur Steuerhinterziehung mit der Rechtsprechung abzulehnen ist.

b) Die isolierte Betrachtung des Handlungssinns

aa) Deliktische Planung als Enttäuschung des Vertrauens der Rechtsgemeinschaft auf den Rechtsfrieden

In Abweichung von der in der älteren Literatur entwickelten Lehre vom Regressverbot[200] versucht *Jakobs*, einen neuen Lösungsweg zu finden.[201] Er möchte denjenigen von der strafrechtlichen Verantwortung freistellen, dessen „Verhalten zur Zeit seines Vollzugs nicht davon abhängt, dass die tatbestandsverwirklichende Handlung des Ausführenden überhaupt nachfolgt".[202] Zur Veranschaulichung dieses Gedankens bildet er Beispiele. So sei der Bäcker nicht wegen einer Teilnahme am Totschlagsdelikt zu bestrafen, wenn er den Tatplan des Brötchenkäufers durchschaue, der die gekauften Brötchen vergiften und sodann seinen Gästen zum Verzehr anbieten möchte. Ebensowenig hafte der Kreditgeber für die deliktische Verwendung des ausbezahlten Geldes durch den Kreditnehmer. Dieser Standpunkt wird durch die Überlegung gestützt, dass nur bei *Isolierung* der *jeweiligen* Zweckverfolgung – und somit bei isolierter Betrachtung des Handlungs-

---

198 So zustimmend auch das erstinstanzliche Urteil des LG Wuppertal vom 19.5.1999, in: wistra 1999, 473 ff. (474).

199 BVerfGE (Beschluß vom 23.3.1994) *wistra* 1994, 221.

200 *Frank*, Das Strafgesetzbuch für das Deutsche Reich, 11. bis 14. Aufl., Tübingen 1914, S. 16 .

201 *Jakobs*, Strafrecht, AT, 2.Aufl., (1991), 24 / 15 ff.

202 *Jakobs*, Strafrecht, AT,2. Aufl., (1991), 24 / 15.

sinns – ein reibungsloser Dienstleistungsaustausch zwischen Personen möglich sei.[203] Mit einer anderen Argumentation kommt *Jakobs* in seinen Ausführungen über das „Regreßverbot beim Erfolgsdelikt"[204] zum selben Resultat. Er geht zunächst auf die gängige Zurechnungsdogmatik ein, die am Rechtsgüterschutz ausgerichtet ist. Aus dem Blickwinkel der Erfolgsvermeidung sei es somit zwar folgerichtig, „vermeidbare Verursachungen bis in alle Verästelungen hinein" zu verbieten[205]. Mit dem Rechtsgüterschutz allein sei aber das spezifisch *Straf*rechtliche der Zurechnung noch nicht herausgestellt.[206]

Jakobs sieht die Aufgabe des Strafrechts nicht im Rechtsgüterschutz, sondern in der Stabilisierung von Verhaltenserwartungen der Rechtsgemeinschaft.[207] Diese kann nach diesem Standpunkt aber nicht so weit führen, dass niemand einem anderen die Gelegenheit offerieren darf, die Folgen des eigenen Verhaltens bis zu einem Deliktserfolg umzuleiten; es kann nach dieser Argumentation vielmehr nur erwartet werden, dass niemand die Bedingungen eines deliktischen Verlaufs vervollständige. Beim Erfolgsdelikt stellt daher zunächst das unmittelbar rechtsgutverletztende Verhalten(=Haupttat) eine „Erwartungsenttäuschung" für die Rechtsgemeinschaft dar. Bei mittelbarer Verursachung komme es hingegen darauf an, ob das Verhalten des Haupttäters „der deliktischen Planung im Vorfeld als der Enttäuschungswurzel" *zuzurechnen* ist, oder ob es „von der deliktischen Planung *distanziert* werden" kann.[208] Distanziert werden kann es dann, wenn die Tathandlung des „Gehilfen" im Vorfeld in keinem Beziehungszusammenhang zur nachfolgenden Haupttat steht.

Ähnlich wie der Ansatz von *Jakobs* ist auch der Weg von *Wolff-Reske*. Ihren rechtssystematischen Ansatz will sie unter Berücksichtigung soziologischer Analysen – vor allem derjenigen *Luhmanns*[209] – konzipieren.[210] Auch für sie ist die Grundlage der internen strafrechtlichen Systembildung die Sicherung des existierenden allgemeinen Erwartungskonsenses in der Gesellschaft, also die „Auf-

---

203 *Jakobs*, Strafrecht, AT, 2. Aufl. (1991), 24 / 17.

204 *Jakobs*, „Regreßverbot beim Erfolgsdelikt" in: ZStW (1977) 89, 1 ff.; vgl. dazu auch im Zusammenhang mit der strafrechtlichen Verantwortlichkeit für den Datenverkehr von sog. *Service-Providern* im Falle positiven Tuns: *Sieber*, „Strafrechtliche Verantwortlichkeit für den Datenverkehr in internationalen Computernetzen" (2), in: JZ 1996, 494 ff., 499 mit Fn. 79); er nimmt ebenso keine automatische Strafbarkeit des Providers an.

205 *Jakobs*, in: ZStW 89 (1977) , S.1 ff., S.18.

206 *Jakobs*, in: ZStW 89, S.2.

207 *Jakobs*, in: ZStW 89, 1 ff., S. 20.

208 *Jakobs*, in: ZStW 89, 1 ff., S. 20.

209 *Luhmann*, Rechtssoziologie, 3. Aufl., 1987.

210 Vgl. *Wolff-Reske*, Berufsbedingtes Verhalten, S. 85 ff.

rechterhaltung der sozialen Ordnung."[211] Die Distanzierung von *Jakobs* bleibt dabei rein verbal, denn vom Kontext her geht es auch *Jakobs* im Grunde stets allein um die Plausibilität der Aussage, die in einem „mittelbar" fördernden Handeln zum Ausdruck kommt, nie darum, ob ein Verhalten nicht *theoretisch* noch anderen, nichtdeliktischen Zwecken dienen kann."[212] Die Bezugnahme auf gesellschaftliche Rollen – für *Wolff-Reske* zentrales Kriterium der *Erkennbarkeit* eines normwidrigen Tatentwurfs[213] (bei Entfernung der Person von der Rolle) – ist auch bei *Jakobs* von Bedeutung, dort aber konstruktiv im Sinne einer faktisch gewonnenen Plausibilität von Handlungen. Im Resultat jedoch zielen beide Autoren besonders auf die Rollenverteilung des Beteiligten in der Gesellschaft ab, *Jakobs* in einem eher indiziellen Sinne (keine Enttäuschung der Rechtsgemeinschaft), *Wolff-Reske* als direktem Maßstab (keine Abweichung von der beruflichen Rolle, die die Gesellschaft erwartet).[214] Differenzierungen zu *Jakobs* ergeben sich nur insoweit, als *Wolff-Reske* die gesellschaftlich konsentierte Rolle nicht allein über die soziale Tatsächlichkeit konstruiert, sondern zusätzlich bestimmte normative Anforderungen als rollenbeschreibend ansieht, so z.B. die Regeln der GefahrstoffVO, des WaffG und des BtMG,[215] weil eine bestimmte Auslegung dieser Normen und ihr Schutzzweck den gesellschaftlich konsentierten Rolleninhalt näher bestimme.

bb) Übertragbarkeit auf die Beihilfe zur Steuerhinterziehung

Überträgt man die Gedanken *Wolff-Reskes* auf den Ausgangsfall, liegt in der Zwischenbuchung von Geldern auf Cpd-Konten kein Verstoß gegen Normen, deren Einhaltung die Gesellschaft erwartet. Die Gesellschaft erwartet vielmehr vom Steuerpflichtigen, seine Einkünfte aus Kapitalvermögen im Ausland zu deklarieren, worauf viele Bankmitarbeiter auch hinwiesen.

In Bezug auf den Ansatz von *Jakobs* besteht ein *gravierender* Unterschied zwischen dem Verhalten des Bäckers einerseits und demjenigen des Bankmitarbeiters andererseits. Einmal geht es nur um den Verkauf einer *Ware* an einen Tatentschlossenen, beim Bankangestellten geht es aber um eine erbrachte *Dienstleistung*, um ziel- und zweckgerichtete Beratung im Hinblick auf den Geldtransfer und um „psychische Stabilisierung" des Kunden im Hinblick auf dessen Entschluß, Zins- und Kapitaleinkünfte vor dem deutschen Fiskus zu ver-

211 *Wolff-Reske*, Berufsbedingtes Verhalten, S. 86.
212 So aber *Wolff-Reske*, Berufsbedingtes Verhalten, S. 124.
213 Vgl. *Wolff-Reske*, Berufsbedingtes Verhalten, S. 127 ff. und 141 ff.
214 Dies gilt jedenfalls ganz regelmäßig, wie ihre ausdrückliche Lösung der Problematik zeigt, vgl. *Wolff-Reske*, Berufsbedingtes Verhalten, S. 173 ff.
215 *Wolff-Reske*, Berufsbedingtes Verhalten, S. 143 ff.

bergen. Beim Verkauf noch zu vergiftender Brötchen kann zwar eine solche Stabilisierung auch vorliegen, entscheidender ist hier aber die objektive Erhöhung des rechtlich relevanten Risikos durch die Teilnehmerhandlung im Hinblick auf die Haupttatbegehung.

Die Tathandlung erschöpft sich im Kreditwesen nicht wie in den bisher besprochenen Lehrbuchfällen bei den sogenannten „alltagsüblichen Geschäften" auf einen nur augenblicklichen Übereigungsvorgang in Bezug auf eine Ware, sondern um ein längeres Beratungsgespräch im Rahmen einer Finanzdienstleistung und einer grenzüberschreitenden Finanztransaktion: das Verhalten ist sogar teilweise speziell zugeschnitten auf etwaige deliktische Pläne der Kunden. Das ist entgegen der Auffassungen im Schrifttum[216] positives Tun im Sinne physischer Beihilfe, mag es sich auch im Einzelfall *zusätzlich* psychisch stabilisierend beim Kunden auswirken. Diese Erkenntnis ist zum Verständnis der Problematik von erheblicher Bedeutung. Dennoch gelangt man auch in der Anwendung der Überlegungen *Jakobs* zur Straflosigkeit der „üblichen Geschäfte" des Bankbediensteten, obwohl oft in der Rechtsprechung fraglich ist, was nun „üblich" ist und was nicht. Wenn sich sein Kontakt mit dem Kunden in der Bankdienstleistung erschöpft und das deliktische Handeln des Kunden nicht auch dem Handlungssinn des Angestellten entspricht, so scheidet nach Auffassung von *Jakobs'* Lehre eine Haftung des Bankmitarbeiters aus.

cc) Kritik an der isolierten Betrachtung des Handlungssinns

Gegen die Lehre von der isolierten Anwendung des Handlungssinns ist im Allgemeinen nichts einzuwenden, vielmehr ist nur ihre Anwendbarkeit im konkreten Ausgangsfall sehr zweifelhaft. Die konkrete Übertragung der Auffassung von *Jakobs* auf die Strafbarkeit wegen Beihilfe zur Steuerhinterziehung führt dazu, diejenigen Bankangestellten von der Haftung auszuschließen, die zwar um die kriminelle Absicht des Kunden *wissen*, aber mit der bloßen Erbringung einer Dienstleistung einen *eigenen* Handlungssinn verfolgen. Nach dieser Meinung gelangt man also zur Straflosigkeit dessen, der positive Kenntnis von der künftigen Begehung einer Steuerstraftat des Kunden hat. Ein solche Auffassung, welche die Straffreiheit direkt vorsätzlichen, also „sicher voraussehenden" Handelns des Bankangestellten zur Folge hat, kann aus den in der Ausgangshypothese (vgl. dazu die Einleitung) genannten Gründen nicht ohne rechtliche Bedenken vertre-

216 Vgl. zur These, es liege in der Beratung zwischen Bank und Kunde immer *nur und ausschließlich* psychische Beihilfe vor: *Lüderssen*, „Beihilfe, Strafvereitelung und objektive Zurechnung", in: Festschrift für *Gerald Grünwald*, 1999, S. 329 ff., (S.330 und insbesondere S. 333 unten). Vgl. im übrigen zu dieser These und der Kritik daran: Teil 1 III. 2. dieser Arbeit.

ten werden. Entscheidend ist, dass die beratende Aufklärung der Bankorgane und Bankmitarbeiter über das „Bankensystem" mit den Luxemburger Tochtergesellschaften der Großbanken, den Sparkassenspitzeninstituten und der Dachgesellschaften der Genossenschaftsbanken und die dabei konkret geschaffene Verschleierungsmöglichkeit von Geldern des Kunden vor dem Zugriff der deutschen Finanzämtern eine Wirkung auf den Kunden entfaltet, die nicht von der später erst nachfolgenden Steuerstraftat ohne weiteren Begründungsaufwand losgelöst, d.h. isoliert aus dem Gesamtzusammenhang, betrachtet werden kann.

An diesem Standpunkt kann auch der Hinweis auf das Argument, der reibungslose Dienstleistungsverkehr sei nur bei der Isolierung des jeweiligen Handlungssinns möglich, nichts ändern. Der einwandfreie Wirtschaftsverkehr verlangt nicht, dass ein Geschäftsgebaren ohne Berücksichtigung deliktischer *Kenntnisse* lediglich an dem Handlungssinn der beteiligten Personen gemessen wird. So verlangt auch *Wohlleben* in seiner nicht speziell auf Banktätigkeiten bezogenen Erörterung „äusserlich neutraler" Handlungen für die hier relevanten „Banktätigkeiten"[217], dass hier selbst beim Eventualvorsatz noch *zusätzlich* die Tatgeneigtheit des Bankkunden *erkannt* wird. Gerade im Finanzbereich spricht dann angesichts der Mannigfaltigkeit von Handlungen vieles dafür, die Vornahme von Dienstleistungen bei *Kenntnis* der deliktischen Absichten des Kunden *abzulehnen.* Auch im Berufsrecht der Notare ergeben sich derartige Ablehnungspflichten. Auf diese Art und Weise ist im Steuerstrafrecht eine wirksame Prävention möglich. Das Massendelikt der Steuerhinterziehung im Bereich der Zinseinkünfte könnte eingedämmt werden, da die Vielzahl der Kunden, die den von den Banken eingerichteten, empfohlenen und erleichterten Weg des anonymen Geldtransfers ins Ausland (Luxemburg, Schweiz, Liechtenstein) wählten, das Geld sicher nicht persönlich in bar dorthin verbringen wollten.[218]

Auch zeigen sich Wertungswidersprüche bei einem Vergleich mit anderen Vorschriften des materiellen Strafrechts. In § 138 I StGB knüpft der Gesetzgeber bereits an weniger als die sichere Kenntnis („*glaubhaftes Erfahren*") eines Katalogdelikts strafrechtliche Konsequenzen an. Den direktvorsätzlich handelnden Bankangestellten dann aber von der strafrechtlichen Verantwortlichkeit ausschließen zu wollen, ebenso wie im Beispiel des Bäckers, der um die Vergiftungsabsicht des Brötchenkäufers weiß, ist keineswegs einleuchtend.[219] Die weit im Vorbereitungsstadium der Haupttat geleisteten Unterstützungshandlungen von

217 Vgl. *Wohlleben*, „Beihilfe durch äußerlich neutrale Handlungen", S.175 (Fall 26).

218 So zu diesem Gedanken auch das LG Wuppertal in einem Strafverfahren gegen einen Bankmitarbeiter wegen Beihilfe zur Steuerhinterziehung im Urteil vom 19.5.1999, in: *wistra* 1999, 473 ff (475).

219 Ebenso: *Otto*, „Beihilfe des Bankangestellten zur Steuerhinterziehung", in: ZKredW 1994, 775 ff. (778).

Bankangestellten zur Steuerhinterziehung können im übrigen sonst kaum wirksam verhindert und verfolgt werden, wenn man sie schon auf objektiver Tatbestandsebene weitgehend negiert. Aus diesen Gründen ist eine Einschränkung der Strafbarkeit von Bankangestellten bei der Beihilfe zur Steuerhinterziehung auf Grund des Gedankens vom Regressverbot abzulehnen. Die Beihilfe ist gerade die gesetzliche Ausnahme vom *nicht* ausnahmslos geltenden Regressverbot.

Die Steuerhinterziehung als Massendelikt stellt eine Gefahr für den Rechts- und Sozialstaat dar. Das Volumen des anonymisierten Geldtransfers 1992/ 1993 ins Ausland wurde auf 600 Milliarden DM geschätzt, der Steuerausfall jährlich auf einen zweistelligen Milliardenbetrag. Würde der Staat die Steuerhinterziehung von Zinseinkünften und damit die Verletzung des staatlichen Steueranspruchs tolerieren, würde er den Grundsatz der Steuergerechtigkeit und der Steuergleichheit verletzen. Im übrigen ist ein Ursachenzusammenhang zwischen Haupttat und Tatbeitrag des Bankmitarbeiters gegeben: Ohne die qualifizierte Dienstleistung wäre die Steuerhinterziehung nicht so einfach möglich gewesen, da der Kunde über die banktechnischen Konteninstallierungen nicht ohne weiteres Bescheid wissen konnte; er wusste nur deshalb Bescheid, weil „Sonderwissen" weitergegeben wurde.[220] Dies wird auch deutlich bei den Hilfeleistungen der Bankmitarbeiter mit Hilfe der Barschecks nach dem eigentlichen Geldtransfer.[221]

2. Abwägende Zurechnungsmodelle

Eher abwägender Natur sind die im folgenden zu erörternden objektiven Zurechnungsmodelle. Auch sie wollen zu einer Einschränkung der Beihilfestrafbarkeit des Bankmitarbeiters bereits auf objektiver Tatbestandsebene gelangen.

a) Einschränkung des tatbestandsmäßigen Verhaltens wegen verfassungsrechtlich geschützter Grundfreiheiten

aa) Besondere Risikosteigerung im Hinblick auf den tatbestandlichen Erfolg und das Grundrecht der Berufsfreiheit

Einen abwägenden Ansatz zur Strafbarkeitsbegrenzung hat *Frisch*[222] dargelegt. Im Zusammenhang mit einer etwaigen Strafbarkeit wegen Strafvereitelung versucht er, diejenigen Merkmale zu definieren, die das „tatbestandsmäßige Verhal-

220 Vgl. dazu auch das Urteil des LG Wuppertal, in: wistra 1999, 473 ff (475) und unter Teil 2 unter B. I. 4. dieser Arbeit.

221 Vgl. dazu auch den Teil 1 II. dieser Arbeit.

222 *Frisch*, „Zum tatbestandsmäßigen Verhalten der Strafvereitelung, in: JuS 1983, 915, (920 ff.); *derselbe* in: NJW 1983, S. 2471 ff.

ten im engeren Sinne" charakterisieren. Hierbei gelangt er zunächst zum Ergebnis, dass die Grundvoraussetzung eines solchen Verhaltens in dem objektiven Bezug auf den tatbestandsmäßigen Erfolg liegt.[223] Da aber nicht jede Verhaltensweise ausreichen könne, die zur Herbeiführung des Tatbestandserfolges geeignet ist, müsse es sich um eine gesteigerte Eignung handeln. Diese sei anzunehmen, wenn das Verhalten das besondere Risiko aufweist, den tatbestandlichen Erfolg herbeizuführen.[224]

Dieses Risikoelement ist nach Auffassung von *Frisch* aber zu modifizieren. Vom Tatbestand der Strafgesetze – dies gelte nicht allein für § 258 StGB – könnten gar nicht alle Handlungen mit dem Risiko des Erfolgseintrittes erfaßt werden. Wie *Frisch* ausführt, ist weder die ärztliche Versorgung eines schwerverletzten Straftäters, die diesem die Flucht ermöglicht, noch der Verkauf von Benzin an den flüchtenden Verbrecher tatbestandlich als Strafvereitelung zu qualifizieren.[225] Hierbei gehe es um „Konstellationen des Zurücktretens des Interesses der Rechtsgemeinschaft an der Realisierung des staatlichen Strafanspruchs".[226] Das Strafverfolgungsinteresse habe in bestimmten Situationen hinter höherrangigen Interessen zurückzustehen, wie beispielsweise denen der wirtschaftlichen Entfaltung, der Wahrnehmung bestimmter sozialer Rollen und der Ausübung der Berufsfreiheit (Art. 12 GG)[227]. Habe somit für die Annahme tatbestandsmäßigen Verhaltens eine Interessenabwägung stattzufinden, so gelange man zu folgendem Leitprinzip: „Verhalten, das im Umgang mit „Nichtstraftätern" als Interessenwahrnehmung erlaubt sei, müsse auch gegenüber Straftätern erlaubt sein".[228] Speziell auf § 258 StGB bezogen bedeute dies, dass es nicht Sinn und Zweck dieser Vorschrift sein könne, eine „Sonderverhaltensordnung" gegenüber Straftätern zu schaffen. Daher sei unter anderem auch die Auszahlung des einem Straftäter zustehenden Guthabens keinesfalls eine tatbestandsmäßige Strafvereitelung.[229]

---

223 *Frisch*, „Zum tatbestandsmäßigen Verhalten der Strafvereitelung", in: JuS 1983, 915 ff., S. 920.

224 *Frisch*, „Tatbestandsprobleme der Strafvollstreckungsvereitelung", in: NJW 1983, 2471 ff., S. 2473.

225 *Frisch*, in: JuS 1983, 915 ff., S. 921, mit Nachweisen im Schrifttum, die zum gleichen Ergebnis gelangen.

226 *Frisch*, in: JuS 1983, 915 ff., S. 921.

227 Ebenda.

228 *Frisch*, in: NJW 1983, 2471 ff., S. 2473.

229 *Frisch*, in: JuS 1983, 915 ff., S. 922 ff. Zum „Sonderverhalten" auf Grund von Sonderwissen, das Sonderpflichten begründet: SK-*Hoyer*, § 27 Rn. 29

bb) Übertragung auf den objektiven Tatbestand der Beihilfe zur Steuerhinterziehung

Überträgt man die Überlegungen von *Frisch* auf die Strafbarkeit von Bankangestellten wegen Beihilfe zur Steuerhinterziehung, so ist der objektive Beihilfetatbestand immer dann zu verneinen, wenn der Mitarbeiter dasselbe Geschäftsverhalten an den Tag legt, welches er gegenüber Nichtstraftätern anzuwenden pflegt. Bei der Entgegennahme von Bargeld, dem An- und Verkauf von Wertpapieren wie auch bei Geldtransfers auf ein Konto in Luxemburg unter einem Phantasienamen (z.B.: „Theo Waigel") und sonstigen Geschäften käme man nur bei solchen Sachverhalten zur Strafbarkeit, in denen sich der Mitarbeiter entgegen seinem gewöhnlichen Auftreten sonderbar verhielte. Im Rahmen der „üblichen" Geschäftstätigkeit kommt man zu der Feststellung, dass der Bankangestellte bei Geschäften mit potentiellen Steuerstraftätern regelmäßig genauso auftrete wie bei Geschäften mit Kunden, die alle ihre Einnahmen, insbesondere auch den Zinsabschlag, rechtlich ordnungsgemäß in der Steuererklärung nach deutschem Steuerrecht angeben.[230]

Die Verneinung des objektiven Tatbestandes ließe sich in solchen Fällen auch mit der Wahrnehmung berechtigter Interessen, nämlich der wirtschaftlichen Entfaltung der Kreditinstitute, der Berufsfreiheit oder der allgemeinen Handlungsfreiheit begründen. Über die Konkretisierung des tatbestandsmäßigen Verhaltens gelangt *Frisch* zu dem Ergebnis, der Bankmitarbeiter erfülle nicht den Tatbestand der Beihilfe zur Steuerhinterziehung des Kunden.

cc) Kritik an der Einschränkung wegen verfassungsrechtlich geschützter Grundfreiheiten

Oft ist schon die „Üblichkeit" des geschäftlichen Verhaltens zu verneinen, wenn Sonderwissen konkret an den Kunden weitergegeben wird. Andererseits kann vom Kunden als Tatmotiv für eine Geldtransaktion auch „nur" ein Liquiditätsvorteil wegen späterer Festsetzung des Steuerbescheids gewünscht sein oder Zinsvorteile bzw. Risikostreuungs- und Währungsinteressen. Dann wäre das Verhalten aber mangels späterer Straftat schon wieder von einigen Stimmen als „üblich" zu qualifizieren. Schon damit ist angedeutet, dass am Begriff der objektiven

230 Der Staat Luxemburg kennt gerade keine Zinsabschlagsteuer – im Gegensatz zur Bundesrepublik Deutschland, in der Vermögenswerte, die bei Banken angelegt sind, im Wege der sog. „Quellensteuer" im gesetzlichen Steuerabzugsverfahren der Besteuerung unterliegen; vgl. dazu auch: Beschluß des OLG Frankfurt / M. vom 20.12.1995, in: *wistra* 1996, 159 (160).

„Üblichkeit“ die Strafbarkeit wegen Beihilfe nicht festgemacht werden darf. Das Wissen spielt die entscheidende Rolle.

Gegen die Argumentation von *Frisch* spricht vor allem, dass der Staat jemandem, der zweckgerichtet die Strafverfolgungsbehörde bei ihren Ermittlungen behindert – gerade bei dem Transfer von Kundengeld nach Luxemburg in verschleiernder Weise – und somit die Strafrechtspflege sabotiert, nicht deswegen tatbestandsloses Handeln zugute halten kann, weil er auch Nichttätern gegenüber im Hinblick auf die Steuerhinterziehung ganz entsprechend handelt.[231]

Speziell gegen die Anwendung dieser Theorie auf den Beihilfetatbestand spricht die Schwierigkeit, für *jeden* besonderen Tatbestand *eigene* spezifische Verhaltensanforderungen aufstellen zu müssen, so dass sich eine nachvollziehbare Abgrenzung objektiv strafbaren Verhaltens von straflosem sehr schwierig gestaltet.[232] Auch zeigen die folgenden Überlegungen die Grenzen der Gedankengänge *Frischs* auf: Zwar ist der Ausgangspunkt, tatbestandsmäßiges Handeln sei von tatbestandslosem Verhalten im Wege der Interessen*abwägung* abzugrenzen, nicht von vorneherein in rechtlicher Hinsicht zu beanstanden. Hieraus läßt sich jedoch nicht der Schluß ziehen, dass eine derartige Abwägung immer dann zur Tatbestandslosigkeit führen muß, wenn eine Verhaltensweise Straftätern wie Nichtstraftätern gleichermaßen entgegengebracht wird. Im Übrigen ist im materiellen Strafrecht beim *Vorsatz*delikt der Beihilfe grundsätzlich bei der Entscheidungsfindung die schlichte *Subsumtion* – insbesondere im Hinblick auf den verfassungsrechtlichen Bestimmtheitsgrundsatz des Art. 103 Abs.2 GG – der Abwägung als juristische Methode vorzuziehen. Dies muss auch für das Steuerstrafrecht gelten. Beim Fahrlässigkeitsdelikt finden sich dagegen bei der Frage der bestehenden oder sich gegenüberstehenden Sorgfaltspflichten oder bei der Frage der Voraussehbarkeit des Erfolges eher Abwägungselemente. Zwar wäre auch eine subjektive Tatbestandrestriktion nicht völlig bestimmt im Sinne des Art. 103 II GG. Hier ist aber der Umstand bedeutsam, dass es im Gesetz abgesehen von den Normen der §§ 15, 16 I 1 StGB *keine Legaldefinition* zum Vorsatz (im Gegensatz zum objektiven Tatbestandsmerkmal des „Hilfeleistens“) gibt. Viele Konkretisierungen im subjektiven Tatbestand werden daher der Rechtsprechung überlassen und diese kann sich – gerade im Steuerstrafrecht – grundsätzlich ändern, wenn eine zu weite Verantwortung für das Fehlverhalten Dritter vermieden werden soll.

---

231 Ähnlich: S/S – *Stree*, § 258 Rn. 21 a.

232 *Löwe-Krahl*, „Steuerstrafrechtliche Risiken typischer Banktätigkeiten“, S. 97.

b) Grundsatz der Verhältnismäßigkeit

Ebenso abwägender Natur ist der Ansatz, der bei der Beihilfeproblematik den Verfassungsgrundsatz der Verhältnismäßigkeit in den Vordergrund rückt. Zu diesem Standpunkt ist nun Stellung zu beziehen.

aa) Güterabwägung und Interessenabwägung im Spannungsfeld zur Subsumtion

Im Zusammenhang mit der strafrechtlichen Verantwortung von Bankangestellten hinsichtlich einer Beihilfe zur Steuerhinterziehung hat *Löwe-Krahl* einen Versuch zur Einschränkung der Strafbarkeit unternommen.[233] Hierbei greift er auf den im gesamten Öffentlichen Recht geltenden Grundsatz der Verhältnismäßigkeit zurück. Dieser sei oberstes Gebot für die Auslegung strafrechtlicher Normen und umfasse drei Elemente: die Geeignetheit des eingesetzten Mittels, das Prinzip der Erforderlichkeit sowie den Grundsatz der Verhältnismäßigkeit im engeren Sinne.[234] Geeignet sei eine Maßnahme immer dann, wenn der vom Strafrecht angestrebte Rechtsgüterschutz verbessert werde. Eine solche Verbesserung sei bei einem Verbot *aller* gefährlicher Handlungen durchaus anzunehmen. Schwieriger gestalte sich das Gebot der Erforderlichkeit. Am komplexesten und bedeutsamsten sei jedoch das dritte Element, bei dem es um einen angemessenen Ausgleich zwischen dem mit einer Strafnorm verfolgten Ziel und der damit einhergehenden Beeinträchtigung des einzelnen geht.

Die Problematik verdeutlicht diese Meinung an einem Beispielsfall, in dem ein Bankkunde unter Einzahlung eines hohen Bargeldbetrages ein Sparkonto einrichtet. Dem Bankmitarbeiter gegenüber äußert er, dass das Finanzamt von der Existenz dieses Kontos besser nie erfahre. In seiner Steuererklärung gibt der Kunde diesen Geldbetrag und die Einkünfte hieraus nicht an und begeht somit eine Steuerhinterziehung nach § 370 Abs.1 Nr.1 AO. Fraglich ist die Strafbarkeit des Bankbediensteten.[235] Nach Ansicht *Löwe-Krahls* ist das entscheidende Kriterium für die Beurteilung des Verhaltens des Bankmitarbeiters in der *Abwägung* der widerstreitenden Interessen zu finden. Für die Pönalisierung spreche der Rechtsgüterschutz, gegen sie die durch Art. 12 GG geschützte Berufsausübungs-

---

233 *Löwe-Krahl*, „Steuerstrafrechtliche Risiken typischer Banktätigkeiten", 1989, S. 112 ff; *derselbe* in: „Die Verantwortung von Bankangestellten bei illegalen Kundengeschäften",1990, S. 39 ff; *derselbe*, Steuerhinterziehung bei Bankgeschäften (2000), S. 36 ff.

234 *Löwe-Krahl*, Steuerstrafrechtliche Risiken, S. 114; *derselbe* in: Verantwortung von Bankangestellten, S.39; *derselbe*, Steuerhinterziehung bei Bankgeschäften, 2000, S. 36 ff.

235 *Löwe-Krahl*, Verantwortung von Bankangestellten, S. 18.

freiheit des Bankangestellten.[236] Im konkreten Fall führe die Interessenabwägung zur Straflosigkeit des Bankmitarbeiters. Durch seine Handlung werde die Situation des gefährdeten Rechtsgutes – bei § 370 AO der staatliche Steueranspruch – nicht verschlechtert, da es für den Kunden ganz einfach wäre, bei einem anderen Kreditinstitut unter Einzahlung des Schwarzgeldbetrages ein neues Sparkonto unter Unterlassen der Bemerkung, das Finanzamt dürfe von diesem Konto nichts wissen, zu eröffnen.[237] Es stelle somit ein unverhältnismäßiges Ergebnis dar, wollte man das durch Art. 12 GG geschützte Interesse des Bankbediensteten nicht höher bewerten als das nur unwesentlich beeinträchtigte Rechtsgut des staatlichen Steueranspruchs.

Ausnahmsweise jedoch gelangt auch diese Auffassung dann zur Strafbarkeit des Bankmitarbeiters, wenn dieser den Kunden etwa bei der Abfassung der unrichtigen Steuererklärung unterstützt.[238] Ebenso sei dann von einer Interessenabwägung zu Gunsten des Rechtsgüterschutzes auszugehen, sofern sich der Bankangestellte – möglicherweise durch Abweichung von der berufstypischen Handhabung – „an den Deliktsplan des Kunden *anpasst.*“[239] Eine besondere Gefährdung des Rechtsgutes und damit strafbares Verhalten des Bankmitarbeiters sei zudem in den – wie diese Meinung selbst zugesteht – kaum denkbaren Fällen anzunehmen, in denen der betreffende Bankbedienstete praktisch der einzige ist, der eine bestimmte Geschäftshandlung vornehmen kann.[240] Schließlich sei von der Strafbarkeit des Bankangestellten dann auszugehen, wenn er gegen eine Garantenpflicht – etwa die gemäß § 33 Abs.1 Erbschaftssteuergesetz bestehende Verpflichtung der Kreditinstitute zur Meldung von Vermögensgegenständen eines Erblassers an das Finanzamt – verstößt und dem Kunden somit Steuerhinterziehungen ermöglicht.[241]

---

236 *Löwe-Krahl*, Verantwortung von Bankangestellten, S. 42 und in: „Steuerhinterziehung bei Bankgeschäften“, 2. Auflage, 2000, S. 38, 39.

237 *Löwe-Krahl*, Verantwortung von Bankangestellten, S. 40; aaO, S. 38, 39.

238 *Löwe-Krahl*, Verantwortung von Bankangestellten, S. 43.

239 So vertreten von: *Derksen*, „Handeln auf eigene Gefahr“ (1992), 84 ff.; *Hefendehl*, „Examensklausur Strafrecht“, in: JURA 1992, 376 ff.; *Schumann*, „Strafrechtliches Handlungsunrecht und das Prinzip der Selbstverantwortung“ (1986), 57 ff., der im „Sich-Gemeinmachen“ mit der Haupttat durch die eindeutige Ausrichtung des Beitrags auf diese Tat die von ihm verlangte objektiv erkennbare *Solidarisierung* des Gehilfen mit dem Hauptunrecht sieht; in der Sache nahestehend auch: BGH *wistra* 1988, 261; BGH NStZ 1992, 498.

240 *Löwe-Krahl*, Verantwortung von Bankangestellten, 1. Aufl., S. 46.

241 *Löwe-Krahl*, Verantwortung von Bankangestellten, 1. Aufl., S. 47.

bb) Kritik an der Abwägungsmethode

Die Anwendung abwägender Gesichtspunkte auf das Steuerstrafrecht stellen dem Bankangestellten einen weitgehenden Freibrief aus, solange er nicht von der gewöhnlichen Geschäftstätigkeit abweicht. Dieses Resultat stößt daher auf dieselbe Kritik, mit der schon die Lehre von der Sozialadäquanz abgelehnt wurde.[242] Die Intention des Gesetzgebers, die Steuerkriminalität möglichst effektiv zu bekämpfen, kann nur dann tatsächlich verwirklicht werden, wenn auch berufstypische Handlungen des Bankangestellten – gerade etwa bei Geldtransfers ins Ausland mit entsprechendem Hintergrund*wissen* – strafbar sind. Die Strafbarkeit auch „üblicher Geschäftstätigkeit" verträgt sich im übrigen sehr wohl mit dem Verhältnismäßigkeitsprinzip. Das geschützte Rechtsgut – bei § 370 AO der staatliche Steueranspruch – ist entgegen der von *Löwe-Krahl* geäußerten Ansicht nicht nur unerheblich beeinträchtigt, wenn eine oder eine Vielzahl von Transaktionen wie der anonyme Geldtransfer ins steuergünstigere Ausland von Bankbediensteten durchgeführt wird und der Kunde die Kapitalerträge gegenüber dem Fiskus verschweigt.

Die Erfassung *ambivalenter* Handlungen übersteigt nicht den nach korrektem Sprachgebrauch möglichen *Wortsinn*[243] des § 27 I StGB, da unter Hilfeleisten auch die Unterstützung fremder Tätigkeit verstanden wird, die außer dem tatbestandlichen Erfolg noch andere Auswirkungen hat. Die Verfolgung *außer*deliktischer, von der Gesamtrechtsordnung gebilligter Zwecke kann ja im Rahmen der Rechtfertigungsgründe angemessen Berücksichtigung finden, soweit im Einzelfall ihre soziale Wertigkeit eine Revidierung des generellen Unwerturteils verlangt. Eine solche strafrechtsmethodologisch saubere Anwendung des freiheitsbeschränkenden Gesetzes im Sinne der Grundrechte der Berufsfreiheit und der wirtschaftlichen Betätigungsfreiheit (Art. 12, 2 Abs.1 GG) kann von Verfassungs wegen nicht beanstandet werden, weil sie dem wirksamen Schutz der durch das inkriminierte Verhalten bedrohten Rechtsgüter dient.[244] Die Anmerkung, der Kunde könne sich ohne größeren Aufwand an ein anderes Kreditinstitut wenden, welches sodann das angetragene Geschäft ohne weiteres ausführt, ist im übrigen nicht stichhaltig. Sie rekurriert auf *hypothetische* Kausalverläufe und ist somit für das tatbestandsmäßige Verhalten im materiellen Strafrecht irrelevant.[245]

---

242 Vgl. oben Teil 2 unter A. I. 1.a. dd.

243 *Roxin*, Allg. Teil I, § 5 Rn. 28 mit Fn. 40a.

244 Vgl. BVerfGE 34, 269, 291.

245 Dieselbe Ansicht vertritt in anderem Zusammenhang *Hefendehl* in: JURA 1992, Examensklausur Strafrecht, S. 376, (unter II. 1. mit Fn. 45); er will vielmehr die Wertungen der §§ 138, 323c StGB für die Ausgangsproblematik fruchtbar machen, vgl. dazu S. 377 des Beitrags und bei *Philipowski*, „Steuerstrafrechtliche Probleme", in:

cc) Stellungnahme und Besonderheiten der Banktätigkeit

Letztlich ist aber auch hier festzustellen, dass die soziale Bedeutung eines Verhaltens ohne die Beachtung des Wissens- und Willensinhalts des Handelnden nicht beurteilt werden kann. Zur Einschränkung der Beihilfestrafbarkeit ist daher auch der Wissensinhalt einzubeziehen. Es gibt keine „Alltagshandlung" per se, vielmehr wird der Charakter einer Handlung durch ihren Zweck bestimmt. Daher sind der Begriff Alltagshandlung wie ihm verwandte Begriffe nicht zur Abschichtung der strafbaren Beihilfe zur Steuerhinterziehung von der erlaubten Handlung geeignet. So wie es im Bereich der Alltagshandlungen nicht nur solche ohne deliktischen Sinnbezug gibt, gibt es auch keine Handlungen, die objektiv ausschließlich der Deliktsbegehung dienen können. Es hängt immer von der (erkennbaren) Intention des Handelnden ab, wozu er etwas benutzt, und von der *Intention* des „Gehilfen", welchen Sinn er mit seiner Unterstützung verbindet.

Letztlich geht es also, jedenfalls für die steuerstrafrechtliche Einordnung im Bereich des Kreditwesens, *nicht* wie in der bisher zehnjährigen Diskussion in der Wissenschaft um eine Frage des möglichst frühen Ausscheidens nicht objektiv tatbestandsmäßigen Verhaltens mit Hilfe der allgemeinen Strafrechtsdogmatik[246]. Es geht vielmehr um eine Frage der *subjektiven* Zurechnung und um die Problematik der *Konkretheit* und Bestimmtheit des Gehilfenvorsatzes im Steuerstrafrecht. Dabei sind die genauen Anforderungen an den Umfang des Gehilfenvorsatzes unter Berücksichtigung der diesen Umfang ausdehnenden Rechtsprechung des BGH[247], sowie der neueren Rechtsprechung zu „neutralem" berufstypischen Verhalten zu beachten.[248] Im übrigen soll hier eine mögliche Übertragbarkeit der Rechtsprechung zum Gehilfenvorsatz bei den anderen *beratenden* Berufen im weitesten Sinne geprüft werden, zu denen auch die dienstleistenden und beratenden Bankmitarbeiter letztlich zählen. Entscheidender Gesichtspunkt ist in diesem Zusammenhang auch, dass der Schwerpunkt der Banktätigkeit nicht nur in einem schlichten Organisationsakt, sondern in Erteilung *steuerlichen Rates* und der Bereitstellung eines entsprechenden gesellschaftsrechtlichen und bankrechtlichen „Kontengeflechts" liegt. Auf diesen Ansatzpunkt wird an späterer Stelle noch näher einzugehen sein.

Kohlmann (Hrsg.), „Strafverfolgung und Strafverteidigung im Steuerstrafrecht", S. 131 ff. (147).

246 Bis dahin übereinstimmend: *Niedermair*, „Straflose Beihilfe durch neutrale Handlungen?", in: ZStW 107 (1995) 507, (544).

247 Vgl. dazu den „Edelstein-Fall" BGHSt 42 , 135 ff. und Teil 2 B. II 2. dieser Arbeit.

248 Vgl. BGHSt, Beschl. vom 20.9.1999, in: NStZ 2000, 34 ff.= wistra 1999, 459 ff..

c) Der Aspekt der „Förderungseffizienz"

Einen ganz neuen Weg bei der Lösung des Beihilfeproblems will eine neuere Meinung im Schrifttum gehen. Dieser Weg, der objektiven Charakter hat und in Bezug auf die Effizienz des Tatmittels, welches der Tatbeteiligte dem Täter zur Verfügung stellt, abwägender Natur ist, soll im folgenden referiert werden und auf seine Praxistauglichkeit im Steuerstrafrecht geprüft werden.

aa) Grundaussagen

Auch diese neuere Auffassung betont, dass scheinbar „neutrale" Verhaltensweisen, die im Hinblick auf das spätere kriminelle Vorgehen des Haupttäters gerade nicht wirklich „harmlos" sind, vor allem deshalb als diskussionsbedürftig empfunden werden, weil der Beitrag des Gehilfen häufig örtlich und zeitlich relativ weit von dem rechtsgutsverletzenden Geschehen entfernt ist[249] und oft ungenau getrennt vom Tatgeschehen beurteilt wird.[250] Auch folgt sie der hier festgestellten These, dass die „alltägliche" und deshalb nicht strafwürdige Beihilfe gar nicht existiert.[251] Da diese Auffassung die Einschränkung im Vorsatzbereich in Form der subjektiven Zurechnung allein bei dem kognitiven Befund sicherer Kenntnis für (noch) nicht genügend begründet hält, wird eine *quantitative Abschichtung* eines straflosen Bereiches unter dem Aspekt der „Förderungseffizienz" vorgeschlagen.[252] Wichtiges Kriterium ist dabei die konkrete *„fördernde Wirkung"* der Teilnahmehandlung bzw. des übergebenen Tatmittels. Je weiter man die Entkriminalisierung „neutraler" Beiträge forcieren wolle, desto höher könne man das für die Strafbarkeit – im jeweiligen Bereich – erforderliche Maß an „Unterstützungseffizienz" schrauben. So könnte in der Ausgangsproblematik den Beratern insofern geholfen werden, in dem man eine über den „normalen" Bankverkehr *hinausgehende* „wesentliche Förderung" der Steuerhinterziehung des Bankkunden verlange.

Es sei in jedem Falle vertretbar, wenn die Straflosigkeit solcher Beiträge, deren tatsächlicher *Förderungseffekt* für die Haupttat gering geblieben ist und die daher das Risiko für das vom Täter angegriffene strafrechtlich geschützte

249 Insofern spricht auch *Weigend* das Vorbereitungsstadium der Haupttat aus Sicht des Haupttäters an !

250 Vgl. *Weigend*, „Grenzen strafbarer Beihilfe", in: FS für Nishihara, 1998, S.197 ff., (205).

251 *Weigend*, „Grenzen strafbarer Beihilfe", in: FS für Nishihara, 1998, 197 ff. (204).

252 *Weigend*, „Grenzen strafbarer Beihilfe", in: FS für Nishihara, 1998, 197 ff. (208, 210).

Rechtsgut nicht nennenswert erhöht haben, befürwortet werde.[253] Dieser Meinung scheint auch die Rechtsprechung des BGH im „Edelstein-Fall“[254] vor Augen zu haben, wo auch entschieden wurde, dass schon die Übergabe eines wesentlichen Tatmittels (also ein qualitativ oder quantitativ hochwertiges und damit risikosteigerndes Tatmittel) genügt, welches das Risiko der Haupttatbegehung erhöhe, um einen Tatbeteiligten, der im *Vorbereitungsstadium* der Haupttat tätig wird, wegen Beihilfe zu bestrafen. *Quantitative* Abschichtungen strafloser Verhaltensweisen hätten den Vorteil der „Elastizität“.[255] Im Übrigen liege der Vorteil dieser Lösungsvariante, der quantitativen Bestimmung der Beihilfe, darin, dass die Diskussion um die Grenzen der Beihilfestrafbarkeit auf den Punkt zurückgeführt werde, der auch den Strafgrund der Beihilfe bezeichne: die indirekte, aber wirksame Gefährdung von strafrechtlich geschützten Rechtsgütern.[256]

bb) Kritik an dem Aspekt der „Förderungseffizienz“

Der Aspekt der „Förderungseffizienz“ ist sicherlich im Hinblick auf die Erhöhung des Haupttatrisikos und dem Grad der Verantwortlichkeit für den weit im Vorbereitungsstadium einer „ungewissen“ Haupttat geleisteten Tatbeitrag von großer Bedeutung. Allerdings hilft eine „je-desto- Formel“ (in concreto: „je weiter neutrale Handlungen objektiv für ausscheidungsbedürftig befunden werden, desto höher sind die Anforderungen an die konkrete „Unterstützungseffizienz“ des Tatbeitrags für die Haupttat zu schrauben) jedenfalls im Steuerstrafrecht nicht viel weiter. Denn die Bankdienstleistungen sind im Falle von Geldtransfers auf Sammelkonten des Tochterinstituts bei der Zentrale der Grossbanken alle quantitativ und qualitativ gleichwertig. All diese Handlungen (Beratungen, Geldtransfers, Installierung von Kontensystemen) fördern die Haupttat immer dann, wenn es zu einer solchen überhaupt kommt, was der Gehilfe kaum mit an Sicherheit grenzender Wahrscheinlichkeit bzw. gegenteilige Kausalverläufe ausschließender Wahrscheinlichkeit wissen kann. Soll dann die Höhe des überwiesenen Betrages über die *quantitative* Abschichtung entscheiden oder soll die Quantität und Effizienz bzw. Qualität des „Bankensystems“ an sich untersucht werden? Das würde in der Tat zu Unsicherheiten im Bankverkehr führen. Auch wird ein entscheidender Nachteil dieser Lösungsvariante selbst eingeräumt: es ist

253 *Weigend*, „Grenzen strafbarer Beihilfe“, in: FS für Nishihara, 1998, 197 ff. (211, 212). Jetzt auch S/S-*Heine*, 26.Aufl., § 27 Rn. 10a: Qualität der Unterstützungshandlung.

254 Vgl. BGHSt 42, 135; vgl. dazu auch die Erörterung im Teil 2 dieser Arbeit unter B. II. 2. und 3..

255 *Weigend*, „Grenzen strafbarer Beihilfe“, FS für Nishihara, 1998, 197 ff. (208).

256 Vgl. *Weigend*, „Grenzen strafbarer Beihilfe“, in: FS für Nishihara, 1998, S. 212.

die mangelnde Voraussehbarkeit und intersubjektive Verbindlichkeit der gerichtlichen Beurteilung von Einzelfällen (Case-Law).[257] Der Bankberater weiß bei einer solchen Elastizität, die im Gegensatz zur Bestimmtheit und damit zur Rechtssicherheit steht, im Übrigen dann nie im voraus, wie weit er bei seiner Dienstleistung gehen kann. Letztlich muss doch das Wissen um die zukünftige Steuerstraftat über die „soziale Erträglichkeit“ entscheiden, gerade wegen der besonderen steuerstrafrechtlichen und berufsrechtlichen Konsequenzen im Hinblick auf die Gehilfenhaftungsproblematik und die hohen Anforderungen an eine Gehilfenselbstanzeige in der Theorie, die nur bei *Kenntnissen* des Beraters von Tatsachen (z.B.: Art und Umfang der Verkürzung, Umfang der eigenen Mitwirkung)[258] Erfolg haben kann. Beim Eventualvorsatz im Falle „ernstlichen Fürmöglichhaltens“ einer Steuerstraftat, wie es wohl jeder andere in der Gesellschaft auch für möglich hält, dass gegebenenfalls Steuern in Zukunft verkürzt werden, trägt noch der Vertrauensgrundsatz im Strafrecht das relevante Verhalten. Dieser strafrechtliche Grundsatz mindert zugleich die Verantwortlichkeit des Beraters für das Verhalten des (direkt) vorsätzlich *lange* Zeit *nach* der Unterstützungshandlung des Tatbeteiligten handelnden Bankkundens.

3. Anerkannte klassische objektive Zurechnungsmodelle

Auch die klassischen objektiven Zurechnungslehren wie die Lehre von der objektiven Zurechnung und die Lehre vom Schutzzweck der Norm haben den Versuch unternommen, anhand ihrer besonderen objektiven Kriterien zu einer vernünftigen Trennung von strafbaren und straflosen Verhaltensweisen bei der Beihilfe zu gelangen. Ob diesen Lehren – auch speziell auf das steuerstrafrechtliche Schutzgut bezogen – im Ausgangsfall gefolgt werden kann oder nicht, soll im Folgenden dargelegt werden.

a) Die Lehre von der objektiven Zurechnung

aa) Ausgangspunkt der Überlegungen

Auch für die Vertreter der objektiven Zurechnung ist der Begriff der sozialen Adäquanz zu farblos. Er ist demzufolge vielmehr durch Kriterien der objektiven Zurechnung zu ersetzen, die insbesondere verlangen, dass sich eine *rechtlich*

---

257 So: *Weigend*, „Grenzen strafbarer Beihilfe“, in: FS für Nishihara, S. 208, 209.

258 Vgl. zum Problem: *Kohlmann*, § 371 Rn. 65; *Flore*, Handbuch, S. 216. *Mösbauer*, S. 201, 202: ohne konkrete Angaben (und ohne Wissen) keine wirksame Selbstanzeige.

missbilligte Risikoschaffung im konreten tatbestandlichen Erfolg (Steuerverkürzung) realisiert. Danach erfülle eine neutrale Alltagshandlung im Kreditwesen nur dann den objektiven Tatbestand der Beihilfe,

– wenn der Gehilfe seine (berufliche) Alltagshandlung erkennbar der Haupttat so anpasst, dass die Unterstützungshandlung einen objektiv eindeutigen Sinnbezug erhält,[259]

– wenn der Gehilfe mit seiner beruflichen Alltagshandlung geschriebene oder ungeschriebene Berufsregeln verletzt, die gerade darauf abzielen,[260] Dritten die Straftatbegehung unter Zuhilfenahme beruflicher Leistungen nicht zu ermöglichen oder die zum Schutze von Rechtsgütern des durch die Haupttat Betroffenen aufgestellt sind,

– wenn im übrigen der Gehilfe mit seiner beruflichen Alltagshandlung eine Haupttat fördert, deren Erfolg er als Garant zu verhindern verpflichtet ist oder

– wenn eine Abwägung der Handlungsfreiheit und der spezifischen Interessen des Gehilfen an der Vornahme der (beruflichen) Alltagshandlung mit dem Rechtsgüterschutzinteresse des durch die Haupttat Betroffenen zu einem wesentlichen Überwiegen der Gründe für die Nichtvornahme der Handlung führe. Letzteres könne namentlich dann der Fall sein, wenn das Verhalten zu einer Tat beitrüge, die nach § 138 I StGB anzuzeigen oder die nach § 323 c StGB Auslöser einer Hilfspflicht wäre.

Die objektive Zurechnung setzt nämlich das Schaffen einer *rechtlich missbilligten* Gefahr voraus. Liege die (berufliche) Alltagshandlung – wie zum Beispiel die Einrichtung eines Kontos – zeitlich über mehrere Monate weit weg von der späteren Tatbestandshandlung (der Steuerhinterziehung durch den Kunden), sei sie nicht gerade auf letztere zugeschnitten und überall sonst ohne Aufdeckung des deliktischen Bezuges problemlos zu haben, könne *allein* das *Wissen* um den möglichen Missbrauch die erforderliche missbilligte Gefahr und den erkennbaren deliktischen Handlungssinn nicht ersetzen. Auf den Grad des Wissens hinsichtlich einer derartigen nachfolgenden Steuerstraftat könne es nicht ankommen, weil Wissen bei isolierter Betrachtung nicht mit *Verantwortung* korreliere[261], sondern nur das „die *verantwortungskonstituierenden* Faktoren" umfassende Wissen.

Solche alltäglichen Handlungen führten zu keiner rechtlich relevanten Verdichtung des Gefährdungspotentials für das bedrohte Rechtsgut (im Ausgangsfall

---

259 U.a. vertreten von: *Derksen*, „Handeln auf eigene Gefahr" (1992), 84 ff.; *Hefendehl*, Examensklausur, in: JURA 1992, 376 ff.; in der Sache auch nahestehend: BGH Urteil vom 13. April 1988 – 3 StR 33 / 88 (LG Bremen) *wistra* 1988, 261.

260 So zum Beispiel: *Krekeler*, „Die strafrechtliche Verantwortlichkeit des Notars bei der Gründung einer GmbH" in: AnwBl. 1993, 69 ff., 71.

261 Vgl. dazu: *Derksen*, „Handeln auf eigene Gefahr", S. 84 unter Verweis auf *Jakobs*, „Tätervorstellung und objektive Zurechnung", in: *Armin Kaufmann*- GS, S. 277 ff.

das staatliche Steueraufkommen) und beeinträchtigten den Rechtsfrieden daher nicht. Das in der allgemeinen Handlungs- und in der Berufsausübungsfreiheit begründete Interesse an der Vornahme der Handlung überwiege hier deshalb deutlich gegenüber dem nur vagen Gefährdungspotential. Also fehle die für die Lehre von der objektiven Zurechnung erforderliche objektive Voraussetzung der *rechtlichen Missbilligung* der geschaffenen (vagen) Gefahr für den staatlichen Steueranspruch.

Allerdings könnte die rechtliche Mißbilligung zum einen in der *Ratserteilung* liegen, trotz Kenntnis von etwaigen Absichten des Kunden Gelder *anonym* nach Luxemburg zu transferieren, oder in der Bereitstellung eines gesellschaftsinternen kontenrechtlichen Systems der Verschleierung von Geldtransfers. Von Vertretern einer objektiven Zurechnung wird im Schrifttum an der subjektiven Zurechnung zudem massive Kritik geübt. Insbesondere wird vertreten[262], das Gesetz gehe davon aus, das bloße Wissen einer Person von der strafbaren Handlung eines anderen nicht selbst kriminelles Unrecht sei. Die „Mitwisserschaft" sei zudem kein Straftatbestand. Im Übrigen gehe es nicht an, auch diejenigen Personen unter den Tatbestand des § 27 I StGB subsumieren zu wollen, denen man bei natürlicher Betrachtung nur sagen könne, dass sie von der strafbaren Handlung gewusst hätten und – trotz dieser *Kenntnis* – ihre normalen geschäftlichen Kontakte aufrechterhalten hätten. Die Grenze sei da zu ziehen, wo die Handlung des Dritten aufhöre, „tatspezifisch" zu sein. Die Handlung des Dritten sei nicht mehr „tatspezifisch", wenn sie sich auf ein Verhalten des Täters beziehe, das an sich legal sei und an sich auch ohne nachfolgenden strafbare Handlung wirtschaftlich, sozial oder individuell sinnvoll bleibt. Fördere der Dritte nur solche nicht tatspezifische Handlungen, so sei sein Verhalten „neutral", keine Beihilfe, und zwar weder psychisch noch physisch.

bb) Kritik an der Lehre von der objektiven Zurechnung

Die von der Rechtsprechung bevorzugte subjektive Zurechnung[263] führt *nicht* zu einer erneuten Vorsatzdiskussion oder zum Rückfall in verpöntes „Gesinnungsstrafrecht". Vielmehr ermöglicht die subjektive Zurechnung, jedenfalls für den Ausgangsfall, eine feinere Differenzierung bei den verschiedenen Vorsatzarten,

---

262 Vgl. *Meyer-Arndt*, „Beihilfe durch neutrale Handlungen ?", in: wistra 1989, 281 ff., 287.

263 Vgl. dazu jetzt ganz aktuell die Rechtsprechung des BGH zum GmbH-Strafrecht in Anbetracht einer Beihilfestrafbarkeit wegen Betruges u.a. Delikten für den beratenden Rechtsanwalt: BGH wistra 1999, 459 ff. (459). Eine Besprechung dieser Entscheidung findet sich bei *Wohlers*, „Hilfeleistung und erlaubtes Risiko", in: NStZ 2000, 169 ff.

zumal der objektive Tatbestand der Hilfeleistung eher gegeben ist als bei den sonstigen „Lehrbuchfällen" zu neutralen Handlungen. Dabei kommt hinzu, dass die Haupttat des Kundens wegen der zeitlichen Distanz zur „neutralen" Beteiligtenhandlung für den Berater *unüberschaubar* ist. Ferner wird ja nicht die Gesinnung bestraft: Wie sich aus § 46 I StGB ergibt, ist die Gesinnung des Täters erst eine Frage der Strafzumessung und nicht des subjektiven Tatbestandes. Strafzumessung und Tatbestandsmäßigkeit eines Verhaltens sind aber strafrechtsdogmatisch verschiedene Kategorien. Deshalb wird immer nur objektiv und subjektiv tatbestandsmäßiges Verhalten bestraft, nicht jedoch die Gesinnung des Täters. Wissen um die Haupttat und Gesinnung im Sinne des § 46 StGB sind nach der gesetzgeberischen Entscheidung nicht identisch und damit verschiedene Kategorien in der rechtlichen Einordnung.

Man sollte dabei beachten, dass der Gesetzgeber immerhin in das StGB eine Vorschrift wie den § 23 III StGB eingefügt hat, bei dem letztlich auch nicht nur die rechtsfeindliche „Gesinnung", d.h. der Tatentschluss des Handelnden mit Strafe bedroht wird, sondern auf die *objektive* Willens*betätigung* und den dadurch entstehenden rechtserschütternden Eindruck der Rechtsgemeinschaft in den Rechtsfrieden mit Strafe bedroht ist. Dieser rechtserschütternde Eindruck ist aber in den Fällen, in denen ein Bankangestellter *weiß*, wie der Kunde sich später objektiv verhält, immer dann anzunehmen, wenn objektiv tatbestandsmässiges Verhalten des Tatbeteiligten nachweisbar vorliegt. Hinzu kommt, dass mit der ganz herrschenden, wenn auch nicht mehr unbestrittenen Meinung[264] davon auszugehen ist, dass ein vorsätzlich geleisteter kausaler Beitrag zu einem verbotenen Erfolg grundsätzlich keine übliche und erlaubte Geschaftstätigkeit ist, sondern vielmehr strafbare Mitwirkung an Straftaten.[265] Bei der Zurechnung der Mittäterschaft nach § 25 II StGB wird *verstärkt* auf den gemeinsamen Tatplan *(subjektive Zurechnung)* zurückgegriffen,[266] wenn nur ein Täter in objektiver Hinsicht konkret verletzend handelt in Bezug auf das geschützte Rechtsgut. Auch dieser vergleichende Gedanke kann bei Übertragung auf die Beihilfe, bei der ebenfalls ein Tatbeteiligter primär das Rechtsgut verletzt und einer sekundär, ein Verantwortungskorrektiv in Gestalt der subjektiven Zurechnung begründen. Der BGH lehnt nun in BGHSt 46, 107 ff. die objektive Zurechnung zwar nicht ausdrücklich ab. Im zu beurteilenden Ausgangsfall soll es zwar an einer rechtlich missbilligten Gefahrschaffung im Sinne der objektiven Zurechnung nicht fehlen. Die Lehre

---

264 *Jakobs*, AT, 1983, Kap. 24 / 17 (übliche Austauschgeschäfte des täglichen Lebens), deshalb entgegen BGHSt 4, 107 keine Haftung des Taxifahrers, wenn er Diebe gegen üblichen Lohn am Tatort abholt.

265 Zustimmend hierzu auch: *Arzt*, „Geldwäscherei – Eine neue Masche zwischen Hehlerei, Strafvereitelung und Begünstigung", in: NStZ 1990, 1 ff., 3.

266 Vgl. dazu *Lackner / Kühl*, StGB, (1995), § 25 Rn. 10 ff., 10, 16, 17.

von der objektiven Zurechnung führt vielmehr zu objektiv tatbestandsmäßigem Verhalten, welches nach BGH in den Fällen, die mit „derart geringer Risikoschaffung“ für das Rechtsgut behaftet sind, *subjektiv* jedoch nun korrigiert werden, gerade im Bereich des Kreditwesens. De facto soll die objektive Zurechnung im Steuerstrafrecht einem *subjektiven Korrektiv*, welches an die Risikoschaffung im Einzelfall gekoppelt wird, unterliegen.[267]

Es sei aber noch auf ein wesentliches Argument[268] *gegen* die objektive Zurechnung beim vorsätzlichen Teilnahmedelikt hingewiesen: Die Lehre von der objektiven Zurechnung wurde *primär* für die Beurteilung von Delikten konzipiert, die mit einem Fahrlässigkeitsanteil im objektiven Tatbestand gekennzeichnet sind (z.B.: §§ 229, 222 StGB). Dies sind fast ausnahmslos Tatbestände, die mit der wichtigen Rechtsfigur der *Tatherrschaft* allein seinerzeit nicht befriedigend gelöst werden konnten. Später wurde die objektive Zurechnung auf die *Vorsatz*delikte ausgedehnt. Wenn aber der Gehilfe *nie die Tatherrschaft* über das Tatgeschehen hat, sondern immer nur der Haupttäter den Kausalverlauf in den Händen hält und somit letztlich als „Herr des Geschehens“ über die Strafbarkeit des Bankmitarbeiters entscheidet, dann kann das Zurechnungsmodell der Lehre von der objektiven Zurechnung bei der Gehilfenstrafbarkeit, die fahrlässig begangen de lege lata gerade nie strafbar ist, nicht als *das* entscheidende Zurechnungskriterium dienen. Vielmehr ist es gerade das im Einzelfall *gesteigerte Wissen* bei der Vornahme des – zunächst a m b i v a l e n t e n – Tatbeitrags des Gehilfen, welches die strafrechtliche Verantwortlichkeit für späteres vorsätzliches Fehlverhalten Dritter begründet. Aus dieser Gesamtwürdigung subjektiver Momente ergibt sich dann die erhöhte Gefährlichkeit des Verhaltens und rechtfertigt die erheblichen steuerstrafrechtlichen und berufsrechtlichen Konsequenzen, die im Kreditwesen tätige Steuerhinterziehungsgehilfen verantwortungskorrelierend zu tragen haben.[269] Eine leichtfertige Beihilfe zu einer Vorsatztat gibt es im Übrigen de lege lata dagegen nicht.

b) Lehre vom Schutzzweck der Norm

aa) Der Ansatzpunkt für eine teleologische Reduktion des Tatbestandes

In seinen „Bemerkungen zur sozialen Adäquanz“ kommt *Roxin* zu dem Ergebnis, die richtige Lösung für das Problem der Tatbestandsbegrenzung ergebe sich

---

267 Vgl. BGHSt 46, 107 ff.

268 Vgl. dazu: *Lüderssen:* „Beihilfe, Strafvereitelung und objektive Zurechnung“, in: FS für *Gerald Grünwald* zum 70. Geburtstag, 1999, S. 329 ff. (345).

269 Zustimmend: *Wannemacher*, Handbuch, Rn.2381 ff.; *Vogelberg*, Praxis SteuerstrafR 1999, S.10; *Klein*, AO, 7. Aufl., § 370 Rn. 121-122.

durch eine am Schutzbereich des betreffenden Tatbestands orientierte teleologische Reduktion.[270] Diese Erkenntnis gewinnt er anhand der Bildung von Beispielsfällen wie dem Neujahrsgeschenk an den Postboten oder der vertraulichen herabsetzenden Äußerung über Dritte im engsten Familienkreis (mögliche Strafbarkeit nach §§ 185 ff StGB). Zur Nichterfüllung des Tatbestandes gelange man in diesen Fällen unter Berücksichtigung seines Schutzbereiches und nicht aufgrund der sozialen Adäquanz der Verhaltensweisen[271]. Der Schutzbereich lasse sich aus dem geschützten Rechtsgut sowie vom Gesetzgeber gegebenenfalls vorgesehenen besonderen Angriffsweisen ableiten. In Übertragung auf die erwähnten Beispiele bedeute dies: Weder gefährde das Neujahrsgeschenk das durch § 331 StGB geschützte öffentliche Vertrauen in die Integrität der Beamten, noch die im vertraulichen Familienkreis getroffenen Äußerung den durch die §§ 185 ff StGB geschützten sozialen Achtungsanspruch.[272]

Bei Anwendung dieser Gedanken auf den Ausgangssachverhalt ergibt sich, dass die Durchführung von Geldtransfers ins Ausland unter Einbeziehung von bankinternen Zwischenkonten zunächst nicht das Schutzgut, den staatlichen Steueranspruch hinsichtlich der Erfassung der Einkünfte aus Kapitalvermögen, beeinträchtigt. Der Geldtransfer führt zunächst zur Begründung einer neuen Steuerpflicht des Kunden.

bb) Kritik an der Lehre vom Schutzzweck der Norm im Kreditwesen

Fraglich ist schon, ob die vermeintlich notwendige Restriktion des Beihilfetatbestandes bei der Steuerhinterziehung als Haupttat „mit Hilfe einer am Schutzzweck orientierten teleologischen Reduktion" zu erfolgen hat. Schutzzweck der Norm bei der Steuerhinterziehung ist vor allem die Sicherung der vollständigen und rechtzeitigen Erfüllung des staatlichen Steueranspruchs[273] hinsichtlich bestimmter, einzelner Steuern zur Erzielung von Einnahmen für die Erfüllung öffentlicher Aufgaben. Strafgrund der Beihilfe (§ 27 I StGB) ist nicht die Korrumpierung des Täters („den Haupttäter in Schuld verstricken")[274], sondern die (Mit-)

---

270 *Roxin*, „Bemerkungen zur sozialen Adäquanz", in: Klug-FS, S. 312 ff.

271 *Roxin*, „Bemerkungen zur sozialen Adäquanz", in: Klug-FS, S.312.

272 *Roxin*, aaO.

273 Vgl. zum geschützten Rechtsgut in § 370 AO, welches für das Gesamtverständnis der Problematik im Steuerstrafrecht besonders wichtig ist: *Kohlmann*, Steuerstrafrecht, Stand: Juli 1996, § 370 Rn. 9.4. und 9.5. Zur Rechtsprechung: vgl. BGH, Beschluss vom 23.3.1994, wistra 1994, 194 = BGHSt 40, 109; BGHSt 36, 100 = MDR 1989, 561= NJW 1989, 1619.

274 So die durch § 29 StGB überholte „Schuldteilnahmetheorie", dazu *Wessels/Beulke*, AT, 29. Auflage 1999, Rn. 552.

Herbeiführung der tatbestandlichen Rechtsgutsverletzung.[275] Die Beihilfe ist rechtsdogmatisch Strafausdehnungsgrund.

Im vorliegenden Ausgangsfall verbietet aber weder der Schutzzweck des § 370 AO bei Geldtransferleistungen nach Luxemburg einen Ausschluss des objektiven Beihilfetatbestandes, noch kann ernsthaft behauptet werden, der Bankmitarbeiter habe gerade nicht bei seinen Handlungen an der tatbestandlichen Rechtsgutsverletzung, also der Steuerhinterziehung des Kunden, objektiv mitgewirkt. Demnach eignet sich die Lehre vom Schutzbereich der Norm nicht, um den Ausgangsfall in befriedigender Weise zu lösen. Dem folgt jetzt im Steuerstrafrecht auch die Rechtsprechung des BGH.[276]

c) Am steuerstrafrechtlichen Schutzgut orientierte Auslegung des objektiven Beihilfetatbestandes

aa) Ausgangspunkt der Überlegungen

Eine Auffassung im Schrifttum will im Hinblick auf die Beihilfestrafbarkeit wegen Steuerhinterziehung, speziell des Bankmitarbeiters, zur *Straflosigkeit* des im Vorbereitungsstadium der Haupttat tätig werdenden Bankmitarbeiter kommen. Dabei wird ausgeführt,[277] dass es „in der Sache" auch bei der Hilfeleistung des Bankkunden zunächst um eine „vorgeleistete" Vereitelungshandlung (wie bei § 258 I StGB), nämlich um die Erschwerung oder Verhinderung der Durchsetzung des staatlichen Steueranspruchs, gehe. Dieser Gesichtspunkt werde nach dieser Auffassung oft – auch in gerichtlichen Entscheidungen[278] – vernachlässigt. „Die schlagwortartige Kennzeichnung" der relevanten Haupttat würde die gleichsam unreflektierte Vorstellung hervorrufen, dass die Tathandlung des Kunden die Verkürzung von Steuern sei, weshalb als Gehilfenhandlung „jegliches" Verhalten in Betracht komme, das diese Steuerverkürzung erleichtere oder fördere. Bestätigt werde diese Vorstellung dadurch, dass allgemein in den Kommentaren zum Steuerstrafrecht die Beihilfe im Steuerstrafrecht als „Förderung der Steuerhinterziehung" beschrieben werde. Letztlich ist dies aber nur logische Konsequenz aus der Verweisung in § 369 II AO i.V. auf die Norm des § 27 I StGB. Ursprünglich wäre diese Kennzeichnung durchaus zutreffend gewesen, weil die RAO die strafrechtlich relevante Tathandlung in der Steuerverkürzung sah: *„Wer zum eigenen*

---

275 So die herrschende *akzessorietätsorientierte* Förderungstheorie, dazu: *Wessels/Beulke*, 29. Aufl., AT, Rn. 582.

276 Vgl. BGHSt 46, 107 ff.

277 Vgl. *Otto*, „Vorgeleistete Strafvereitelung", in: *Lenckner*-FS (1998), S. 193 ff., (221 ff.).

278 Vgl. zum Beispiel: BVerfGE, 2. Kammer des 2. Senats, StV 1994, 353.

Vorteil oder zum Vorteil eines anderen nicht gerechtfertigte Steuervorteile erschleicht oder vorsätzlich bewirkt, dass Steuereinnahmen verkürzt werden, wird wegen Steuerhinterziehung bestraft" (§ 359 RAO).

Beihilfe wurde demzufolge bei der Förderung oder Erleichterung dieser Tathandlung angenommen. Mit der AO 1977 ist der Tatbestand jedoch wesentlich neu formuliert worden. Bestraft wird nun der Täter, der gegenüber den Finanzbehörden oder anderen Behörden über steuerlich erhebliche Tatsachen unrichtige oder unvollständige Angaben macht (§ 370 I Nr.1 AO) oder die Finanzbehörden über steuerlich erhebliche Tatsachen in Unkenntnis läßt (§ 370 I Nr.2 AO) *und dadurch* Steuern verkürzt oder für sich oder einen anderen nicht gerechtfertigte Steuervorteile erlangt (§ 370 I AO als Erfolgsdelikt). Tatbestandsmäßig im Sinne des § 370 I AO handelt danach, wer durch Verletzung seiner steuerlichen Mitwirkungs- und Offenbarungspflichten, sei es durch Falschangaben oder pflichtwidriges Unterlassen seiner Mitwirkung, Steuern verkürzt oder ungerechtfertigte Steuervorteile für sich oder einen anderen erlangt. Die strafrechtlich maßgebende Tathandlung ist dabei die *Abgabe* unrichtiger Steuererklärungen und nur diese Tathandlung könnte der Anknüpfungspunkt der Beihilfestrafbarkeit des Bankmitarbeiters sein.[279] Eine Förderung der Haupttat der Steuerhinterziehung sei daher unproblematisch zu bejahen, wenn der Bankmitarbeiter oder das Bankorgan (Vorstandsmitglied der Bank) inhaltlich unrichtige Bescheinigungen über Zinseinküfte oder Kontostände ausstelle, wohl wissend, dass der Bankkunde sie im Besteuerungsverfahren zur Steuerhinterziehung nutzen will. Die Bescheinigungen dienten dann dazu, unwahre Angaben als glaubwürdig erscheinen zu lassen. Die Chancen des Haupttäters, die Tat erfolgreich zu vollenden, würden damit verbessert werden, die Haupttat werde in diesem Falle objektiv und subjektiv gefördert.[280]

Anders verhält es sich nach dem Standpunkt von *Otto* bei der Verletzung der Pflichten des § 154 AO[281] durch einen Bankangestellten (vgl. dazu auch schon Teil 1 unter Ziff. III. dieser Arbeit). Da der nun auszuführende Gedanke schutzgutbezogen ist, soll er aber dennoch in die weitere Untersuchung nun einfließen: Wer die in § 154 AO normierten Identifikationspflichten bei der Eröffnung eines Kontos verletze oder Geschäftsvorhaben über Sammelkonten (Cpd- Konten) durchführe, obwohl der Name des Beteiligten bekannt ist und für ihn bereits ein entsprechendes Konto geführt wird, verbessere nicht objektiv die Erfolgsaussichten falscher Angaben im Besteuerungsverfahren. Die Steuerstraftat werde

279 So *Otto*, „Vorgeleistete Strafvereitelung", in: *Lenckner*-FS (1998), S.193 ff., (222).
280 So *Otto*, „Vorgeleistete Strafvereitelung", in: *Lenckner*-FS (1998), S.193 ff., (222).
281 Vgl. dazu auch die Ausführungen zu etwaigen Pflichtverstößen der Bank in Rahmen dieser Arbeit unter Teil 1 Ziff. III. 1..

aber möglicherweise erleichtert, indem der Täter in seinem Tatentschluss bestärkt werde, weil er sich in Sicherheit wiege, dass etwaige Nachforschungen erfolglos blieben. Gleiches sei jedoch bereits anzunehmen, wenn der Bankkunde *wisse,* dass sein „Schwarzgeld" im Ausland angelegt sei oder sich auf dem Konto eines Dritten befinde. Gleiches gelte, wenn er sein Geld in Tafelpapieren angelegt habe, deren Kupons er in bar einlösen wolle oder wenn er den für im Ausland erwirtschaftete Dividenden erhaltenen Barscheck bei der bezogenen Bank in Deutschland (Zentralinstitut oder fremde öffentlich-rechtliche oder private Bank)[282] bar einlöse.[283]

Entsprechend den Forderungen beim Tatbestand der Strafvereitelung, dass der Tatbestand nicht schon den Abbruch jeglichen sozialen Kontakts zum Straftäter fordert, ist nach Auffassung von *Otto* zu beachten, dass auch bei der Vereitelung des staatlichen Steueranspruchs (geschütztes Rechtsgut bei § 370 I AO) davon auszugehen ist, dass dem in Anbetracht einer am Schutzgut orientierten Auslegung nur solche Verhaltensweisen relevant werden können, welche die Gefahr einer Vereitelung oder Erschwerung der Durchsetzung des Steueranspruchs begründen oder erhöhen. Zum anderen sei aber der steuerunehrliche Bankkunde nicht faktisch in der Rechtswirklichkeit vom Bankverkehr auszuschliessen, so dass die im Bankverkehr üblichen, ohne Verstoß gegen gesetzliche oder sonstige rechtliche Normen erfolgenden Leistungen auch ihm gegenüber erbracht werden dürfen.

Aus dieser Feststellung folge die nächste: Ebensowenig wie der Auftraggeber, der einem Handwerker den ausgemachten Werklohn bar bezahlt, obwohl er *in Kenntnis* der künftigen Steuerhinterziehung des Handwerkers handele[284], sich gemäss § 27 I StGB i.V. mit § 370 I AO strafbar mache, genauso wenig macht sich nach dieser Argumentation der Bankmitarbeiter einer Beihilfe zur Steuerhinterziehung schuldig, wenn er eine Auslandsüberweisung tätigt, die darauf abzielt, Gelder im Ausland anzulegen, selbst wenn der Bankmitarbeiter *weiß,* dass der Kunde die Einnahmen nicht versteuert oder nicht den Willen dazu hat. Als

---

282 Vgl. dazu „Dispositionen über das verfügte Geld" in dieser Arbeit unter Teil 1 unter Ziff. I..

283 Zu weiteren Einzelfällen vgl. insbesondere *Moos*, in: Finanzstrafrecht (Wien 1996), „Sozialadäquanz und objektive Zurechnung bei Tatbeiträgen im Finanzstrafrecht", S. 85 ff. (110 ff.); im Übrigen vgl. *Otto*, in: ZKredW 1994, 775 ff.; vgl. auch *Messner*, „Durchsuchungen und Beschlagnahmen bei Kreditinstituten", in: DB 1996, 2196 ff. (2197).

284 Typischer Lehrbuchfall im Steuerstrafrecht, vgl. nur *Joecks*, Praxis des Steuerstrafrechts, S. 40 ff unter Bezugnahme auf BGH wistra 1992, 299, (300); vgl. im übrigen S/S- *Cramer* § 27 Rn. 10. Der BGH verneint die Beihilfe (wistra 1992, S.300) und verweist darauf, dass „hier die Tätigkeit des Werkunternehmers (Handwerker) nicht ausschließlich dem Ziel (diente), eine Steuerhinterziehung vorzubereiten."

Begründung für diese These gilt danach: Wer einem anderen hilft, Einnahmen zu erzielen und damit zugleich hilft, einen Steueranspruch des Fiskus zur *Entstehung* zu bringen, erschwert durch sein Verhalten nicht die *Durchsetzung* des Steueranspruchs[285]. Die Begründung des staatlichen Steueranspruchs sei nicht die Vereitelung der Durchsetzung des Anspruchs, „obgleich die Vereitelung die Entstehung des Anspruchs logisch voraussetze". Der Begründungsakt und entsprechende Hilfeleistungen für diesen Akt begründen nach Auffassung von *Otto*[286] „kein rechtlich relevantes Risiko" für die Erschwerung oder der Vereitelung der Durchsetzung des Anspruchs. Damit bedeutet dies im Ergebnis, dass der Bankangestellte mangels *eigenen* Angriffs auf das geschützte Rechtsgut schon *objektiv* tatbestandlich keine Beihilfe begehe. Auch „vorgeleistete Vereitelungshandlungen", die sich im Rahmen rechtlich zulässiger und „kundenüblicher" Leistungen halten, könnten nicht als *rechtlich missbilligte* Beihilfehandlungen ausgelegt werden.[287] Wollte man sie als tatbestandsmäßig im Sinne der § 27 I StGB, § 370 I AO auffassen, so würde man im Endergebnis eine Rechtspflicht des Bankangestellten begründen, die „Steuerehrlichkeit des Bankkunden" zu gewährleisten. Der Bankmitarbeiter sei aber gerade *nicht Garant* dafür[288], dass der Bankkunde sich dem Finanzamt gegenüber steuerehrlich verhalte. Wohl könne der Gesetzgeber de lege ferenda rechtlich regeln, welche Kontrollmaßnahmen, Legitimationsprüfungen und welche etwaigen „Anzeigepflichten" in bestimmten Situationen begründet seien. Dies habe der Gesetzgeber z.B. hinsichtlich der Geldwäsche in § 261 StGB sowie im Geldwäschegesetz praktiziert. Bezüglich der Wahrung und Ermöglichung einer etwaigen erforderlichen Verfolgung des staatlichen Steueranspruchs finden sich entsprechende Regelungen beispielsweise in § 154 AO. Wer gegen diese Norm verstoße, wisse, dass er aus der Sicht des Gesetzgebers die Durchsetzung des staatlichen Steueranspruchs unter Umständen erschwere und damit ein Risiko für diesen Anspruch begründe, das über das erlaubte Risiko hinausgehe.[289] Gleiches habe Geltung zu beanspruchen, wenn der Bankangestellte *wisse,* dass er mit seiner Tätigkeit ein kriminelles Unternehmen fördere, ermögliche oder am Leben halte.[290] Insoweit stimmt *Otto* mit der hier

---

285 Vgl. *Otto,* „Vorgeleistete Strafvereitelung als Beihilfe", in: Lenckner–FS (1998), S.193 ff. (224). Ebenso: *Niedermair*, ZStW 107 (1995), 527.

286 Siehe *Otto*, in: Lenckner-FS, S.193 ff. (224).

287 So *Otto*, in: Lenckner-FS, aaO.

288 Vgl dazu schon die Ausführungen in dieser Arbeit unter Teil 1 III. 1.

289 So *Otto*, in: *Lenckner*-FS, S.193 ff. (224). A.A.: *Löwe-Krahl*, Risiken, S.28 ff.; *derselbe,* Die Verantwortung von Bankangestellten, 1. Aufl., S.30 ff..

290 Vgl. zur diesbezüglichen Rechtsprechung: OLG Stuttgart NJW 1981, 1569 mit Anm. *Frisch,* in: JuS 1983, 915 ff.; und *Geppert*, JK, StGB § 258 / 2; OLG Koblenz NJW 1982, 1785 mit Anm. *Frisch*, NJW 1983, 2471 ff.; LG Hannover NJW 1976, 979 mit Anmerk. *Schroeder*, S. 980.

vertretenen Auffassung überein. Darüber hinaus gelte aber, dass der Bankmitarbeiter bei der Vornahme berufstypischer Bankgeschäfte sich nicht gemäß § 27 I StGB i.V.m. § 370 I AO strafbar mache, wenn er nicht die rechtlichen Regeln verletzt, welche die *Durchsetzung* des staatlichen Steueranspruchs sicherstellen sollen.[291] Ob der Bankangestellte bei diesen Tätigkeiten in *Kenntnis* der Steuerhinterziehung handele oder „sogar *aus Anlass und im Hinblick darauf*", sei irrelevant. Im Übrigen sei es so,[292] „dass Alltagshandlungen und berufstypische Verhaltensweisen, die sich als Realisierung der gewachsenen sozialen Beziehungen zum Täter darstellten, *keine* strafbarenVereitelungshandlungen im Sinne des § 258 I StGB darstellen würden. Sie seien „als Konsequenz hieraus auch in der Gestalt objektiver „vorgeleisteter Vereitelungshandlungen" nicht als Beihilfe strafbar.

bb) Kritik an der schutzgutbezogenen Auslegung im Steuerstrafrecht

Dass dieser Auffassung nicht gefolgt werden kann, soll nun anhand einer Parallelziehung zu der höchstrichterlichen Rechtsprechung des BGH und des RG zum Rücktritt eines Tatbeteiligten bei „scheinbarer Risikovermeidung" nach einem im Vorbereitungsstadium der Tat geleisteten Tatbeitrag sowie den Besonderheiten des Steuerhinterziehungsdelikts als Erfolgs- *und* Gefährdungsdelikt dargelegt werden. Zunächst ist der Ausgangspunkt *Ottos* fraglich, „die Beihilfestrafbarkeit müsse sich an die Tathandlung des Haupttäters „anlehnen", also an die *Abgabe* der Steuererklärung". Der Bankmitarbeiter ist im Gegensatz zum Steuerberater, wo eine solche Anknüpfung Sinn macht, bei dieser Abgabe *nie* involviert. Nach der ganz herrschenden Meinung im Strafrecht kann vielmehr an *jegliche* Vorbereitungshandlung des Beitragenden angeknüpft werden[293], wenn sie die spätere Haupttat nur fördert oder erleichtert. Die Tätigkeit des Steuerhinterziehungsgehilfen kann sich entgegen der Meinung von *Otto* als bloße *Vorbereitung der Haupttat* darstellen,[294] sofern nur der Haupttäter die Akzessorietät dadurch herstellt, dass die Steuerstraftat zumindest in das Stadium des strafbaren Versuchs gelangt. Dies ist die Kernproblematik im Kreditwesen. Dabei ist von maßgeben-

---

291 Übereinstimmend hiermit: *Moos*, Finanzstrafrecht, Wien 1996, S.112; *Messner*, in: DB 1996, 2198; *Ransiek*, „ Pflichtwidrigkeit und Beihilfeunrecht", in: wistra 1997, 43 ff., 47.

292 Vgl. *Otto*, in: Lenckner-FS, S.193 ff (225).

293 Vgl. nur Klein- *Gast-de Haan*, AO, 7. Auflage, § 370 Rn. 120, S. 1694, 1695 mit Hinweis auf BGH wistra 86, 26; BGH HFR 1993, 333; klarstellend: BGHSt 46, 107 ff.

294 Vgl. nur: *Kühn / Hofmann*, AO (FGO), 17. Aufl., 1995, § 370 AO, S. 855: Vornahme falscher Buchungen, Ausstellung falscher Belege.

der Bedeutung vor allem die Feststellung, dass die Tathandlung des Bankmitarbeiters tatsächlich im Vorbereitungsstadium der Steuerstraftat erfolgt.[295] Festzuhalten ist aber hinsichtlich der weiten zeitlichen Spanne zwischen Tatbeteiligtenbeitrag und Haupttatbegehung, dass dies *kein spezielles Beihilfezurechnungsproblem* darstellt, sondern vielmehr im Steuerstrafrecht „gerade typisch und charakteristisch"[296] ist. Dort wird der Steuerhinterziehungsgehilfe – zeitlich betrachtet – *sehr weit* im Vorfeld der Haupttat (Steuerhinterziehung des Kunden gemäss § 370 I AO) tätig und ist dann für die erhöhten Risiken für das geschützte Rechtsgut wegen seines nicht eliminierten oder nicht mehr eliminierbaren Tatbeitrags strafrechtlich (mit-) verantwortlich. Dabei kommt hinzu, dass der staatliche Steueranspruch (Rechtsgut) hinsichtlich der bestimmten Einkünfte aus Kapitalvermögen gemäß § 2 I Nr. 5 EStG *erst mit Ablauf* des Veranlagungszeitraums gemäß § 36 EStG entsteht.

Hierzu dient anschaulich die Rechtsprechung zum Rücktritt vom Versuch mehrerer Tatbeteiligter nach RG[297] und BGH[298], wenn der Gehilfe (wie auch der Bankberater) einen Tatbeitrag im *Vorbereitungsstadium der Haupttat* leistet[299] und nach einem „Umstimmungsversuch", auf den der Haupttäter *nur scheinbar* eingeht, selbst sich von der Tat „lossagt", aber im Ergebnis für das Risiko seines Beitrags *weiterhin strafrechtlich verantwortlich* ist. Nach der höchstrichterlichen Rechtsprechung gilt dies dann, wenn die Tat das Versuchsstadium erreicht und dem Gehilfen dann der Rücktritt nach § 24 II StGB[300] versagt wird.

Um die vorgelagerte Verantwortlichkeit eines Tatbeteiligten im Vorbereitungsstadium der Haupttat auch *ohne* direkten eigenen primären Rechtsgutangriff besser zu verdeutlichen, sollen die für die Argumentation gegen *Otto* bedeutsamen Grundaussagen der Entscheidung des BGH beleuchtet werden. Insbesondere wurde entschieden, dass der Tatbeteiligte auf der Grundlage des gemeinsamen Wollens die Tatbestandsverwirklichung fördernde Vorbereitungs- und Unterstützungshandlungen (Fahrraddiebstahl und Auskundschaften des Tatorts) geleistet hatte, die ebensowenig wie der in der Mitverabredung des Haupttatdelikts und der Mitgestaltung des Tatplans liegende psychische Tatbeitrag ihre Bedeutung

295 So auch richtig gesehen vom LG Wuppertal im Urteil gegen einen Bankmitarbeiter einer Sparkasse, in: wistra 1999, 473 ff. (474).

296 So auch klarstellend das LG Wuppertal in seinem Urteil vom 19.5.1999, in: wistra 1999, 473 ff. (474).

297 Vgl. diese instruktive und wissenschaftlich interessante Entscheidung: RGSt 55, 105,106.

298 Vgl. instruktiv dazu die Entscheidung des 1. Strafsenates vom 13.3.1979, BGHSt 28, 346 ff. (348, 349).

299 Auch der Bankmitarbeiter wird im Vorbereitungsstadium der Haupttat tätig!

300 Siehe zur Systematik dieser Norm: *Kudlich*, „Grundfälle zum Rücktritt vom Versuch", in: JuS 1999, Heft 5, S. 449 ff., insbesondere S. 449-451.

verloren, als er für sich entschloss, an der tatbestandsmäßigen Ausführungshandlung nicht teilzunehmen. Er ist infolgedessen an der vollendeten Tat beteiligt, obgleich er einen ihm zugedachten *wesentlichen Tatbeitrag nicht* erbrachte und deshalb die Deliktsverwirklichung als solche, die aber im übrigen durchaus dem Tatplan entsprach, allein von den anderen Tatbeteiligten übernommen werden musste."[301] Nach Auffassung des BGH hat das Reichsgericht zutreffend entschieden, „dass ein Beteiligter, der einen Tatbeitrag erbracht hat, *selbst dann* für die vollendete Tat einstehen muss, wenn er sich vor Beginn der tatbestandsmäßigen Handlung bemüht, den Täter (oder einen Mittäter) von der Tat abzubringen, der andere „scheinbar" *auf* den Umstimmungsversuch eingeht, in Wahrheit aber am Tatplan festhält und bei der Realisierung aus dem vom „Rücktrittswilligen" geleisteten Tatbeitrag Nutzen zieht".[302] Dies gilt aber nur für die Fälle und Sachverhalte, in denen der Tatbeitrag des Beteiligten über das Vorbereitungsstadium hinaus „fortwirkt" *und* nicht vollständig eliminiert wurde. Eliminieren könnte der Bankmitarbeiter seinen im Vorbereitungsstadium erbrachten Tatbeitrag erst durch die wirksame Selbstanzeige nach erfolgter Haupttat gemäß § 371 I, III AO.[303]

Da jedoch der Bankmitarbeiter seine Beratungen, seine anonymen Transfers über zum Teil eigens für die Kunden installierte Sammelkonten in Kenntnis der Steuerstraftat *nicht* eliminiert, trägt auch er grundsätzlich ein *sehr weit* gehendes, *erhöhtes Risiko* für seine im *Vorbereitungsstadium* geleisteten objektiven (nachweisbaren) Tatbeiträge, welche nicht schon mit dem Argument entkräftet werden können, er tangiere nicht *primär* schon im Vorbereitungsstadium das geschützte Rechtsgut. Es ist gerade *typisch* und „charakteristisch" für die Beihilfe zur Steuerhinterziehung im Sinne der § 370 AO, § 27 StGB, dass *erst die rechtsgutverletzende (Steuer-)Haupttat* des Bankkunden die *Akzessorietät* des Tatbeitrags herstellt, und die Beihilfe so ihre ganze Gefährlichkeit erst zu einem *späteren* Zeitpunkt entfalten kann.[304] Der Gehilfe muss das Rechtsgut nie *primär* angreifen. Die Tatherrschaft liegt eben beim Haupttäter, der Tatbeteiligte gibt sie aus der Hand.

Hinzu kommt nun als weiteres wichtiges Argument gegen den Standpunkt *Ottos*, dass nach § 370 IV AO schon die Gefährdung des staatlichen Steueranspruchs für den Tatbestand der Steuerverkürzung ausreichen kann, d.h. eine *Gefährdung* der staatlichen Handlungsfähigkeit durch nachlässige (nicht rechtzeiti-

---

301 Vgl. RGSt 54, 177, 178; 55, 105, 106; 59, 412, 413; BGHSt 11, 268, 272; BGH NJW 1951, 410; *Lenckner*, in: Gallas-FS, S. 281 ff. (S. 283 Anm. 7, 268, 289 / 290).

302 Vgl. Nochmals: RGSt 55, 105, 106.

303 Franzen/Gast/Joecks, Steuerstrafrecht, 5. Auflage (2001), § 371 Rn. 63.

304 So auch richtig gesehen vom LG Wuppertal in einem Urteil gegen einen einzelnen Bankangestellten, in: wistra 1999, 473 ff. (474).

ge) Steuerzahlungen ausreichen kann.[305] Der Gehilfe muss also keineswegs das Rechtsgut im Steuerstrafrecht konkret und primär verletzen, wenn schon beim Täter als Erfolg ein bloßer *Gefährdungserfolg* ausreicht. Es genügt die Gefährdung des Rechtsguts: Die Steuerhinterziehung ist zwar in § 370 I AO als Erfolgsdelikt ausgestaltet,[306] sie ist aber insofern kein klassisches Erfolgsdelikt, wie *Otto* meint, weil in § 370 IV AO auch schon eine Rechtgutsgefährdung, also ein bloßer *Gefährdungserfolg* (Steuerverkürzung durch nicht rechtzeitige Zahlung nimmt dem Fiskus die Liquidität) statt eines Verletzungserfolges durch nicht rechtzeitige Entrichtung der Steuern eine Strafbarkeit des Täters begründen kann.[307] Nach der steuerstrafrechtlichen Literatur und Rechtsprechung muss der Begriff der Steuerverkürzung als tatbestandlicher Erfolg allgemeiner umschrieben werden als *„Gefährdung des vollen Ertrags"* der einzelnen durch § 370 AO geschützten Steuern.[308] Die Steuerverkürzung ist in der *Gefährdung* der rechtzeitigen und vollständigen Verwirklichung des Steueranspruchs zu sehen.[309] Durch die Tathandlungen (vgl. Teil 1) *gefährdet* aber der Bankmitarbeiter den staatlichen Steueranspruch und schafft ein *rechtlich relevantes Risiko*, wenn er *weiß*, dass Kunden Steuern in Bezug auf ihre Einkünfte aus Kapitalvermögen verkürzen wollen.[310] Die Akzessorietät stellt dann der Haupttäter erst nachträglich zum Gehilfenbeitrag her und damit liegt in dessen Händen nicht nur die Tatherrschaft, sondern die strafrechtliche Verantwortlichkeit des Bankberaters. Dies ist die Kernproblematik, aber auch die Schwierigkeit im Steuerstrafrecht, weshalb – auch auf Grund dieser grundsätzlichen Unsicherheit im Hinblick auf eine zukünftige Strafbarkeit des Beraters beim Eventualvorsatz (hier wird kognitiv nur ernstliches Fürmöglichhalten verlangt) – nur bei *sicherem Wissen* des Bankmitarbeiters auf Grund hinreichender Indizien eine strafrechtliche Zurechnung verantwortungskorrelierend ist (tatbestandliche Restriktion auf subjektiver Ebene). Oft ist zudem bei Vorliegen von hinreichenden Indizien der Grenzbereich zum direkten Vorsatz bereits überschritten.[311]

---

305 Vgl. *Kohlmann*, Steuerstrafrecht, § 370 AO Rn. 128, 126.

306 Vgl. *Kohlmann*, Steuerstrafrecht, § 370 Rn. 18.1, 103.

307 So ganz deutlich jetzt auch *Kohlmann*, Steuerstrafrecht, § 370 Rn. 127 u. v.a. Rn. 128.

308 Vgl. *Kohlmann*, Steuerstrafrecht, § 370 AO Rn. 128.

309 Vgl. BGHSt 24, 178, 181; ebenso: BayObLG, Urt. vom 27.7.1982 – Rreg. 4 St 68/82, StRK AO 1977 § 370 R. 47 S.93 = wistra 1982, 238; *Kohlmann*, Steuerstrafrecht, § 370 Rn. 128.

310 Ähnlich dürfte das jetzt auch der BGH sehen, der sich bisher aber nur zum beratenden Rechtsanwalt in gleichem Sinne geäußert hat: vgl. dazu BGHSt NStZ 2000, 34 ff.

311 Zustimmend: *Geppert*, „Die Beihilfe", in: JURA 1999, S. 266 ff., 273.

Dies kann also dogmatisch dann *erst recht nicht anders* sein, wenn die Steuerstraftaten, wie im Falle von unzähligen Bankkunden, nicht nur im Versuchsstadium steckenbleiben, sondern tatbestandlich *vollendet* werden. Die Argumentation, dass „vorgeleistete Handlungen, die nach der Tat nicht nach § 258 I StGB strafrechtlich relevant sind, auch nachträglich ebenso nicht von § 27 I StGB (in Verbindung mit § 370 I AO) erfasst werden könnten", überzeugt also – jedenfalls im Steuerstrafrecht – nicht. Die Beihilfe ist eben die Ausnahme vom Regressverbot, d.h. es darf kraft Gesetzes (§ 27 I StGB, § 370 AO) an einen zeitlich weit früher geleisteten vorsätzlich erbrachten Tatbeitrag angeknüpft werden, wenn die vorsätzliche rechtswidrige Steuerstraftat versucht oder vollendet wird. Sogar die Steuer*gefährdung* (§ 370 IV AO) kann als Erfolg im Sinne des § 370 Absatz 1 und 4 AO für die Täterstrafbarkeit genügen. Dann kann auch für den Gehilfen nichts anderes gelten. Dies zeigt auch, dass es irrelevant ist, dass der konkrete Tatbeitrag des Bankmitarbeiters *im Zeitpunkt der Vornahme* nicht schon selbst weder die *Durchsetzung* des staatlichen Steueranspruchs verhindert noch ihn erschwert, sondern den Steueranspruch des Staates, wie *Otto* zutreffend ausführt, erst *zur Entstehung* bringt, was für den Staat vorteilhaft ist. Andererseits führt demgegenüber *fast jede* Banktransaktion Steuerpflichten herbei oder hat in irgendeiner Form steuerrechtliche Konsequenzen; dies ist damit nur die eine Seite der strafrechtlichen Medaille. Die Steuerverkürzung führt immer der Haupttäter durch – und zwar allein. Würde man *entgegen* der ganz herrschenden Meinung im Schrifttum[312] solche „Vorbereitungshandlungen" (aus Sicht des Haupttäters) aus der Beihilfestrafbarkeit im Kreditwesen ausnehmen, weil in diesem relevanten Zeitpunkt der Vornahme dieser fördernden Handlung *noch* kein konkreter Angriff auf das geschützte Rechtsgut vorliegt, aber ein solcher für den Bankmitarbeiter erkennbar ist, gäbe es letztlich im Steuerstrafrecht keine Gehilfenstrafbarkeit von Bankmitarbeitern zur Steuerhinterziehung von Kunden der Bank. Überspitzt formuliert: Allein noch der bei der Ausfüllung von Formularen behilfliche Steuerberater oder Rechtsanwalt könnte sich strafbar machen. Derjenige aber, der „nur" steuerpflichtige Geldtransfers ins Ausland tätigt, in anonymer und verschleiernder Weise, würde dann noch ein Lob dafür ausgesprochen bekommen, da er dem Staat einen Kapitalertragsteueranspruch verschafft, obwohl er in vielen Fällen positiv weiß, dass die auf den Kapitalertrag zu entrichtende Steuer nach dem Tatplan des Haupttäters in Zukunft verkürzt werden soll, der Anspruch also nicht oder nicht vollständig erfüllt wird. Dies wäre mit den allgemeinen

312 Vgl. nur: Klein- *Gast de Haan*, AO, 6. Aufl., 1998, § 370, S. 1549 mit Hinweis auf die Rechtsprechung: BGH wistra 86, 26; BGH HFR 1993, 333. Im Übrigen: *Kühn / Hofmann*, AO (FGO), 17. Auflage, 1995, § 370 AO, S. 856 (z.B.: Vornahme falscher Buchungen im Vorbereitungsstadium).

Grundsätzen der Beihilfestrafbarkeit, welche die Unterstützung des „Gehilfen" bei *Vorbereitungshandlungen* (aus Sicht des Haupttäters) in objektiver Hinsicht genügen lässt, und mit den Besonderheiten des Steuerstrafrechts (hier wird der Gehilfe praktisch *immer* bei Banktätigkeiten weit im Vorfeld der Abgabe der Steuererklärung des Kunden tätig) nicht vereinbar. Im Übrigen erschwert der Bankmitarbeiter, der *in Kenntnis* nachfolgender Steuerhinterziehung handelt und diese einfach negiert, sehr wohl die *Durchsetzung* des staatlichen Steueranspruches; gerade bei den Dispositionen über das verfügte Geld nach dem anonymen Transfer mit Hilfe der Barschecks (dazu im Teil 1 unter I.) zeigt sich die Erschwerung der Durchsetzung der fiskalischen Ansprüche mehr als deutlich. Die Handlungen erfolgen zudem zeitlich vor der Abgabe der Steuererklärung, folglich *vor der Haupttat* des Kunden in deren Vorbereitungsstadium.

Der Bankangestellte schafft dabei ein *rechtlich relevantes Risiko* durch seine Tatbeiträge.[313] Durch die Installierung des Sammelkontos der Auslandsbank bei der eigenen Bank, den Geldtransfer nach eingehender Beratung auf selbiges Konto sowie drittens der Dispositionen über das Geld nach der ersten Verfügung unter einer bloßen Referenznummer, trotz Bekanntheit des Kundennamens, wird das für die *Durchsetzung des staatlichen Steueranspruchs relevante Risiko* auf Grund der minimalen Datenspuren, die dabei hinterlassen werden, auch für den Bankmitarbeiter erkennbar. Die Frage ist dann vielmehr wieder die hier zur Diskussion gestellte, wie konkret der Bankangestellte im Hinblick auf das *intellektuelle* Vorsatzelement wissen muss, dass der Bankkunde in Zukunft Steuern verkürzen will. Schließlich bleibt also nach alledem festzuhalten, dass der am steuerstrafrechtlichen Schutzgut orientierten Auslegung des objektiven Beihilfetatbestands nicht gefolgt werden kann.

Zu erörtern ist aber, wie die objektiven Lösungsmodelle mit vorhandenen *subjektiverenden* Gedanken zu einer sinnvollen Lösung der Beihilfeproblematik im Kreditwesen gelangen und ob diese Zurechnungskorrektive für den hier zu erörternden Ausgangsfall überzeugende Kriterien finden.

II. Objektive Lösungsmodelle mit subjektivierender Tendenz

Im Folgenden soll nun auf die Lösungsansätze im Schrifttum eingegangen werden, die die Problematik der Beihilfe zur Steuerhinterziehung weiterhin auf objektiver Tatbestandsebene mit einem *subjektivierenden Element* lösen wollen, aber noch nicht *nur* auf eine subjektive Zurechnung abstellen, oder wie der nun

313 Es ist eben nicht nur ein *einziger* Tatbeitrag des Bankmitarbeiters wie in den klassischen Lehrbuchfällen zum Steuerstrafrecht und zum Allgemeinen Teil des StGB.

als erstes zu besprechende Ansatz, der objektive und subjektive Elemente bei berufsbedingter Tätigkeit zu kombinieren und in Beziehung zueinander zu setzen versucht.

1. Gemischt objektiv-subjektive Theorie

a) Grundaussagen

Die *objektiv-subjektive Theorie*[314] möchte durch die Berücksichtigung von objektiven und subjektiven Elementen eine überzeugende Lösung finden. Erst die Kombination des objektiven Geschehens mit der subjektiven Zwecksetzung des potentiellen Gehilfen führe zu einer ausgewogenen Lösung der Beihilfestrafbarkeit im Ausgangsfall. *Tag*[315] kommt dabei zu der These, dass weder allein die innere Einstellung (also das *subjektive Element* der Beihilfe) noch ausschließlich das objektive Verhalten des Beteiligten für die Beurteilung der Dienstleistung des Bankmitarbeiters in strafrechtlicher Hinsicht maßgebend sein kann. Um der Mannigfaltigkeit von „neutralem" Beihilfeverhalten gerecht zu werden und damit die Frage nach deren Strafbarkeit beantworten zu können, sei dessen strafrechtliche Relevanz durch die objektiv–subjektive Betrachtungsweise zu bestimmen.[316] Auf Grund der „Janusköpfigkeit" der Unterstützungshandlung sei ihre soziale und strafrechtliche Sinnhaftigkeit nicht von den Vorstellungen des Beteiligten isoliert festzustellen. Bei der Abschichtung neutraler strafloser Unterstützungshandlungen von strafbarer Beihilfe muss nach diesem Standpunkt berücksichtigt werden, dass die Anforderungen an den Rechtsgüterschutz nicht überspannt werden. Zum einen zeigt die Praxis das breite Spektrum der möglichen neutralen Unterstützungshandlungen, wobei es auch um gravierende Schädigungen gehe, was gerade auch auf die Steuerhinterziehung in Milliardenhöhe zutrifft. In diesem Fall bestehe die Gefahr, jemanden für ein späteres Delikt auch dann verantwortlich zu machen, wenn zweifelhaft ist, ob er sich bei ex-ante-Betrachtung tatsächlich pflichtwidrig verhalten hat.[317] Hinzu kommt nach dieser Auffassung, dass die dogmatischen Instrumentarien zur Pflichtenbestimmung erhebliche Wertungsspielräume offen ließen, die nicht ohne Berücksichtigung des Einzelfalls konkretisiert werden könnten. Auch sei nach diesem Standpunkt zu bedenken, dass neutrale Dienstleistungen anderweitig leicht zu erhalten seien. Eine strikte Untersagung dieser Dienstleistungen würde aber dem Rechtsgüterschutz keinen Vorteil

---

314 So: *Tag*, „Beihilfe durch neutrales Verhalten", in: JR 1997, 49 ff., 54 ff. .
315 Vgl. *Tag*, „Beihilfe durch neutrales Verhalten", in: JR 1997, 49 ff., (54).
316 Vgl. *Tag*, „Beihilfe durch neutrales Verhalten", in: JR 1997, 49 ff. (54).
317 Vgl. *Prittwitz*, Strafrecht und Risiko, 1993, S. 107 ff., 360 ff.

bringen, wohl aber den die Dienstleistung Erbringenden erheblich belasten. Im Zentrum stehe allein die „janusköpfige" Unterstützungshandlung, die ihren neutralen Charakter durch entsprechende Widmung verliere und damit als „gekorene"[318] zu einer strafbaren Handlung werde. Nach der gemischt objektiv-subjektiven Lehre ist diese Widmung weder rein subjektiv, noch rein objektiv zu bestimmen. Die alleinige Hervorhebung des Subjektiven genüge nicht, weil nur das Wissen um die mögliche Ausnutzung einer Teilnahmehandlung noch keine Gefährlichkeit verleihe und die objektiv nicht erkennbare und nur vage Bedrohung des Rechtsfriedens nicht die strafrechtlich sanktionierte Beschränkung der Handlungsfreiheit des „Gehilfen" rechtfertige. Die rein objektive Bestimmung genüge ebenfalls nicht[319], weil die soziale Bedeutung eines Verhaltens ohne Berücksichtigung des Willensinhalts des Handelnden nicht beurteilt werden könne. Das Zusammenleben in unserer Gesellschaft werde durch die Kollision von unterschiedlichen Handlungen und damit verbundenen Verantwortungsbereichen geprägt, in welchem das Prinzip der Eigenverantwortung gelte.[320] Das Vertrauen darauf, dass sich jeder der Verhandlungspartner im Geschäftsleben im Rahmen seines Verantwortungsbereichs bewegt und seinen durch das geschriebene und ungeschriebene Recht festgelegten Handlungsrahmen nicht verlasse, sei nicht geschützt, wenn der andere erkennbar die durch den Straftatenkatalog des § 138 I StGB geschützten Rechtsgüter verletze oder er hinsichtlich des geschützten Rechtsguts Garant sei.[321] Übertragen auf den Ausgangssachverhalt bedeutet dies, dass nach den Kriterien der objektiv-subjektiven Betrachtungsweise zunächst schon durch das Kontensystem der Bank der Geldtransfer eine entsprechende *objektiv* strafrechtliche Widmung erhält. Dies allein genügt nach dieser Lehre aber nicht, um eine Strafbarkeit wegen Gehilfenschaft zu begründen. Geprüft werden muss danach weiterhin der „Willensinhalt" des Beraters, der aber im Regelfall nicht auf einen Unterstützungswillen schließen lässt, da oftmals auf die bestehende Steuerpflicht der ausländischen Kapitaleinkünfte von der Bank hingewiesen wurde. Hier stellt sich für das Steuerstrafrecht wieder die *Kernfrage*, nämlich die Frage der Dominanz des voluntativen oder des kognitiven Vorsatzelements beim Gehilfenvorsatz. Diese wird nach den Kriterien von *Tag* aber über die Willenskomponente des Vorsatzes beantwortet.

---

318 Vgl. *Tag*, „Beihilfe durch neutrales Verhalten", in: JR 1997, 49 ff. (55), mit Beispielssachverhalten auf S. 49 des Beitrags.

319 So *Tag*, „Beihilfe durch neutrales Verhalten", in: JR 1997, 49 ff. (55).

320 Zur Geltung dieses Prinzips bei der Beihilfestrafbarkeit u.a.: *Kindhäuser*, AT, 2000, S. 350.

321 So zusammenfassend: *Tag*, „Beihilfe durch neutrales Verhalten", in: JR 1997, 49 ff., (57).

b) Kritik an der gemischt objektiv-subjektiven Theorie

Der an sich richtige Ausgangspunkt dieser Theorie, dass im geltenden materiellen Strafrecht und auch im Steuerstrafrecht immer aus der Gesamtschau von objektiven und subjektiven Tatumständen die Tatbestandsmässigkeit eines Verhaltens zu bestimmen ist[322], soll keinesfalls in Frage gestellt werden. Nur bringt dieser Lösungsansatz für den konkreten Ausgangsfall *keine Feindifferenzierung* auf subjektiver Ebene, und der objektive Tatbestand wird ja, wenigstens hier im Kreditwesen, weitgehend unter den weiten abstrakten Begriff der „Hilfeleistung" subsumiert werden können. Die Hilfeleistungen sind[323], entsprechend zuordenbar. Des weiteren wird der objektive Tatbestand zudem auch bei der hier für das Steuerstrafrecht vorgeschlagenen Lehre von der *subjektiven Zurechnung* in jedem Falle geprüft, und zwar *vorab*. Dann relativiert sich aber jegliche Kritik an der hier vorgeschlagenen Dominanz des intellektuellen Vorsatzelements (Wissen) im Steuerstrafrecht durch Rekurrieren auf die „Beweisproblematik" im Steuerstrafrecht oder „vermeintliches Gesinnungsstrafrecht". Allein im subjektiven Tatbestand, bei der entscheidenden Frage, was der Bankmitarbeiter konkret wissen muss und wie *konkret* sein Vorsatz im Hinblick auf das *intellektuelle Element* sein muss, lassen sich trotz der etwaigen Beweisschwierigkeiten, die aber im subjektiven Tatbestand immer auftreten und letztlich eine *Wertungsfrage* beinhalten, die maßgebenden Entscheidungen treffen, jedenfalls im Steuerstrafrecht. Dies gilt gerade vor dem Hintergrund der nach der AO möglichen Selbstanzeige des Gehilfen,[324] die doch nur bei entsprechendem *sicherem Wissen* um die Haupttat auf Grund von *hinreichenden Indizien* möglich sein wird. Dies gilt auch, wenn in der Praxis wegen der fiskalischen Zwecke des § 371 AO (alle of-

322 Siehe zu dieser grundlegenden Entscheidung des Gesetzgebers nur: Tröndle / Fischer- *Tröndle*, 49. Auflage, Vor § 13 Rn.9.

323 Vgl. dazu: F.A.Z. vom 17. Juni 1999, S.21, „Gesprächsnotizen stützten Verdacht gegen Deutsche- Bank-Manager" – zu den objektiven Anknüpfungstatsachen. Gesprächsnotizen und konkrete Protokolle, Buchungsaufzeichnungen, Kundenaussagen, Zuordnung von Kontoreferenznummern zum Kunden gehören ebenfalls hierzu.

324 Und in der Praxis sehr häufig vorkommend: vgl. nur die Presseberichte in: F.A.Z. vom 11.8.1999, „Erfolgreiche Steuerfahnder": Hier wird von 13.100 Selbstanzeigen allein in Baden-Württemberg ausgegangen. Vgl. im übrigen: F.A.Z. vom 22.6.1999, „Selbstanzeige bei der Commerzbank" und Stuttgarter Zeitung vom 22.6.1999, „Bankmitarbeiter zeigen sich selbst an": Hier ist von immerhin 100 Selbstanzeigen von Bankmitarbeitern der Deutschen Bank die Rede; vgl. ebenso: Handelsblatt vom 17.6.1999 / Nr. 114: „Ermittlungen gegen Deutsche Bank": 100 Selbstanzeigen von Bankmitarbeitern. Vgl. im übrigen: Die Welt vom 17.6.1999: „Staatsanwaltschaft ermittelt gegen Führung der Deutschen Bank" – Verdacht auf Beihilfe zur Steuerhinterziehung.

fenen Steuerquellen zu erfassen) in Anbetracht der noch zu ermittelnden Kunden oft weniger subjektiv verlangt werden sollte.[325]

Im Übrigen liegt im Ausgangsfall *kein typisches „neutrales Verhalten*" vor, wenn zur Beratungsdienstleistung anonyme Geldtransfers und nachträgliche Dispositionen über die transferierten Gelder bei Tochterbanken hinzukommen[326] sowie ein „Kontensystem" bereitgestellt wird. Dies setzt aber die gemischt objektiv-subjektive Theorie zwingend für eine tatbestandliche Restriktionsmöglichkeit „als Ausgangspunkt" für deren Anwendbarkeit im konkreten Einzelfall voraus.[327] Damit kann der gemischte Ansatz in den „Luxemburg-Fällen" schon gar nicht *zur Anwendung* kommen. Ferner ist entgegen der Prämisse von *Tag*[328] sehr wohl zu konstatieren, dass das *Wissen* um die potientielle Ausnutzung einer Handlung zu deliktischen Zwecken der Unterstützungshandlung eine Gefährlichkeit verleiht und erheblich den Rechtsfrieden gefährden kann. *Wie hoch* die Gefährlichkeit oder das relevante Risiko sein muss, ist im Wirtschaftsstrafrecht aber die entscheidende Frage. Auch der BGH[329] scheint diese Kernfrage erkannt zu haben. Er hat in einer neueren Entscheidung geurteilt, dass bei fehlender Kenntnis von der Verwendung des eigenen Beitrags durch Dritte der beratenden Rechtsanwalt „regelmäßig nicht wegen Beihilfe zu bestrafen sei, es sei denn, das von ihm erkannte *Risiko einer Straftat* des von ihm Unterstützten war *„derartig hoch, dass er mit seiner Hilfeleistung die Förderung eines erkennbar Tatgeneigten angelegen sein ließ."* Dass für die Beihilfestrafbarkeit des Bankmitarbeiters immer der objektive und der subjektive Tatbestand erfüllt sein müssen, um die Strafbarkeit im Steuerstrafrecht zu begründen, sollte eine Selbstverständlichkeit sein[330]. Es fördert die Problematik der Bankdienstleistungen nicht wesentlich weiter, mag die Berücksichtigung des Eigenverantwortlichkeitsprinzips auch ein guter Gedanke sein, auf den an anderer Stelle im richtigen rechtlichen Zusammenhang noch eingegangen wird: bei der Vorsatzfrage.[331] Nicht zu überzeugen vermag auch das Argument von *Tag*, die Dienstleistungen seinen überall erhältlich, weshalb die Ablehnung eines Kundenauftrags bei Abwägung mit dem Rechtsgüterschutz unverhältnismäßig wäre. Dies ist wieder ein Rekurrieren auf *hypothetische* Kausalverläufe, die bei der Beihilfestrafbarkeit, die gerade als Ausnahme vom Regressverbot konzipiert wurde, nicht zulässig ist.

---

325 Vgl. dazu: *Spatscheck*, „Bankenfälle", in: DB 2000, S. 492 ff. (494).
326 Siehe dazu die Erörterung im 1. Teil der Arbeit und jetzt BGHSt 46, 107 ff.
327 Vgl. *Tag*, in: JR 1997, S.55 (l. Spalte). Ebenso: *Kudlich*, in: JZ 2000, 1178-1180.
328 Vgl. *Tag*, in: JR 1997, S.49 ff., S. 55.
329 Vgl. BGH, 5 StR 729/ 98, in: *wistra* 1999, 459 ff. (459) und jetzt BGHSt 46, 107 ff.
330 Siehe hierzu noch einmal: Tröndle / Fischer- *Tröndle*, Vor § 13 Rn.9.
331 Siehe unter 2. Teil B. I.

2. Theorie vom „deliktischen Sinnbezug"

Ein weiterer noch zu den objektiven Lösungsansätzen zählender Ansatz, auf den das gemischt objektiv-subjektive Lösungsmodell von *Tag* rekurriert, soll im Folgenden erörtert werden. Dieser Ansatz enthält auch schon ein *subjektivierendes* Element.

a) Der „Sinnbezug" des Handelns als Lösungsansatz im Sinne Roxins

Argumentativ schon sehr nahe an die Befürwortung eines konkreten Tatförderungswillens kommt *Roxin* in seinem Beitrag „Was ist Beihilfe?"[332]. Zur Abgrenzung unterscheidet er zunächst zwischen Deliktsbeiträgen mit dolus directus und solchen mit dolus eventualis. *Kenne* der Beitragende den Deliktsentschluss des Täters, so liege eine strafbare Beihilfe vor, sofern der Beitrag einen eindeutigen „deliktischen Sinnbezug" habe.[333] Ihm folgend fordert *Wohlleben* in seiner auf alle „neutralen" Handlungen bezogenen Erörterung[334], dass im Falle des Eventualvorsatzes des Bankmitarbeiters hinsichtlich einer künftigen Straftat zusätzlich noch die Tatgeneigtheit des Haupttäters (Bankkunden) bei Banktätigkeiten als *erkannt* hinzu kommen muss, um die Beihilfestrafbarkeit zu begründen. Diese Kriterium der erkennbaren Tatgeneigtheit wird auch vom BGH in BGHSt 46, 107 ff. aufgegriffen.

Ein Taxifahrer leiste beispielsweise einen Gehilfenbeitrag, wenn er in Kenntnis des Tatplans den Täter zum Tatort fährt, da diese Fahrt ohne den deliktischen Zweck für den Täter sinnlos wäre. Hingegen bleibt nach der Ansicht *Roxins* die Beauftragung eines Handwerkers, der die Steuern, die auf seinen Werkunternehmerlohn zu entrichten sind, hinterzieht, unabhängig von dem Steuerdelikt sinnvoll und nützlich. Daher liege in einem solchen Fall kein deliktischer Sinnbezug vor.[335] Mangels Rechtsgutsangriffes sei ein solches Verhalten straflos. Rechne der Beitragende nur mit einem deliktischen Verhalten des Täters, handelt er also mit *dolus eventualis*, so sei der Vertrauensgrundsatz für die Abgrenzung strafbarer Beihilfe von straflosem Verhalten heranzuziehen.[336] Nach diesem Grundsatz dürfe jederman darauf vertrauen, dass andere keine vorsätzlichen Straftaten begehen.

---

332 *Roxin*, „Was ist Beihilfe?" in: Miyazawa-FS, S. 501 ff.

333 *Roxin*, in: Miyazawa-FS, S.513.

334 *Wohlleben*, Beihilfe durch äußerlich neutrale Handlungen, S. 175 (Fall 26); BGHSt 46, 107 ff. greift diesen Ansatz nun für das Steuerstrafrecht auf.

335 *Roxin*, in: Miyazawa-FS, aaO.

336 *Roxin*, in: Miyazawa-FS, aaO.

Lediglich bei (regelmäßig nicht vorliegenden) konkreten Anhaltspunkten, die über ein verdächtiges Aussehen des Täters hinausgehen müssen, könne daher ein strafbarer Gehilfenbeitrag angenommen werden. So könne etwa der Verkäufer von Waffen, der mit ihrem Einsatz bei einer gerade stattfindenden Straßenschlacht rechne, wegen Beihilfe zur Körperverletzung verantwortlich gemacht werden.

b) Übertragung auf das Steuerstrafrecht: Mögliche Straflosigkeit bei dolus eventualis

Macht man sich die Ausführungen *Roxins* für die Begrenzung der Strafbarkeit von Bankangestellten auf objektiver Tatbestandsebene zunutze, so kommt ein strafloser Beitrag des Mitarbeiters auch dann in Betracht, wenn er etwa bei der Anlage von Bargeld den Entschluss des Kunden *kennt*, die Erträge hieraus künftig nicht zu versteuern. Ein derartiges Verhalten des Bankmitarbeiters hat keinen „eindeutigen" deliktischen Sinnbezug, da die Einzahlung auf ein Konto unter dem Gesichtspunkt der Erzielung von Zinsgewinnen und Liquiditätsvorteilen[337] ein wirtschaftlich sinnvolles und nützliches Geschäftsgebaren darstellt. Ebenso verhält es sich mit den sonstigen Bankgeschäften. Auch die Vornahme von Überweisungen oder An- und Verkauf von Wertpapieren ist für den Kunden unabhängig von seinem Deliktsentschluß gewinnbringend und dienlich. Im Kreditgewerbe wird sich kaum ein Geschäftsvorgang finden lassen, der nicht einen „legalen", sondern einen „deliktischen" Sinnbezug aufweist. Die Eingrenzung strafbaren Verhaltens vermöge der oben beschriebenen Überlegungen führt daher selbst bei Kenntnis der Kundenpläne zu einer Straflosigkeit des Bankmitarbeiters.

Gleichermaßen bleibt der Bankangestellte bei der Anwendung der obigen Gedanken in den Fällen frei von Strafe, in denen er mit *dolus eventualis* handelt. Insoweit tendiert auch *Roxin* zu einer subjektiven Zurechnung im Sinne einer subjektiven Tatbestandrestriktion bei den Vorsatz*arten.* Lässt der Kunde seinen deliktischen Willen nicht erkennen, so ist das Verhalten des Mitarbeiters auf Grund seines Vertrauens in das rechtmäßige Auftreten des Kunden aber straflos. Gerade im Bereich der Steuerhinterziehung werden sich konkrete Anhaltspunkte für die Absicht des Kunden nicht oder nicht immer erkennen lassen (vgl. zu den Motiven der Kunden Teil 1 I. dieser Arbeit). Möglich ist auch immer, daß der

337 Siehe zum Liquiditätsvorteil den Teil 1 I. und II. dieser Arbeit. Der Zinsabschlag wird nämlich im Ausland nicht sofort wie in der BRD abgeführt. Die Besteuerung der Zinseinkünfte erfolgt dann erst nach Abgabe der Steuererklärung durch die Steuerfestsetzung des Finanzamts.

Kunde von der bei der Geldanlage oder dem Geldtransfer gefassten Entschluss zur zukünftigen Steuerhinterziehung bei Fertigung und Abgabe der Steuererklärung wieder abrückt.

c) Kritik an der Lehre vom deliktischen Sinnbezug

Die Begrenzung der Strafbarkeit von Bankbediensteten wegen Beihilfe zur Steuerhinterziehung vermöge des Gedankens rechtlich missbilligter kausaler Risikosteigerung kann im Ergebnis nicht überzeugen. Die weitgehende Straflosigkeit kann mit dem Sinn und Zweck des Beihilfetatbestandes nicht in Einklang gebracht werden. Bankangestellte, die den Deliktsplan des Kunden kennen, erleichtern oft sogar den Weg zur Steuerhinterziehung. Zur effektiven Bekämpfung der Organisierten Kriminalität im Zusammenhang mit dem Bereitstellen eines detallierten europaweiten *Bankennetzes* („System")[338] kann eine derart weitreichende Straflosigkeit der Verhaltensweisen von Bankmitarbeitern keinen konstruktiven Beitrag leisten. Die schon gewinnbringende Abgrenzung zwischen Beiträgen mit *deliktischem Sinnbezug* und Beiträgen mit legalem Sinnbezug ist im Rahmen der Konkretisierung strafbarer Beihilfehandlungen sinnvoll. Allerdings kann jede einzelne Handlung im Kreditwesen einen *deliktischen* Sinnbezug haben, wenn der Haupttäter entsprechend handelt. Entscheidend ist: Der in der Abgabenordnung konkret ausgestaltete Tatbestand der Steuerhinterziehung mit seinen vielfältigen Vorbereitungsstadien ist mit der allgemein auf sämtliche Delikte des Besonderen Teil des Strafgesetzbuches und deren Vorbereitungsstadien anwendbaren Vorschrift der Beihilfe zum größten Teil nicht vergleichbar. Denn schon *jede einzelne* Geldtransferleistung, die typischerweise und charakteristischerweise im Steuerstrafrecht im Vorbereitungsstadium der Haupttat geleistet wird, kann vom Grundsatz her – bei entsprechendem Vorsatz – zur Strafbarkeit wegen Beihilfe zur Steuerhinterziehung führen, während viele Straftatbestände des Besonderen Teils des StGB mehrere Tatbestandsmerkmale voraussetzen, auf die sich dann der Gehilfenvorsatz unter Erkenntnis der „wesentlichen Unrechtsdimension" der Haupttat beziehen muß. Im Besonderen Teil des StGB ist der Gehilfe bei der Tatbegehung zwar nicht immer, aber oft dabei, während es für das Steuerstrafrecht gerade *typisch* ist, dass der Bankberater bei der Abgabe der Einkommenssteuererklärung *nicht* dabei ist und die zukünftige Entwicklung für ihn praktisch umso undurchschaubarer wird, je weiter der Tatbeteiligtenbeitrag und die akzessorische Haupttat zeitlich auseinanderliegen. In den Fällen der Beihilfe, in denen der „Gehilfe" nicht am Tatort dabei ist, ist das Beihilfeproblem

338 Vgl. dazu: BVerfG vom 23.3. 1994 , *wistra* 1994, 221, 222.

ein *reines Vorsatzproblem* trotz objektivem Tatbeitrag mit der offenen Wertungsfrage der Gewichtung von voluntativer und intellektueller Vorsatzkomponente.

Der Tatbestand des § 27 StGB bekommt im Übrigen erst durch die Anknüpfung an bestimmte Unrechtstatbestände Konturen und darf nicht in blinder „Formalität“ (§ 369 II AO) auf das Steuerstrafrecht übertragen werden. Dies ist hier zu berücksichtigen. Die Begrenzung von Alltagshandlungen bei Delikten des StGB unter dem Gesichtspunkt der Beihilfe kann somit auf die Einschränkung von „typischen“ Banktätigkeiten im Steuerstrafrecht (Nebenstrafrecht) *nicht* übertragen werden. Gegen den Ansatz von *Wohlleben* spricht, dass im Falle des Eventualvorsatzes („ernstliches Fürmöglichhalten“ einer Steuerstraftat) keine von ihm zusätzlich geforderte „erkannte Tatgeneigtheit“ erforderlich ist und bei „*erkannter* Tatgeneigtheit“ abstraktes sicheres Wissen um die zukünftige Steuerstraftat, welches auf Grund der langen Zeitspanne zwischen Tatbeitrag im Vorbereitungsstadium und Haupttatsbegehung nie ohne gewisse Unsicherheiten sein kann, meist schon gegeben ist,[339] so dass die Forderung nach sicherer Voraussicht um die notwendigen Auswirkungen des eigenen Tuns bei Ausschluss des bedingten Vorsatzes der Rechtssicherheit – zumindest im Steuerstrafrecht – weit mehr dienen wird. Letztlich ist erkennbare Tatgeneigtheit als Zurechnungskriterium dem Fahrlässigkeitsbereich zuzuordnen. Die Beihilfe ist aber Vorsatzdelikt.

3. Manifestation des Tatförderungswillens

a) Die Subjektivierungstendenz im Schrifttum

Fast in die gleiche Richtung wie der hier vertretene Lösungsvorschlag, die Ausgangsproblematik auf *subjektiver* Tatbestandsebene zu lösen, zielt *Küpper*[340] im Rahmen seiner Untersuchung, ob „alltägliche“ Verhaltensweisen dem Strafbereich des § 258 StGB unterfallen. Ihm zufolge laufen die in der Literatur vorgeschlagenen Begrenzungsversuche allesamt auf ein *subjektivierendes* Element hinaus. Dieses Element dürfe allerdings – um den Vorwurf bloßen Gesinnungsstrafrechts zu entgehen – nicht alleiniges, sondern müsse zusätzliches Kriterium sein, das der äußerlichen Handlung ihre sinngebende Richtung zuweise. Das strafbare Verhalten gewinne seine Konturen durch den Willensinhalt.[341] Legt man demnach das objektive Tatbestandsmerkmal des „Hilfeleistens“ als „zum Erfolg führende Objektivierung des Tatförderungswillens bzw. Vollendungswillens“ aus, so

---

339 Zustimmend: *Geppert*, „Die Beihilfe“ in: JURA 1999, S. 266 ff, (273).
340 *Küpper*, „Strafvereitelung und „sozialadäquate“ Handlungen“, in: GA 1987, 385 ff.
341 *Küpper*, „Strafvereitelung und „sozialadäquate“ Handlungen“, in: GA 1987, 385 ff., S. 398.

wäre dies zumindest eine geeignete Tatbestandsrestriktion des § 27 I StGB bei der Beihilfestrafbarkeit zur Steuerhinterziehung. Dabei ist man methodisch immer noch im Bereich der objektiven Tatbestandsmäßigkeit des Verhaltens.

Die Gedankengänge *Küppers* könnten einen geeigneten Ansatz zur Beschränkung der zu weit reichenden Tatbestandsmäßigkeit von Verhaltensweisen der Bankangestellten hinsichtlich der Beihilfe zur Steuerhinterziehung sein. Zur Strafbarkeit des Bankbediensteten gelangt man auf diese Weise nur in solchen Fällen, in denen sich einem mit Tatumständen vertrauten Beobachter der deliktische Wille des handelnden Angestellten *aufdrängte*, was die Rechtsprechung[342] im Rahmen der Überprüfung der Verfassungsmäßigkeit einer Durchsuchungsanordnung (Artt. 12, 13, 20 GG) bei einer Bank nach §§ 102, 105, 108 StPO bei anonymisierten Geldtransferleistungen nach Luxemburg bedenkenlos für die Annahme eines „Anfangsverdachts für die Beihilfestrafbarkeit von Bankberatern"[343] genau so *wertete*[344].

b) Kritik an der Forderung nach einer Manifestation des Tatförderungswillens

Bei den „berufstypischen" Verhaltensweisen wird sich ein solcher Wille, der zur Strafbarkeit aber erforderlich ist, jedenfalls *in objektiver Weise* regelmäßig nicht manifestieren. Eine Geldtransferdienstleistung als äußerlich neutrale Handlung lässt nicht ohne weiteres auf einen deliktischen Willen des Bediensteten schließen, der Kunde solle die deutsche Kapitalertragssteuer nicht abführen.

In dogmatischer Hinsicht kann dem gemischt subjektiv-objektiven Ansatz des Manifestationsgedanken entgegengehalten werden, dass die maßgebende Abgrenzung von tatbestandlichen und tatbestandlosen Handlungen zwar grundsätzlich im objektiven Tatbestand erfolgt; das subjektive Zweckkriterium hat bei vielen Delikten lediglich eine „Akklamationsfunktion"[345]. Andererseits wird bei Anwendung dieser Gedanken die Ausarbeitung jener objektiven Substrate zu wenig berücksichtigt, denen die Erfüllung oder Nichterfüllung des subjektiven Tatbestandes zuzuordnen ist.[346]

Darüber hinaus spricht ein weiterer Aspekt gegen die Anwendung des „Manifestationsgedankens" auf die Beihilfestrafbarkeit im Steuerstrafrecht. Die in Lite-

342 BVerfG, Beschluß vom 23.3.1994 – 2 BvR 396 / 94 (2. Kammer); veröffentlicht in: StV 1994, 353 und *wistra* 1994, 221, (222, linke Spalte).

343 Nochmals betont: es geht um *beratende* Tätigkeit!

344 Ebenso kommt *Pütz* in seinem Beitrag „ Zum Zugriff der Strafverfolgungsbehörden auf CpD- Konten", ZIP 1990, 703, 704 (III.), 705 oben (IV.) zu der persönlichen Wertung, daß sich das kriminelle Verhalten des Kunden „aufdränge".

345 *Frisch*, Tatbestandsmäßiges Verhalten, S. 285, Fn. 189.

346 Ebenda.

ratur und Rechtsprechung fast einhellig geforderte Manifestation des Zueignungswillens in § 246 StGB beruht auf der im Unterschlagungstatbestand fehlenden Beschreibung der Tathandlung, an die eine Prüfung des Zueignungsvorsatzes anzuknüpfen hätte.[347] Um reines Gesinnungsstrafrecht zu vermeiden, muß bei § 246 I StGB eine äußere Handlung – nach herrschender Auffassung ein sogenannter „manifestierter Zueignungsakt" – hinzutreten, die einem *objektiven* Beobachter die Anmaßung einer eigentümerähnlichen Stellung erkennbar macht.[348] Bei der Beihilfe zur Steuerhinterziehung besteht eine vergleichbare Schwierigkeit hinsichtlich des Gehalts der Tathandlung nicht. Maßgebend ist: Jede einzelne beliebige Transferleistung kann als positives Tun als Hilfeleistung im Vorbereitungsstadium genügen, welche die Haupttat im Sinne des § 27 StGB erleichtert oder fördert. Der objektive Tatbestand ist an Hand von Bankunterlagen und geständiger Bankkunden zudem auch oft nachweisbar. Einer Eingrenzung der Tathandlung schon auf objektiver Tatbestandsebene mit Hilfe des Manifestationsgedankens bedarf es somit nicht.

4. Die Lehre von der Pflichtwidrigkeit

a) Ausgangspunkt der Überlegungen

Argumentativ zielt die Lehre von der Pflichtwidrigkeit in eine ähnliche Richtung wie die hier befürwortete *subjektive* Zurechnung bei direktem Beihilfevorsatz[349] bei der Erörterung des Beihilfeunrechts. Allerdings versucht diese Meinung immer noch, das Problem der Zurechnung auf *objektiver* Tatbestandsebene zu lösen. Maßgebend sei das Kriterium der *Pflichtwidrigkeit* des Bankmitarbeiters, die nähere Konkretisierung dieses Kriteriums bereite allerdings Schwierigkeiten. Für den Bereich der Kundenberatung, in welcher der Pflichtenkatalog meist eingehalten wird, und auch in den Fällen, wenn das fördernde Handeln im Einklang mit besonderen (Berufs-)Pflichten stehe[350], sei danach zu unterscheiden, ob für den Gehilfen sicher oder doch wenigstens sehr naheliegend ist, dass die Tat be-

---

347 *Löwe-Krahl*, „Steuerstrafrechtliche Risiken", S. 64.

348 LK- *Ruß*, § 246 Rn. 13.

349 *Ransiek*, „Pflichtwidrigkeit und Beihilfeunrecht", in: *wistra* 1997, S. 41 ff..

350 Deren Erfüllung bedeutet nicht automatisch den Ausschluß der Beihilfestrafbarkeit: Wer ein Pflanzenschutzmittel in Übereinstimmung mit der GefahrstoffVO ausgibt, aber *weiß*, dass es zu strafbaren Zwecken verwendet werden soll, kann nach wie vor Gehilfe sein. Die Pflichterfüllung begründet also keine Sperrwirkung. Immer noch den *objektiven* Tatbestand als Zentrum des Problems sehend: *Ransiek*, in: *Amelung* (Hrsg.), 2000, S. 96.

gangen werde oder ob das unklar ist.[351] Der Bankangestellte, der den Kunden über Anlagemöglichkeiten in Luxemburg berate und *Vermutungen* darüber nur anstelle, warum gerade die Anlage in Luxemburg gewünscht ist, sei nicht Teilnehmer an der nachfolgend begangenen Steuerhinterziehung, wenn der Kunde sein Geld aufgrund der Beratung dort tatsächlich angelegt habe. Die Pflichtwidrigkeit muss sich dieser Meinung zufolge auf eine Hilfeleistungshandlung *gegen* das geschützte Rechtsgut selbst (staatlicher Steueranspruch) stützen, um eine Beihilfestrafbarkeit objektiv begründen zu können.[352]

Es gehört nach dieser Ansicht gerade nicht zum *Pflichtenkreis* des Beraters, sich Gedanken über die beabsichtigte Verwendung von Beratungsgegenstand und Informationsvermittlung zu machen.[353] Eine Pflichtwidrigkeit liege dann vor, wenn sie sich – parallel zum unechten Unterlassungsdelikt – aus sonstigen schutzgutbezogenen Normen ergebe.[354] Das sei dann der Fall, wenn der die Tat Fördernde vor oder zur Zeit der Erbringung seines Tatbeitrages bestimmte Sorgfaltspflichten zu erfüllen habe, welche die Haupttat (Steuerstraftat) gerade unmöglich machen oder erschweren sollen. Besondere Bedeutung habe dies, wenn die Tatförderung in einem Unterlassen liege. Dann bedürfe es einer besonderen Pflicht zum Tätigwerden, um die Beihilfestrafbarkeit zu begründen.[355]

Soll für den Ausgangsfall die *anonyme* Durchführung der Geldtransfers von und nach Luxemburg die Pflichtwidrigkeit begründen, so bedarf es mithin eines besonderen Verbotes, das eine Anonymität untersage. Die Pflichtwidigkeit ist im Ausgangsfall nichts als *das Unterlassen*, die Namen der jeweiligen Auftraggeber festzuhalten.[356] Da die Banken nicht Garanten für die Erfüllung der Steuerpflichten ihrer Kunden sind, eine solche Pflicht auch nicht aus § 13 I StGB abgeleitet werden kann, bedarf es nach der Lehre von der Pflichtwidrigkeit einer spezifischen Pflicht zur Aufzeichnung. Ebenso wie beim Fahrlässigkeitsdelikt schieden dabei Pflichten aus, die einem anderen Schutzzweck dienten, wie etwa im Ausgangsfall eventuelle Verbote anonymer Geldtransfers nach der Außenwirtschaftsverordnung[357] oder dem Geldwäschegesetz.[358] Aufzeichnungspflichten

---

351 *Ransiek*, „Pflichtwidrigkeit und Beihilfeunrecht", in: *wistra* 1997, S. 44.

352 So: *Ransiek*, „Neutrale Beihilfe", in: Amelung (Hrsg.), S. 101.

353 Vgl. in diesem Zusammenhang auch die lesenswerte Entscheidung des Reichsgerichts: RGSt 62, 369, 391 ff. zur Prüfungspflicht eines Apothekers.

354 Vgl. *Ransiek*, „Pflichtwidrigkeit und Beihilfeunrecht", in: *wistra* 1997, S.43.

355 BGH *wistra* 1993, 59; LK- *Roxin*, § 27 Rn. 43; im übrigen: *Ransiek*, „Pflichtwidrigkeit und Beihilfeunrecht", in: *wistra* 1997, 41 ff., S.43.

356 Das gilt auch, wenn Phantasienamen („Dagobert Duck") und offenbar nicht den Auftraggeber kennzeichnende Namen („Theo Waigel") verwendet werden. Sie begründen keine über die Anonymität hinausgehende Tatförderung.

357 Vgl. zur AWV: Außenwirtschaftsverordnung in der Fassung vom 22.11.1993 (BGBl. I 1993, 2493; III 7400- 1-6), letzte ÄnderungsVO vom 7.5.1998.

nach diesen Normen haben jedenfalls nicht den Zweck, die Erfüllung steuerlicher Pflichten zu sichern[359], während eine vom Schutzzweck einschlägige Norm § 154 AO ist, die ein Verbot der Anonymität zur Sicherung der Erfüllung steuerlicher Pflichten anderer enthalten könnte.[360] § 154 AO verbiete aber gerade nicht den anonymen Geldtransfer. Demzufolge sei es nicht pflichtwidrig, wenn der Bankberater nicht darüber nachdenke oder nicht nach Anhaltspunkten für eine deliktische Nutzung suche. Dann müsse aber auch unschädlich sein, wenn er sich – obwohl überhaupt nicht gefordert – Gedanken macht. Die meisten Alltagsgeschäfte fallen nach dieser Argumentation aus der Beihilfestrafbarkeit heraus, da der die Tat Fördernde über die beabsichtigte Verwendung seines Beitrags nicht informiert ist.[361] Das Kriterium greife danach nicht nur für typische Alltagsgeschäfte wie den Verkauf von Gegenständen, sondern finde auf sämtliche Beihilfehandlungen Anwendung, bei denen keine besonderen Schutzpflichten verletzt werden.

Sei dies aber der Fall,[362] dann sei es berechtigt, den Fördernden trotz Unklarheit der Situation als strafbaren Gehilfen anzusehen, insbesondere wenn die Schutzpflicht dazu dient, Vermutungen zu klären: Wer ein Konto ohne Legitimationsprüfung nach § 154 II AO einrichtet, weil er vermutet, die Angaben des anderen seien ohnehin falsch, sei als Gehilfe verantwortlich. Denn die Legitimationsprüfung hätte gerade Sicherheit bringen können. Denkbar sei aber bei jeglichem tatfördernden Beitrag des Bankmitarbeiters, dass er nicht eine Tat begünstige, sondern legale und deshalb alltägliche Zwecke verfolge. Liege eine solche Doppeldeutigkeit vor, sei immer die naheliegende Möglichkeit der Straftatsbegehung Strafbarkeitsvoraussetzung. Falls keine Doppeldeutigkeit denkbar sei, läge ohnehin hinreichende Sicherheit vor. Dies alles stehe auch im Einklang mit der *Wertung* des § 138 StGB. Dort wird selbst bei schwersten Delikten (fast sämtlich Verbrechen) vorausgesetzt, dass der Anzeigepflichtige „glaubhaft“ von einer bestimmten Haupttat erfährt. Auch dies setze eine hinreichende Wahrscheinlichkeit der Tatbegehung voraus. Zweck des § 138 StGB ist nämlich nicht die Pönalisierung einer in der Nichtanzeige zutage tretenden gemeinschaftswidrigen Gesinnung, sondern die Verhütung verbrecherischer Erfolge.[363] Eine Anzeigepflicht

---

358 Vgl. *Ransiek*, „Pflichtwidrigkeit und Beihilfeunrecht“, in: *wistra* 1997, 41 ff., (43).

359 Ebensowenig § 39 Abs.2 ScheckG; siehe *Otto*, ZKredW 1994, 775, 780.

360 Auch *Carl / Klos*, in: *wistra* 1994, 211, 213 ziehen einen Verstoß gegen § 154 AO heran, um zu begründen, daß Verschleierungs- und somit Beihilfehandlungen vorlagen. Ebenso: *Otto*, Urteilsanmerkung zu BverfG, Beschluß vom 23.3.1994 – 2 BvR 396 / 94 (2. Kammer) in: StV 1994, 409, 410.

361 *Ransiek*, „Pflichtwidrigkeit und Beihilfeunrecht“, in: *wistra* 1997, 44.

362 *Ransiek*, „Pflichtwidrigkeit und Beihilfeunrecht“, in: *wistra* 1997,41, (44) mit Fn. 42.

363 Vgl. S / S-*Cramer*, § 138 Rn. 2.

besteht daher nur, wenn die Straftat tatsächlich geplant oder in Ausführung begriffen ist und die Tat überhaupt oder weiterer Schaden durch eine Anzeige möglicherweise verhindert werden kann (Möglichkeit der Erfolgsabwendung beim unechten Unterlassungsdelikt). Steht fest, dass auch durch Anzeige eine Verhütung der Tat nicht möglich gewesen wäre, so besteht keine Anzeigepflicht und es gibt folglich keine Strafbarkeit wegen Unterlassens.[364]

b) Übereinstimmung bei den Fällen „sicheren Wissens" und das Kriterium der „hinreichenden Sicherheit"

Weiterhin wird aber zugegeben, dass es auch Sachverhalte gäbe, die eine andere rechtliche Würdigung zuließen.[365] Insofern stützt dies die hier erörterte Ausgangshypothese.[366] Demnach ändere sich die Sach- und Rechtslage, wenn der „Fördernde (relativ) *sicher weiß*, dass sein Beitrag einer vorsätzlichen rechtswidrigen Straftat dienen soll."

Nunmehr wird aber die *eigene subjektive* Formulierung *selbst* im schroffen Gegensatz zum subjektiven Standpunkt eingeschränkt, indem weiter ausgeführt wird, es gehe vorliegend allein um den objektiven Beihilfetatbestand – die „Pflichtwidrigkeit", nicht aber um den Ausschluss der Beihilfestrafbarkeit bei bloßem dolus eventualis des Beraters, wie hier vertreten wird. Allerdings räumt *Ransiek*[367] dann wieder ein, dass im Falle *sicheren Wissens* des Fördernden um die Begehung der Haupttat „zwangsläufig" auch die objektive Situation eine andere sei als bei bloßen „Vermutungen" des Bankangestellten.[368] Jedenfalls müsse nach dieser Auffassung der Fördernde sein Wissen aus äußerlichen Gegebenheiten ableiten, da er sonst gar nichts wissen könne. Das könne einmal dadurch geschehen, dass bei der Leistung seines Beitrags an den Täter aus den Umständen (relativ) sicher erkennbar werde, wozu der Beitrag dienen werde. Zum anderen könne der Fördernde unabhängig von dieser Situation ein konkretes *„Sonderwissen"*[369] erlangt haben, aus dem sich die künftige Tatbegehung „ohne weiteres" erschließen lasse, beispielsweise bei Informationen durch einen Dritten (z.B.

---

364 Vgl. S / S-*Cramer*, § 138 Rn. 2.

365 *Ransiek*, „Pflichtwidrigkeit und Beihilfeunrecht", in: *wistra* 1997, 41 (44).

366 Vgl. dazu die Einleitung dieser Arbeit vor Teil 1.

367 *Ransiek*, „Pflichtwidrigkeit und Beihilfeunrecht", in: *wistra* 1997, 41 (44).

368 *Ransiek*, aaO u. den Standpunkt wiederholend in: Amelung (Hrsg.), 2000, S. 96, 104.

369 Vgl. zum *Sonderwissen* dazu auch: *Moos*, in: „Aktuelles zum Finanzstrafrecht, S. 85 ff., S. 98 unten. Siehe zum Begriff auch: Urteil des LG Wuppertal vom 19.5.1999, in: *wistra* 1999, 473 ff. (475, l. Spalte); *Wohlleben*, Beihilfe durch neutrale Handlungen, S. 164.

durch den Bankvorstand). Dass das *Sonderwissen* unter Umständen Unrecht begründen kann, gründet auf dem Gedanken, dass derjenige, der eine atypische Gefahr durch weitergehende Vorausschau voraussieht, ohne dabei einen Erfolgswillen zu haben, also *größere empirische Kenntnisse* von konkreten Gefahren hat als Dritte, eine *gesteigerte Verantwortlichkeit trägt.* Vorsicht entspringe der Vorhersicht beim Fahrlässigkeitsdelikt und müsse als quasi „wissensangepasster erweiterter Haftungsradius" nach Auffassung von *Moos*[370] erst recht für das Vorsatzdelikt gelten.

Allerdings sollen[371] auch diese Fälle wiederum im *objektiven* Tatbestand gelöst werden. Das äußere Geschehen sei in diesen genannten Fällen anders; es komme etwas hinzu, das die Interpretation *objektiv* als deliktisch ermögliche. Das sei wichtig, da gleichgültig wäre, ob der Kunde dem Bankangestellten selbst sagt, wozu dessen Beitrag dienen soll, oder ob er das von einem anderen (Dritten) glaubhaft erfährt. Deshalb ist nach diesem Standpunkt nicht die subjektive Einschätzung des Gehilfen von entscheidender Bedeutung, ob die Straftat begangen wird, sondern ob sich *objektiv* unter Berücksichtigung der Kenntnisse des Tatfördernden, also dem Bankmitarbeiter, die Straftatbegehung „*hinreichend sicher* ergibt". Sei dies der Fall, wäre der Pflichtenkreis des Fördernden grundsätzlich berührt. Allerdings ist diese Aussage aber sehr vage und im Hinblick auf die Schwierigkeit der Konkretisierung wegen des strafrechtlichen Bestimmtheitsgrundsatzes (§ 1 StGB) problematisch. Eine andere Frage ist dann aber, wann man von einer solchen Sicherheit ausgehen kann. Sicher erkennbar ist der Zusammenhang von Hilfeleistung und Haupttat vor allem dann, wenn der Täter den Fördernden in seine Pläne einweiht. Gleichzeitig könne sich aus dem allgemeinen Sinnzusammenhang eines Geschehens die Bedeutung des Gehilfenbeitrags sicher ergeben. Gerade hier zeigt der Ausgangsfall die Abgrenzungsschwierigkeiten. Zwar könne man bei Durchführung des Zahlungsverkehrs nach Luxemburg von hinreichender Sicherheit ausgehen, dass eine Steuerhinterziehung des Bankkunden geplant ist. Der Wunsch nach Anonymität deutet vielmals auf eine geplante Steuerhinterziehung hin. Eine anonyme Überweisung ins Ausland stellt im internationalen Zahlungsverkehr die große Ausnahme dar, ebenso im nationalen, da der Überweiser ja gerade als Überweiser erkennbar sein will. Das Bundesverfassungsgericht sieht dies genauso.[372]

Es kann aber sein, dass die eigentliche Tat nach § 370 AO – die Abgabe falscher Erklärungen – Jahre später ausgeführt wird, was insbesondere bei der Ver-

370 Vgl. *Moos,* in: Aktuelles zum Finanzstrafrecht, S. 85 ff., 98; SK-*Hoyer*, § 27 Rn. 27.
371 *Ransiek,* „Pflichtwidrigkeit und Beihilfeunrecht", in: *wistra* 1997, 41, 44; *derselbe,* *„Neutrale Beihilfe",* in: *Amelung*, S. 96.
372 BVerfG *wistra* 1994, 221 ff.; vgl. *Hassemer*, in: *wistra* 1995, 81 ff. (87) .

mögenssteuer auffällig gewesen ist.[373] Die anonyme Transferleistung nach Luxemburg *als solche* ist noch nicht unter den Straftatbestand der §§ 370 AO, 27 I StGB subsumierbar. § 370 AO knüpft an die Abgabe der Steuererklärung gegenüber dem zuständigen Finanzamt an.

Ob der Auftraggeber noch in drei Jahren falsche Angaben in seiner Steuererklärung macht, kann man eigentlich nur vermuten, selbst wenn durch die Absicherung der Tat einiges dafür spricht. Allerdings muss der Gehilfe auch nicht das konkrete Hinterziehungsjahr in seinem Vorsatz aufgenommen haben.[374] Mit dem Kriterium der *hinreichenden Sicherheit* der Tatbegehung solle also keine falsche dogmatische Sicherheit vorgespiegelt werden: Wann die eingeforderte Sicherheit vorliege, sei stark vom *Einzelfall* abhängig. Entscheidend ist die Nähe des Gehilfen zur Tat. Je näher er an der Tat sei, z.B. das Geschehen sieht, desto eher werde deutlich, wozu sein Beitrag diene. Die Pflichtwidrigkeit sei aber immer zu verneinen, wenn es „überhaupt keine ausschließliche deliktische Nutzung des fördernden Beitrages durch den Täter gebe, sondern nur eine gemischt legale und illegale.“ Dann existierten zwei widersprüchliche Wertungen desselben Verhaltens. Das spreche dafür, die Förderung insgesamt als erlaubt und nicht pflichtwidrig anzusehen. Gerade bei der Beratung über Geldanlagen im Ausland fördere der Bankangestellte dabei einheitlich und untrennbar deliktische und nichtdeliktische Zwecke des Täters. Dieselbe Nutzung des fördernden Beitrages durch den Täter für deliktische Zwecke beinhalte zwangsläufig eine legitime Nutzung. Die Beratung über Geldanlagen im Ausland diene bei Befolgung nicht *notwendig* nur der Steuerhinterziehung, sondern auch der Anlage von Kapitalvermögen, wobei Rendite- und Sicherheitsargumente im Vordergrund stehen können. Die Benutzung von CpD-Konten oder z. B. des Kontos der Dresdner Bank Luxemburg für den Zahlungsverkehr von und nach Luxemburg diene zwar (hinreichende Sicherheit der Tatbegehung unterstellt) der Steuerhinterziehung. Die Nutzung dieses Überweisungsweges diene aber zugleich etwas Legalem: Der Überweisung und Anlage von Kapitalvermögen im Ausland. Die bloße Nutzung dieser Konten (unabhängig von der Anonymität) sei somit ebenfalls nicht pflichtwidrig.[375]

c) Kritik an der Lehre von der Pflichtwidrigkeit

Zuletzt stellt aber auch die Lehre von der Pflichtwidrigkeit[376] dem Bankmitarbeiter, dem im Falle der Strafbarkeit wegen Beihilfe zur Steuerhinterziehung eine

---

373 Siehe alte Fassung der §§ 19, 15 VStG.

374 Vgl. zur Bestimmtheit: Teil 2 B. II 3. und 4.

375 *Ransiek*, aaO, S. 47.

376 *Ransiek*, „Pflichtwidrigkeit und Beihilfeunrecht“ in: *wistra* 1997, S. 46, 47.

weitgehende und seine Existenz gefährdende Gesamtschuldnerhaftung für die Steuerschuld des Kunden (bei dessen Insolvenz) als Hinterziehungsgehilfe gemäß §§ 71, 235 AO droht,[377] einen weitgehenden Freibrief aus. Ein Bankangestellter dürfe über mögliche Geldanlagen in Luxemburg beraten und die Anlage über seine Bank vornehmen, selbst wenn „sicher" ist, dass eine Steuerhinterziehung begangen und diese auf Grund der vermittelten Auslandsanlage sicherer – auch vor Aufdeckung durch die Steuerfahndung – wird. In diesen Fällen gehe den Vertragsschließenden, den Berater, das deliktische Tun des Täters *nichts* an.[378] Er schaffe zwar regelmäßig die Voraussetzungen zur fremden Tat, tue aber das gerade nicht im Hinblick auf die fremde Tat und damit *nicht pflichtwidrig*. Das die Haupttat ermöglichende Verhalten diene neben der Deliktsbegehung auch anderen, legitimen Zwecken: insbesondere der Beratung über Geldanlagen im Ausland. Das Element der Pflichtwidrigkeit ist strafrechtssystematisch ein Element der Fahrlässigkeit im objektiven Tatbestand[379] und ein Element der unechten Unterlassungsdelikte[380], z.B. beim umstrittenen Problem[381] der Pflichtwidrigkeit im Rahmen der die Garantenstellung begründenden Ingerenz bei § 13 I StGB. Daraus ergibt sich, dass es dogmatisch nicht unbedenklich ist, das Tatbestandsmerkmal der Pflichtwidrigkeit im Bereich der *Vorsatzdelikte*[382] anzuwenden und davon die Strafbarkeit des Bankmitarbeiters abhängig zu machen. Auch findet in der Praxis das „Maß der Pflichtwidrigkeit" als Kriterium beim *Vorsatz*delikt der Beihilfe erst bei der Frage Anwendung, ob eine Strafe auch schuldangemessen ist (*nulla poena sine culpa*),[383] also auf Strafzumessungsebene, vgl. § 46 II StGB. Bei Steuerdelikten sind dabei dann die Höhen der verkürzten Steuern von Bedeutung.[384] Im Übrigen ist der Verstoß gegen § 154 AO nur allenfalls mit einer teleologischen Auslegung (Vermeidung anonymer Transfers mit Hilfe der Bank) denkbar und wird überwiegend abgelehnt (vgl. oben im Teil 1 der Ar-

---

377 Vgl. dazu auch: *Deimel / Messner*, „Steuerfahndung bei Banken", Köln 1998, S. 1 ff., S. 17, Rn. 26.

378 *Ransiek*, „Pflichtwidrigkeit und Beihilfeunrecht", in: *wistra* 1997, S.46.

379 Vgl. nur Tröndle / Fischer- *Tröndle*, 50.Aufl., § 15 Rn. 14; *Dannecker*, „Fahrlässigkeit in formalen Organisationen", in: *Amelung* (Hrsg.), S. 209 ff. (213).

380 Vgl. Tröndle / Fischer – *Tröndle*, 50. Aufl., § 13 Rn. 11.

381 Vgl. dazu: Tröndle / Fischer – *Tröndle*, § 13 Rn. 11. Hier ist in Bezug auf die Art des Vorverhaltens (rechtswidriges, pflichtwidriges und auch rechtmäßiges kann unter Umständen auch genügen, vgl. BGHSt 19, 152; 286) vieles umstritten. Nach neuester Rechtsprechung des BGH besteht jedenfalls keine Pflicht zur Abwendung einer späteren Gefahr für das Rechtsgut, wenn das Vorverhalten keine nahe Gefahr des Erfolgseintritts geschaffen hat, vgl. BGH NStZ 1998, 84.

382 Und die Beihilfe ist gemäß §§ 27 I, 15, 16 I 1 StGB ein *Vorsatz*delikt.

383 Vgl. Tröndle/Fischer – *Tröndle*, 50. Aufl., 1999, § 46 Rn. 4.

384 Vgl. Tröndle/Fischer – *Tröndle*, § 46 Rn.23 b.

beit unter III.1.). Dem folgt auch jetzt der BGH im Steuerstrafrecht (BGHSt 46, 107 ff.). Die *Pflichtwidrigkeit* des Verhaltens des Bankmitarbeiters kann also allenfalls, wenn ein konkreter Normverstoß vorliegt, als *Hilfs*begründung für die Annahme des objektiven Tatbestands der Beihilfe zur Steuerhinterziehung gemäss § 370 AO, § 27 I StGB dienen, da genügend weitere Tatbeiträge vorhanden sind, bei denen gezielt und bewusst Sonderwissen eingesetzt wurde. Dem folgt auch die erstinstanzliche Rechtsprechung und jetzt der 5. Strafsenat des BGH.[385] Als alleiniges Kriterium wäre der Verstoß gegen § 154 AO ungeeignet zur Strafbarkeitsbegründung. Denn der *alleinige* Verstoß gegen eine Steuerrechtsnorm der Abgabenordnung – führt für sich allein betrachtet – noch nicht zu einer Steuerstraftat. Er hat zunächst einmal steuerrechtliche Konsequenzen und berufsrechtliche Konsequenzen. Pointiert formuliert: *Die Verschleierung des wahren Verfügungsbefugten über das Kapital auf dem Sammelkonto führt noch nicht von selbst zu einer Steuerstraftat.* Weitere Faktoren in der Kausalreihe müssen nämlich noch hinzu kommen, wobei diese Faktoren einheitlich „sicher" vorausgesehen werden müssen, um Tatbestandsunrecht zu begründen.

Dies ist auch der Grund dafür, dass die subjektive Zurechnung auch bei etwaigem Überschreiten des „Berufsüblichen", nicht jedoch des gesetzlich Zulässigen, gelten muss. Der Bankmitarbeiter ist weder Garant für die Steuerehrlichkeit des Kunden, noch ist er de lege lata Garant für die vollständige Durchsetzung des staatlichen Steueranspruchs. Die Bank hat keine Vermögensbetreuungs- bzw. Fürsorgepflicht für den Fiskus. Hinzu kommt, dass die Grenzen zum unechten Unterlassungsdelikt nicht verwischt werden dürfen bei der Strafbarkeit wegen Beihilfe durch positives Tun. Es herrscht Einigkeit darüber, dass der Bankangestellte nicht per se Garant im Sinne des § 13 I StGB für die Verletzung des hier geschützten Rechtsguts (der staatliche Steueranspruch) ist. Abgesehen werden kann von Einzelentscheidungen in der Praxis, die pauschal ohne Begründung eine psychische Beihilfe durch Unterlassen konstatieren. Diese Entscheidungen wollen auch viele Kleinverfahren gegen untergeordnete Bankbedienstete durch Bestrafung der Bank sowie der hauptverantwortlichen Bankorgane gemäß §§ 30, 17 IV OWiG vermeiden. Unter Berücksichtigung dieser systematischen Erwägungen ist festzustellen, dass die Lehre von der Pflichtwidrigkeit die Frage der Beihilfestrafbarkeit zur Steuerhinterziehung nicht überzeugend zu lösen vermag.

385 Vgl. dazu das dieser hier vertretenen Ansicht zustimmende Urteil des LG Wuppertal vom 19.5.1999, in: wistra 1999, 473 ff. (475): *„Die Frage der Umgehung des § 154 AO könne offen bleiben"*; jetzt BGHSt 46, 107 ff.

5. Der Solidarisierungsgedanke[386]

Fraglich ist aber, ob nicht der Solidarisierungsgedanke *Schumanns*, der ebenfalls *subjektivierende Tendenzen* aufweist, bei der Problemlösung der Beihilfestrafbarkeit im Steuerstrafrecht weiterhilft. Dies soll nun im folgenden erörtert werden.

a) Grundaussagen

Schumann[387] will eine Beihilfestrafbarkeit nur dann bejahen, wenn der Dritte sich mit der Tat des Täters „*solidarisiert*, d.h. erkennbar auf die Seite des Unrechts tritt".[388]

Der Solidarisierungsgedanke wird so begründet, dass die Strafwürdigkeit der Teilnahme nicht in der Verursachung ihres Erfolges, der tatbestandsmäßigen und rechtswidrigen Rechtsgutsverletzung, liegt.[389] Deshalb kann der rechtfertigende Grund, um den Teilnehmer gleichwohl verantwortlich zu machen, nur darin liegen, dass die Teilnahmehandlung als solche schon einen besonderen „Aktunwert" beinhaltet[390], der sie als ein für die Rechtsgemeinschaft „unerträgliches Beispiel" erscheinen lässt. Insoweit stimmt er mit der am Anfang aufgestellten Ausgangshypothese[391] überein. Allerdings stellt *Schumann* weiterhin fest, dass der Begriff „Akt"- oder „Handlungsunwert", wie er im Anschluß z.B. an *Hellmuth Mayer*[392] verwendet werde, zugleich auch einen Sachverhaltsunwert, ein Moment der Sozialschädlichkeit der Handlung beinhalte. Begründet wird dies damit, dass für die Beurteilung einer Handlung als sozialschädlich die Verletzung oder die konkrete oder abstrakte Gefährdung eines Rechtsgutsobjekts weder das einzige noch ein notwendiges Kriterium sei. Gemeinschaftsinteressen würden – darüber hinaus und unabhängig davon – auch schon dadurch verletzt, dass eine Handlung als „betätigter Abfall von den Grundwerten rechtlicher Gesinnung"[393] eine sozialpsychologische Gefahr für die Geltungskraft des Rechts bilde und von daher

---

386 Vgl. *Schumann*, „Strafrechtliches Handlungsunrecht und das Prinzip der Selbstverantwortung der Anderen", 1986, S. 1 ff.

387 *Schumann*, „Strafrechtliches Handlungsunrecht", S.49 ff., insbesondere S.54 – 69.

388 *Schumann*, „Strafrechtliches Handlungsunrecht", S.57.

389 Vgl. *Schumann*, „Strafrechtliches Handlungsunrecht", S.49.

390 *Schumann*, „Strafrechtliches Handlungsunrecht", S.49.

391 Vgl. dazu die Einleitung dieser Arbeit.

392 S. *Hellmuth Mayer*, Allgem. Teil, 1936, S. 54 ff.; vgl. auch *Welzel*, Strafrecht, S.1 ff; *Otto*, „Personales Unrecht, Schuld und Strafe" in: ZStW 87, 539 ff. (558 ff.).

393 S. zu diesem Begriff *Welzel* , Das deutsche Strafrecht, S.3.

geeignet sei, „das Gefühl gesicherten Rechtsfriedens zu erschüttern, also ein für die Gemeinschaft „unerträgliches Beispiel“[394] darzustellen.“

Der Sachverhaltsunwert, um den es hier geht und der den Handlungsunwert der Verwerflichkeit eines Verhaltens in den Rang eines die Rechtsgemeinschaft interessierenden Handlungsunrechts erhebt, ist danach also *identisch* mit demjenigen, in dem die sogenannte Eindruckstheorie das strafbare (Handlungs-) Unrecht des (untauglichen)Versuchs nach §§ 22, 23 StGB begründet sieht[395]. Sie sei ferner auch diejenige, die es rechtfertige, den *Intentions*unwert des Vorsatzes und die objektive Sorgfaltspflichtverletzung (im Sinne eines psychischen Sachverhalts) nicht nur als Elemente größerer bzw. geringerer Schuld, sondern als solche verschiedener Grade des (Handlungs-) *Unrechts* aufzufassen. Die Meinung, dass ein Handlungsunwert der gekennzeichneten Art den Strafgrund der Teilnahme bildet, ist im übrigen nicht ohne Vorbild. Sie entspricht derjenigen *Welzels*, der den inneren Grund für die Strafbarkeit des Teilnehmers darin sah, dass er eine „sozial unerträgliche Tat durch Bestimmen veranlaßt oder sie gefördert hat“[396], weshalb die Teilnahme selbst eine sozial unerträgliche Handlung sei.[397] Allerdings komme nach der Lehre vom Solidarisierungsgedanken in den Begriffen „Bestimmen“, „Veranlassen“ und „Fördern“ gerade das, was unter dem Gesichtspunkt der Eindruckstheorie das Gefährliche der Teilnahmehandlung ausmacht, noch nicht hinreichend zum Ausdruck.[398] Zutreffender sei in diesem Zusammenhang die von von einer anderen Meinung gewählte – und nicht notwendig zu der von ihm vertretenen Schuldteilnahmetheorie führende – Charakterisierung der Teilnahme als „*betätigte Willensvereinigung*“ des Teilnehmers mit dem Haupttäter.[399] Was die Teilnahme zu einem für die Rechtsgemeinschaft unerträglichen Beispiel werden läßt, wird jedoch durch den speziellen Gesichtspunkt deutlich, der in neuerer Zeit als Strafgrund von Hehlerei, Begünstigung (welche alle subjektiv eine Absicht des Täters fordern) und Strafvereitelung (allesamt Delikte, die in früherer Zeit als „Teilnahme nach der Tat“ aufgefasst wurden) wiederentdeckt worden ist, bislang aber in der Diskussion von Teilnahmefragen nur eine geringe Rolle spielte: Es geht dabei um die *Solidarisierung* mit fremden Unrecht.[400] Ge-

---

394 So *H. Mayer*, Allg. Teil, S. 55; vgl. auch *Welzel*, „Das deutsche Strafrecht“, S.3; *Otto*, ZStW 87, 539 ff. (562).

395 Vgl. *Eser* in: *Schönke/ Schröder*, Vorbem. vor § 22 Rn. 23; *H. Mayer*, Allg. Teil, S. 278; *Stratenwerth*, Allgem. Teil, S. 191 ff.; *Welzel*, Das deutsche Strafrecht, S. 193.

396 Vgl. *Welzel*, Das deutsche Strafrecht, S.115.

397 Vgl. *Welzel*, ZStW 61, 209 ff., (213).

398 So *Schumann* in: „Strafrechtliches Handlungsunrecht“, S. 1 ff., S. 50.

399 *Hellmuth Mayer* in: Rittler-FS (1957) , „Täterschaft, Teilnahme, Urheberschaft“, S. 243 ff. (254 ff.).

400 *Schumann*, „Strafrechtliches Handlungsunrecht“, S. 51; *Lenckner*, „Zum Tatbestand der Strafvereitelung“ in: Schröder-Gedächtnisschrift (1978), S. 339 ff., (356); *Vo-*

rade bei der Teilnahme könne man den sozial unerträglichen Handlungsunwert darin sehen, dass der Teilnehmer sich durch seinen vorsätzlichen Beitrag mit fremden vorsätzlichem Unrecht *solidarisiere*, *„sich mit der fremden Tat gemein mache*“. Es verstehe sich, dass das Unrecht der Teilnahme, wenn es auch als Handlungsunrecht dem Entstehungsgrund nach eigenständig sei, sich doch in Art und Maß nach dem Bezugsobjekt der Solidarisierung richte, insofern man von einer Ableitung sprechen könne.[401] Ein weiteres Argument für seine Auffassung sei ferner, dass sie die schon angesprochene Problematik der Begrenzung der Beihilfestrafbarkeit aus dem Strafgrund heraus zu beantworten sucht. Denn bei einer daran orientierten, teleologischen Auslegung des § 27 I StGB setze das Unrecht der Beihilfe eben als *weiteres objektives* Tatbestandsmerkmal neben den im Gesetz ausdrücklich genannten Elementen voraus, dass die fragliche Handlung eine Solidarisierung mit fremdem Unrecht erkennen lasse bzw. darstelle. Dies aber sei bei einem mit dem Vorsatz der Mitverursachung geleisteten Beitrag zwar typischerweise, aber eben nicht *notwendig* der Fall.[402] Fehle es am Solidarisierungselement und liege in der Tätigkeit lediglich die Aktualisierung eines jederzeit abrufbaren Leistungsangebots, so ist nach dem Standpunkt von *Schumann* der Tatbestand der Beihilfe nicht erfüllt.[403]

b) Kritik am Solidarisierungsgedanken

Diese Formel *Schumanns* im Sinne einer teleologischen[404] Auslegung der §§ 26, 27 I StGB lässt es aber völlig offen, mit welchem Ergebnis sie in der hier untersuchten Fallgruppe anzuwenden wäre. Irgendwie solidarisiert sich vielleicht doch der Bankberater der Vermögensverwaltungsabteilung mit seinem Kunden, von dem er weiß, dass dieser es mit den bestehenden Steuerpflichten für Kapitaleinkünfte nicht so ernst meint, und wenn er trotz dieser Kenntnis seine beschriebene Funktion weiter ausübt. Vieles bleibt dabei noch unklar. *Schumann* hat insoweit Recht, als die Beteiligung an fremder Tat ein für die Rechtsgemeinschaft unerträgliches Beispiel abgibt. Aber der Rechtsfrieden wird doch am stärksten dadurch erschüttert, dass der Gehilfe den Täter erst in die Lage versetzt, erfolgreich

---

gler, „Zur Frage der Ursächlichkeit der Beihilfe für die Haupttat“, in: Heinitz-FS, S.285 ff. (309); *derselbe*, „Zum Begriff „Hilfe leisten“ in § 257 StGB“ in: *Dreher*-FS (1977), S. 409 ff. (417).

401 S. *Schumann*, „Strafrechtliches Handlungsunrecht“, S. 51.

402 So *Schumann*, „Strafrechtliches Handlungsunrecht“, S. 1 ff. (51).

403 Vgl. *Hefendehl*, in: JURA 1992 , S. 377; *Schumann*, S. 62, 64.

404 So *Schumanns* eigene methodische Einordnung des Solidarisierungsgedankens in das strafrechtliche Gesetzesauslegungssystem in: „Strafrechtliches Handlungsunrecht“, S. 51.

fremde Rechtsgüter angreifen zu können. Also geht die Akzentverschiebung vom Erfolgs- zum Handlungsunrecht zu weit: Allein in der Solidarisierung kann der Strafgrund der Teilnahme schon deshalb nicht liegen, da sonst auch auf das Erfordernis einer Kausalität zwischen Teilnahmehandlung und Taterfolg verzichten werden könnte. Die evident werdende Tataufforderung etwa ist nur in engen Grenzen strafbar (§§ 126, 130 StGB), die erfolglos bleibende Beteiligung ist nur im Falle des § 30 StGB, die versuchte Beihilfe dagegen gar nicht unter Strafe gestellt (argumentum § 30 StGB e contrario). Der Solidarisierungsbegriff[405] führt denn auch zu unsicheren und kriminalpolitisch schwer annehmbaren Ergebnissen. Es wird nicht deutlich, welche Umstände zwingend zu einer Erschütterung des Rechtsfriedens führen. Ferner kann selbst der sozialpsychologisch gefährliche Eindruck der Rechtsgemeinschaft nicht von Zufälligkeiten von Tatzeit (Tatnähe) und Tatmittel abhängen. Zum Genossen des Straftäters wird der Bankberater doch durch die willensfähige Chancen- und Risikosteigerung der Haupttat; wirkt diese Steigerung bei der Tatbegehung noch fort, so ist es gleichgültig, wann der Gehilfe sie und damit die Tatherrschaft aus der Hand gegeben hat. Hierfür spricht auch die Rechtsprechung von RGSt und BGHSt zum geleisteten Tatbeitrag des Gehilfen *im Vorbereitungsstadium* der Haupttat, die im Zusammenhang mit der Kritik an der schutzgutsbezogenen Auslegung schon erwähnt wurde. Dabei geht es darum, dass der Gehilfe vermeintlich den Haupttäter noch umstimmen will, dieser zum „Schein" darauf eingeht und später die Tat doch noch ausführt, aber im Versuchsstadium hängen bleibt (§§ 22, 23 StGB). Hier wird nach der Rechtsprechung des RGSt (RGSt 55, 106), dem sich der BGH[406] bislang nicht widersetzt hat, dem Gehilfen der Rücktritt nach § 24 II StGB von der Beihilfestrafbarkeit zum versuchten Delikt verwehrt, weil der Gehilfe „eben ein *erhöhtes Risiko* trage, wenn nicht für den Gehilfen ausgeschlossen ist (z.B. durch das Herausverlangen des Tatmittels), dass die Tat so wie ursprünglich geplant begangen wird." Denn ebenso wie der Haupttäter, der sich noch im Versuchsstadium erfolglos um die Verhinderung der Folgen seines Tuns bemüht, so trägt auch der Teilnehmer (hier der Bankangestellte) das Risiko dafür, dass sein objektiver Tatbeitrag für die Verwirklichung der Haupttat objektiv mitursächlich wird.[407]

405 Er wird von *Roxin*, in: LK, § 27 Rn. 19, als etwas vage, von *Frisch*, NJW 1983, 2471, als reichlich verwaschen bezeichnet; Kritik an der Offenheit in den Ergebnissen äußert auch *Meyer-Arndt*, wistra 1989, 285.

406 Vgl. S/S – *Eser*, 24. Aufl., 1991, § 24 Rn.81, 84; vgl. Urteil vom 13.3.1979, 1 StR 739 / 78, zum Rücktritt des Mitplanenden im Vorbereitungsstadium (= BGHSt 28, 346 ff., 348).

407 So: S/S-*Eser*, § 24 Rn.81,84; RGSt 55, 106; BGHSt 28, 348; LK- *Vogler*, § 24 Rn. 163 ff..

Dieser Gedanke passt auch für das Kreditwesen: Der Bankmitarbeiter wird *im Vorbereitungsstadium*[408] der Steuerhinterziehung tätig. Durch das Bereitstellen des Systems sowie der Kundeninformation darüber und der Beratung wirkt sein Tatbeitrag bis zum tatbstandlichen Erfolg der Haupttat, der Steuerverkürzung, fort. Nach dieser Feststellung des objektiven Tatbestands muss aber noch subjektiv das Vollendungsbewusstsein und der Vollendungswille beim Bankmitarbeiter geprüft werden. Bei genauer Betrachtungsweise ist im Grunde auch die sogenannte „Solidarisierung" mit fremdem Unrecht ein *innerer Vorgang,* der sich nach außen hin, also objektiv, schwer nachvollziehen lässt. Im Ergebnis bieten *Schumanns* Begriffe weder eine Grundlage für eine voll und ganz befriedigende Lösung der hier in Betracht kommenden Fälle, noch führen die Begriffe überhaupt näher an das Verständnis und die Lösung dieses Problems heran. Die Anschlussfrage, wie die Solidarisierung zu *quantifizieren* ist und welcher Grad an Solidarisierung unrechtsbegründend ist, bleibt ungeklärt. Ist eine *totale* Solidarisierung zu fordern oder genügt für die Strafbarkeit auch eine mehr oder weniger partielle Solidarisierung?[409] Diese Fragestellung verdeutlicht die begrifflichen Schwierigkeiten, mit welchen diese Lehre zu kämpfen hat. Auch *Wohlleben* kommt bei seiner Analyse des Solidarisierungsgedankens zum Ergebnis[410], dass die Frage nach der „expressiven Bedeutung" eines Tatbeteiligtenverhaltens zur Bestimmung der – strafbaren – „Solidarisierung" zwar weiterführen könnte, jedoch durch die von *Schumann* zu deren Konkretisierung herangezogenen Merkmale der „Vernünftigkeit" und „Gewöhnlichkeit" einer Handlung eher „blokkiert" als gefördert werde, weil es bei wirtschaftlichem Handeln keine „Stereotypen der Leistungserbringung" gebe. Dies gilt in besonderem Maße auch für den Bereich des Kreditwesens. Auch nach Auffassung von *Roxin* ist das Element der Solidarisierung allenfalls nur *Zusatz*element und nur eventuell heranzuziehen als *Zusatz*begründung für eine Strafbarkeit.[411] Keinesfalls tauge dieses Kriterium allein zur Begründung oder Ablehnung der Strafbarkeit wegen Beihilfe. Die Solidarisierung des Gehilfen mit dem Haupttäter ist aber *de lege lata* nicht zwingend erforderlich und auch für eine Änderung *de lege ferenda* zu vage im Hinblick auf den im Strafrecht geltenden Bestimmtheitsgrundsatz (§ 1 StGB, Art. 103 II GG).

---

408 So die Urteilsbegründung des Urteils des LG Wuppertals, in: *wistra* 1999, 473 ff. (474).

409 Vgl. zu dieser Kritik auch: *Lüderssen*, „Beihilfe, Strafvereitelung und objektive Zurechnung", in: FS für Grünwald, S. 329 ff. (340).

410 Vgl. *Wohlleben*, Beihilfe durch äußerlich neutrale Handlungen, 1996, S. 73 ff., (74, 75).

411 So jetzt der BGH beiläufig im Urteil gegen einen Bankmitarbeiter: BGHSt 46, 107 ff.

Deshalb soll nun mit weiteren Argumentationslinien zu den bisherigen subjektiven Zurechnungsmodellen hingeführt werden, die für das Beihilfeproblem im Steuerstrafrecht eine konstruktivere Lösung aufzeigen wollen. Insbesondere soll eingehend untersucht werden, ob das Beihilfezurechnungsproblem im Steuerstrafrecht nicht doch ein reines Vorsatzproblem ist.

III. Subjektive Lösungsmodelle bei objektivem Tatbeitrag

An der bisherigen vorbehaltslosen Übertragung der Rechtsprechung zum Eventualvorsatz auf das Steuerstrafrecht könnte auch insofern Kritik geübt werden, als Meinungen sich dagegen aussprechen, die schon seit langem bei beurfstypischem Handeln für eine generelle Vorsatzverschärfung plädierten. Auf diese Meinungen soll im Folgenden näher eingegangen werden.

1. Subjektive Lösungsansätze in Schrifttum und Rechtsprechung

Hinsichtlich der Frage, ob man bei „neutralem Verhalten“ auch nur bei ernstlichem Fürmöglichhalten einer später nachfolgenden Straftat den Beihilfetatbestand als erfüllt anzusehen hat, gab es auch bisher schon Stimmen, die diese Frage ohne Herausbildung einheitlicher subjektiver Kriterien ablehnend beurteilten.

a) Die unterschiedlichen Vorsatznuancen im Schifttum

Auffassungen, die eine Einschränkung des strafbaren Verhaltens im Kreditwesen befürworteten, gehen zunächst allesamt davon aus, dass es keine Alltagshandlungen an sich gibt, sondern solche Handlungen ihren neutralen oder nicht neutralen Sinn durch ihre subjektive Zwecksetzung erhalten. Die genauen Anforderungen an den Vorsatz divergieren allerdings. Recht hohe Anforderungen an den Beihilfevorsatz stellen Formulierungen, die man in der Rechtsprechung zur Beihilfe bei anwaltlicher Rechtsberatung findet. Schon in der Vergangenheit wurde festgestellt, dass es nicht ausreichend sei, wenn dem Gehilfen nur bekannt ist, dass der Täter das betreffende Delikt begehen werde. Vielmehr sei erforderlich, „dass der Täter seine Hilfe und insbesondere seinen Rat in dem Bewusstsein gewähre, es werde durch diese seine Tätigkeit die Ausführung der von dem anderen beabsichtigten Tat gefördert werden, und dass somit auch der *Wille* des Ratgebenden auf diesen Erfolg gerichtet sei.“[412] Das psychische Substrat dieses „*Tatförde-*

412 RGSt 37, 321 (323); ähnlich RGSt 60, 6 (8); StGB BGHR § 27 Abs.1 Hilfeleisten 6; i.ü.: RGSt 39, 45 (47).

rungswillens" ist aber nur schwer zu bestimmen. Es wird teilweise mehr verlangt als dolus eventualis und zum Teil auch mehr als das hier vertretene „sichere Wissen", wobei nicht gefordert wird, dass die Tatförderung den Beweggrund des Handelns bildet. Eine andere Auffassung fordert neben einem „qualitativ hochwertigen" Unterstützungsbeitrag einen „Abstimmungsvorsatz".[413] Ein anderer Standpunkt hebt hingegen darauf ab, dass Eventualvorsatz *nur dann* für eine Strafbarkeit ausreichend ist, wenn über „konkrete Anhaltspunkte" für die Tatförderung hinweggegangen wird.[414] Begründet wurde die Vorsatzverschärfung bisher kaum. Der BGH hat allerdings einmal bei der Strafbarkeit eines Verteidigers gemäß § 129 StGB (Bildung einer kriminellen Vereinigung), für dessen Tatbestand nach den allgmeinen Lehren dolus eventualis grundsätzlich genügt, ausgeführt: „Zweifel, Vermutungen und selbst ein erheblicher Verdacht", dass der Kunde die ihm nachfolgend aufgezeigten Wege missbrauchen wird, genügen nicht für den subjektiven Tatbestand. Teilweise wird vertreten, dass das bloße „gedankliche Mitbewusstsein" einer späteren Steuerhinterziehung für den Gehilfenvorsatz nicht ausreicht.[415]

In der Literatur gibt es schon länger eine Auffassung, die im Bereich „neutralen" Handelns die Beihilfestrafbarkeit bei *dolus eventualis* differenziert betrachten will.[416] Dieser Auffassung steht auch *Roxin* nahe.[417] Dabei folgt *Roxin* dort, wo der Beitragende den Deliktsentschluss des Täters *kennt,* der Lehre vom deliktischen Sinnbezug (vgl. dazu schon unter Teil 2 II. 2.). Anders verläuft die Argumentation aber dort, wo der Beitragende lediglich mit einem „deliktischen Verhalten" des Täters *rechnet.* Hier sei zwar bei Eventualvorsatz an eine Strafbarkeit zu denken, „im Regelfall" aber nach dem Vertrauensgrundsatz, der auch beim Vorsatzdelikt der Beihilfe gelten soll, abzulehnen. Nach diesem Grundsatz dürfe jeder darauf vertrauen, dass andere keine vorsätzlichen Straftaten begehen, solange nicht eine „erkennbare Tatgeneigtheit" des anderen – als *restriktives* Element – diese Annahme entkräfte. Diese restriktiven Gedanken beim Eventualvorsatz scheinen nun auch in der Rechtsprechung zum Steuerstrafrecht berücksichtigt zu werden. Auf diese lang erwartete Rechtsprechung soll nun näher eingegangen werden.

---

413 S/S-*Cramer/Heine*, § 27 Rn. 10a (26. Auflage).

414 *Amelung*, aaO., S. 27.

415 *Behr*, „Die Strafbarkeit von Bankmitarbeitern", in: *wistra* 1999, in: S. 245 ff., S. 251.

416 *Von Bar*, Gesetz und Schuld, S. 693; *Otto*, in. Lenckner-FS (1998), S. 210 ff..

417 *Roxin*, in: Festschift für Miyazawa (1995), S. 501 (512 ff.); ihm folgend: *Wohlleben*, Beihilfe, 1996, S. 120 ff. und *Geppert*, „Die Beihilfe", in: JURA 1999, S. 273.

b) Grundsatzentscheidung des BGH für das Steuerstrafrecht in BGHSt 46, 107 ff.

Der BGH hatte lange Zeit zur Frage der Verantwortlichkeit von einzelnen Bankmitarbeitern für das vorsätzliche Fehlverhalten Dritter im Steuerstrafrecht geschwiegen. Dies hatte zur Konsequenz, dass grundsätzlich eine Strafbarkeit des Bankmitarbeiters in Betracht kam, wenn dieser bei etwaigen Beratungs- oder Dienstleistungen sonstiger Art eine zukünftige Steuerstraftat des Kundens kognitiv nur „ernstlich für möglich hielt" und dabei in dem Bewusstsein um die Förderungseignung des eigenen objektiven Tatbeitrags handelte.

Der BGH hat nunmehr in seinem Urteil vom 01.08.2000[418] für die Fälle des Kapitaltransfers von Bankmitarbeitern ins Ausland (Ausgangsfall)[419] nochmals betont, dass diejenigen Grundsätze, die bereits in der Entscheidung des 5. Strafsenats des BGH über die Strafbarkeit bei berufstypischen, „neutralen" Handlungen „im allgemeinen" und der Strafbarkeit eines Rechtsanwalts wegen Beihilfe zum Betrug[420] und bei Notaren wegen Beihilfe zur Untreue[421] im besonderen von ihm aufgestellt worden waren, auch im Steuerstrafrecht im Hinblick auf das berufliche Verhalten von Bankangestellten anzuwenden seien.

Dabei ist auffällig, dass der BGH unter Ablehnung der bereits erörterten älteren, objektiven, abwägenden und gemischt objektiv–subjektiven Lösungsmodellen beim kognitiven Element des Gehilfenvorsatzes eine Feindifferenzierung anbringt, ohne dabei eine hinreichende Begründung für diese neue differenzierende Wertung im Eventualvorsatzbereich mitzuliefern. Zum voluntativen Vorsatzelement bzw. zum Förderungswillen wird erst recht keine Begründung mehr gegeben. Dieser etwaige Förderungswille wird vielmehr aus den Banktransaktionen selbst gefolgert.

Der Bundesgerichtshof stellt in dieser Entscheidung folgende Grundsätze für die Strafbarkeit eines Steuerhinterziehungsgehilfen auf:[422]

---

418 BGHSt 46, 107ff.= JZ 2000, S. 1175 ff., mit Anm. von *Kudlich*, in: JZ 2000, 1178 ff.;=BB 2000, 2240 mit Anm. von *Behr*;= DStR 2001, S. 96 ff. mit Anm. von *Marx*; =ZIP 2000, S. 1828 ff. mit Anm. von *Jahn*, in: EWiR, 2000, 895 ff..

419 Vgl. hierzu die Einleitung und den ersten Teil dieser Arbeit.

420 BGHR StGB § 27 Abs.1 Hilfeleisten 20.

421 Vgl. zu den Notaren nur BGHR § 266 Beihilfe 3 (5 StR 746/97).

422 Vgl. BGHSt 46, 107 ff. (112)= ZIP 2000, 1828 ff; BGH wistra 2000, 340 ff. mit lesenswerter Anm. von *Jäger*, in: *wistra* 2000, S. 344 ff.; BGHR StGB § 27 Abs.1 Hilfel. 21; zum Urteilsinhalt: *Harms/Jäger*, „Aus der Rechtsprechung des BGH", in: NStZ 2001, S. 181 ff (182).

„Zielt das Handeln des Haupttäters (Bankkunden) ausschließlich darauf ab, eine strafbare Handlung zu begehen, und *weiss* (im Sinne direkten Vorsatzes) dies der Hilfeleistende (Bankmitarbeiter), so ist sein (objektiver) Tatbeitrag als Beihilfehandlung zu werten."

„*Weiss* der Hilfeleistende dagegen *nicht*, wie der von ihm geleistete Beitrag vom Haupttäter verwendet wird, *hält er es lediglich für möglich* (im Sinne der Eventualvorsatzdoktrin), dass sein Tun zur Begehung einer Straftat genutzt wird, so ist sein Handeln „regelmäßig" noch nicht als strafbare Beihilfehandlung zu beurteilen, es sei denn, das von ihm geschaffene Risiko strafbaren Verhaltens des von ihm Unterstützten war *derart hoch*, dass er sich mit seiner Hilfeleistung „die Förderung eines erkennbar tatgeneigten Täters[423] hat angelegen sein lassen."

Der 5. Strafsenat des BGH konstatiert sicher eine Selbstverständlichkeit, wenn er im ersten Grundsatz der Entscheidung darlegt, dass objektiv tatbestandsmäßiges Verhalten, d.h. jede Bankdienstleistung mit Förderungseignung, im Falle direkten Vorsatzes als Beihilfe zur Steuerhinterziehung unter die Tatbestandsnormen der § 27 I StGB, §§ 369 II, 370 AO zu subsumieren ist.

Auf welcher Grundlage nun aber bedingter Vorsatz im Steuerstrafrecht – anders als beispielsweise bei der Gehilfenschaft zu Körperverletzungs- und Tötungsdelikten – in bestimmten Fällen nicht mehr ausreichen soll, wird nicht klar genug erläutert. Der BGH versucht, im subjektiven Tatbestand (subjektives Modell) den Gehilfenvorsatz an die rechtlich relevante Risikoschaffung im Einzelfall zu koppeln. Diese zur Risikoerhöhungslehre *Roxins* Bezug nehmende, im Vordringen befindliche[424] Verbindung von Vorsatz und Risiko stellt bisher in der Rechtsprechung des BGH zum Gehilfeneventualvorsatz ein Novum dar, welches sich aber in der Entscheidung über die Strafbarkeit eines beratenden Rechtsanwalts[425] wegen Behilfe zum Betrug schon angedeutet hatte. Auf eine Kurzformel gebracht bedeutet dies für die Gerichtspraxis:

Je höher das mit der Bankdienstleistung geschaffene, rechtlich *missbilligte* Risiko für die Rechtsgutsverletzung ist, desto eher lässt er sich die „Förderung eines erkennbar Tatgeneigten" angelegen sein und desto weniger darf er dann auf das Ausbleiben des Erfolgs im Sinne der Doktrin der bewussten Fahrlässigkeit vertrauen (Einschränkung des Vertrauensgrundsatzes durch den BGH). Insoweit

423 Vgl. zu dieser Formulierung die Anlehnung an *Roxin*, in: LK, § 27 Rn.21; dazu auch *Beckemper*, „Beihilfe durch alltägliche Geschäftsvorgänge", in: JURA 2001, S. 163 ff (168).

424 Vgl. dazu u.a.: LK-*Roxin*, § 27 Rn. 19 – 21; *Stratenwerth*, Allg. Teil I, Rn. 158 (2000), S. 346; *Otto*, in: JZ 2001, S. 436 ff., S. 437 (Ziff. 7 und 8); *Salditt*, in: Praxis Steuerstrafrecht 2000, S. 197 (198 oben); zum immer bestehenden „Grundrisiko" im Bankbereich: *Samson/ Schillhorn*, „Beihilfe zur Steuerhinterziehung", in: wistra 2001, 1 ff. (9) unter Ziff. 7.

425 Vgl. BGH wistra 1999, 459, 460; BGHR StGB § 27 Hilfel. 20; dazu auch *Ambos*, „Beihilfe durch Alltagshandlungen", in: JA 2000, S. 721 ff. (724).

wird bei dieser Fallkonstellation der Eventualvorsatz deshalb „gerade noch“ für die Beihilfestrafbarkeit als ausreichend befunden, weil ein Vertrauen auf die Steuerehrlichkeit des Bankkunden in Fällen „*derart hoher*“ Risikoschaffung für das geschützte Rechtsgut einfach – auf einer höheren Wertungsebene – nicht mehr gerechtfertigt ist und deshalb vom BGH ausgeschlossen wird. Der Gehilfenvorsatz wird auf diesem Wege vom Bundesgerichtshof an eine ebenfalls vom Gericht als „hoch“ oder „weniger hoch“ zu bewertende Risikoschaffung für das geschützte Rechtsgut gekoppelt. Zusätzlich muss aber nach Auffassung des 5. Strafsenats des BGH für den Bankmitarbeiter der Kunde „erkennbar“ tatgeneigt sein[426], wobei sich der 5. Strafsenat des BGH wiederum darüber ausschweigt, ob das entscheidende Zurechnungskriterium der „Tatgeneigtheit“ objektiv (für jeden Außenstehenden in der Situation des Beraters) oder, wie hier erörtert wird, *subjektiv* für den Bankangestellten persönlich „erkennbar“ sein muss.

c) Kritik zum Urteil des 5. Strafsenats in BGHSt 46, 107 ff.

Die Entscheidung des BGH wurde in der Literatur teilweise im Ergebnis begrüßt, teilweise abgelehnt und teilweise auch nur für den konkret entschiedenen Fall des Wuppertaler Bankangestellten befürwortet.[427] Im Ergebnis hat der 5. Strafsenat die Verurteilung der Vorinstanz wegen Beihilfe zur Steuerhinterziehung gemäß den §§ 370 I, 369 II AO, 27 I StGB zu einer Geldstrafe gestützt.

Zuzustimmen ist dem BGH in seiner deutlich erkennbaren *subjektivierenden* Sicht der Gehilfenstrafbarkeit im Wirtschaftsstrafrecht und insbesondere der Beihilfestrafbarkeit im Steuerstrafrecht. Hier besteht die Besonderheit der langen Zeitspannen zwischen Gehilfenbeitrag und Steuerhinterziehung des Kunden, also ein eigener Deliktstypus, der mit vielen Deliktstypen des Besonderen Teils des StGB nicht vergleichbar ist. Dies ist bei der Vorschrift des § 27 I StGB, die im-

426 Hinzu kommt, dass im BGH-Urteil die erkennbare Tatgeneigtheit auf ein rechtmäßiges Verhalten gründet, vgl. *Hadding/Menke*, in: JZ 1996, 479 ff.; *Otto*, „Das Strafbarkeitsrisiko“, in: JZ 2001, 436 ff. (442), der auch dem Wissen den Ausschlag über die Strafbarkeit des Beraters im Hinblick auf §§ 27 I, 16 I 1 StGB geben will, vgl. *Otto*, in: JZ 2001, S. 444.

427 Zustimmend: *Jahn*, in: EwiR 2000, 895 (896); *Marx*, in: DStR 2001, S. 96 ff. (97) und *Steiner*, „Beihilfe von Bankmitarbeitern“, in: ZKredW 2001, S. 65 ff.; *Gerking*, in: Praxis Steuerstrafrecht 2000, S. 238 ff. (240); *Salditt*, in: Praxis SteuerstrafR 2000, S. 197, 198; zutreffend die Begründung des BGH ablehnend: *Behr*, Urteilsanm., in: BB 2000, S. 2240, 2241. Schon das Vorliegen „berufstypischen“ Verhaltens verneinend: *Kudlich*, in: JZ 2000, 1178 ff. (1180) und ebenso *Samson/Schillhorn*, „Beihilfe zur Steuerhinterziehung“, in: wistra 2001, S. 1 ff. (1): „Delikate Frage, ob professionelles Verhalten überhaupt im BGH-Fall vorlag, so dass möglicherweise die allgemeinen Vorsatzlehren gelten.“

mer auf einen besonderen Tatbestand anzuwenden ist, zu berücksichtigen. Gewinnt nämlich der Beihilfetatbestand *notwendigerweise* erst durch Anknüpfung an besondere Unrechtsumschreibungen Konturen, wird die Charakterisierung des Anknüpfungspunktes selbst ohne einen solchen Bezug unter Anwendung des § 27 I StGB in „blinder Formalität" (§ 369 II AO) im Steuerstrafrecht als Beihilfe unmöglich.[428] Ebenfalls wird vom BGH die Besonderheit gesehen, dass der Bankmitarbeiter im *Regelfall* und nicht nur gelegentlich im Vorbereitungsstadium tätig wird und den Kausalverlauf (in seinen wesentlichen Zügen) nie *vollständig* überblicken kann.

Die oben genannte Entscheidung trägt aber erheblich zur Rechtsunsicherheit bei, da sie auch Fälle anspricht, bei denen der Eventualvorsatz des Gehilfen für seine Strafbarkeit ausreicht: Gänzlich wird diese Vorsatzform für das Steuerstrafrecht in der Tat nicht ausgeschlossen, wie im Rahmen dieser Arbeit für das beratende Kreditwesen befürwortet. Der Eventualvorsatz des Bankangestellten wird nämlich an eine vom Gericht im Einzelfall zu bewertende „derart hohe" oder „weniger derart hohe" konkrete Risikoschaffung für künftige Straftaten und damit für das geschützte Rechtsgut geknüpft. Der BGH ist also im Vergleich zum hier verlangten sicheren Wissen des Gehilfen in allen Fällen der Banktätigkeit auf „halbem Wege" stehen geblieben, wenn er den Eventualvorsatz in nun modifizierter Form für manche Bankenfälle steuerstrafrechtlich im Einzelfall noch bestehen lässt.

Nach dem 5. Strafsenat hat jetzt der 1. Strafsenat des BGH die neue Rechtsprechung des BGH in BGHSt 46, 107 ff. zum Gehilfeneventualvorsatz – gerade in dem hier relevanten Bereich des Kreditwesens, allerdings bei der Frage einer Untreuestrafbarkeit – bekräftigt. Dabei wird betont, dass die aus dem Bereich der Totschlagsdelikte stammenden Grundsätze für den Eventualvorsatz beim Täter hinsichtlich dessen *„alltäglichem Verhalten" bei Wirtschaftsstrafdelikten „nicht formelhaft auf Fälle offener, mehrdeutiger Geschehen angewandt werden dürfen"*.[429] Andererseits hat mittlerweile der 4. Strafsenat des BGH[430] versucht, auch beim Totschlagsgehilfen in den Mauerschützenfällen bei denjenigen Tatbeteiligten, die bei der vorbereitenden, planenden Erstellung der „Befehle zur Grenzsicherung" mitwirkten, die oben unter b) dargestellten „allgemeinen Grundsätze" für „berufstypische" Handlungen jetzt auch auf die Planer von Grenz(schieß-)kommandos an der ehemals deutsch-deutschen Grenze anzuwenden bzw. zu übertragen. Im Ergebnis hat der BGH die Beihilfestrafbarkeit in diesen Fällen in

428 Zustimmend: *Sommer*, „Verselbständigte Beihilfehandlungen", in: JR 1981, S. 490 ff. (493).

429 Vgl. Urteil des 1. Senates vom 06.04.2000: BGHSt 46, 30; NJW 2000, 2364 ff.= WM 2000, 1256 ff.

430 BGH 4 StR 453 / 00, Urteil vom 05.03.2001; vgl. dazu auch NJW 2000, S. 443 ff.

Ermangelung der Voraussetzungen direkten Vorsatzes der an der Planerstellung Beteiligten abgelehnt. Dies sollte aber nur gelten, weil „berufstypisch" gehandelt worden sei und im Grunde auch eine örtliche und zeitliche Nähe des „Gehilfen" zur Haupttat fehlte. In den übrigen Fällen von Gehilfenschaft zum Totschlagsdelikt sollen demzufolge weiter die allgmeinen Vorsatzlehren Anwendung finden.

Mit klassischen Lehrbuchdefinitionen des *dolus eventualis*, welcher ursprünglich im Bereich der Tötungs- und Körperverletzungsdelikte entwickelt wurde, hat dieser Rechtsprechungsansatz nichts mehr zu tun. Diese Lockerung der Strafbarkeit im Falle des Eventualvorsatzes scheint sich jetzt generell im Bankbereich (auch auf das Delikt der Untreue bezogen) fortzusetzen, wenn der erste Strafsenat des BGH ausführt, „die bisher von den Gerichten angewendeten Grundsätze des Eventualvorsatzes, die aus dem Bereich der Tötungsdelikte stammen, seien bei „Wirtschaftsdelikten" nicht formelhaft auf Fälle offener, mehrdeutiger Geschehen anzuwenden. Entscheidend sei immer die besondere Höhe des geschaffenen *Risikos."*

Anzumerken ist jedoch, dass bei „erkennbarer Tatgeneigtheit", wenn also erhebliche Anhaltspunkte für einen zukünftigen Missbrauch der Bankdienstleistung bestehen, häufig schon intellektuell die Grenze zum *direkten Vorsatz* in der Praxis überschritten ist.[431] Der strafrechtliche Vertrauensgrundsatz fordert erst bei einem solchen Kenntnisstand angesichts der langen Zeitspannen zwischen Haupttat und Teilnehmerhandlung im Steuerstrafrecht eine Durchbrechung des grundsätzlich geltenden Eigenverantwortungsprinzips bei wirtschaftlichem Handeln in Anbetracht der Verantwortung des Beraters für fremdes, vorsätzliches Fehlverhalten. Kritisch bleibt, dass die „erkennbare Tatgeneigtheit" kein allgemeine Geltung beanpruchendes Zurechnungskriterium ist und der Struktur nach dem Fahrlässigkeitsbereich (nicht aber dem Vorsatzbereich) zuzuordnen ist, in welchem immer geprüft wird, ob der Täter die Gefahrenlage ex ante hätte erkennen können, wobei in diesem Bereich „Sonderwissen" zugerechnet wird.[432]

Es bleibt abzuwarten, ob der BGH in Zukunft nicht doch noch den Eventualvorsatz im Steuerstrafrecht völlig ausschließt oder den Gesetzgeber für den Bereich des Steuerstrafrechts zur Rechtssicherheit und Rechtseinheit zum Handeln anregt, gerade im Hinblick auf etwaige zusätzliche, verantwortungssteigernde Anzeigepflichten der Bankangestellten, die im Gegensatz zum im Ausgangsfall fehlenden Verstoß gegen § 154 I, II AO tatsächlich zu einer Garantenstellung führen. Dies wäre zumindest nicht undenkbar.

---

431 Vgl. dazu auch: *Geppert*, „Die Beihilfe (§ 27 StGB)", in: JURA 1999, S. 266 ff. (273). *Ambos*, in: JA 2000, S. 721 ff. (725) hält nur ausnahmsweise positive Kenntnis des Gehilfen bei den Geldtransfers für gegeben.

432 Vgl. dazu: *Wessels / Beulke*, 30. Aufl., § 15 Rn. 669 – 672, S. 216, 217.

Rechtzufertigen ist diese „Privilegierung“ der Bankangestellten im Verhältnis zu „normalen“ Gehilfen, wozu der BGH freilich schweigen konnte, nur durch einen Blick auf den strafrechtlichen Rechtsgüterschutz und die systemimmanente Rechtsguthierarchie, die durch die Verfassung vorgegeben ist: Während beim Gehilfen zum Totschlagsdelikt im subjektiven Tatbestand kognitiv „ernstliches Für-Möglichhalten“ schon deshalb genügt, weil hier das Leben (Art. 1 GG) als höchstes nach der Verfassung geschütztes Rechtsgut tangiert wird, ist beim Delikt der Steuerhinterziehung das Interesse des Staates an rechtzeitiger und vollständiger Erfassung des gesamten Steueraufkommens der Bürger geschütztes Rechtsgut, welches weit hinter dem strafrechtlich geschützten Rechtsgut Leben in der systematischen Rechtsgüterhierarchie steht. Die Gehilfenschaft zu einem Tötungsdelikt bzw. Körperverletzungsdelikts ist also, falls nicht der seltene Ausnahmefall „berufsmäßigen Handelns“ vorliegt, ein Delikt, bei welchem im Interesse des Rechtsgüterschutzes die herkömmliche Definition des bedingten Vorsatzes beim Gehilfen *ohne Bezugnahme* zur Schaffung etwaiger rechtlich missbilligter Risiken weiter Geltung beansprucht. Abzulehnen ist aber in diesem verfassungsrechtlichen Kontext der „Privilegierung“ einer bestimmten Berufsgruppe die schon dargestellte, zunehmend vertretene Begründung, die eine Straffreiheit des Beraters mit Rücksicht auf die Berufsfreiheit der Bankangestellten (Art. 12 I GG) fordert.[433] Allein aus dem Umstand, dass der Verfassungsgeber die allgemeine Handlungsfreiheit (Art. 2 I GG) leichter einschränkt (Schranke bildet das „allgemeine Gesetz“) als die Berufsfreiheit („Dreischrankentheorie des BVerfG), darf bei der Betrachtung nach Wertungsgesichtspunkten keine Schlussfolgerung auf die Verantwortlichkeit eines Tatbeteiligten für das vorsätzliche Handeln Dritter gezogen werden. Grund dafür ist, dass in einem auf Rechtsgüterschutz basierenden Strafrechtssystem[434] eine solche Konsequenz im Hinblick auf eine Privilegierung – durch Abwägung von grundgesetzlichen Handlungsfreiheiten bereits auf Tatbestandsebene – systemwidrig wäre.[435] Aus dem Grundsatz der Steuergerechtigkeit folgt das Gebot der gleichmäßigen Besteuerung aller Kapitaleinkünfte. Verfassungsrechtlich ist dieses Gebot durch Art. 3 I GG abgesichert,[436] so dass ein Vorrang der Berufsfreiheit nicht begründbar ist. Zudem ist oft fraglich,

---

433 Vgl. zu diesen Auffassungen: *Otto*, in: FS Lenckner, S. 214; *Kudlich*, in: JZ 2000, S. 1179; *Ambos*, „Beihilfe“, in: JA 2000, S. 724, 725; ebenso wie hier ablehnend: *Beckemper*, in: JURA 2001, S. 163 ff. (169).

434 Vgl. dazu nur *Stratenwerth*, Allg. Teil, § 2 Rn. 5 ff.; im übrigen: *Tröndle/Fischer*, 50 Aufl., § 46 Rn. 3 und 6 und *Wessels/ Beulke*, AT, § 1 Rn. 6, 7 und 9.

435 Dem folgt im Ergebnis auch *Beckemper*, „Beihilfe“, in: JURA 2001, S. 163 ff., S. 169.

436 Franzen/Gast/Joecks-*Joecks*, Steuerstrafrecht, Einl. Rn. 9, S. 19 und BverfG v. 22.06.95, in: NJW 1995, 2615 ff..

ob der Berater sich bei risikoschaffendem, wirtschaftlichem Handeln überhaupt noch im Schutzbereich der Berufsfreiheit befindet. Im Übrigen weist schon der BGH selbst darauf hin, dass in der Rechtsgemeinschaft nicht der Eindruck entstehen dürfe, „dem durch § 370 AO geschützten Rechtsgut der Sicherung des staatlichen Steueranspruchs in der jeweiligen Steuerart, d.h. dem rechtzeitigen und vollständigen Steueraufkommens, komme nur eine *geringe* Bedeutung zu", was (bei einer nachrangigen Abwägung mit anderen Freiheiten) im Falle der Straflosigkeit zu einer „ernsthaften Beeinträchtigung der Rechtstreue der Bevölkerung im Bereich der Steuerehrlichkeit führen könnte."[437]

Letztlich ist im Hinblick auf die Rechtssicherheit und den Bestimmtheitsgrundsatz im Steuerstrafrecht der Gesetzgeber gefordert, Ungereimtheiten, die aus der vorbehaltlosen Übertragung der allgemeinen Lehren und Vorsatzkonkretisierungen der Rechtsprechung auf das Steuerstrafrecht (vgl. § 369 II AO) in der Gehilfenvorsatzrechtsprechung entstanden sind, zu bereinigen (vgl. dazu auch Teil 3 dieser Arbeit). Dass der BGH in seinem Urteil die *Reichweite* des festgestellten bedingten Vorsatzes „nach dem Vorstellungsbild des Gehilfen" im Einzelfall dann in Anlehnung an einen Vorschlag der Literatur zeitlich auf Haupttaten der Kunden, die drei bis fünf Jahre später begangen werden, erstreckt, wenn der Berater annimmt, dass der Kunde „fortgesetzt" Steuern hinterzieht, zeigt die ganze Problematik des Vorsatzes bei der Gehilfenstrafbarkeit im Steuerstrafrecht auf. Dabei ist von Bedeutung, dass ein vom BGH im Urteil willkürlich auf mehrere Jahre erstreckter Gehilfenvorsatz zur Folge hat, dass die Beihilfestrafbarkeit praktisch nie verjährt.[438] Außerdem widerspricht ein auf fünf Jahre bezogener Gehilfenvorsatz einer konsequenten Anwendung der Rechtsprechung des BGH zur Aufgabe des Gesamtvorsatzes[439] (beim Täter) auf den Gehilfen[440], denn der Haupttäter hat bekanntlich jedes Jahr von neuem die Möglichkeit, die nicht deklarierten Einkünfte aus Kapitalvermögen zutreffend dem Finanzamt gegenüber zu erklären oder gar das Kapital im Folgejahr auszugeben, was der Berater nie voraussehen kann. Deshalb wurde auch schon vor Aufgabe des Fortsetzungszusammenhangs entschieden, der Gehilfe sei entsprechend seinem separat zu prü-

---

437 Vgl. zur h.M. hinsichtlich des Rechtguts: Franzen/Gast/Joecks-*Joecks*, 5.Aufl., Einl. Rn. 8a; zu BGHSt 46, 107 ff insb. *Steiner*, in: ZKredW 2001, S. 70, der die Erörterung der §§ 34, 35 StGB unter dem Gesichtspunkt des „Arbeitsanweisungsnotstands" vermisst. Nach dem BGH-Urteil hätte sich der Bankmitarbeiter weigern müssen, bei tatgeneigten Kunden den Geldtransfer auszuführen.

438 So *Wannemacher*, Steuerstrafrecht, 1999, Rn. 2831 – 2833.

439 Vgl. zur Aufgabe des Fortsetzungszusammenhangs und des Gesamtvorsatzes beim Täter im Steuerstrafrecht: BGH *wistra* 1994, S. 185 ff.= BGH NJW 1994, S. 1663 ff.

440 Vgl. BGH MDR 1978, 803.

fenden Vorsatz und nur bei der mit seinem eigenen Beitrag in „örtlichem und zeitlichen Zusammenhang“ stehenden ersten Steuerhinterziehung des Kunden strafbar. Unterstellt man unter Berufung auf vereinzelte Literaturstimmen dem Bankmitarbeiter einen „allgemeinen Erwartungsrahmen“ entsprechend dem BGH in seinem Urteil, verstößt man gegen den Grundsatz, dass der Gehilfe die „wesentliche“ Unrechtsdimension kennen und damit den Kausalverlauf in seinen „wesentlichen“ Zügen überblicken muss.[441] Insoweit ist die Entscheidung des BGH vom 01.08.2000 abzulehnen.

Stattdessen wäre hier eine Korrektur durch den Gesetzgeber angebracht, zumal der Bankangestellte sonst bei jeglichem Misstrauen sofort die Bankdienstleistung ablehnen müsste. Ein solches Verhalten wünscht aber der 5. Strafsenat des BGH ausdrücklich, wenn er ausführt, „dass trotz vorgegebenen Systems *jederzeit die Freiheit des Beraters* bestand, den Transfer zu unterlassen.“[442] Eine Misstrauensgesellschaft darf es aber, wie bereits bemerkt wurde, im Interesse der Rechtsgemeinschaft nicht geben.

Die Forderung nach einer einheitlichen Lösung für alle Fälle existiert gerade auch vor dem Hintergrund unterinstanzlicher Entscheidungen wie beispielsweise der Entscheidung des LG Bochums[443], welches sich in seinem vor der Entscheidung des 5. Strafsenats des BGH verkündeten Urteils gegen einen Bankangestellten auf die Rechtsprechung des BGH im „Edelstein-Fall“[444] bezog und hauptsächlich prüfte, ob der Bankberater dem Kunden „das entscheidende Tatmittel an die Hand gegeben hat“ und somit das Risiko für den staatlichen Steueranspruch (als geschütztes Rechtsgut) erheblich gesteigert hat. Auf diese Rechtsprechung hebt aber der BGH bemerkenswerterweise in seinem Urteil gegen den Wuppertaler Bankangestellten – im Gegensatz zu anderen literarischen Stellungnahmen[445] – zu Recht nicht ab: Das „Verschleierungssystem“ beruht im wesentlichen auf der vom Vorstand installierten Organisationsstruktur (Kontensysteme) der Banken und wird also nicht vom einzelnen Bankmitarbeiter „an die Hand gegeben“, sondern nur benutzt. Die strafrechtliche Verantwortung für das „entscheidende Tatmittel“, genauer formuliert die Verantwortung für die „Zurverfü-

441 Vgl. zum Gesamtproblem: BGH MDR 1978, 803 einerseits; *Löwe-Krahl*, S. 65-68 und BGHSt 46, 107 ff. andererseits; gegen den fiktiven Gesamtvorsatz: *Pelz*, in: wistra 2001, S. 11 ff., S. 12 (III.1), 14; *Mösbauer*, Steuerstrafrecht, 2.Aufl. (2000), S. 75, 202: über das Gewollte hinaus liegt Exzess vor.

442 BGH ZIP 2000, 1828 ff. (1831) mit Verweis auf BGHSt 40, 218, 237 hinsichtlich der Verantwortlichkeit der Initiatoren des „Systems“; BGHSt 46, 107 ff. (115); kritisch: *Steiner*, „Wen betrifft das BGH-Urteil?“, in: ZKredW 2001, S. 65 ff.

443 LG Bochum, in: NJW 2000, 1430 ff.

444 BGHSt 42, 135 ff. (138); NJW 1996, 2517; i.ü.: 2.Teil unter B. II. 3. dieser Arbeit.

445 Vgl. dazu: *Wannemacher*, Steuerstrafrecht, 4. Aufl., Rn 2764 ff. (2780); *Behr*, in: BB 2000, S. 2241.

gungstellung von rechtlich de lege lata zulässigen bankinternen CpD-Konten zu missbrauchsanfälligen Zwecken“, trägt der Bankvorstand[446] und nicht der einzelne beratende Bankmitarbeiter. Ob sich dabei dann das vom BGH nicht näher beleuchtete Problem der mittelbaren Täterschaft kraft Organisationsherrschaft[447] stellt (§ 25 I Alt. 2 StGB), soll im Rahmen dieser auf die Beihilfestrafbarkeit im Steuerstrafrecht bezogenen Untersuchung jedoch außer Betracht bleiben.

2. *Zusammenfassende subjektivierende Kritik zu den bisherigen Zurechnungslehren und zum Vorsatzproblem der Beihilfe*

Bei einem Lösungsversuch der Problematik der Beihilfestrafbarkeit eines Bankberaters über die objektive Zurechnung könnte man etwa argumentieren, Handlungen im Rahmen einer „üblichen“ Geschäftstätigkeit seien per se erlaubt, so dass das Risiko, ein anderer nutze diese Handlungen zur Begehung von Straftaten aus, hingenommen werden müsse, oder man könne grundsätzlich im Rahmen „üblicher“ Geschäftstätigkeit darauf *vertrauen*, dass der Geschäftspartner eine ihm erbrachte Leistung nicht zur Begehung künftiger Straftaten verwende (Vertrauensgrundsatz im Wirtschaftsstrafrecht).[448]

Der zentrale Begriff der Zurechnungslehre ist in verschiedener Ausprägung derjenige der *rechtlich missbilligten Gefahrschaffung*, die sich im konkreten tatbestandlichen Erfolg realisiert, beziehungsweise der des unerlaubten Risikos.[449] Nicht jede Gefahrschaffung ist schon tatbestandsmäßig. Auch beim *Vertrauensgrundsatz* im materiellen Strafrecht geht es um das Risiko, das eben darin liegt, dass man nicht genau für die Zukunft bestimmen kann, wie sich eine dritte Person, in die man Vertrauen setzt, verhalten wird.

Nimmt man als Ausgangspunkt wieder den Bankangestellten, der Gelder anonym nach Luxemburg auf ein Konto einer dort ortsansässigen Tochtergesellschaft der eigenen Hausbank in dem Wissen transferiert, dass es in Zukunft zu Steuerhinterziehungen des Bankkunden kommt, so stellt sich dann aber die Frage, wie man bei dem Bankangestellten ein Handeln in erlaubtem Risiko oder er-

---

446 Davon gehen auch die Staatsanwaltschaften aus. Die Idee des Systems kam vom Vorstand, vgl. Berichterstattung in der Wirtschaftspresse, u.a. F.A.Z. vom 05.02.2001.

447 Vgl. dazu BGHSt 40, 218, 236, 237, wobei es auf die Gut- oder Bösgläubigkeit des unmittelbar Handelnden (Gehilfen) bei dieser Lösung nicht ankommen soll.

448 S. zum Grundsatz: *Dannecker*, in: *Amelung* (Hrsg.), S. 220, der eher eine Abwägung befürwortet; i.ü. für § 261 StGB: *Forthauser*, „Geldwäscherei de lege lata et ferenda“, S. 74.

449 Vgl. *Wolter*, Objektive und personale Zurechnung von Verhalten, Gefahr und Verletzung in einem funktionalen Straftatensystem, 1981, S. 18.

laubtem Vertrauen feststellen will, wenn der Bankangestellte gerade nicht darauf vertraut, dass die Gelder und die Zinsen insbesondere in Zukunft auch versteuert werden. Weiter ist zu prüfen, welches Risiko noch vorliegen soll, wenn oftmals klar ist, dass nicht nur das relevante Risiko hinsichtlich des Schadenseintritts, sondern der Schadenseintritt selbst schon gegeben ist. Wird die Argumentation in dieser Weise geführt, ist es offensichtlich, dass im Rahmen der Vorsatzformen des dolus directus ersten und *zweiten Grades* ein erlaubtes Risiko oder erlaubtes Vertrauen keine Rolle spielen kann. Das würde aber auch bedeuten, dass die ganze Problematik nur beim dolus eventualis von Belang ist, ja überhaupt nur ein *Vorsatzproblem* ist[450] und mit objektiver Zurechnung im beratenden Kreditwesen *nichts* zu tun hat. Deshalb erstaunt es in keiner Weise, wenn die ins Feld geführten Gegenargumente gegen die grundsätzliche Anerkennung einer Kategorie der „üblichen Geschäftstätigkeit" beziehungsweise von Alltagshandlungen im allgemeinen stets auf diese offenkundigen Widersprüche hinweisen. Zum einen wird argumentiert, bei Alltagshandlungen fehle gerade in aller Regel *das Wissen* um eine eigene Beteiligung an der Straftat eines anderen und damit der Vorsatz[451], zum anderen aber könne *bei Wissen* um die eigene Beteiligung an einer Straftat schlechterdings keine Straflosigkeit vorliegen, nur weil die Beteiligung durch eine alltägliche Handlung vermittelt wird. Denn in diesem Fall werde die Dogmatik „von den Füßen auf den Kopf gestellt."[452] Die entsprechenden Beispiele lägen dann auch immer so, dass entweder ein klarer Fall von dolus directus vorliegt oder aber der Vorsatz offenkundig fehlt. Auch im Ausgangsfall liegen oft nur diese beiden Alternativen in subjektiver Hinsicht vor.

Die eigentliche Problematik liegt bei der Beihilfestrafbarkeit zur Steuerhinterziehung aber gerade dazwischen, wenn man eben *nicht* mit Sicherheit weiß, aber doch mehr oder minder sicher vermutet, dass man sich durch die Vornahme einer ansonsten alltäglichen Handlung an einer Straftat beteiligt, also im Bereich des *Eventualvorsatzes.* Damit hat man zwar wieder das eigentliche Problem fokussiert. Auf diese Weise kann man aber einer allgemeinen zurechnungsausschließenden Anerkennung alltäglicher Handlungen durch die Lehre von der ob-

---

450 Vgl. dazu: *Kaufmann*, „Objektive Zurechnung beim Vorsatzdelikt?", in: Festschrift für *Hans-Heinrich Jescheck* zum 70. Geburtstag, Berlin, 1985, S. 251 ff., S. 260 ff..

451 So auch *Roxin:* „Bemerkungen zum Regressverbot", in: Festschrift für *Herbert Tröndle* zum 70. Geburtstag, Berlin und New York, 1989, S. 177 ff. , S. 197.

452 So jedenfalls – wohl im Hinblick darauf, dass zuerst eben immer der objektive Tatbestand geprüft werden muss, bevor man zum subjektiven Tatbestand nach dem finalen Straftatsaufbau kommt –: *Arzt*, „Geldwäscherei – Eine neue Masche zwischen Hehlerei, Strafvereitelung und Begünstigung ", in: NStZ 1990, S. 1 ff., S. 3.

jektiven Zurechnung nicht begegnen.[453] Die Lehre von der objektiven Zurechnung entgeht dem Vorsatzproblem nämlich, indem sie die Frage des Risikos als Frage nach der objektiven Zuständigkeit für die Kausalität gerade vor dem Vorsatz prüft.[454] Eine derartige Prüfung ist aber überhaupt nur dann gerechtfertigt, wenn es sich bei einem rechtlich relevanten Risiko oder einer Gefahr auch um einen objektivierbaren Begriff handelt, der neben der bloßen Kausalität Bedeutung erlangt. Genau dies begegnet jedoch erheblichen rechtlichen Bedenken.

Betrachtet man zunächst den Erfolg einer Tathandlung, also z.B. der Köperverletzung eines Menschen, so lässt sich in der realen Außenwelt dieser Erfolg objektiv feststellen – man hat beispielsweise eine Narbe. Bei einem Risiko hat man dagegen in der realen Außenwelt keine fassbare Entsprechung. Ein Risiko ist gerade kein Gegenstand wie eine Pflanze oder eine Narbe, sondern ein abstrakter Begriff, der in der Außenwelt nicht existiert. Das einzige, das sich feststellen lässt, ist, dass Gegenstände in der Außenwelt eine Konstellation einnehmen, aus welchen der menschliche Verstand dann auf Grund von Erfahrung, Statistik oder Logik wiederum schließt, dass ein bestimmter Erfolg mit einer großen Wahrscheinlichkeit eintreten kann. Tritt er aber ein, so kommt es zu einer objektiven Umweltveränderung. Bleibt der Erfolg aus welchen Gründen auch immer aus, hat sich das in der geschaffenen Konstellation liegende Risiko nicht verwirklicht. Der Begriff des Risikos ist daher nur einer *normativen* Wertung zugänglich.[455]

In diesem Zusammenhang mag es erforderlich sein, bestimmte Konstellationen in der Außenwelt schon von vornherein im objektiven Tatbestand zu behandeln, wenn es darum geht, in generalisierenden normativen Kategorien festzustellen, ob eine Handlung ein bestimmtes Risiko erhöht oder gemindert hat, um davon eine strafrechtliche Zurechnung abhängig zu machen. Damit lässt sich der eigentlichen Unmöglichkeit begegnen, real Existierendes in wirklich objektiven,

---

453 Objektive Kriterien für die Annahme von Straflosigkeit sozialtypischer Banktätigkeiten gibt *Löwe-Krahl*, „Die Verantwortung von Bankangestellten bei illegalen Kundengeschäften“, Stuttgart, u.a. 1990, S. 48.

454 Nur konsequent daher *Jakobs*, AT, aaO., 24 / 15 ff., der zwar von einem Ausschluss der Zurechnung durch ein Regressverbot spricht, doch ist damit nicht das klassische Regressverbot gemeint, das nur für den Bereich der fahrlässigen Teilnahme an vorsätzlicher Tat entwickelt worden ist. Vielmehr handelt es sich um ein Regressverbot, das aus der allgemeinen Zurechnungslehre *Jakobs*` entwickelt wurde und auch für die vorsätzliche Teilnahme gelten soll.

455 Darin liegt ja gerade der Sinn der Lehre von der objektiven Zurechnung, abstellend auf den Schutzzweck der jeweiligen Norm; vgl. *Roxin*, „Finalität und objektive Zurechnung“, in: Gedächtnisschrift für *A. Kaufmann*, Köln u.a., 1989, S. 237 ff., S. 239.

d.h. ebenso realen, Kategorien zu erfassen.[456] Andererseits wird durch die Aufstellung allgemeiner *normativer* Kriterien verhindert, dass die notwendige normative Beurteilung eines Geschehens zu einer unklaren intuitiven *Gesinnungsbewertung* degradiert wird.

Wenn es aber im Ausgangsfall bei der Problematik der Beihilfestrafbarkeit des Bankmitarbeiters nicht um Risikoerhöhung oder Risikominderung geht, sondern um eine statische Kategorie des erlaubten Risikos, also einer Figur, bei der grundsätzlich ein Verhalten erlaubt sein soll, so kann diese Figur ohne Einbeziehung *subjektiver* Elemente nicht auskommen.[457] Denn bei der Risikoerhöhung oder Risikominderung ist die Handlung des Täters im Grunde schon Bestandteil der objektiven, genauer formuliert, der allgemein *normativen Wertung*, da von dieser Handlung eben die Erhöhung oder Minderung des rechtlich relevanten Risikos abhängt. Bei einer statischen Kategorie hängt das Risiko aber nicht von der Handlung ab. Wenn man beispielsweise die reguläre Teilnahme von Personen am Straßenverkehr als erlaubtes Risiko einstuft[458], da erfahrungsgemäß davon auszugehen ist, dass auch bei sorgfaltsgemäßem Verhalten auf Grund der pauschalen Gefährlichkeit des Straßenverkehrs Rechtsgutsverletzungen vorkommen, so kann nur die subjektive Einstellung der am Straßenverkehr teilnehmenden Person eine (subjektive) Zurechnung zu einer konkreten Rechtsgutsverletzung ermöglichen. Fährt jemand mit seinem Auto in vorschriftsmäßiger Geschwindigkeit eine Straße entlang und springt aus einem Gebüsch völlig unvorhersehbar ein Mensch hervor und der Autofahrer verletzt den Menschen, so liegt keine Strafbarkeit vor, da dem Fahrer mangels objektiver Sorgfaltspflichtverletzung und Vorhersehbarkeit des tatbestandlichen Erfolgs keine Fahrlässigkeit vorgeworfen werden kann.[459] Wenn aber der Fahrer *weiß*, dass ein Kind hervorspringt, er aber trotzdem die Straße unbeirrt mit unveränderter Geschwindigkeit entlang fährt, dann kann er sich wegen einer vorsätzlichen Körperverletzung oder Tötung strafbar machen.

---

456 Vgl. hierzu z.B. *Puppe,* „Die Beziehung zwischen Sorgfaltswidrigkeit und Erfolg bei den Fahrlässigkeitsdelikten“, in: ZStW 99 (1987), S. 595 ff. , S. 596 ff.

457 Dafür treten ohnehin grundsätzlich die Finalisten ein. So z. B. *Zielinski*, „Handlungs– und Erfolgsunwert im Unrechtsbegriff“, Berlin, 1973, S. 248 ff.. Hierbei aber ebenso grundsätzlich gegen einen subjektiven Ansatz die Verfechter der objektiven Zurechnung, ohne aber wirklich konsequent auf die Problematik eines *voll wissentlichen* Handelns im Rahmen eines erlaubten oder sozialadäquaten Risikos einzugehen, vgl. dazu instruktiv: *Wolter*, „Objektive und personale Zurechnung von Verhalten, Gefahr und Verletzung in einem funktionalen Straftatensystem“, Berlin, 1981, S. 1 ff, insbesondere S. 57 ff.

458 Vgl. u.a. *Roxin*, „Finalität und objektive Zurechnung,“ in: GS für *A. Kaufmann*, S. 237 ff., S. 245.

459 Vgl. zu (äußerlich) verkehrsgerechtem Verhalten und nicht verkehrsgerechtem Verhalten im Straßenverkehr die Urteilsanmerkung von *Kudlich*, in: StV 2000, 23 ff.

In objektiver Hinsicht ist der Geschehensablauf aber der gleiche. Ein objektiver Beobachter kann nicht schon auf der objektiven Ebene eine Abgrenzung beider Verhaltensweisen vornehmen, da der objektive Ablauf in beiden Fällen völlig identisch ist. In diesen Fällen kann man nicht nur objektiv zurechnen. Man muß vielmehr *in der Gesamtheit zurechnen,* unter spezieller Berücksichtigung des *Wissens- und Willensinhalts.*[460]

3. Problemlösung mit der subjektiven *Zurechnung*

Nach alledem hat dies aber nicht zur Konsequenz, dass die Erkenntnisse der objektiven Zurechnung in Abrede gestellt werden sollen, sondern dass der Standort der Diskussion in Fällen, die dem erlaubtem Risiko rechtlich nahestehen, ein anderer sein muss. Aufgrund der Tatsache, dass es sich bei der objektiven Zurechnung von Haupttatrisiken, wie gezeigt, um nichts „Objektives" im Sinne von in der Außenwelt existierend handelt, sondern um eine reine *Wertungs*kategorie, legt die Nähe zum Vorsatz (vor allem zum intellektuellen Vorsatzelement) doch die Überlegung nahe, die Ausgangsproblematik der Beihilfestrafbarkeit zur Steuerhinterziehung des Bankangestellten auch dort zu behandeln.[461] Es ist ja nicht zwingend, nur im objektiven Tatbestand allgemein normative Wertungskriterien aufzustellen. Die Schwierigkeiten einer realen Erkennbarkeit stellen sich nicht nur im objektiven Bereich, sondern verstärkt und gerade auch im subjektiven Bereich.[462]

Ein Vorsatz als rein subjektive Vorstellung ist objektiv in rein naturwissenschaftlichem Sinne nicht beweisbar[463] und daher auch dem Richter oftmals unmittelbar nicht zugänglich. Auf den inneren, subjektiven Tatbestand kann man

---

460 Diese erforderliche ganzheitliche, der Lehre von der objektiven Zurechnung bisweilen fehlende Betrachtungsweise im Sinne des Finalismus betont *Bustos Ramirez*, „Die objektive Zurechnung, Methodologische und systematische Fragen", in: Gedächtnisschrift für *Armin Kaufmann*, Köln u.a., 1989, S. 213 ff., S. 217 ff.
Auf der anderen Seite wird man der finalistischen Handlungslehre wohl zum Vorwurf machen können, dass ihre Sichtweise zwar in ihrer Ganzheit überzeugender ist, aber keine eigenständige Lösungen bieten kann, vgl. *Roxin*, „Finalität und objektive Zurechnung, aaO., S. 244 ff., in Auseinandersetzung mit diesem Ansatz, insbesondere S. 254 ff., 267 ff.

461 Ebenso: *Schild Trappe*, „Harmlose Gehilfenschaft ?", S. 1 ff., S. 188; dafür ohnehin schon die Gegner der objektiven Zurechnungslehre, vgl. *Kaufmann*, aaO., S. 260 ff.

462 Vgl. dazu: *Puppe*, „Der Vorstellungsinhalt des dolus eventualis", in: ZStW 103 (1991), S. 1 ff., S. 14.

463 Für die Schuldfrage führte dies zur Präventionstheorie, vgl. *Seelmann*, „Neue Entwicklungen beim strafrechtsdogmatischen Schuldbegriff", in: JURA 1980, S. 505 ff., S. 507 m.w.N.

immer nur mittelbar über Veränderungen in der Außenwelt schließen. Erschießt jemand seinen Nebenbuhler im Schlafzimmer der Ehefrau, so wird der Richter daraus schließen, dass dies nicht aus Versehen, oder juristisch formuliert, fahrlässig geschah. Äusserst schwierig ist es aber, die subjektiven Elemente unmittelbar festzustellen, etwa durch einen Blick in das Innere des Täters. Hier bleibt gewiß immer ein restliches Quantum an Unsicherheit. Diesem Rest an Unsicherheit kann aber auch die Lehre von der objektiven Zurechnung nur mühsam entgehen, wenn sie lediglich im objektiven Tatbestand die maßgebende objektive Abgrenzung vornehmen will, da dies in Fällen des erlaubten Risikos, wie dargelegt, nicht möglich ist. Hinzu kommt, dass auch die Lehre von der objektiven Zurechnung konsequenterweise fordern muss, dass die Voraussetzungen des Risikos ihrerseits wiederum vom Vorsatz umfasst sein müssen: Ohne Vorsatz keine Vorsatztat.[464] Das Gesetz formuliert: Nur bei Vorsatz sind Hilfeleistungen strafbewehrt (§ 27 I StGB). Die Problematik wird also aus dem Vorsatzbereich ausgeklammert und methodisch im Deliktsaufbau vorgezogen behandelt. Dies ist vor allem dann nachteilig, wenn man ohne Vorsatz überhaupt nicht zurechnen kann, wie es im Ausgangsfall der Fall ist. Überhaupt ist das Beihilfeproblem ein *reines Vorsatzproblem* gerade in den Fällen, in denen der Tatbeteiligte zeitlich und örtlich weit weg von der Haupttat steht.

Wenn man aber erst einmal die Subjektivität des Beihilfevorsatzbegriffs relativiert und sich vor Augen führt, dass ein Vorsatznachweis nur über das objektiv Erkennbare (u.a. die Transferleistung nach Luxemburg, die Beratung, die Hilfen bei Disposition über das transferierte Geld nach der Umbuchung) in normativer Bewertung möglich ist, dann lassen sich hierbei auch die Erkenntnisse der objektiven Zurechnung berücksichtigen. Die Objektivierung der subjektiven Elemente beim Fahrlässigkeitsdelikt durch den Maßstab eines objektiven Beobachters konnte es doch überhaupt erst möglich machen, dass die Lehre von der objektiven Zurechnung beim Fahrlässigkeitsdelikt praktisch heute nicht mehr bestritten wird. Stellt man sich aber auf den Standpunkt, dass die maßgebliche Zurechnung *nur* über den *Vorsatz* möglich ist, dürfte es in Fällen des erlaubten Risikos jedenfalls sinnvoller sein, subjektiv-psychologische Begriffe einer eigenständigen normativen Begriffsbildung zuzuführen, anstatt durch den alleinigen Bezug auf die Lehre von der objektiven Zurechnung den Blick unzutreffender Weise auf den objektiven Tatbestand begrenzt zu lassen.

Um Vorsatz und objektive Zurechnung im Sinne des Erstellens allgemeiner Wertungskriterien zusammenzuführen, müsste aber der Vorsatzbegriff neu gefasst werden, eigentlich überhaupt erst einmal *definiert* und systematisiert wer-

464 Vgl. statt vieler: *Jakobs*, AT, aaO., 8 / 65.

den. Denn daran fehlt es im StGB offensichtlich.[465] In der Literatur und Rechtsprechung behilft man sich mit der Kreation dreier Vorsatzstufen, ohne zu wissen, was genau gestuft wird. Rekurriert werden soll hier nur auf die Bestimmung des dolus directus 2. Grades und seiner kategorischen Abgrenzung zum dolus eventualis. Hierbei wird nicht berücksichtigt, dass es ein *sicheres Wissen*, wie es gemeinhin für den dolus directus zweiten Grades gefordert wird, *gar nicht geben kann*, zumindest keines, das sich auf *zukünftige* Kausalverläufe und Geschehensabläufe bezieht. Der Täter führt eine Handlung aus und er kann dabei im Höchstfalle mit einer an Sicherheit grenzenden Wahrscheinlichkeit wissen, dass seine Handlung kausal einen tatbestandlichen Erfolg (zukünftige Steuerhinterziehung) herbeiführen wird. *Sicheres Wissen in die Zukunft* gerichtet kann es aber nicht geben, dies wäre Wahrsagekunst.

Wer beispielsweise eine Zeitbombe installiert und den Zeitzünder auf 24 Uhr stellt, der weiß nur, dass die Bombe um 24 Uhr explodiert, wenn der Kausalverlauf sich im Rahmen dessen hält, was er sich nach seinem Tatplan vorstellt. Stolpert die Reinigungsfrau über die Bombe oder tritt ein nicht vorhersehbares Naturereignis ein, wodurch die Bombe nicht explodiert, so kann von einer Sicherheit des Wissens keine Rede sein.

Konsequenterweise und der Logik entsprechend muss dies für alle Fälle des *sicheren Wissens* gelten. Es kann daher beim Wissen im Vorsatzbereich stets nur um die Frage gehen, *inwieweit* der Täter damit rechnet, dass sich eine Sachverhaltskonstellation in der Außenwelt durch sein Einwirken in einen konkreten Erfolg niederschlägt. Von daher ist eine Differenzierung zwischen dolus directus und dolus eventualis im Hinblick auf das intellektuelle (kognitive) Moment des Vorsatzes ein *rein quantitatives*, ohne dass der dolus directus qualitativ anders zu bewerten wäre.[466] Schlägt zum Beispiel ein Mensch mit einer stumpfen Axt auf ein 20 Zentimeter dickes Stahlseil, welches aus fünfzig Fasern besteht und an dem ein mit Menschen besetzter Fahrstuhl hängt, so wird man ein nach geltender Ansicht „*sicheres Wissen*", dass das Seil ganz reißt, annehmen können, wenn der Fahrstuhl nur noch an einer ebenfalls schon eingerissenen Faser hängt. Wenn dagegen alle Fasern ganz sind, wird man mit einem Schlag überhaupt nichts erreichen können. Angesichts dieser Quasi-Unmöglichkeit könnte man sogar einen untauglichen Versuch im Sinne des § 23 III StGB annehmen. Irgendwo zwischen diesen beiden Extremen wird der dolus eventualis liegen, vielleicht bei zwanzig Fasern, vielleicht auch erst bei fünf noch intakten Fasern.

---

465 Vgl. dazu auch die eingehende Kritik von *Lüderssen*, „Die Parteispendenproblematik – Vorsatz und Irrtum" in: *wistra* 1983, S. 233 ff. (227).

466 Der Gesetzgeber bewertet beispielsweise in § 226 II StGB die Vorsatzformen Absicht und Wissentlichkeit differenziert mit höherer Freiheitstrafe im Gegensatz zu allen Vorsatzarten, die in Absatz 1 der Vorschrift ausreichen.

Im Falle einer normativen Bestimmung des Vorsatzes bieten sich Lösungsmöglichkeiten für ein Handeln im Rahmen geschäftsüblicher oder alltäglicher Tätigkeiten sowohl innerhalb der voluntativen wie auch der *rein intellektuellen* Vorsatzlehren an. Es ist gerade die *Kernfrage* im Steuerstrafrecht, welche von beiden mehr betont werden muss. In Anbetracht dessen könnte man etwa einen alten Gedanken von *Welzel* aufgreifen[467] und die Abgrenzung bei den Sachverhalten des erlaubten Risikos im voluntativen Bereich vornehmen, etwa trotz „Wissens um die Möglichkeit der Verwirklichung" eines gesetzlichen Straftatbestandes dem Vorsatz den Verwirklichungswillen absprechen. Das voluntative Vorsatzelement würde in diesem Zusammenhang eine normative Neubestimmung erfahren müssen, die zu einer Überwindung der Schwierigkeiten führt, die bestehen, wenn man auf einem psychologischen Wollensbegriff beharrt.[468] Man kann auch versuchen, eine Lösung bloß im Bereich der *intellektuellen* Vorsatzmodelle zu finden, indem man auch hier durch Entwicklung eines *normativen Wissensbegriffs* ein Tor offenhält für eine *Wertung nach Risikosphären.* Dabei wird man zu berücksichtigen haben, dass das Wissen um Tatbestandsmerkmale und das Wissen um Kausalität und die Auswirkungen einer Handlung zwei verschiedene Wissens*inhalte* sind.[469] Dies ist auch bei der steuerstrafrechtlichen subjektiven Zurechnung zu beachten, gerade hinsichtlich zukünftiger, ungewisser Steuerstraftaten. Es ist weder einleuchtend noch begründbar, wie die Gerichte zum Teil den Gehilfenvorsatz bei der Steuerhinterziehung auf fünf folgende Veranlagungszeiträume fiktiv erstrecken („allgemeiner Erwartungsrahmen").[470]

Die Nähe des Vorsatzes zur objektiven Zurechnung könnte auch durch den Versuch konstruiert werden, den Vorsatzbegriff in der Erkenntnis seiner Unzulänglichkeit neu zu bestimmen. So heißt es am Ende einer Untersuchung von *Frisch* zu diesem Vorsatzthema: „Wissen ... um das dem Verhalten innewohnende, normrelevante, nicht mehr tolerierte Risiko kennzeichnet für eine funktionale Sicht den Vorsatz schlechthin: Wo bei einem solchen psychischen Befund gehandelt wird, trägt diese Ratio die Vorsatzbestrafung".[471] Zu konstatieren ist deshalb, dass sich schon allein aus der Einordnung des Problems in den Vorsatzbereich, jedenfalls in den klaren Vorsatzfällen des sogenannten *„sicheren Wissens"*

---

467 Vgl. *Welzel,* Strafrecht, 11. Aufl., Berlin, S. 66.

468 Ausführlich zu diesen Schwierigkeiten: *Kindhäuser*, „Vorsatz als Zurechnungskriterium", in: ZStW 96 (1984), S.1 ff.

469 Vgl. *Puppe*, „Der Vorstellungsinhalt des dolus eventualis", in: ZStW 103 (1991), S.1.

470 Vgl. BGHSt 46, 107 ff. in Anlehnung an *Löwe-Krahl*, Steuerhinterziehung, 2. Auflage, S. 65 ff.; ablehnend ebenso: *Voßmeyer*, in: DStR 1998, 842; *Behr*, in: wistra 1999, 245 ff; *Wannemacher*, Steuerstrafrecht, Rn. 2831 ff.

471 Vgl. *Frisch*, „Vorsatz und Risiko", Köln u.a., S. 497.

des Bankmitarbeiters (dolus directus 2. Grades) um die der Geldtransferleistung, um die der Bankberatung nachfolgende Steuerhinterziehung des Kunden (§ 370 AO) und der Deliktsabsicht des Kundens, für ein Handeln im Rahmen des erlaubten Risikos der „üblichen" Geschäftstätigkeit kein Platz ist. Aus diesem Grunde sind Überlegungen dahingehend, die Bankmitarbeiter dürften Kapital der Bankkunden, das möglicherweise zudem aus Straftaten herrührt oder zu deliktischen Zwecken (spätere Steuerhinterziehung) verwendet werden soll, bei üblicher Geschäftstätigkeit stets annehmen und straflos weiter ins Ausland transferieren, deutlich verfehlt.[472]

Bei Tatbeständen mit typischerweise starker Affinität zum sozialüblichen oder gar geschäftsüblichen Verhalten (z.B.: § 258 I StGB) kann man folgern, dass die Anordnung *qualifizierter Vorsatzformen* gerade in spezifischer Weise der Abgrenzung zur Sozialüblichkeit dienen soll.[473] Bei der Begünstigung oder Strafvereitelung (§§ 257, 258 I StGB) sind nämlich gerade die *qualifizierten* Vorsatzformen daher auch der *geeignete Ansatzpunkt* zu einer Abgrenzung zum sozialüblichen Verhalten.[474] Dort führt gerade die willentliche und wissentliche Betätigung der subjektiven Entscheidung gegen das Rechtsgut zu einer Erschütterung des Rechtsfriedens, ebenso wie beim untauglichen Versuch (gesetzlich vorausgesetzt in § 23 III StGB). Deshalb handelt es sich bei der Vorteilssicherungs*absicht* (im Sinne des dolus directus) des § 257 StGB auch *nicht* um eine überschießende Innentendenz, die zusätzlich zum Tatbestand tritt, sondern um eine Vorsatzqualifizierung, die dadurch überhaupt erst zum Ausdruck bringt, wann der für § 257 I StGB maßgebliche Vorsatz insgesamt gegeben ist.[475]

Wenn speziell für das Phänomen der Beihilfe zur Steuerhinterziehung bei bloßem Verdacht der zukünftigen Steuerhinterziehung des Bankkunden die Beihilfestrafbarkeit des Bankangestellten wegen der Sozialadäquanz „geschäftsübli-

---

472 In diesem Sinne aber *Jakobs*, AT, aaO., 24 / 17; *Philipowski*, „Steuerstrafrechtliche Probleme bei Bankengeschäften", in: *Kohlmann* (Hrsg.), „Strafverfolgung und Strafvereitelung im Steuerstrafrecht", Köln, 1983, S. 131 ff., S. 145 ff.; jetzt: BGHSt 46, 107 ff.

473 *Gehrig*, „Der Absichtsbegriff in den Straftatbeständen des Besonderen Teils des StGB", Berlin, 1986, S. 112 ff.

474 Womit aber noch nicht geklärt ist, wie die unterschiedlichen Vorsatzqualifikationen von Begünstigung und Strafvereitelung inhaltlich zu bestimmen sind. Einen Unterschied im Hinblick auf die Kenntnis von der Haupttat sieht z.B. *Schwaiger*, „Beihilfe, Begünstigung und Hehlerei in ihren wechselseitigen Beziehungen", München, 1948, S. 14. Danach genüge für die Begünstigung eine ungefähre Vorstellung von der Haupttat, während für die Strafvereitelung eine genauere Kenntnis der Haupttat erforderlich sei.

475 Vgl. dazu: BGHSt 4, 107; MDR /H 85, 447 und im Übrigen: *Tröndle/Fischer*, § 257 Rn. 8, 9.

chen" Verhaltens abgelehnt wird, auf der anderen Seite aber bei *sicherem* Wissen hinsichtlich der zukünftigen Steuerverkürzung im Hinblick auf die Zinsabschlagsteuer die Frage der Beihilfestrafbarkeit des Bankmitarbeiters nicht einmal mehr gestellt wird, sondern nur mehr die Vorsatzproblematik betont wird[476], so kann dies doch nur zur Folge haben, dass im Falle des *sicheren* Wissens keine Sozialüblichkeit mehr vorliegen kann, mithin die Abgrenzung im ***Vorsatzbereich*** stattzufinden hat.[477]

Dieser Grundsatz, der hier zur Diskussion gestellt werden soll, steht gerade vor dem Hintergrund der Haftung des Gehilfen für die Steuerschuld und die Hinterziehungszinsen wegen der Beihilfestrafbarkeit zur Steuerhinterziehung nach §§ 71, 235 AO, der von den objektiven Auffassungen zum Ausgangsproblem allzu leicht verdrängt wird. Haben nämlich Mitarbeiter von Kreditinstituten sich als Mittäter, Anstifter oder Gehilfen strafbar gemacht (also nach materiellem Steuerstrafrecht), haften sie nach § 71 AO für die hinterzogene Steuer des Bankkunden, falls dieser selbst dazu nicht (mehr) in der Lage ist. Dieser Risikobereich sollte nicht unterschätzt werden. Hat der Haupttäter den ins Ausland transferierten Betrag zwischenzeitlich verwendet oder sind die festgesetzten Steuern nach Aufklärung der Straftat aus anderen Gründen (z.B. Insolvenz des Bankkunden) nicht eintreibbar, so haftet der Gehilfe persönlich. Dies gilt im übrigen unabhängig davon, ob gegen ihn ein Steuerstrafverfahren eingeleitet wurde oder auch möglicherweise wieder eingestellt wurde (§ 170 II StPO). Die Finanzämter prüfen nämlich die Voraussetzungen des § 71 AO selbständig und ohne Bindung an strafrechtliche Ermittlungen.[478] Dabei ist auch die zehnjährige Verjährungsfrist für hinterzogene Steuern zu sehen, die zu einer sehr hohen Haftungssumme führen kann, zumal auch noch für die zusätzlich anfallenden Hinterziehungszinsen nach §§ 71 a.E, 235 I AO gehaftet wird. Die strafrechtliche Verjährungsfrist beträgt dagegen lediglich fünf Jahre.

Natürlich kann gegen eine Sonderbehandlung der Bankmitarbeiter mit der Argumentation, die steuerstrafrechtliche Situation sei wegen der Haftung des Gehilfen nach § 71 AO eine besonders *existenzbedrohende*, eingewandt werden, auch im Besonderen Teil des StGB drohten dem Gehilfen *neben* der Geldstrafe als strafrechtliche Sanktion auch noch zivilrechtliche Sanktionen, z. B. bei einer Schadensersatzklage gegen den Gehilfen wegen Beihilfe zum Betrug nach den

---

476 Vgl. dazu *Löwe-Krahl*, „Die Verantwortung von Bankangestellten bei illegalen Kundengeschäften", 1990, aaO., S. 55 ff. und S. 57 ff.

477 Dem folgt jetzt auch die Literatur und der BGH: BGHSt 46, 107 ff.; *Tröndle/Fischer*, 50. Aufl.,§ 27 Rn 2° (Problem des *subjektiven* Tatbestands); *Otto*, in: JZ 2001, S.444.

478 Vgl. zu diesem Aspekt auch: *Deimel / Messner*, „Steuerfahndung in Banken", 1998, S.17, Rn. 26 .

Vorschriften der §§ 823 II, 830 I, II BGB i.V.m. § 263 I StGB. Auch hier spielt zivilrechtlich das Ausmass der Unterstützung des Täters keine Rolle. Schon die *psychische* Unterstützung kann genügen[479], auch wenn sie nicht um ihrer selbst willen, sondern zur Erreichung anderer Ziele gewährt wird und auch dann, wenn der Täter nicht erkennt, dass der Gehilfe ihn unterstützen will.[480] Ebenso können im Zivilrecht nach §§ 823 II, 830 I, II BGB Vorbereitungshandlungen[481] schadensersatzrechtlich zu einer weitgehenden Haftung des deliktisch handelnden Gehilfen führen. Allerdings ist der deliktische Helfer im Zivilrecht *nur* für die Teilnehmerhandlung verantwortlich, an der er *konkret* mitgewirkt hat.[482] Für weitere Taten, die der Haupttäter in der Zukunft noch begeht, haftet der Gehilfe zivilrechtlich oft überhaupt nicht. Anders dagegen verhält es sich im Steuerstrafrecht: Hier ist eine drohende Haftung für einen Zeitraum von drei oder vier Jahren für die hinterzogenen Steuern und Hinterziehungszinsen eben nicht ausgeschlossen – wie man aus dem Urteil des LG Wuppertal[483] deutlich sieht. Dabei wurde dem Bankmitarbeiter einfach unterstellt, er habe bedingt vorsätzlich die künftigen Steuerhinterziehungen in den Folgejahren nach der eigenen Teilnehmerhandlung billigend in Kauf genommen: „Dem Bankmitarbeiter sei mithin bewusst gewesen, dass die Kunden nicht nur die Einkommenssteuer 1993 hinterziehen, sondern zumindest für *mehrere Jahre* ihre ausländischen Zinserträge nicht versteueren wollten. In Anlehnung an die Vorschriften des HGB zur Bilanzierung von Forderungen und Verbindlichkeiten (§§ 268 Absatz 4 und 5, § 285 Nr.1 a HGB) hat das Gericht als „mittelfristige" Anlage einen Zeitraum von bis zu *fünf* Jahren angesehen."[484] In eine ähnliche Richtung geht nun das Urteil des BGH. Dabei verkennen die Gerichte aber, dass dann der Kausalverlauf in seinen wesentlichen Zügen vom Gehilfen eigentlich nur vermutet wird. Niemand kann genau wissen, wie ein frei verantwortlicher Dritter in den kommenden fünf Jahren sein Verhalten steuerstrafrechtlich ausrichtet. Hier wird also ganz deutlich, dass trotz der sicher einzuwendenden Argumentation, auch bei „normalen" Gehilfen nach dem StGB drohten im Einzelfall neben einer Geldstrafe auch zivilrechliche Sanktionen (§§ 823 II, 830 BGB i.V. mit dem strafrechtlichen Schutzgesetz aus dem StGB), gegenüber dem *viel weiteren* Haftungsrisiko des Steuerhinterziehungsgehilfen Unterschiede liegen, die auch strafrechtlich Berücksichtigung fin-

479 Vgl. BGH 63, 125.
480 Vgl. BGH 70, 277.
481 Siehe dazu: BGH NJW 1978, 819.
482 Vgl. BGH LM § 823 (Be) Nr.4.
483 Vgl. dazu das nicht rechtskräftige Urteil des LG Wuppertal, in: *wistra* 1999, 473 ff, 475 ff. (476); nunmehr ebenso pauschal urteilend: BGHSt 46, 307 ff.
484 LG Wuppertal, Urt. vom 19.5.1999, in: *wistra* 1999, 473 ff. (476); BGHSt 46, 107 ff..

den müssen. Auch bei der Wahrscheinlichkeit der Durchsetzung dieser Haftungsansprüche gegen den Gehilfen eines Delikts wird der fiskalische Anspruch mit Sicherheit durchgesetzt, während sich die Hauptinteressen des zivilrechtlich Geschädigten auf den Schädiger selbst richten dürften.

4. Ergebnis des bisherigen Gangs der Untersuchung

Die bisherigen Untersuchungen haben gezeigt, dass eine Einschränkung der Strafbarkeit bei üblicher Geschäftstätigkeit des Bankmitarbeiters auf der objektiven Tatbestandsebene *de lege lata* nicht möglich ist. Sämtliche Versuche der allgemeinen Strafrechtsdogmatik, eine Tatbestandsreduktion bereits im *objektiven* Tatbestand vorzunehmen, scheitern letztlich eben zum einen am klaren Wortlaut (Wortsinn) des § 27 I StGB und am Strafgrund des Beihilfeunrechts, das auch Vorbereitungshandlungen eines Beteiligten (aus Sicht des Haupttäters), die das geschützte Rechtsgut tangieren, strafbarkeitsausdehnend umfasst. Zwar ist auch der subjektive Lösungsansatz dem Wortlautargument gleichermaßen ausgesetzt. Es ist aber schon oben ausgeführt worden, dass der Vorsatz an sich, abgesehen von den Vorschriften der §§ 15, 16 I 1 StGB, die den Bezug des Vorsatzes bestimmen, *nicht legaldefiniert* ist und schon immer der Rechtsprechung zur Konkretisierung überlassen wurde. Diese kann sich aber für gewisse Tatbestande unterschiedlich entwickeln, wenn man z. B. an die Rechtsprechung zum subjektiven Tatbestand von § 274 StGB (Absichtsbegriff) oder von § 267 StGB („zur Täuschung") denkt.[485]

Kein Verhalten ist rechtlich fassbar, wenn es losgelöst wird vom Wollen und von den Vorstellungen des sich in bestimmter Weise Verhaltenden. Ihren sozialen Sinngehalt erhält eine Verhaltensweise eben erst und vor allem durch die Zweck- und Zielsetzung des Täters.[486] Eine schlechthin und absolut per se „neutrale" Verhaltensweise gibt es im Strafrecht nicht.[487] Dieser Auffassung, dass es keine generelle Straflosigkeit von „neutralen", „berufstypischen" oder „professionell adäquaten" Handlungen gibt, folgt nunmehr für den Bereich des Steuerstrafrechts und des beratenden Kreditwesens auch der 5. Strafsenat des Bundesgerichtshofes. Die Kernfrage beinhaltet aber nicht nur das Problem, ob das intel-

485 Das BayObLG hat den zielgerichteten Willen bei § 267 StGB unlängst aufgegeben, vgl. NJW 1998, 2917. Teilweise wird hier auch Eventualvorsatz befürwortet: NK-*Puppe*, § 267 Rn. 99 ff.

486 Denselben Gedanken vertritt *Otto,* „Beihilfe des Bankangestellten zur Steuerhinter - ziehung", in: ZGKredW, 1994, 63 (63).

487 Gleicher Auffassung ist *Weigend* in einem neueren Beitrag in: FS für *Nishihara*, (1998) S.197 ff., 204, 205. Ebenso und zutreffend: *Roxin,* Festschrift für *Miyazawa*, 1995, S. 501, 515.

lektuelle Vorsatzelement im Steuerstrafrecht dominieren soll, sondern auch inwieweit der Vorsatz des Bankberaters konkretisiert sein muss. Dazu wurden auch schon in der Vergangenheit allgemeine und besondere Kriterien entwickelt, auf die nun im Steuerstrafrecht Bezug genommen werden soll.

B. Allgemeine und besondere Kriterien für die subjektive Zurechnung im Steuerstrafrecht und Bestimmtheit des Gehilfenvorsatzes

Da die psychische Stabilsierung nicht allein strafbarkeitsbegründend sein kann, stellt sich im Folgenden die Frage nach den konkreten Anforderungen an den Gehilfenvorsatz und an dessen Bestimmtheitsgrad bei positivem Tun des Bankberaters im Vorbereitungsstadium der zukünftigen Steuerstraftat. Dabei ist zu untersuchen, ob sich der bisher im Steuerstrafrecht ausreichende Eventualvorsatz und die zu erörternde Bestimmtheit des Gehilfenvorsatzes nicht gegenseitig ausschließen. Weiterhin ist zu prüfen, ob die theoretischen Anforderungen an eine Gehilfenselbstanzeige nach § 371 AO und das ernstliche „Fürmöglichhalten" einer Straftat noch in Einklang gebracht werden können. Die Vorsatzproblematik soll im Rahmen dieser Arbeit im 2.Teil unter B.I in Bezug auf die Vorsatz*art* und unter B.II in Bezug zur *Bestimmtheit* und Konkretisierung des Vorsatzes speziell für das Steuerstrafrecht untersucht und zusammenfassend unter besonderer Berücksichtigung der älteren und neueren Rechtsprechung zum Gehilfenvorsatz dargestellt werden.

I. Zum Problem der Vorsatzform

Die Stufung der Vorsatzformen und die konkreten Nachweise hierfür in der Praxis gehören zu den schwierigsten Gebieten des Allgemeinen Teils des Strafgesetzbuchs. Die innere Einstellung des Tatbeteiligten, die nicht mit seiner erst auf Strafzumessungsebene zu prüfenden Gesinnung (§ 46 StGB) verwechselt werden darf, ist, insbesondere wenn der Tatbeteiligte sich dazu ausschweigt, oft schwer zu bestimmen. Gerade im Wirtschaftsstrafrecht bzw. im Steuerstrafrecht sind schon Forderungen nach „sicherer Kenntnis" im subjektiven Tatbestand (§ 370 AO, § 27 I StGB) in Bezug auf die Gehilfenstrafbarkeit des Steuerberaters erhoben worden.[488] Die konkrete subjektive Zurechnung ist aber in der Praxis insgesamt noch wenig systematisiert worden. Es besteht Grund zu der Annahme, dass eben das *sichere Wissen bzw. die sichere Voraussicht* des Gehilfen von der Tat-

488 Siehe *Joecks*, Praxis des Steuerstrafrechts, S. 47; *derselbe*, in: StGB, § 27 Rn. 16.

begehung beim dolus directus zweiten Grades als zukunftsorientierter Faktor letztlich auf einer *Wertungsebene* in Bezug auf den objektiven Tatbestand zu bestimmen ist. Dies soll nachfolgend weiter dargestellt werden. Anschließend soll in Abschnitt B. III. diese Beschreibung des Gehilfenvorsatzes mit den Anforderungen bei anderen beratenden Berufsgruppen (Rechtsanwalt, Notar und Steuerberater) und Berufen, die eine missbrauchsanfällige Infrastruktur zur Verfügung stellen, mit den jeweiligen Motiven für die dort erhobenen Forderungen nach einer schärferen Subjektivierung im intellektuellen Vorsatzbereich verglichen werden.

1. Die Kritik an der mangelnden Vorsatzbestimmung für den Bereich der Steuerkriminalität[489]

Maßgebend im Ausgangsfall ist, dass oft *wissentlich* eine Beratung und Aufklärung des Kunden über „Steuersparmöglichkeiten" durch den Bankmitarbeiter stattfindet und dann der anonyme Geldtransfervorgang in Kenntnis der zum Teil „psychisch stabilisierenden Wirkung dieser Beratung" beim Kunden vorgenommen wird[490]. Zwar gibt es ohne Vorsatz keine Beihilfestrafbarkeit. Eben diese Vorsatzbestimmung bereitet in der Praxis, wie auch von den objektiven Lehren hervorgehoben wird, größere Schwierigkeiten. Darauf soll nun eingegangen werden.

Es wird zum Teil dargelegt[491], das allgemeine Problem bestehe darin, dass die Dogmatik des (Steuer-)Strafrechts und des Strafprozesses bisher offenbar zu wenig Interesse auf die Frage verwandt hat, welche faktischen Anforderungen an die subjektive Tatseite zu stellen sind und wie man ihr Vorliegen im Einzelfall feststellt. Es sei nicht von untergeordneter Bedeutung, zunächst nach den Gründen für dieses Versäumnis zu forschen. Einmal scheine es so zu sein, dass man nie ernsthaft gehofft hat, vor Gericht die subjektive Tatseite wirklich aufklären zu können, sondern von vorneherein nur objektive Indikatoren anerkannt wurden, aus denen sich – nach übrigens nie der Überprüfung zugänglich gemachten Regeln – der Schluss auf die subjektive Tatseite ergeben konnte.[492]

---

489 Vgl. *Lüderssen*, „Die Parteispendenproblematik – Vorsatz und Irrtum", in: *wistra* 1983, 223 ff., 227.

490 So jedenfalls die aktuelle Rechtsprechung des LG Bielefeld: Beschluss der ersten großen Strafkammer vom 16.3.1999, 1 KLs D 2 / 99, in: DStRE 1999, 618.

491 *Lüderssen*, „ Die Parteispendenproblematik – Vorsatz und Irrtum", in: *wistra* 1983, 223 (227).

492 So: *Lüderssen*, „Die Parteispendenproblematik – Vorsatz und Irrtum", in: *wistra* 1983, 223 (227).

Zum anderen seien die Informationslücken in Bezug auf die subjektive Tatseite der Steuerhinterziehung das Einfallstor für – mehr oder weniger bewusste – kriminalpolitische Entscheidungen. Das gewünschte Ergebnis – Verurteilung oder Freispruch – könne die Argumentation in dem Maße lenken, wie man nicht durch sich aufdrängende Tatsachenfeststellungen daran gehindert ist. Im subjektiven Bereich drängten sich diese negativen oder positiven Feststellungen am wenigsten auf. Die beiden Gründe für die Nichtermittlung der *subjektiven* Tatseite hingen wie folgt zusammen: Man wolle nicht ermitteln, und daher könne man es nicht. Ganz besonders gelte das sicher für diejenigen Elemente der subjektiven Tatseite, die sich auf Rechtsfragen bezögen. Prozessual führe dies, wenn der Beschuldigte versuche, den beweislosen Vermutungen und Schlussfolgerungen der Anklage beweisbare Tatsachen entgegenzusetzen, zur Beweislastumkehr und nicht selten zum *Verdachtsurteil*.[493]

Die Wege, die aus diesen in der praktischen Arbeit vorkommenden Schwierigkeiten herausführen würden, lägen sowohl auf der *empirischen* wie auf der *normativen* Ebene.[494] Kompliziert jedoch sei deren Verhältnis zueinander. Was empirisch möglich sei, könne normativ akzeptiert werden. Aber die Rechnung könne auch lauten: Nur was normativ willkommen ist, interessiert empirisch. Die durch diese Argumentation ausgedrückte Kritik an der Praxis ist berechtigt.

Wolff-Reske[495] spricht in ihren Ausführungen zu „berufsbedingtem" Verhalten davon, dass es bei innerpsychischen Vorgängen eine typische Beweisnot gebe, die letztlich nur in Spekulationen münde. Es bestehe latent die Gefahr, dass „gefühlsmäßige Ergebnisse an die Stelle exakter wissenschaftlicher Begründungen gesetzt würden oder Güterabwägungen erfolgten, bei denen infolge der Vagheit der einzubeziehenden Abwägungsfaktoren wiederum beliebige Ergebnisse erzielt werden." Kritik an der Lehre von der subjektiven Zurechnung, welche die Ausgangsproblematik auf der Ebene des subjektiven Tatbestandes zu lösen versucht, äußert auch *Meyer-Arndt*.[496] Hinsichtlich der psychischen Beihilfe führt er an, dass bei der Begehung neutraler – also nicht tatbestandsspezifischer – Handlun-

---

493 Etwa wenn „in Wirklichkeit fahrlässiges Handeln unter dem Etikett der Parallelwertung als Vorsatzdelikt erfaßt wird", vgl. dazu *Lüderssen*, wistra 1983, 223 (227) mit dem weiterführenden Hinweis auf: *Otto Backes*, „Strafrechtswissenschaft als Sozialwissenschaft – die sogenannte Parallelwertung in der Laiensphäre", Saarbrükker Habilitationsschrift, ungedruckt, 1976, S. 236.

494 Vgl. *Lüderssen*, *wistra* 1983, 223 ff., 227.

495 Siehe *Wolff-Reske*, „Berufsbedingtes Verhalten als Problem mittelbarer Erfolgsverursachung", S.15 ff. (184). Da der Ansatz von *Wolff-Reske* stark an *Jakobs* anlehnt, ist er oben bei den objektiven Lösungsmodellen unter Teil 2, unter Ziff. I. 1. b aa. abgehandelt.

496 Vgl. *Meyer-Arndt*, „Beihilfe durch neutrale Handlungen ?", in: *wistra* 1989, 281 ff., 285.

gen, nicht wegen psychischer Beihilfe zu bestrafen sei, auch wenn der Handelnde von der folgenden Tat des Haupttäters *wisse,* sie als strafbar erkenne und ihm deutlich werde, dass sich der Täter durch die unter diesen Umständen erfolgende Kooperation in seinem strafbaren Verhalten ermutigt fühle. „Eine gegenteilige Auffassung würde auf eine Protest- und Boykottpflicht hinauslaufen, die dem Gesetz (außer bei Garanten) fremd sei.“[497] Dieses Argument ist aber nicht in vollem Umfang stichhaltig. Zum einen soll, wie unter Teil 1 unter II. dieser Arbeit dargelegt, im Kreditwesen wegen der Beweisschwierigkeiten in der Praxis nicht *allein* wegen psychischer Beihilfe bestraft werden. Zum anderen gibt ja auch *Meyer-Arndt* das „Wissen um die Ermutigung des Kunden“ an, welches bei einem konkreten Tatbeitrag, wie hier, das Unrecht der Beihilfe verwirklichen könne. Auch bleibt dann wegen der Besonderheiten im Steuerstrafrecht nur das Verantwortlichkeitskorrektiv auf subjektiver Ebene übrig. Zu fragen ist aber, wie *de lege lata* die steuerstrafrechtliche Zurechnung bisher im subjektiven Tatbestand begründet wird. Diese Fragestellung soll nun mit Bezug zum Bankwesen erörtert werden.

Wenn auf die Ermittlung der subjektiven Tatseite wenig Mühe verwendet wird, kann dies zu einem Verdachtsurteil in der Praxis führen. Die Vorsatzfrage ist gewiss immer auch eine Wertungsfrage in Wechselbezüglichkeit zum objektiven Tatgeschehen. Weil diese Frage aber bei unüberschaubaren Kausalverläufen schwierig wird, ist zu prüfen, ob entweder der Vorsatz mit dem vom Tatbeteiligten geschaffenen rechtlich relevanten Risiko für die Haupttatbegehung korrespondieren soll oder ob nicht nur bei sicherer Voraussicht um notwendige Auswirkungen des eigenen Tuns (Betonung und Dominanz des kognitiven Vorsatzelements) eine strafrechtliche Sanktion gemäß §§ 370 AO, 27 I StGB drohen soll. Letzteres wird mit den langen Zeitspannen zwischen dem Tatbeitrag des Gehilfen und der späteren Tathandlung der Steuerhinterziehung begründet.

2. Die zweifelhafte Strafbarkeit des Gehilfen de lege lata bei Eventualvorsatz im Steuerstrafrecht

Um sich die Schwierigkeiten in der Praxis zu verdeutlichen, muss die bisher geltende Rechtslage vor der Entscheidung des BGH in BGHSt 46, 107 ff. (vgl. Teil 2 unter III. dieser Arbeit) betrachtet werden, um später zu verstehen, weshalb die hier vorangestellte Ausgangshypothese (vgl. Einleitung) im Steuerstrafrecht Sinn macht. Der Gehilfe muss vorsätzlich handeln, § 15, 27 I StGB. Er muss die

497 Vgl dazu: *Meyer-Arndt*, „Beihilfe durch neutrale Handlungen?“, in: *wistra* 1989, 281 (285).; anderer Auffassung nun aber der Bundesgerichtshof, vgl. BGHSt 46, 107 ff.

Handlung des Täters fördern und damit zur Tatbestandsverwirklichung beitragen wollen.[498] Dabei muss er die *wesentlichen* Merkmale (Unrechts- und Angriffsrichtung) der Haupttat, also der Steuerhinterziehung, erkennen.[499] Von den Einzelheiten braucht er aber keine bestimmte Vorstellung zu haben.[500] Der *bedingte* Vorsatz ist bislang nicht deswegen schon ausgeschlossen, weil sich der Gehilfe von der Haupttat bewusst distanziert hat, es genügt de lege lata, wenn er den als möglich erkannten Eintritt des Erfolges der Haupttat, etwa aus Solidarität mit dem Haupttäter, billigend[501] in Kauf nimmt.[502]

Wichtig ist aber, dass an den Gehilfenvorsatz andere Maßstäbe als an den Anstiftervorsatz anzulegen sind, da der Gehilfe einen von der Haupttat losgelösten Beitrag erbringt[503] und im Ergebnis auch *nicht* wie ein Täter bestraft wird, §§ 27 II 2, 49 I StGB. Der BGH hat den Gehilfenvorsatz in Frage gestellt, wenn die betreffende Handlung zum Gelingen der Haupttat erkennbar wenig beizutragen vermochte.[504] Hält der Gehilfe dagegen sein Tun für ungeeignet, die Tat zu fördern, so fehlt der Vorsatz,[505] was im Ausgangsfall wegen der Systembildung wohl kaum anzunehmen ist. Andererseits darf man auch nicht ohne weiteres dem Mitarbeiter der Bank einen Beihilfevorsatz unterstellen.

Maßgebend für den Ausgangsfall ist, dass der Bankangestellte kein besonderes Interesse an der Tat des Kunden zu haben braucht.[506] Es ist nach der Rechtsprechung sogar gleichgültig, wenn er das Unternehmen des Kunden, also die künftige Steuerhinterziehung, an sich missbilligt.[507] In solchen Fällen kann die innere Distanz zur Tat lediglich *strafmildernd* berücksichtigt werden. In vielen Fällen ist aber im Hinblick auf die zu verdienende Provision und die angestrebte Kundenbindung sogar ein finanzielles Interesse bei der „diskreten" Beratung seitens des Bankmitarbeiters festzustellen.

Auch *bedingter* Vorsatz bei Bankberatern sollte *bisher* bei der Beihilfe zur Steuerhinterziehung in Übereinstimmung mit dem sonst geltenden Recht – vorbehaltslos und ohne Zurhilfenahme eines restriktiven Vorsatzelements – genügen.[508] Dies erscheint aber letztlich mehr als zweifelhaft, wenn man die Tatbe-

---

498 So bereits RGSt 60, 24.
499 BGHR § 27 I Vors. 9; 30.1.1996, 4 StR 705 / 95
500 NJW 1996, 2517; ebenso: GA 67, 115; MDR / D 55, 154; *Wild,* in: JuS 1992, 911.
501 Gemeint ist: im Rechtssinne billigend, mag ihm der Erfolg auch unerwünscht sein.
502 BGHSt *wistra* 1993, 181.
503 Tröndle / Fischer-*Tröndle*, 49. Aufl.,§ 27 Rn. 8.
504 BGHR § 27 I , Hilfel. 5.
505 Vgl. MDR / D 54, 335; NStZ 85, 318.
506 So schon: RGSt 32, 355; *Tröndle/Fischer*, 50. Aufl., § 27 Rn. 8.
507 Vgl. dazu: DAR 81, 226; BGHR § 27 I Vors. 1,3,5; 31.5.1994, 5 StR 557 / 93.
508 Vgl. unter vielen anderen dazu: *Mösbauer*, „Steuerstraf- und Steuerordnungswidrigkeitenrecht", 1988, S. 41; LK-*Roxin,* § 27 Rn. 29; BGHSt 2, 281; *Schild Trappe*,

standsrestriktion auf objektiver Tatbestandsebene für rechtlich nicht haltbar hält und trotzdem nach einer Verantwortungsbegrenzung bei wirtschaftlichem Handeln sucht. Zudem führt die uneingeschränkte Übertragung der Vorsatzlehren des Allgemeinen Teils für das Steuerstrafrecht wegen der Haftung des Gehilfen nach §§ 71, 235 AO zu unerträglichen Konsequenzen.[509] Hinzu kommt die evidente und in der Praxis schwer nachvollziehbare Divergenz in Bezug auf das intellektuelle Vorsatzelement (Tatsachenkenntnis) beim eventualvorsätzlich handelnden Berater und den Voraussetzungen einer wirksamen Gehilfenselbstanzeige im Sinne der §§ 371 I, III AO.[510] Denn der Gehilfe hat dieselben hohen Anforderungen wie der Alleintäter zu erfüllen, um nach § 371 AO bei Selbstanzeige Strafaufhebung zu erlangen. Er muss also der Finanzbehörde nicht nur über die ungefähre Art und Weise seiner Beteiligung konkrete Angaben machen, sondern auch über *Art und Umfang* der Steuern, an deren Hinterziehung er beteiligt war.[511] Inhaltlich hat der Gehilfe dem Finanzamt anzuzeigen, durch *welche* Handlung und *zu welcher* Haupttat des Täters er konkret Hilfe geleistet hat, um damit die Behörde zu befähigen, die Besteuerungsgrundlagen zu ermitteln.[512] Ein nur kognitiv eventualvorsätzlich „ernstlich eine Steuerstraftat für möglich haltender" Teilnehmer kann diese hohen theoretischen Anforderungen des Strafaufhebungsgrundes kaum erfüllen, mag die Praxis aus wohlverständlichen Gründen auch oft darüber hinweg gehen.

Im Rahmen der *psychischen* Beihilfe wurde bislang ein Vorsatz dann bejaht, wenn die Erteilung einer *Rathilfe* durch einen Bankangestellten[513] in dem *Be-*

„Harmlose Gehilfenschaft" (1995), S. 166; *Küster* in: *Müller-Guggenberger*, Kommentar zum Wirtschaftsstrafrecht, 2.Aufl., § 36 Rz. 77, S. 783; anders jetzt: BGHSt 46, 107 ff..

509 Zu den zivilrechtlich denkbaren Schadensersatzklagen (§§ 823 II, 830 BGB i.V. mit einem StGB-Schutzgesetz) gegen den „normalen" Gehilfen wurde bereits oben in Teil 2 A. III. 5. Stellung genommen: dessen Haftung reicht *nur* für die *konkrete* Förderungshandlung, während dem Steuerhinterziehungsgehilfen Steuerhinterziehungen des Kunden schon bei Eventualvorsatz für *mehrere* Jahre zugerechnet werden, was die Haftungssumme, die *neben* der Geldstrafe droht, *deutlich erhöhen* kann, falls der Steuerstraftäter insolvent ist, vgl. dazu auch *wistra* 1999, 473 ff. (476).

510 Vgl dazu u.a.: *Kohlmann*, Steuerstrafrecht, Stand: Oktober 1998, § 371 AO Rn. 26, 38 und 65.

511 Vgl. nur: *Kohlmann*, Steuerstrafrecht, Stand: Oktober 1998, § 371 AO Rn. 65.

512 Franzen / Gast / Joecks-*Joecks*, § 371 Rn. 62; *Kohlmann*, Steuerstrafrecht, § 371 Rn. 65; *Flore*, Handbuch, S. 216; instruktiv: *Jäger*, in: wistra 2000, S. 344 ff. (347, 348).

513 Dazu: *Löwe-Krahl*, „ Beteiligung von Bankangestellten an Steuerhinterziehungen ihrer Kunden – die Tatbestandsmäßigkeit berufstypischer Handlungen" in: *wistra* 1995, 201.

wußtsein vorgenommen wurde,[514] dadurch eine künftige strafbare Handlung zu fördern[515]. Bewußtsein ist aber nicht gleichbedeutend mit einem intellektuellen „Fürmöglichhalten". Auch hier sieht man, dass die Vorsatzfrage bei der *psychischen Beihilfe* im Steuerstrafrecht anders beurteilt wird als in den übrigen Fällen. Trotz der weiten zeitlichen Distanz zwischen Tatbeitrag und Haupttat wurde also der Gehilfe *de lege lata*, der nicht einmal ein Tatinteresse zu haben braucht, bei *bedingtem Vorsatz* vorbehaltslos wegen Beihilfe zur Steuerhinterziehung bestraft. Dies ist zu weitgehend, da die genaue Ausgestaltung des Eventualvorsatzes ebenfalls fraglich ist.

Entscheidend ist eben, wie konkret der Bankangestellte im Hinblick auf das *intellektuelle* Vorsatzelement wissen muss, dass der Bankkunde unter Ausnutzung der Tätigkeit des Bankangestellten in Zukunft Steuern verkürzen will. Diese in die Zukunft gerichtete Frage, nämlich die *Systematisierung* der potentiellen inneren Einstellung des Tatbeteiligten zu seiner Tat, wird zu Recht im Schrifttum[516] als eine der schwierigsten Themen des Allgemeinen Teils des StGB empfunden, denn in die Zukunft gerichtetes „*sicheres* Wissen" kann es denkgesetzlich nie geben.[517] Deshalb hat die Rechtsprechung vor der Entscheidung des BGH in BGHSt 46, 107 ff. im August 2000 bislang im Steuerstrafrecht bei der Beihilfe den bedingten Vorsatz nach den allgemeinen Lehren ausreichen lassen, also es als strafbarkeitsbegründend anerkannt, wenn der Tatbeteiligte die (immer) typischerweise weit später zeitlich nachfolgende Steuerstraftat bei seinem Tatbeitrag „ernstlich für möglich hielt" und sie billigend (im Rechtssinne) in Kauf nahm.

Zwar ist der einzelne Bankmitarbeiter kein Garant für den Kunden, aber eine Haftung aus Beihilfe auf Grund des „*Tragens eines weitgehenden Risikos für das Fortwirken des eigenen kausalen Tatbeitrages*" widerspricht gerade nicht dem Strafgrund der Beihilfe[518] und schon gar nicht der oben im Teil 2 (unter A I 3. c. bb.) dargestellten Wertung der Rechtsprechung des RG und des BGH zum „nur innerlichen Rücktritt von der Tat im Vorbereitungsstadium" im Übrigen. Auch dem Strafgrund des Versuchs widerspricht die im Gesetz (z.B.: beim „Hilfe leisten" in § 27 StGB) oft anzutreffende Bestrafung von „Vorbereitungshandlungen" (wie die Konteninstallation im Ausgangsfall) als vollendete Beihilfe zur vollendeten Tat, wie hier im Falle der Beihilfehandlung des Bankmitarbeiters zur Steuerhinterziehung, nicht. Strafgrund des Versuchs ist das general- oder spezial-

514 *Tröndle / Fischer*, § 27 Rn.7.
515 Vgl. dazu auch VRS 59, 186.
516 Vgl. nur *Weigend*, „Grenzen strafbarer Beihilfe" (1998), S. 197 ff. (199 unten).
517 Vgl. dazu schon oben in Teil 2 III. 2. – 4. dieser Arbeit.
518 Siehe dazu den lesenswerten Beitrag von *Roxin*, „Über den Strafgrund der Versuchs", S. 157 ff. (1998).

präventive Strafbedürfnis, das im Regelfall aus der tatbestandsnahen Gefährdung, ausnahmsweise aber auch bereits aus einem in einer tatbestandsnahen Handlung sich manifestierenden rechtserschütternden Normbruch (Vereinigungstheorie) folgt.[519] Bei der Verschleierung von Kapital in anonymer Weise manifestiert sich jedenfalls dann ein rechtserschütternder Normbruch, wenn sich dem Bankmitarbeiter die Steuerhinterziehung „*geradezu aufdrängt*". Der Grund dafür, dass der Gesetzgeber zum Teil „Vorbereitungshandlungen" wie auch bei der Beihilfe bestraft, ist nur damit zu rechtfertigen, dass der Gesetzgeber sie trotz „ihres weiten Abstands" zum tatbestandlichen Erfolg (Steuerverkürzung des Kunden) für *besonders gefährlich* hält.[520] *Otto* und anderen Stimmen im Schrifttum[521] vergleichen die ersten Tatbeiträge des Bankangestellten (nicht aber die spätere Information des Kunden über die erfolgte Bankdurchsuchung[522]) mit Tathandlungen nach § 258 I StGB. Dieser Vergleich ist aber problematisch und nicht zulässig, weil es sich bei dem Delikt der Strafvereitelung zum einen um ein Delikt *nach* der Haupttat handelt. Es ist zudem *täterschaftlich* ausgestaltet und enthält im übrigen schon im subjektiven Tatbestand dasjenige restriktive Korrektiv, das hier für das Steuerstrafrecht aufgrund seiner Besonderheiten gefordert wird: die *qualifizierte Vorsatzform der Wissentlichkeit* als erhöhte Anforderung bzw. als Tatbestandsrestriktion auf subjektiver Ebene, um straflose Handlungen einfach abschichten zu können, wenn sie nicht schon objektiv nicht tatbestandsmässig sind. Auch *Lenckner* meint[523], dass sogar bei der Strafvereitelung im Falle der bloßen Wissentlichkeit eine Strafbarkeit sogar *nur* unter einer *weiteren* Voraussetzung gegeben ist: Es müsse weiter hinzukommen, dass der „Täter" (nach § 258 I StGB) „aus Anlass der Strafverfolgung" und – ohne dass es ihm auf diese deswegen anzukommen braucht – „im Hinblick auf" die Strafvereitelung handelt. Übertragen auf die Beihilfe würde daher zum Wissen um die Haupttat, die ja als bloße Mitwisserschaft nie ausreichen kann, noch hinzukommen müssen, dass der Bankangestellte *aus Anlass* zukünftiger Erschwerung der *Durchsetzung* des staatlichen

---

519 So *Roxin*, „Über den Strafgrund des Versuchs", S. 157 ff., 158 (1998).

520 Zu diesem Gedanken auch: *Roxin*, „Über den Strafgrund des Versuchs", S. 157 ff., S. 159 (1998).

521 Vgl. zum immer wieder gezogenen Vergleich zu § 258 I StGB: *Lüderssen*, „Beihilfe, Strafvereitelung und objektive Zurechnung", in: FS für *Gerald Grünwald*, 1999, S. 329 ff. (330-333); *Ransiek*, „Die Information der Kunden über strafprozessuale und steuerrechtliche Ermittlungsmassnahmen bei Kreditinstituten", in: *wistra* 1999, 401 ff.

522 Vgl. dazu den Beitrag von *Ransiek*, „Die Information der Kunden über strafprozessuale und steuerrechtliche Ermittlungsmaßnahmen bei Kreditinstituten", in: *wistra* 1999, S. 401 ff.

523 Vgl. den dogmatisch interessanten Beitrag von *Lenckner*, „Zum Tatbestand der Strafvereitelung", in: Gedächtnisschrift für Horst Schröder, S. 339 ff. (357).

Steueranspruchs und im Hinblick darauf handelt. Ein *besonderes Eigeninteresse* setzt die Beihilfe, wie oben bereits bei den allgemeinen Voraussetzungen dargelegt wurde, bekanntlich nicht voraus. Auch hier wird von *Lenckner* bei einer „Vereitelungshandlung" im klassischen Sinne, und der Geldtransfer ist, weit formuliert, auch eine solche Handlung, explizit eine erhöhte *Vorsatzform* und eine subjektive *Zusatz*anforderung gefordert. Dies stützt auch die hier geforderte subjektive Tatbestandsrestriktion auf den dolus directus zweiten Grades. Im Übrigen kommt auch *Lenckner*[524] zu der wichtigen Schlussfolgerung, dass entsprechende „Gefährdungsverbote nicht schon durch das blosse Vorliegen objektiv erkennbarer Anhaltspunkte für entsprechende Absichten oder Neigungen" des Bankkunden begründet werden. Anderenfalls bestehe die *latente Gefahr* einer *„Misstrauensgesellschaft"*.[525] Die „Förderung erkennbarer Tatgeneigtheit" ist, selbst wenn diese dem Bankangestellten tatsächlich bewusst wurde, *kein* allgemeine Geltung beanspruchendes Zurechnungskriterium.[526] Eine Durchbrechung des im Strafrecht geltenden Selbstverantwortungsprinzips des einzelnen könne bei Abwägung der durch dieses Prinzip eingeräumten Handlungsfreiheit mit den Gütererhaltungsinteressen der Rechtsgemeinschaft nur in Ausnahmefällen hingenommen werden: Nämlich immer dann und *nur dann*, wenn es für die Rechtsgemeinschaft *„unerträglich"* wäre, wenn der Hintermann (also der Bankmitarbeiter) sich weiterhin darauf berufen könnte, dass er Handlungen (anonymer Geldtransfer) nicht deshalb unterlassen müsse, weil sie vorsätzliche (Steuer-)straftaten voll eigenverantwortlicher Dritter ermöglichen, veranlassen oder fördern könnten. Doch fordert in Übereinstimmung mit dem hier vertretenen Ansatz auch *Lenckner*[527], dass dies erst dann der Fall sei, wenn sich der Bankmitarbeiter dieses Bezuges *bewusst* ist (am Selbstverantwortungsprinzip orientierte Tatbestandsrestriktion). Auf die Frage der *Billigung* (voluntatives Vorsatzelement) kommt es beim dolus directus 2. Grades dann *nicht* mehr entscheidend[528] an, so dass es nach dem hier vertretenen Standpunkt *irrelevant* ist, dass der Bankmitarbeiter im Falle konkreten Wissens um die Haupttat pflichtwidrig darauf vertraut, dass „schon nichts Kriminelles passieren wird".

Selbstverständlich hat *Otto* recht, wenn er ausführt, dass in Anbetracht dieser erheblichen Risikobelastung des Bankmitarbeiters eine *Grenze der Haftung* für den Bankmitarbeiter gefunden werden müsse, letztlich eben durch Statuierung

---

524 Vgl. S / S – *Lenckner*, Vorbem. zu § 13 ff., Rn. 101 c (1997).

525 Vgl. *Frisch*, „Tatbestandsmässigkeit und Zurechnung des Erfolges (1988), aaO., S. 268 ff.

526 Vgl. S / S – *Lenckner*, Vorbem. zu § 13 ff., Rn. 101 c.

527 Vgl. dazu: S / S – *Lenckner*, (1997) Vorbem. zu § 13 ff., Rn. 101 c.

528 Der tatbestandliche Erfolg kann hier auch „höchst unerwünscht" sein, vgl. nur *Wessels / Beulke*, AT, 29. Aufl., Rn. 213; zur Rechtsprechung: BGHSt 21, 283.

von bestimmten Kontrollpflichten durch den Gesetzgeber, „da schließlich die steuerunehrlichen Kunden nicht völlig vom Bankverkehr im Kreditwesen eliminiert werden könnten."

Als sinnvoller Lösungsweg für dieses steuerstrafrechtliche Risikopotential auf Grund der Haftung nach § 71 AO und den berufsrechtlichen Konsequenzen für Geschäftsleiter (§§ 1 Abs. 2, 33 Abs.1 S.2 KWG) im Falle einer Bestrafung durch Urteil[529] bleibt nur die subjektive Korrektur dieses Risikos durch eine Zurechnung *bei Wissen auf Grund konkreter Anhaltspunkte* (subjektive Tatbestandsrestriktion im Steuerstrafrecht) bzw. *sichere Voraussicht* der notwendigen Auswirkungen des eigenen Tuns übrig, wenn nicht der Gesetzgeber im Steuerstrafrecht wegen der Wesentlichkeit der Frage im Kreditwesen (Art. 20 III GG) und der Bestimmtheitsproblematik sowie der konkreten Anforderungen im subjektiven Tatbestand (Art. 103 II GG) gefordert ist, einen speziellen Tatbestand für die Beihilfe mit *eigener* subjektiver Formulierung zu normieren.[530] Die Feststellung, dass die Gehilfenhandlung im Steuerstrafrecht nicht *direkt* schon im Vorbereitungsstadium das Rechtsgut beeinträchtigt, ist eine Selbstverständlichkeit, da *erst* durch die spätere Steuerhinterziehung als vorsätzliche, rechtswidrige Haupttat die *Akzessorietät der Tatbeteiligtenhandlung* hergestellt wird. Damit wird dann die strafrechtliche Verantwortlichkeit des Bankmitarbeiters erst begründet (§ 27 I StGB). Letztlich spielt dann die *Kenntnis* des Bankmitarbeiter im Vorfeld des Steuerdelikts die entscheidende Rolle für eine strafrechtlich sinnvolle Zurechnung und für die Einschränkung des grundsätzlichen Eigenverantwortlichkeitsprinzips im Strafrecht.

Dies gilt auch im Hinblick auf die bislang unbestrittene Tatsache, dass eine steuerstrafrechtliche Selbstanzeige in *vollständiger* Form, die allein bei zusätzlicher entsprechender Nachzahlung der Steuerschulden und Zinsen zur Strafaufhebung (§ 371 III in Verbindung mit § 371 I AO) führt, nur bei Wissen und nicht bei Eventualvorsatz über die dafür *nötigen Tatsachen*[531] möglich ist.[532] *Dörn* ist der Auffassung, dass der Bankangestellte, der eine Selbstanzeige erwägt, nicht

529 Vgl. dazu: *Behr*, „Die Strafbarkeit von Bankmitarbeitern als Steuerhinterziehungsgehilfen bei Vermögenstransfers ins Ausland", in: *wistra* 1999, 245 ff. (252).

530 Vgl. dazu die umfangreichen Ausführungen zu Teil 3 dieser Dissertation.

531 Vgl. zum notwendigen Inhalt einer Selbstanzeige des Gehilfen: *Rischar*, „Die Selbstanzeige im Lichte der Bankdurchsuchungen", in: BB 1998, 1341 ff., 1343 d). Im übrigen: *Schwedhelm / Olbing*, „Selbstanzeigeberatung in den Luxemburg-Fällen", in: Stbg. 1999, 145 ff; *Dörn*, „Aktuelle Rechtsprechung und Literatur zur Steuerfahndung bei Banken" unter VI. 4. und 5., Stbg. 1999, 319 ff.

532 In der Praxis wird diese Strenge allerdings freilich nicht immer durchgehalten, wenn die Steuerfahndung nur genug Anhaltspunkte für weitere Ermittlungen gegen andere Delinquenten vom Bankangestellten erhält! Steuerpolitischer Zweck ist die Erschließung von Steuerquellen zur staatlichen Handlungsfähigkeit.

einfach die Behauptung aufstellen wird, dass der Kunde in bestimmten Jahren eine falsche Steuererklärung abgegeben habe.[533] Bei der Selbstanzeige des Gehilfen bestehe das Problem darin, dass der Gehilfe dem Finanzamt gegenüber oft nicht Zahlenmaterial beibringen kann, sondern allenfalls darlegen kann, dass *überhaupt* vom Bankkunden unrichtige Angaben gemacht wurden.[534] Dies kann aber nur bei entsprechendem *Wissen* des Bankmitarbeiters erfolgen und nicht bei bloßem Verdacht oder „ernstlichem Fürmöglichhalten" im Sinne der geltenden Rechtsprechung zum Eventualvorsatz. Dem Finanzamt ist es dann nicht ohne „langwierige Ermittlungen" möglich, die Grundlagen der Besteuerung festzustellen. Gleichwohl ging das OLG Hamburg[535] für einen solchen Sachverhalt von einer wirksamen Selbstanzeige aus: Sei der Gehilfe faktisch nicht in der Lage, dem Finanzamt die zutreffenden Besteuerungsgrundlagen zu offenbaren, so erstatte er bereits dann eine wirksame Selbstanzeige, wenn er dem Finanzamt lediglich mitteilt, dass *bestimmte* Steuererklärungen unrichtig sind.[536] Diese Bestimmtheit ist aber auch nur bei entsprechender *konkreter Kenntnis* von Bankvorgängen möglich. Entgegen *Dörns* Auffassung[537], der darlegen will, dass eine wirksame Gehilfenselbstanzeige nach § 371 AO zwingend eine vorherige Anzeige wegen der Haupttat impliziere, da der Bankberater sonst nichts wissen könne, ist doch die Tat zu diesem Zeitpunkt schon entdeckt oder ein Verfahren eingeleitet, weshalb eine Strafbefreiung des Gehilfen zu diesem Zeitpunkt an § 371 II AO scheitern muss, weil der Banker im Sinne des § 371 II Nr. 2, III AO mit der Entdeckung „rechnen musste". Im übrigen führt auch *Rischar*[538] aus, dass zumindest nach dem steuerpolitischen Regelungszweck[539] des persönlichen Strafaufhebungsgrundes des § 371 AO (Erschliessung bisher unbekannter Steuerquellen) diejenigen Tatsachen mitgeteilt werden müssen, die eine Schätzung der hinterzogenen Steuern gemäss § 162 AO ermöglichen. Auch im Schrifttum wurde diese

533 *Dörn*, „Aktuelle Rechtsprechung und Literatur zur Steuerfahndung", in: Stbg. 1999, 319 ff. (322 unter 4.).

534 So ausdrücklich: *Dörn*, in „Aktuelle Rechtsprechung und Literatur zur Steuerfahndung bei Banken", in: Stbg. 1999, 319 ff. (322).

535 Beschl. (21.11. 1985 – 1 Ss 108 / 85), wistra 1986, S.116; *Jäger*, in: wistra 2000, 348.

536 Vgl. *Dörn*, „Aktuelle Rechtsprechung", in: Stbg. 1999, 319 ff. (323).

537 Vgl. zu diesem Punkt: *Dörn*, „Aktuelle Rechtsprechung und Literatur zur Steuerfahndung bei Banken", in: Stbg. 1999, 319 ff. (322 unter 4.).

538 Vgl. *Rischar*, „Die Selbstanzeige im Lichte der Bankdurchsuchungen", in: BB 1998, 1341 ff. (1343).

539 Siehe zum *steuer*politischen Regelungszweck: *Kohlmann*, Steuerstrafrecht, Stand: Oktober 1998, § 371 AO Rn.11; zur *Anreiz*funktion: *derselbe*, § 371 Rn. 12; zur kriminalpolitisch erwünschten Rückkehr in die Steuerehrlichkeit, vgl. § 371 Rn. 19.

Entscheidung des OLG Hamburg kritisiert.[540] Der Wortlaut des Gesetzes (§ 371 AO) sei in der Formulierung eindeutig; er sehe eine Sonderprivilegierung des Gehilfen *nicht* vor; von daher ist es eine Besonderheit des Steuerstrafrechts, dass die Erstattung einer Selbstanzeige ohne Möglichkeit der näheren Konkretisierung für den Gehilfen und Bankmitarbeiter ein großes Strafbarkeitsrisiko darstellt, welches nicht anders zu beurteilen sei als in den übrigen Fällen missglückter (also „fehlgeschlagener") Selbstanzeigen (nicht rechtzeitige Selbstanzeige oder Unvermögen des Täters zur Nachzahlung der Steuerschulden). Dann droht dem Gehilfen die Haftung für die Steuerschuld und die Zinsen nach §§ 71, 235 AO.[541] Soll also einerseits *bedingter Vorsatz*, also „ernstliches Fürmöglichhalten einer zukünftigen Steuerstraftat" auf der Tatbestandsseite der § 370 I AO, § 27 I StGB ausreichend sein, und sollen dann andererseits bei der Frage der wirksamen Strafbefreiung des Gehilfen nach § 371 I, III AO wieder *konkrete Angaben* erforderlich sein, um überhaupt eine persönliche Strafbefreiung zu erlangen? Dies wäre bei strenger Auslegung des § 371 AO bei Genügenlassen eines bloßen Eventualvorsatzes des Bankangestellten praktisch ausgeschlossen. Wer nur „ernstlich eine Straftat für möglich hält", kann keine *konkreten* Angaben machen, die für die Strafbefreiung Voraussetzung wären. In der Praxis wird die Norm freilich anders angewandt, da neben kriminalpolitischen Zwecken[542] primäres steuerpolitisches Ziel des § 371 AO ist, die entgangenen Steuergelder wieder dem Staat zur Verfügung zu stellen. Ein gewisser Widerspruch hinsichtlich der erforderlichen subjektiven Tatsachenkenntnis ist hier aber durchaus festzustellen und führt wieder zur Forderung einer erhöhten subjektiven Tatsachenkenntnis, auf Grundlage derer eine wirksame Selbstanzeige für den Bankmitarbeiter immer möglich sein wird. Ferner ist Wissen zum steuerstrafrechtlich maßgeblichen Begehungszeitpunkt (vgl. §§ 15, 16 I 1 StGB i.V. mit § 369 II AO) immer auf die Zukunft bezogen und deshalb erst hinterher beweisbar. Absolut *sicheres Wissen* in die Zukunft gibt es *nie*.

Auch in der *Rechtsprechung des BAG*[543] zeigte sich schon deutlich, dass *Wissen* von Bankmitarbeitern im Luxemburg-Privatkundengeschäft durchaus konkret vorhanden war (Frage der Nachweisbarkeit). Dieses konkrete Wissen spricht jedenfalls im Steuerstrafrecht dafür, allein das *intellektuelle Vorsatzelement* (und nicht das schwer nachweisbare voluntative), *welches* beim dolus directus zweiten

---

540 Franzen / Gast / *Joecks*, Steuerstrafrecht, 4. Aufl., 1996, § 371 Rnr. 62; *Kohlmann*, Steuerstraf- und Steuerordnungswidrigkeitenrecht, 6. Aufl., § 371 AO, Rn. 64.5.

541 Siehe dazu u.a.: *Streck / Mack*, „Banken und Bankkunden im Steuerstrafverfahren", in: BB 1995, 2135 ff. (2143).

542 „Goldene Brücke" zur Rückkehr zur Steuerehrlichkeit.

543 BAG, Urteil vom 11.3.1999 – 2 AZR 507 / 98 (Vorinstanz: LAG Düsseldorf, Urteil vom 5.6.1998 – 11 Sa 2062 / 97) veröffentlicht in: NZA 1999, S. 587 ff.

Grades das *entscheidende* Zurechnungskriterium ist, für das maßgebende und dominierende Kriterium für eine steuerstrafrechtliche Zurechnung vorzuschlagen.

Dies zeigt folgendes Beispiel:

In einem Fall, in welchem ein mit dem Luxemburg-Geschäft betrauter Bankmitarbeiter der vierten Führungsebene einer Großbank mit einer Änderungskündigung nach § 2 KSchG mit erheblichen Gehaltseinbußen konfrontiert war, drohte dieser anläßlich der bankinternen Verlesung eines Anwaltsschreibens während eines Personalgesprächs, dass im Rahmen des „der Öffentlichkeit zugänglichen“ Änderungskündigungsschutzprozesses vor dem Arbeitsgericht ...„Dinge im Zusammenhang mit Luxemburg publik werden könnten“. Diese Drohung nahm die Bank zum Anlaß, dem Bankangestellten außerordentlich aus wichtigem Grund zu kündigen[544] (§ 626 I BGB). Das Bundesarbeitsgericht hielt die außerordentliche Kündigung wegen der versuchten Nötigung des Arbeitgebers (Straftat nach §§ 240 I, III, 22, 23 I StGB) für begründet. Offensichtlich wollte der Bankberater bei ihm vorhandenes, der Bank schädliches konkretes Wissen der Öffentlichkeit preisgeben.

Auf Grund von alledem ist die subjektive Zurechnung bei sicherer Voraussicht der notwendigen Auswirkungen des eigenen Verhaltens im Sinne des dolus directus zweiten Grades sicher ein geeignetes Instrument, die Ausgangsproblematik zu lösen. Die bisherige Anwendung des Eventualvorsatzes scheint den Besonderheiten des Steuerstrafrechts in den wenigsten Fällen gerecht zu werden, wobei freilich auch zu der möglichen Grenze dieser „Priviligierung“ im Steuerstrafrecht Stellung genommen werden muss. Wie aus den bisherigen Erörterungen zu entnehmen ist, hat auch die strafbare Verantwortlichkeit für das Fehlverhalten eigenverantwortlich und vorsätzlich handelnder Dritter bei wirtschaftlichem Handeln im Bankverkehr steuerstrafrechtliche Grenzen, die mit der bisherigen Eventualvorsatzdoktrin nicht befriedigend gezogen werden können.

3. Zum „doppelten Gehilfenvorsatz“: Fehlende zeitliche Nähe von Beitrag und Haupttat – „Vorgeleistete Begünstigung“ als Beihilfe zur Steuerstraftat

Der „doppelte“[545] Gehilfenvorsatz eines Bankangestellten müsste zunächst das Wissen umfassen, dass der Kunde eine Steuerhinterziehung begehen wird. Dieser Ansatz ist nach zum Teil vertretener Auffassung[546] in mehrfacher Hinsicht problematisch: Hielte es der Bankangestellte ernstlich für möglich, dass der Kunde die Beiträge in der Vergangenheit akkumuliert (hinterzogen) hatte, so läge in

544 Straftatskündigung wegen versuchter Nötigung des Arbeitgebers.

545 Rechnet man zum *Förderungsvorsatz* und zum Vorsatz hinsichtlich der konkreten, rechtswidrigen *Haupttat* den *Vollendungswillen* (Wortlaut: „begangen“, § 27 StGB) hinzu, wäre ein „dreifacher Vorsatz“ eigentlich juristisch schärfer formuliert!

546 *Kaligin*, „Steuerfahndung bei Banken“, WM 1996, 2267, 2269.

dem nach Ansicht der Finanzverwaltung unzulässigen Service bei der Überweisung eine Begünstigung (§ 369 Abs. 1 Nr.4, § 257 StGB) vor und keine Beihilfe; ginge der Bankangestellte dagegen davon aus, dass der Kunde „noch gar keine entsprechende Steuererklärung abgegeben hatte" (eine Tathandlung der Haupttat fehlte noch), so ginge eine Beihilfehandlung bereits insofern ins Leere, als *theoretisch* die Möglichkeit bestand, dass der Kunde eine entsprechende wahrheitsgemäße Steuererklärung später abgeben würde.

Gegen diese Folgerungen spricht aber, daß eine sogenannte „vorgeleistete Begünstigung" durchaus *auch* als Beihilfe zur Haupttat zu qualifizieren ist (sog. Beihilfehandlung im Vorbereitungsstadium)[547] und dann erst auf der Konkurrenzebene die Entscheidung über die Strafbarkeit getroffen wird. Darüber hinaus wird vor allem darin ein Problem erkannt, dass die Dienstleistung, die bloße Geldüberweisung und – anlage im Ausland für die Tathandlung und den Taterfolg etwaiger Steuerdelikte des Haupttäters ohne Belang seien.[548] Hier sei der Beschluß des BGH vom 22. August 1995 maßgebend, wonach gegen die Annahme des Gehilfenvorsatzes Bedenken bestehen, wenn der Beitrag des „Gehilfen" für diesen erkennbar zum Gelingen der Tat nicht erforderlich war.[549] Dagegen läßt sich einwenden, dass dann aber immer noch Raum für die Annahme einer *psychischen Beihilfe* wäre, ferner sind die Teilnahmehandlungen des Bankmitarbeiters letztlich noch kausal für die spätere Steuerhinterziehung; es sind aber im Kreditwesen oft nur Vorbereitungshandlungen, die aber im Steuerstrafrecht schon bei Eventualvorsatz nach der bisher ganz herrschenden Meinung unter den Beihilfetatbestand subsumiert wurden.[550]

Der doppelte Gehilfenvorsatz muß ebenso beinhalten, dass dem Gehilfen bewusst ist – zumindest im Sinn einer *Parallelwertung in der Laiensphäre*[551] – dass er eine Beihilfehandlung begeht. Hier wird relevant, dass die Schlussfolgerung, möglicherweise Gehilfe einer Steuerstraftat von Bankkunden zu sein, eine vorherige Subsumtion erforderte. So sahen die Finanzverwaltung und die Gerichte die strafrechtliche Bedeutung des Verhaltens eines Bankangestellten zunächst im Verstoß gegen die sog. Kontenwahrheit (§ 154 Abs. 2 AO). Insbesondere sei die Abwicklung von Geschäften über sogenannte CpD-Konten als ein Verstoß gegen

547 So vertreten von *Joecks* in: WM Sonderbeil. Nr. 1 zu Heft 20 /1998, S.14 unten; zum aktuellen Diskussionsstand zur Abgrenzung § 257 StGB / § 27 StGB: *Vahrenbrink*, „Die vorgeleistete Begünstigung", S. 23 ff und S. 135 ff; *Laubenthal*, in: JURA 1985, S. 630 ff.

548 *Kaligin*, „Steuerfahndung bei Banken", WM 1996, 2267, 2269.

549 Vgl. 4 StR 422 / 95, StV 1996, 87.

550 BGH wistra 86, 26; BGH HFR 1993, 333.; im übrigen: Klein- *Gast –de Haan*, § 370 AO, 6. Aufl., 1998, S. 1549.

551 Siehe dazu auch : Franzen-Gast-Joecks- *Joecks*, § 370 AO Rn. 254 und Rn. 235 ff.

die Kontenwahrheit verboten, wenn der Name des Beteiligten bekannt ist oder unschwer ermittelt werden kann und für ihn bereits ein entsprechendes Konto geführt wird.[552] Nach Nr. 6 des AEAO zu § 154 AO ist die Führung von sogenannten Nummernkonten in Deutschland verboten. Bereits hieraus ergaben sich aber verschiedene Fragen, so z. B. ob der Einzahler auf das Inlandskonto einer ausländischen Bank auf dem Einzahlungsbeleg vermerkt werden muss, d.h. ob eine anonyme Einzahlung rechtswidrig sei. Für den Bankangestellten stelle sich die Rechtslage oft verwirrend dar, was auch den etwaigen *Vorsatz* nicht unberührt lassen könne oder auf Schuldebene (§ 17 StGB) zu berücksichtigen sei. Im Übrigen kann nach Auffassung von *Kaligin*[553] von einer hinreichenden Bestimmtheit (vgl. Art. 103 Abs.2 GG) der Tat vor der Begehung nicht gesprochen werden. Dagegen spricht aber, dass der Gehilfe nur die „*wesentliche Dimension* des Unrechts" der konkreten Haupttat erkennen muss.[554] Bei einer Geldanlage von einer Million DM im Ausland ist es jedenfalls nicht von vornherein ausgeschlossen, dass der Bankberater den „wesentlichen Unrechtsgehalt" des vom Kunden später begangenen Steuerunrechts erfasst oder zumindest erfassen kann. Für spätere Folgestraftaten hat die Rechtsprechung[555] im Übrigen schon vor 20 Jahren und demnach schon vor der Ausklammerung der Rechtsfigur des „Fortsetzungszusammenhangs" im Steuerstrafrecht[556] bei der Frage des etwaigen *Gesamtvorsatzes* des Gehilfen entschieden, dass insoweit den Gehilfen keine strafrechtliche Verantwortung treffe. Er hafte vielmehr nur für die konkret geförderte *Einzel*tat.[557] Hierbei muss allerdings Folgendes erwähnt werden: Das Steuerrecht sieht eine Besteuerung nach Zeitabschnitten, bei der Einkommensteuer die jährliche Besteuerung vor. Nach dieser Auffassung würde der Bankmitarbeiter lediglich als Gehilfe für die Einkommensteuer auf die vom Kunden nicht deklarierten Zinsen des Zeitabschnitts bis zur Abgabe der *nächst*folgenden (und nur *diese*) Steuererklärung strafrechtlich verantwortlich sein. Von der Finanzverwaltung

552 Anwendungserlass zur AO, BStBl I 1987, 664.

553 *Kaligin*, in: WM 1996, 2267, 2269; für den Tatbestand der Geldwäsche ebenso die Konkretisierung der Haupttat im Sinne des § 27 StGB verneinend: *Höreth*, „Die Bekämpfung der Geldwäsche", S. 77.

554 „*Wesentlicher Unrechtsgehalt": Wessels/Beulke*, Strafrecht AT, 29.Auflage, Rn. 584; BGH NStZ 1990, 501; LK-*Roxin*, § 27 Rn. 28.

555 Vgl. BGH MDR 1978, 803 (803, zu § 27); i.ü.: S/ S -*Cramer*, 24.Aufl., § 27 Rn. 36, 37.

556 Beschluß vom 20. Juni 1994: 5 StR 595 / 93. Anders: LG Wuppertal, *wistra* 1999, 476.

557 Vgl. BGH MDR 1978, 803 (803, zu § 27 StGB); ebenso: D/ T, § 27 Rn. 9, 12 ; 2 StR 135 / 92; anders das LG Wuppertal, *wistra* 1999, 473 ff.(476): 3-4 Taten; BGHSt 46, 107 ff.

wird dies zum Teil aber anders gesehen. Auch das LG Wuppertal[558] hält in seiner Entscheidung vom 19.5.1999 im Strafverfahren gegen einen Bankmitarbeiter einen *bedingten* Vorsatz desselben hinsichtlich „mittelfristiger" Anlagen (§ 268 IV, V, § 285 Nr.1 a HGB) und diesbezüglicher Steuerverkürzungen bezogen auf drei Jahre (Veranlagungszeiträume 1993-1995) für gegeben, was aber auf die konkreten Ermittlungen zurückzuführen ist und so die drohende Haftungssumme des Steuerhinterziehungsgehilfen gemäss § 71 AO *weitaus höher* werden lässt als eine vergleichsweise im materiellen Strafrecht drohende zivilrechtliche Schadensersatzklage gegen den Gehilfen eines Vermögensdeliktes nach §§ 823 II, 830 BGB i.V.m. einem Schutzgesetz des StGB.[559] Eine andere Auffassung im Schrifttum[560] kommt zum Resultat, dass die mangelnde Nähe zur Begehung der Haupttat und ein mangelndes Tatinteresse *in der Regel* dazu führe, dass beteiligte Bankbedienstete trotz der Kausalität für die Haupttat regelmäßig nicht Gehilfen sind. Allerdings wird auch von dieser Ansicht eingeräumt, dass die Grenze zur Strafbarkeit überschritten ist, wenn etwa die *Höhe* der Bezüge Schlußfolgerungen auf eine Einbindung in den Verbrechensplan zulassen.[561]

Zusammenfassend ist also zu vermerken, dass die „vorgeleisteten" Handlungen keinesfalls Begünstigungshandlungen sind. Sie sind vielmehr Beihilfehandlungen bei entsprechendem Vorsatz. Die zeitliche Diskrepanz im Steuerstrafrecht lässt sich nur durch Vorsatzverschärfungen im intellektuellen Bereich lösen, wenn keine umfassende Verantwortlichkeit für das vorsätzliche Fehlverhalten Dritter befürwortet werden soll. Oft ist es auch so gewesen, dass das Wissen um die banktechnischen Vorgänge (Konteneinrichtungen) weitergegeben wurde und dann das künftige Fehlverhalten der Bankkunden sicher vorausgesehen werden konnte.

4. Zum Sonderwissen[562] von Bankmitarbeitern

Die strafrechtliche Beurteilung des Bankmitarbeiters stellt sich möglicherweise anders dar, wenn der Bankmitarbeiter *Sonderwissen*[563] hat, insbesondere vom

558 Vgl. *wistra* 1999, 473 ff. (476); ebenso: BGHSt 46, 107 ff..

559 Vgl. BGHZ LM § 823 (Be) Nr.4. Hier wird *nur* für die *konkrete* Einzeltathandlung, an der mitgewirkt wurde, zivilrechtlich nach dem Recht der unerlaubten Handlungen auf Schadensersatz gehaftet.

560 Franzen-Gast-Joecks- *Joecks*, § 370 AO Rn. 252.

561 Franzen-Gast-Joecks-*Joecks*, § 370 Rn. 252, 247 .

562 Dass Sonderwissen bei Bankmitarbeitern vorhanden war und eingesetzt wurde, spricht auch das Urteil des LG Wuppertal aus, vgl. wistra 1999, 473 ff., 475.

563 Vgl. dazu auch das Urteil des LG Wuppertal, in welchem von bewusster und gezielter Einsetzung dieses Sonderwissens die Rede ist: wistra 1999, 473 ff. (475).

Bankenvorstand sogenannte „Insiderinformationen“ über den Bankkunden bekommen hat, aus denen sich dessen steuerstrafrechtlich relevante Intentionen ergeben. Wie *Otto*[564] zutreffend ausführt, begründet nämlich *allein* der Verdacht der Steuerhinterziehung im Hinblick auf den Bankkunden, auch wenn dieser Tatentschluss des Kunden sich bereits zum *dolus eventualis* verdichtet haben sollte, keine strafrechtliche Verantwortlichkeit des Bankangestellten, wenn er trotz allem die „hilfreiche“ Banktransaktion durchführt.

Dass die Bankmitarbeiter gezielt Sonderwissen bei der Beratung einsetzten, wird auch von den Gerichten[565] so gesehen. Unter Sonderwissen[566] versteht man Wissen, das nicht jedem zugänglich ist, und bei welchem sich die Frage stellt, ob dieses Sonderwissen auch bei der strafrechtlichen Verantwortlichkeit zu berücksichtigen ist, bzw. gerade das besondere Wissen die Verantwortlichkeit für das vorsätzliche Fehlverhalten Dritter steigert oder begründet bzw. eine *Sonderverhaltenspflicht* hervorruft, die Rücksicht auf etwaige deliktische Tatpläne des Kundens nimmt. Diese Frage stellt sich sowohl beim Vorsatz- als auch beim Fahrlässigkeitsdelikt. Was das Sonderwissen angeht, so ist die Position von *Kaufmann* eindeutig.[567] Beim Vorsatzdelikt soll es außer der Kausalität keine vom Vorsatz unabhängige objektive Zurechnung geben. Gegen die Lehre von der objektiven Zurechnung gewendet heißt es: „Was der Täter *weiß*, dies alles ist ... doch wohl *entscheidend* für die Frage, ob ... von der Schaffung einer mißbilligten Gefahr und von der Verwirklichung gerade dieser Gefahr die Rede sein darf“.[568] *Weiß* der Täter um den Erfolgseintritt, so soll sich die *rechtliche* Missbilligung der Herbeiführung des Erfolges „von selbst“ ergeben. Begründet wird dies damit, dass „mit der Vorsätzlichkeit der Verwirklichung des objektiven Tatbestandes die ganze Tatbestandsmäßigkeit ... vorliegt.“[569] Die Lehre von der objektiven Zurechnung erreiche dieses Resultat zwar auch, aber nur durch einen Bruch im Deliktsaufbau, genauer formuliert, indem sie das Wissen des Täters in die objektive Zurechnung einbeziehe.[570] Dabei ist genau an die hier zur Debatte stehenden

---

564 Vgl. *Otto*, „Vorgeleistete Strafvereitelung“ als Beihilfe“, in: Festschrift für *Theodor Lenckner* zum 70. Geburtstag, München 1998, unter VI.1. (S.221).

565 LG Wuppertal, in: *wistra* 1999, 473 ff (475).

566 Vgl. zu dem Begriff des *Sonderwissens*, der eigentlich aus dem Bereich der Fahrlässigkeitsdelikte stammt: *Moos*, „Sozialadäquanz und objektive Zurechnung bei Tatbeiträgen im Finanzstrafrecht“, in: Aktuelles zum Finanzstrafrecht, S. 85 ff., S.98; *Wohlleben*, Beihilfe durch äußerlich neutrale Handlungen, 1996, S. 164.

567 So jedenfalls *Jakobs* in: „Tätervorstellung und objektive Zurechnung“ in: Gedächtnisschrift für *Armin Kaufmann*, 1989, 271 ff., 275; jetzt: SK-*Hoyer*, § 27 Rn. 31-34.

568 *Kaufmann*, „Objektive Zurechnung beim Vorsatzdelikt“, in: *Jescheck*-FS, S.251 ff, 260.

569 *Kaufmann*, „Objektive Zurechnung beim Vorsatzdelikt“, S. 261.

570 *Kaufmann*, „Objektive Zurechnung beim Vorsatzdelikt“, S. 265.

Fälle zu denken, in denen nach üblicher Ansicht wegen eines *Sonderwissens* des Täters die an sich gegebene Risikoerlaubnis (z.B. aus Berufsrecht) zurückgenommen wird.[571] So lautet das Ergebnis, es gebe – abgesehen von Besonderheiten bei der Auslegung einzelner Tatbestände – keinen Abbruch der Verantwortung für vorsätzliche Erfolgsverursachung aus objektiven Gründen.[572] Weiterhin gibt *Kaufmann* Folgendes zu bedenken: „Der verführerische Satz, '*dass nicht jeden alles angeht*', ist gewiß... kein allgemeines Prinzip. Der Bankmitarbeiter kann sich also nicht mit dem Argument verteidigen, obwohl er von der Steuerunehrlichkeit durch Insiderinformationen Kenntnis habe, gehe ihn mangels eigener Verantwortlichkeit für die Steuerschuld Dritter die zukünftigen Steuerdelikte des Kunden nichts an. Schon im Bereich der Unterlassungen wäre dem zu entgegnen, dass jeder Unglücksfall jeden angeht, und im Bereich des Tötungsverbots gilt doch wohl: Jeden vorsätzlich Tötenden geht sein Opfer etwas an."[573] Also muss für diese Konstellation die Doktrin vom „straflosen berufstypischen Verhalten" erst recht keine Geltung beanspruchen. Jedenfalls entspricht größeren empirischen *Kenntnissen* von banktechnischen Vorgängen eine *gesteigerte* Verantwortlichkeit für das vorsätzliche Fehlverhalten Dritter, die zum Sonderwissen praktisch korreliert.

Die Vorsicht muss sich dann, wie auch *Moos*[574] meint, aus der „guten Vorhersicht" ableiten. Dieser *wissensangepasste Haftungsradius* muss dann auch für *Vorsatz*delikte wie die Beihilfe Anwendung finden. Das empirische Sonderwissen ist sowohl im Fahrlässigkeitsbereich als auch im *Vorsatz*bereich nur dann unbeachtlich, wenn ein rechtlicher Gefahrenbereich tangiert wird, der normativ „sozial toleriert" wird. In den „Luxemburgfällen" ist der durch Sonderwissen geschaffene rechtlich relevante Gefahrenbereich zum Teil aber weit überschritten. Im Steuerstrafrecht legt *Sonderwissen* ein *Sonderverhalten* dem Berater auch beim Vorsatzdelikt der Beihilfe nahe: Im Falle „sicheren Wissens" auf Grund von „Sonderwissen" hat der Tatbeteiligte ein Sonderverhalten zur Vermeidung der Haupttat anzunehmen, er muss auf die Deliktspläne des Kunden dann Rücksicht nehmen.[575]

Allerdings muss weiterführend die Frage aufgeworfen werden, wie denn im Steuerstrafrecht nun eine vernünftige Vorsatzbestimmung zu erfolgen hat. Hierbei stößt man jedoch wieder auf generelle Kritik an der Vorsatzbestimmung im Steuerstrafrecht, auf die im Teil 2 unter B. I. 1 schon eingegangen wurde. Kei-

571 Eingehend ausgearbeitete Kritik daran bei *Struensee,* in: JZ 1987, 53 ff., 59 ff.; *derselbe,* in: GA 1987, S. 97 ff.

572 Vgl. *Jakobs*, „Tätervorstellung und objektive Zurechnung", S. 276.

573 *Kaufmann*, „Objektive Zurechnung beim Vorsatzdelikt", in: *Jescheck*-FS, S. 270.

574 *Moos*, in: Aktuelles zum Finanzstrafrecht, S. 85 ff., S.98; SK-*Hoyer*, 27 Rn. 32.

575 In diesem Sinne: SK-*Hoyer*, § 27 Rn. 32 ff..

nesfalls darf aber die pauschale Annahme der psychischen Beihilfe dazu führen, dass auf ein „*Bewusstsein der Tatförderung*“ verzichtet wird, und es muss der Gefahr begegnet werden, die Grenzen zur Beihilfe durch Unterlassen zur Steuerhinterziehung dadurch zu verwischen, indem schon das „bloße Dabeisein bei der Fassung fremder deliktischer Tatentschlüsse“ mit Strafe bedroht wird. Darauf soll im Folgenden näher eingegangen werden.

5. Anforderungen an das Bewusstsein der Tatförderung

„Bloßes Dabeistehen oder Dabeisein“ kann allein nach neuerer Rechtsprechung für die Annahme von Beihilfe im Sinne des Tatbestands des § 27 I StGB nicht mehr ausreichen.[576] Diese Verhaltensweisen kommen als strafbare Beihilfe nur noch dann in Betracht, wenn hierdurch *bewusst* die Tat gefördert und erleichtert und dem Täter hierdurch ein Gefühl erhöhter Sicherheit vermittelt wird.[577] Ob dies der Fall ist, erfordert gerade im *Kreditwesen* sorgfältigste und genaue Feststellungen[578].

In einer Entscheidung speziell zum Steuerstrafrecht hat der BGH[579] beschlossen, dass das bloße „Dabeisein“ in Kenntnis einer Straftat selbst bei deren Billigung nicht ausreiche, die Annahme von Beihilfe im Sinne positiven Tuns zu begründen, da anderenfalls die rechtlichen Anforderungen im Hinblick auf Garantenpflichten beim unechten Unterlassen[580] umgangen werden könnten und die Strafbarkeit im Bereich der Beihilfe ausgedehnt würde. Bei Fallgestaltungen, bei denen es letztlich auf die Abgrenzung zwischen positivem Tun, psychischer Beihilfe und unechtem Unterlassen ankommt, sind *weitere* Anhaltspunkte dafür erforderlich, dass sich der Gehilfe auch der Tatförderung *bewusst* war.[581]

Wichtig erscheint, dass nunmehr auch bei den Entscheidungen des BGH[582], allerdings nicht speziell in Urteilen zum Steuerstrafrecht, der Umstand bei der Beihilfe Bedeutung erlangt, daß „Gleichgesinnte, die durch dieselben Ereignisse

576 NStZ-RR 1996, 290; anders dagegen die Rechtslage bei der „passiven Gesprächsteilnahme“, vgl. dazu BGH JZ 1983, 462 ff = StV 82, 517 ff. und diesbezügliche Besprechung von *Sieber*, „Die Abgrenzung von Tun und Unterlassen bei der „passiven“ Gesprächsteilnahme“, in: JZ 83, 431 ff.

577 NStZ 93, 233; BGHR § 27 I Beih. 1.

578 BGHR § 27 I Hilfel. 13, 14; NStZ 95, 490; *Sonnen*, in: JA 95, 746; MDR / H 1996, 117; 22.3.1995, 2 StR 51/ 95.

579 BGHSt *wistra* 1996, 184 (184, 187, l. Spalte).

580 Siehe dazu in jüngerer Zeit: *Sieber*, „Strafrechtliche Verantwortlichkeit für den Datenverkehr“, JZ 1996, 429 ff (499-502).

581 NStZ 96, 564.

582 Vgl. die Entscheidung des BGH zur Wahlfälschung in der DDR: BGHSt 40, 307 ff (314, 315).

zu einem ihrer gemeinsamen Überzeugung widersprechenden Verhalten angehalten werden, regelmäßig durch das Mitmachen des anderen in ihrem eigenen Tun bestärkt werden, indem ihnen dadurch *„das Gefühl der alleinigen Verantwortung genommen wird und die der (Steuerstraf-) Tat entgegenstehenden Hemmungen unterdrückt werden.“* Gerade dies ist aber für den Ausgangsfall bedeutsam: Die psychische Stabilisierung und das geringere Hemmungsbewusstsein beim Kunden wird durch die Beratung und Aufklärung des Bankmitarbeiters ausgelöst. Sie muss aber nicht unbedingt stabilisierend sein. Im Ergebnis stellt sich momentan die Lage also wie folgt dar:

Angesichts der durch die Möglichkeitstheorie beim Eventualvorsatz weit vorgeschobene Strafbarkeitsgrenze für den Beihilfetatbestand, aber auch der Redseligkeit mancher Kunden, die dem Bankangestellten sogar *positive* Kenntnis von der Steuerhinterziehung unterstellen, unterliegt der Bankangestellte einem erhöhten Strafbarkeitsrisiko, obwohl er sich oftmals „an sich“ ordnungsgemäß verhält.[583] Selbst *Roxin*[584] räumt ein, dass bei einem „Erstverursacher, der über hinreichend *konkretes Sonderwissen* verfügt“ eine Beihilfestrafbarkeit in Betracht kommt. In genau diesen Fällen verliere die „Alltagshandlung“ ihre Harmlosigkeit und sei weder sozialadäquat noch von einem Vertrauensgrundsatz als strafrechtliches Prinzip gedeckt.[585]

6. *Ablehnung des dolus directus ersten Grades*

Bisweilen wurden in Rechtsprechung und Literatur vereinzelt Ansätze in die Diskussion eingebracht, welche höhere Anforderungen als Wissentlichkeit an den hinreichenden Gehilfenvorsatz in Bezug auf das intellektuelle Vorsatzelement stellen oder gestellt haben, als dies weithin getan wird und hier gefordert wird. Es gibt Meinungen, die einen Eventualvorsatz bei der Beihilfe nicht ausreichen lassen wollen, sei es generell oder jedenfalls für spezielle Fallkonstellationen.

Gemäß v. *Bar* und *Köhler* erfordert eine strafbare Beihilfehandlung ganz generell eine Unterstützungs*absicht*. Beide gehen von dieser Voraussetzung aus, weil man sonst keine an sich harmlose Leistungen gegenüber einer Person erbringen dürfte, welche diese Leistung, wie man weiß oder jedenfalls für möglich hält, als Förderungsleistung für die Begehung einer Straftat ge- bzw. missbrauchen könnte.[586] *Köhler* verweist auf die beiden Reichsgerichtsentscheidungen RGSt 37, 321 (323) (Beihilfe eines Rechtsanwalts durch Raterteilung) und RGSt

583 *Kniffka*, „Durchsuchung von Kreditinstituten“, *wistra* 1987, 307 (310).
584 *Roxin*, „Bemerkungen zum Regreßverbot“ in: Tröndle-FS (1989), S. 197.
585 *Roxin*, „Bemerkungen zum Regreßverbot“ in: Tröndle-FS (1989), S. 197.
586 Vgl. *von Bar*, „Gesetz und Schuld im Strafrecht, Bd. II: Die Schuld nach dem Strafgesetze“, § 359; *Köhler*, „Deutsches Strafrecht, Allgemeiner Teil“, S. 530.

39, 44 ff. (Beihilfe zur Kuppelei durch Kreditvergabe zum Erwerb eines Bordelles bzw. durch die kreditweise Lieferung von Wein für den Betrieb desselben) hin. In beiden Fällen geht es um die Frage, ob sich jemand, der, wie er weiß, berufsmäßig mit Straftätern in Berührung kommt, wegen Beihilfe zu deren Taten strafbar macht. Das RG macht die Strafbarkeit wegen Beihilfe in beiden Fällen davon abhängig, ob die Berufstätigen durch ihre Lieferungen bzw. Dienstleistungen mehr wollten, als lediglich ihren Beruf, d.h. ihr Gewerbe ausüben.[587] *Köhler* interpretiert diese beiden Fälle als Belege dafür, dass Eventualvorsatz des „Gehilfen“ auch nach der Meinung des RG nicht immer ausreichen könne. Diesen Anforderungen angeschlossen hat sich *Neuenschwander-Hesse*.[588] Grundsätzlich soll der Eventualvorsatz hinsichtlich der Förderung einer Straftat ausreichen. Bei den sogenannten „sozialadäquaten Handlungen“ seien aber *höhere subjektive* Anforderungen zu stellen. Im Ergebnis privilegiert sie damit die Täter, die bei der Ausübung ihres Berufes Beihilfehandlungen gegenüber Straftätern erbringen, indem sie bei ihnen eine Strafbarkeit nur bei Vorliegen der stärksten Form des Vorsatzes, also der Absicht[589], bejaht. Demzufolge führt sie aus, daß die Vorstellung des „Gehilfen“, daß sein Handeln ein Delikt fördert, das Motiv seines Verhaltens gewesen sein muß, demgegenüber der sozialadäquate Zweck (Berufspflichterfüllung) verblaßt. Die Förderung der fremden Tat muß also „bezweckt, begehrt, d.h. unzweifelhaft gewollt sein“.[590]

Neuenschwander-Hesse betrachtet ihre Lösung selbst jedoch nicht als Privilegierung von berufsmäßig Handelnden. Bei den sozialadäquaten Verhaltensweisen sei der Förderungscharakter zu verneinen und demjenigen, welcher „unter dem Deckmantel harmloser Berufsausübung sein Unwesen treibe“, sei das Recht abzusprechen, sich auf sozialadäquates Verhalten zu berufen.[591] Warum sich jedoch nur die Berufstätigen auf die Sozialadäquanz ihres Verhaltens, d.h. auf die Straffreiheit ihrer physischen Hilfeleistungen berufen können, bleibt im Ergebnis offen. Im übrigen setzt der Tatbestand der §§ 27 I, 16 I 1, 15 StGB i. V. m. §§ 370, 369 II AO im Gegensatz zu den Hilfeleistungen *nach* der Tat (§§ 257, 258, 259 StGB) keine Absicht voraus.

Teilweise wird im Schrifttum vorgeschlagen, Folgerungen für eine *erweiterte* Bestimmung des Gehilfenvorsatzes (mehr als Eventualvorsatz) aus dem deutschen *Privatrecht* ziehen zu können.[592] Nach nahezu ständiger Praxis der Zivilge-

---

587 Siehe RGSt 37, 321 (323); 39, 44 ff., 48 f.

588 *Neuenschwander-Hesse*, „Die Strafbarkeitsvoraussetzungen der Beihilfe nach Art. 25 StGB (Schweiz)“ (1954).

589 *Neuenschwander-Hesse*, (Fn. 545) S. 61.

590 *Neuenschwander-Hesse*, aaO, S. 62.

591 *Neuenschwander-Hesse*, aaO., S. 40.

592 So: *Schild Trappe*, „Harmlose Gehilfenschaft?“, 1995, S.171.

richtsbarkeit erfordert das Sittenwidrigkeitsverdikt der Generalklausel des § 138 BGB neben objektiven Voraussetzungen auch subjektive, wie namentlich die *verwerfliche* Gesinnung der Kontrahent*en*, *Bewusstsein* der Sittenwidrigkeit oder zumindest ihr *Bewusstsein* von den Umständen, welche die Sittenwidrigkeit ihres Vertrages begründen.[593] Insofern entscheidet dann aber das subjektive Element über die Nichtigkeit von Verträgen und ist gegenüber dem Zivilrecht vorrangig, welches nur die objektiven Voraussetzungen genau regelt. Aber auch diese Überlegungen überzeugen nicht. Zwar ist für die Strafbarkeit von Eigentums- und Vermögensdelikten der Bezug auf die zivil- bzw. sachenrechtlichen Fragen nach dem Eigentum und eine zivilrechtliche Einordnung der Verhaltensweisen von Bedeutung. Dennoch muß für den hier in Frage stehenden Bereich des Kreditwesens eine eigenständige *straf*rechtliche Lösung gefunden werden, da dem in Kenntnis der späteren Steuerhinterziehung Gelder transferierenden Bankmitarbeiter nicht sogleich ein Bewusstsein der Sittenwidrigkeit zum Begehungszeitpunkt unterstellt bzw. nachgewiesen werden kann.

Gegen das Absichtserfordernis im subjektiven Tatbestand der Beihilfe spricht, dass ein zielgerichteter Erfolgswille gerade im Kreditwesen selten vorliegt, im Vordergrund steht die enge Kundenbindung, die durch anonymisierte Geldtransferdienstseistungen vortrefflich gefördert werden soll. Im Übrigen hat der Gesetzgeber immer dann, wenn er Absicht verlangt, dies, jedenfalls in den Tatbeständen des Besonderen Teils, im Gesetzestext zum Ausdruck gebracht. Daraus lässt sich folgern, dass in den ungeregelten Fällen die allgemeinen Vorsatzlehren mit ihrer klassischen Dreiteilung Geltung beanspruchen. Dass dies im Steuerstrafrecht nicht um jeden Preis hingenommen werden muss, wurde bereits ansatzweise dargelegt. Jedenfalls wäre eine Forderung nach absichtlichem Handeln des Bankmitarbeiters übertrieben und würde der Wertung des Gesetzes und der bisherigen Auslegung des § 27 I StGB zuwiderlaufen. Auch die Anstiftung verlangt tatbestandlich keine Absicht, ebensowenig die (Mit-) Täterschaft. Allerdings zeigt der Gesetzgeber in §§ 258 I, 257 I StGB, dass ein subjektives Verantwortlichkeitskorrektiv bei weit gefasstem objektivem Tatbestand in der Praxis eine bewährte Möglichkeit darstellt, nicht strafwürdige „unterstützende" Verhaltensweisen auszuscheiden, ohne dadurch in ein „Gesinnungsstrafrecht" zu verfallen.

---

593 Vgl. dazu im Schweizer Recht: *Kramer*, „Schweizerisches Zivilgesetzbuch, Das Obligationenrecht, Band IV, 1.Abt., allg. Bestimmungen, 2. Teilband, 1. Unterteilband, Art. 19-20 OR, Bern 1990, N 181 zu Art. 19-20.

7. Die Stimmen im deutschsprachigen Rechtskreis

Auch in den Nachbarländern der Bundesrepublik Deutschland, insbesondere in Österreich und in der Schweiz, werden Ansätze für einen sinnvolle Lösung des Problems der Beihilfestrafbarkeit des Bankmitarbeiters zur Steuerhinterziehung diskutiert. Hier soll auf zwei wissenschaftlich im Ergebnis weiterführende Ansatzpunkte näher eingegangen werden.

a) Ablehnung des „Täterstrafrechts" im Schweizer Schrifttum

Nach der Auffassung von *Schild Trappe* soll, wie hier vertreten, eine Lösung im subjektiven Bereich gefunden werden. Allerdings ist das ein Lösungsansatz mit noch stärkerer Betonung der gegenseitigen Kenntnisse von Haupttäter und Gehilfen. Sie nähert sich stark einem Täterstrafrecht an, was aus deutscher Sicht bedenklich erscheint. Diese Auffassung versteht unter Beihilfe die (vorsätzliche) psychische Einwirkung im affektiven Bereich auf einen künftigen Straftäter, welcher den Vorsatz zur Begehung einer bestimmten Straftat bereits gefasst hat, aber noch vor deren Ausführung steht.[594] Doch soll die psychische Einwirkung für eine Beihilfe nur ausreichen, wenn sie eine „Solidarisierung mit dem Täter" bedeutet, was wiederum voraussetzt, dass der Täter sich der Solidarisierung „seines" Gehilfen *bewusst* ist, das heißt um dessen Hilfeleistung weiß.[595] Am Erfordernis der limitierten Akzessorietät hält aber auch diese Autorin fest. Ihre Lehre bewegt sich aber weit hinweg von der (sicher in mannigfachen Varianten auftretenden) herrschenden Meinung, welche die Beihilfe als Angriff auf das tatbestandlich geschützte Rechtsgut durch kausale Risikosteigerung auffasst. Das deutsche Strafrecht bezieht die Beihilfe nicht in erster Linie auf den Täter, sondern auf *die Tat*, die durch sie ermöglicht, erleichtert, intensiviert oder abgesichert worden sein muss. Während die Beihilfe also nach deutschem Recht als Rechtsgutsangriff im Sinne einer physischen oder intellektuellen Einwirkung auf den Erfolg verstanden wird, begreift *Schild Trappe* sie als affektive Einwirkung auf den *Täter* und macht die fragwürdigste Figur der Beihilfe, die psychische Beihilfe, durch Bestärkung des Tatentschlusses beim Täter, zu ihrem Haupttyp. Konsequenz daraus ist nicht nur ein fundamentaler theoretisch-konstruktiver Gegensatz, sondern auch in der Praxis ergeben sich mehrere Ergebnisse:

So ist anders als im deutschen Strafrecht die heimliche Beihilfe, von der der Haupttäter nichts weiß, wegen fehlender Einwirkung auf den Täter überhaupt

594 So: *Schild Trappe*, „Harmlose Gehilfenschaft ?", 1995, S. 96, 97.
595 So: *Schild Trappe*, „Harmlose Gehilfenschaft ?", 1995, S. 97, 137.

keine Beihilfe.[596] Dabei muss sich andererseits die Gehilfenschaft auf die Haupttat nicht kausal ausgewirkt haben, und zwar weder auf den Erfolg noch auch nur auf den Tatentschluss des Täters. Für die Strafbarkeit reichen also „bloße Zustimmungs- und Solidarisierungsbekundungen", die einem bereits gefassten Tatentschluss auch in seiner Festigkeit und Intensität nicht beeinflussen.[597] Nicht ausreichend ist aber nach Auffassung von *Schild Trappe* der dolus eventualis, denn hier fehle die hinreichende Solidarisierung. Insoweit stützt auch sie – mittelbar – den subjektivierenden Ansatz. Nicht möglich ist eine Beihilfe durch Unterlassen mangels psychischer Einwirkung auf den Täter.[598]

Allerdings kann dieser Stimme aus dem Schweizerischen Schrifttum wegen mehrerer Gründe nicht gefolgt werden. Weder in den theoretischen Grundvoraussetzungen noch in den Ergebnissen in der praktischen Anwendung bietet sie für das deutsche Strafrecht eine Hilfestellung. Die Grundprämisse dieser Ansicht ist schon mit dem Wortlaut des deutschen StGB nicht zu vereinbaren. So bezieht § 27 I StGB die Beihilfestrafbarkeit auf die vorsätzlich *begangene* rechtswidrige *Tat,* und gerade nicht auf den Täter;[599] im Gegensatz zu § 26 StGB wird in § 27 StGB die Förderung *der Tat* bestraft, obwohl auch § 27 StGB freilich das Merkmal „einem anderen" enthält. Dies ergibt sich aus dem systematischen Zusammenhang mit § 26 StGB (planende Einwirkung auf den Täter); im übrigen geht § 30 StGB von der Strafbarkeit der Kettenteilnahme (freilich bei der Anstiftung) aus, während bei der Schweizer Lösung hier die Einwirkung auf den Täter fehlen würde. Im übrigen verlangt § 24 II StGB für den Rücktritt des Teilnehmers die Verhinderung der Tat, während *Schild Trappe* für den Rücktritt ausreichen lässt, dass der Gehilfe dem Täter vor oder während der Tat klar und unmissverständlich kundtut, dass er die Solidarisierung mit ihm nicht weiter tragen wolle.[600] Aber dies sind nur formalgesetzliche Gegenargumente, die für das schweizerische Recht nicht zu gelten brauchen und die auch für das deutsche Strafrecht vor dem Hintergrund einer sachgerechten Dogmatik eine materielle Begründung nicht ersetzen können. Dass die Beihilfekonzeption nach diesem „Schweizer Modell" die Substanz strafbaren Verhaltens in rechtsstaatlich bedenklicher Weise von der Rechtsgutsverletzung auf bloßes Gesinnungsstrafrecht verschiebt, begegnet aber grundsätzlichen rechtlichen Bedenken. Auch der Gehilfe muss das Rechtsgut „angreifen", d.h. zu seiner Verletzung oder Gefährdung wenigstens sekundär beitragen. Wird auf diese Voraussetzung verzichtet und sich mit der blo-

596 *Schild Trappe,* „Harmlose Gehilfenschaft?", 1995, S. 97.
597 *Schild Trappe,* „Harmlose Gehilfenschaft?", 1995, S. 98.
598 So *Schild Trappe,* „Harmlsoe Gehilfenschaft?", S.126.
599 Zu den weiteren Gegenargumenten gegen den Ansatz von *Schild Trappe* vgl. auch *Roxins* Besprechung des Buches, in: JZ 1996, 29 ff.
600 Vgl. dazu: *Schild Trappe,* „Harmlose Gehilfenschaft ?", S. 176.

ßen Bekundung einer tadelnswerten Ansicht (wie z.B. Beifallklatschen) begnügt, ist die Folge davon eine gewaltige Strafbarkeitsausdehnung und das Fundament des Tatstrafrechts wird verlassen. Weitere Folge ist das beziehungslose Auseinanderfallen von Handlungs- und Erfolgsunwert, welche ebenfalls zu vermeiden ist. In der Verwirklichung des gesetzlichen Tatbestandes liegt nämlich der Erfolgsunwert des vollendeten Delikts. Dann muss aber der Handlungsunwert sich in erster Linie auf die vorsätzliche Herbeiführung dieses Erfolges beziehen; denn hierauf richtet sich das gesetzliche Verbot. De lege ferenda könnte man erwägen, ob man daneben zusätzlich eine „Solidarisierung" für die Beihilfebestrafung im Steuerstrafrecht fordern sollte (quasi als überschießendes subjektives restriktives Element im Rahmen einer tatbestandlichen Innentendenz). Aber keinesfalls darf man wegen eines solchen ganz unterschiedlichen Gesinnungsunwerts auf den Willen zur kausalen Erfolgsbewirkung verzichten.

b) Rechtsprechung des Schweizer Bundesgerichts

Auch die Rechtsprechung des Schweizer Bundesgerichts löst überwiegend – entgegen der Auffassung von *Wohlers*[601] – die Fälle „geschäftsüblichen Handelns" beim Verkauf von *Waren* im subjektiven Tatbestand. Beispielsweise wurde beim Verkauf von in der Schweiz nicht konzessionsfähigen Funkgeräten eine Beihilfestrafbarkeit des Verkäufers ohne weiteres bejaht, wenn der Kunde die Geräte widerrechtlich in Betrieb genommen und somit den Straftatbestand des Art. 42 TVG erfüllt hatte. Das Bundesgericht nimmt aber Beihilfe *nur* an, „wenn der Verkäufer beim Verkauf der Geräte *„weiß* oder *zumindest damit rechnet,* dass der Käufer sie widerrechtlich in der Schweiz erstellen, betreiben oder benützen werde."[602]

Ähnlich hat das Bundesgericht beim Verkauf von Scanner-Empfangsgeräten entschieden, aus deren Frequenzbereich nur wenige Kanäle – und auch nur mit einer Konzession – legal überwacht werden durften. Hier sollte es darauf ankommen, ob der Verkäufer „beim Verkauf der Gerätes *weiß* oder damit *rechnet*, dass der Käufer es in der Schweiz widerrechtlich erstellen, betreiben oder benützen wird."[603] Wichtig ist dabei, dass betont wird, dass derjenige Verkäufer, der seinen Hinweispflichten nach Schweizer Recht zum Zeitpunkt des Verkaufs nachgekommen ist, auf die Gesetzestreue der Erwerbers vertrauen dürfe, weil eine weitergehende „Abklärungspflicht letztlich auf eine „Verpflichtung zur akti-

601 *Wohlers*, „Hilfeleistung und erlaubtes Risiko", in: NStZ 2000, 169 ff., 171, 172.
602 Vgl. Schweiz. BGE 109 IV 147, 149.
603 SchweizBGE 111 IV 32, 34 ff.

ven Verhinderung von Widerhandlungen Dritter" hinausführen würde.[604] Auch die Entscheidung zum Verkauf von „Sperrkreisfiltern" zielt in diese Richtung. Hierbei handelt es sich um Geräte, mit deren Hilfe das von den Betreibern des Abonnementfernsehens („Pay-TV") ausgesandte Störsignal entschlüsselt werden konnte, das den Empfang durch nichtautorisierte Teilnehmer verhindern sollte. Das Gericht war der Meinung, dass die Sperrkreisfilter *ausschließlich* als Decoder eingesetzt werden konnten, was dann die Schlussfolgerung getragen hat, der Käufer habe mit dem Kauf eines solchen Gerätes seinen Willen „signalisiert", die Geräte als Decoder einsetzen zu wollen.[605] *Wisse* der Verkäufer dann aber um den Verwendungszweck, sei er als Gehilfe zu bestrafen. Aus diesen Urteilen wird ersichtlich, dass sich das Bundesgericht bei wirtschaftlichem Handeln auf das konkrete Wissen des Handelnden stützt und die Anforderungen an den Eventualvorsatz höher geschraubt werden. Selbst im „Antilopenfleischfall"[606] vom 13.10.1993 wird entgegen der Auffassung von *Wohlers* sehr wohl der *Vorsatz* betont, wenn ausgeführt wird, „dass in Fällen, wo der Verkäufer *weiß,* dass der Abnehmer die gekaufte Ware *nur* illegal verwenden kann, es nicht gerechtfertigt sein kann, die Beihilfestrafbarkeit unter dem Gesichtspunkt der „Eigenverantwortung" des Haupttäters einzuschränken."

Die höchstrichterliche Rechtsprechung in der Schweiz stützt damit die Forderung nach „sicherer Voraussicht" im Kreditwesen. Einleitend wurde aber bereits auf die grundsätzlichen Unterschiede zwischen dem Verkauf einer *Ware* und dem „Bündel" von Dienstleistungen im Bankverkehr hingewiesen. Die Rechtsprechung in der Schweiz läßt sich deshalb nicht uneingeschränkt auf das deutsche Recht übertragen. Hinzu kommt, dass die anonymen Geldtransfers nicht „ausschließlich" der Steuerhinterziehung dienten. Manche Kunden erstrebten auch nur einen Liquiditätsvorteil, einen Zinsvorteil oder eine Verheimlichung vor Gläubigern (vgl. auch Teil 1 unter Ziff. I dieser Arbeit).[607]

c) Ansätze in Österreich: Dogmatische Differenzierung zwischen voraussehbaren und nicht voraussehbaren Fehlverhalten Dritter beim Vorsatz*delikt unter besonderer Berücksichtigung des Eigenverantwortlichkeitsprinzips*

Wissenschaftlich interessante und weitreichende Lösungsansätze finden sich auch im Schirfttum zum österreichischen Strafrecht, dem im Gegensatz zum deutschen Strafrecht das Einheitstätersystem zugrundeliegt. Diese Lösungsansätze enthalten

604 SchweizBGE 109 IV 147, 152; 111 IV 32, 35.
605 Siehe SchweizBGE 114 IV 112, 114, 115. Siehe dazu *Wohlers*, in: NStZ 2000, S. 171.
606 SchweizBGE 119 IV 289.
607 Vgl. dazu Teil 1 dieser Arbeit beim banktechischen Hintergrund.

einige weiterführende Gedanken zur rechtlichen Behandlung des voraussehbaren und nicht voraussehbaren Fehlverhaltens Dritter beim *Vorsatzdelikt.* Dabei ist auf die mögliche *Durchbrechung des Eigenverantwortlichkeitsprinzips* näher einzugehen und seine mögliche Bedeutung für das deutsche Strafrecht zu untersuchen.

Auszugehen ist von den zahlreichen Versuche im Schrifttum, Kriterien des Fahrlässigkeitsdelikts, die eigentlich beim *Vorsatzdelikt* bislang gar nicht oder nur hilfsweise herangezogen werden, auch auf das *Vorsatz*delikt, und das Delikt nach § 370 I AO, § 27 I StGB ist ein solches, auszudehnen. *Roxin*[608] intensivierte diese aufgestellte These, „beim Vorsatzdelikt könne das einzelne Individuum grundsätzlich darauf vertrauen, dass andere im täglichen (Berufs-) Leben keine Straftaten begehen, wenn zum Beispiel eine Ware verkauft wird oder ein Gegenstand verliehen wird." Weiter führt er aus, dass mit dolus eventualis begangene „geschäftsmäßige" Beihilfetätigkeiten am Vertrauensgrundsatz beim Vorsatzdelikt in der Regel scheitern müssten. Er zog daraus die Schlussfolgerung, dass es dann an einem Rechtsgutsangriff fehle.[609]

Der *Vertrauensgrundsatz*[610] ist aber eine typische Rechtsfigur aus dem Bereich der fahrlässigen Straßenverkehrsdelikte[611]. Danach darf der an einem gefahrenträchtigen Vorgang Beteiligte bei eigener Einhaltung der StVO-Vorschriften darauf vertrauen, dass die anderen Teilnehmer des Strassenverkehrs ebenfalls den Vorschriften und Regeln der StVO Beachtung schenken. Damit hat die Rechtsordnung das *erlaubte Risiko* und seine Grenzen näher bestimmt. Andererseits ist der Vertrauensgrundsatz aber auch eine *Konkretisierung des Eigenverantwortlichkeitsprinzips*, welches dem gesamten materiellen Strafrecht zu Grunde liegt. Nach diesem Prinzip hat jeder grundsätzlich nur für die *eigene* Verletzung von (eigenen und) fremden Rechtsgütern die *alleinige* Verantwortung zu tragen.[612] Insofern könnte durch den Vertrauensgrundsatz und seiner Beschränkung der strafrechtlichen Verantwortlichkeit für das Fehlverhalten Dritter, eine nähere Bestimmung für die Verantwortlichkeit für *zukünftige vorsätzliche Verhaltensweisen* Dritter geschaffen werden.

Mit der im Kreditwesen entscheidenden Frage, ob für fremdes vorsätzliches Fehlverhalten im weiteren Kausalverlauf strafrechtlich gehaftet wird, hat sich in

608 Vgl. zu dieser strafrechtsdogmatischen Neueinführung: *Roxin*, Miyazawa-FS, 501 ff. (516).
609 Vgl. *Roxin*, „Was ist Beihilfe?", Miyazawa-FS, 1995, 501 ff. (516).
610 Vgl. auch BGHSt 7, 118.
611 Vgl. nur *Lackner / Kühl*, StGB, § 15 Rn. 39, 40.
612 Nach *Wessels/Beulke,* AT, gilt dieses Prinzip im Vorsatzbereich und bei Fahrlässigkeitsdelikten, vgl. Rn. 188, 684.

Österreich insbesondere eine eigenständige Auffassung herausgebildet[613]. Diese trifft eine äusserst konstruktive Unterscheidung danach, ob das *künftige Fehlverhalten des Dritten konkret voraussehbar war oder nicht.* Danach soll sich dann beurteilen, ob eine strafrechtliche Verantwortung und damit eine strafrechtliche Unrechtszurechnung beim *Vorsatz*delikt möglich ist oder ob vielmehr das Eigenverantwortlichkeitsprinzip uneingeschränkt Geltung beansprucht. Letztlich gelte eben auch für die Fälle der Tatbeteiligung, dass das Verhalten des Tatbeteiligten erst über das „nachträgliche Fehlverhalten“ des unmittelbaren Täters zum Erfolg führe. Dabei wird systematisch in zwei Sachverhaltsgruppen unterschieden:

Die erste Fallgruppe ist dadurch charakterisiert, dass der Tatbeteiligte eine Gefahrensituation geschaffen hat, in der sich dann ein anderer unerwartet, also ohne dass dies für den Tatbeteiligten *konkret voraussehbar* war, rechtsfehlerhaft verhält, und dass es deshalb zur tatbestandlichen Erfolgsverwirklichung kommt. Als zweite große Fallgruppe fasst diese Literaturmeinung[614] diejenigen Sachverhalte zusammen, in denen im *Vorbereitungsstadium* der Haupttat jemand eine Handlung vornimmt, bei der bereits *„konkret voraussehbar“* ist, dass sie ein bestimmtes, letztlich zum strafrechtlich relevanten Erfolg führendes Fehlverhalten eines anderen veranlasst oder fördert. Mit dem Begriff der *konkreten Vorhersehbarkeit* soll zum Ausdruck gebracht werden, dass dort, wo es um ein *künftiges menschliches Fehlverhalten* geht, an die rechtliche „Voraussehbarkeit“ *erhöhte Anforderungen* zu stellen sind: das Fehlverhalten müsse nämlich derart *konkret voraussehbar* sein, dass der „sonst Geltung beanspruchende Vertrauensgrundsatz“ nicht mehr eingreife. Allerdings wird hinzugefügt, dass der Vertrauensgrundsatz im Prinzip „zwar allgemein anerkannt sei[615], seine Reichweite im materiellen Strafrecht jedoch nicht endgültig wissenschaftlich geklärt sei“.[616]

Auch in den Fällen der *zweiten Fallgruppe,* der „Mitwirkung an fremden Fehlverhalten“, liege zwischen der Ersthandlung (der „Mitwirkungshandlung“) und dem tatbestandlichen Erfolg das fehlerhafte Verhalten eines verantwortlich und vorsätzlich handelnden anderen Menschen. Hierunter kann auch eine Dienstleistung fallen, wie im Ausgangsfall des 1.Teils, bei der ein Fehlverhalten des die Dienstleistung Beanspruchenden *konkret voraussehbar* ist.

---

613 *Schmoller,* „Fremdes Fehlverhalten im Kausalverlauf“, in: FS für *Otto Triffterer* zum 65. Geburtstag, Wien 1996, S. 223 ff.

614 Vgl. *Schmoller,* „Fremdes Fehlverhalten im Kausalverlauf“, in: FS für *Otto Triffterer* zum 65. Geburtstag, Wien 1996, S. 223 ff. (224).

615 Z.B.: S/S- *Cramer,* StGB, § 15 Rn. 149 ff.; *Roxin,* AT I , § 24 Rn. 21 ff.; *Jakobs,* AT, 7 / 51 ff.; in Österreich: *Kienapfel,* BT I, § 80 Rn. 59 ff.; *Burgstaller,* „Fahrlässigkeitsdelikt, S. 58 ff; nun auch *Geppert,* in: JURA 1999, S. 266 ff. (273).

616 Vgl. *Schmoller,* in: FS für *Otto Triffterer,* S. 223 ff. (246), Fn. 97.

Die andere Fallgruppe, nämlich die Haftung für ein *nicht konkret voraussehbares* nachträgliches Fehlverhalten eines Dritten, liefert für die hier erörterten Sachverhalte beim anonymen Geldtransfer nach Luxemburg aus zwei Gründen keinen konstruktiven Beitrag: Zum einen wird dieses Problem *des „nicht konkret voraussehbaren"* Fehlverhaltens zutreffend als Problem der objektiven Zurechnung, und zwar der Risikoverwirklichung, eingeordnet und dort üblicherweise unter dem Kriterium des „Risikozusammenhangs" erörtert.[617] In den einschlägigen Fallkonstellationen hat der Tatbeteiligte nämlich durch sein vorangegangenes Tun bereits ein *rechtlich missbilligtes* Risiko geschaffen, es ist aber fraglich, ob sich gerade dieses Risiko des Tatbeteiligten oder aber vorrangig *allein* jenes des nachträglichen Fehlverhaltens verwirklicht hat. Oft ist dann Letzteres der Fall. Hinzu kommt beim Beihilfedelikt als *Vorsatzdelikt*, dass bei *nicht konkreter Voraussehbarkeit* des nachträglichen Fehlverhaltens des Dritten oft schon der bedingte Vorsatz fehlen wird oder nicht beweisbar ist.

Die zweite hier relevante Fallgruppe, nämlich die *„Mitwirkung des Tatbeteiligten an einem konkret voraussehbaren Fehlverhalten"* eines Dritten, betrifft den Fragebereich der objektiven Zurechnung, allerdings in der Regel schon die der Risikoverwirklichung vorgelagerte Frage, ob das Erstverhalten überhaupt ein rechtlich missbilligtes Risiko eröffnet hat.[618] Die rechtliche Würdigung hängt in diesen Fällen häufig von der Frage ab, inwieweit eine Handlung schon deshalb rechtlich missbilligt ist, weil sie geeignet erscheint, ein konkretes Fehlverhalten eines anderen zu veranlassen oder zu fördern. Soweit vor diesem Hintergrund ein rechtlich missbilligtes Risiko bejaht wird, ist dann auch oft eine Risikoverwirklichung anzunehmen, eben weil das nachträgliche Fehlverhalten bei dieser Fallgruppe gerade nicht völlig unerwartet hinzutrat, sondern *von vornherein absehbar* war.[619] Neben den Grundsätzen der objektiven Zurechnung spielt nach dieser Auffassung aber auch die allgemeine Beteiligungslehre eine gewichtige Rolle: Insbesondere in Österreich werden die Fallkonstellationen der zweiten Fallgrup-

---

617 Für die herrschende Meinung in Österreich: SSt 47 / 1; EvBl 1987 / 142; *Burgstaller* in: FS für *Jescheck*, S. 362 ff.; *Kienapfel*, AT, Z 27 Rn.11; *Leukauf / Steininger*, StGB, Vorbem. § 1 Rn. 35; *Bertel / Schwaighofer*, BT I , § 80 Rn. 12 ff.; *Triffterer* AT, Kap. 8 Rn. 130.

618 Zugrunde gelegt wird dabei die übliche Formel, nach der die objektive Zurechnung dann zu bejahen ist, wenn (1.) die Handlung eine *rechtlich missbilligte* Gefahr geschaffen hat hinsichtlich des tatbestandlichen Erfolges und (2.) sich *gerade diese* Gefahr im eingetretenen tatbestandlichen Erfolg verwirklicht hat (herrschende Meinung), vgl. z.B.: *Jescheck/Weigend*, AT, S.257 ff.; *Roxin*, AT I , § 11 Rn. 39; alle mit weiteren Nachweisen.

619 So *Schmoller*, in: FS für *Otto Triffterer*, S. 223 ff. (226).

pe auch unter der Frage diskutiert, ob und inwieweit eine fahrlässige Beteiligung möglich ist.[620]

Gerade in den Fällen, in denen ein Ersttäter an einem anschliessenden, zum Handlungszeitpunkt bereits *konkret vorhersehbaren* Fehlverhalten eines anderen mitwirkt, etwa wenn ein Bankmitarbeiter auf einen fest zum Steuerdelikt Entschlossenen trifft und dies konkret vorhersehbar ist, gehe es letztlich um die Zurechnung eines durch ein nachträgliches Fehlverhalten eines Dritten vermittelten tatbestandlichen Erfolgs. Die Zurechnungsprobleme stellten sich aber vor einem anders strukturierten Aspekt: Da nämlich die (objektive) Vorhersehbarkeit ganz allgemein ein zentrales Kriterium der objektiven Zurechnung sei, „durchbreche ein von vornherein absehbares Fehlverhalten eines Dritten die Zurechnung zum Erstverursacher nicht in derselben Weise wie ein unvorhersehbares Fehlverhalten"; insbesondere durchbreche selbst eine anschließende *Vorsatz*tat, wenn sie konkret vorhersehbar war, die Zurechnung zum Erstverursacher *nicht* automatisch, weil es sonst gar keine strafrechtliche Teilnahme gebe.[621] Dem ist in toto zuzustimmen. Das sogenannte „Regressverbot" gilt somit *bei konkret vorhersehbaren Vorsatztaten nicht.* Die Beihilfestrafbarkeit ist gerade vom Gesetzgeber als die Ausnahme vom Regressverbot konzipiert. Sogar an zeitlich weit vorgelagerte „Vorbereitungshandlungen" des Teilnehmers kann de lege lata angeknüpft werden. Überhaupt ist ein „Regressverbot" als eigener Zurechnungsgrundsatz abzulehnen, denn der Begriff kann allenfalls als Sammelbezeichnung für all jene Fallkonstellationen beibehalten werden, in denen – nach sonstigen Zurechnungsgrundsätzen – eine nachträgliche Vorsatztat die Zurechnung zum Erstverursacher ausschließt. Dies darf aber nur, wie bisher, für die Fahrlässigkeitsdelikte gelten, nicht jedoch für das *Vorsatz*delikt der Beihilfe nach § 27 I StGB.[622]

Die *konkrete Vorhersehbarkeit* ist ein grundsätzliches Argument *für* die strafrechtliche Zurechnung auch zum Erstverursacher (dem daran „Mitwirkenden").

---

620 In Österreich: *Kienapfel*, AT, E 3 Rn. 34 und BT I, § 80 Rn. 165 ff.; *Bertel / Schwaighofer*, BT I, § 80 Rn. 29; in Deutschland: z.B.: *Jescheck/Weigend*, AT, S. 592 ff.
Im Übrigen ist auch die erstgenannte Fallgruppe eines *nicht konkret vorhersehbaren Fehlverhaltens* nicht ohne Bezug zur Beteiligungslehre: So vertritt etwa *Triffterer* (allerdings auf Grundlage des österreichischen „Einheitstätersystems") die Auffassung, dass auch in diesen Fällen derjenige, der sich nachträglich fehlverhält, als unmittelbarer Täter anzusehen sei und folglich den (vorsätzlich oder fahrlässig handelnden) Erstverursacher, der letztlich den Enderfolg nur mittelar verursache, in die Rolle eines „Beitragstäters" dränge (vgl. dazu *Triffterer*, „Die österreichische Beteiligungslehre", 1983, S. 93).

621 So *Schmoller*, „Fehlverhalten", in: Festschrift für *Otto Triffterer* zum 65. Geburtstag, 1996, S. 223 ff. (240).

622 Näher zum Regressverbot: *Roxin*, in: Festschrift für *Herbert Tröndle*, S. 185 ff.

Von konkreter Vorhersehbarkeit wird in diesem Zusammenhang deshalb gesprochen, weil an die Vorhersehbarkeit immer dann, wenn es um ein menschliches Fehlverhalten geht, infolge des „grundsätzlich geltenden Vertrauensgrundsatzes im Strafrecht“ *erhöhte Anforderungen* für eine strafrechtliche Zurechnung gefordert werden müssen: Nach Auffassung von *Schmoller* ist das Fehlverhalten eines Dritten nur dann – und zwar in einer den Vertrauensgrundsatz außer Kraft setzenden Weise – *konkret* voraussehbar, „wenn der Dritte entweder bereits *erkennbar zur Tat geneigt ist*[623] oder wenn ihm gerade ein *ganz bestimmtes* Fehlverhalten nahegelegt wird. Dann tritt sofort das Verantwortungsprinzip[624] zurück, wonach jeder sein Verhalten grundsätzlich darauf einzurichten hat, dass er selbst Rechtsgüter nicht gefährdet, nicht aber – weil dies nämlich in deren eigene „Zuständigkeit“ fällt – auch hierauf, dass andere dies nicht tun. Dem folgt nun auch die deutsche Rechtsprechung für das Steuerstrafrecht in BGHSt 46, 107 ff (vgl. oben 2. Teil unter III.).

Schwierigkeiten treten aber insbesondere dann auf, wenn das nachträgliche Fehlverhalten des Dritten, z. B. des Bankkunden, *eigenverantwortlich* erfolgt. Teilweise wird nämlich die Auffassung vertreten, dass die Eigenverantwortlichkeit des unmittelbar handelnden Haupttäters in diesen Fällen einen Rückgriff auf den „Erstverursacher“ ausschließe, etwa mit der Begründung, dass man bei der Wahl seines Verhaltens nicht ein späteres vorsätzliches Fehlverhalten Dritter in die eigene Kalkulation einbeziehen müsse.[625] Denn sonst bestünde die Gefahr des Entstehens einer *Misstrauensgesellschaft*.[626] Es gehe hier nicht um ein Problem der Risikoverwirklichung im späteren Erfolg, sondern es gehe um das schon zeitlich früher einsetzende Dilemma, welche Verhaltensweisen – trotz Vorhersehbarkeit fremden Fehlverhaltens – noch von der Rechtsordnung und der Rechtsgemeinschaft toleriert werden, also „sozialadäquat“ (objektiv sorgfaltsgemäss) sind und welche nicht. Allerdings müsse derjenige, der sich in diesem Zusammenhang auf die Eigenverantwortlichkeit beruft, ganz besonders strikt darauf Rücksicht nehmen, dass er mit den Grundsätzen der strafrechtlichen Teilnahmelehre nicht in Widerspruch gerät.[627] Abgesehen von der traditionellen Beteiligungslehre (vorsätzliches Zusammenwirken) finden sich in Österreich zur Verantwortlichkeit bei einer Mitwirkung an vorhersehbarem Fehlverhalten nur einzelne Stellung-

623 So auch *Roxin*, AT I, § 24 Rn. 21 ff.

624 Vgl. dazu: S / S –*Lenckner*, 24. Aufl., Verbem. zu §§ 13 ff. Rn. 101.

625 So instruktiv z.B.: *Lenckner* in: S/S, StGB, 24. Aufl., Vorbem. zu § 13 Rn. 101, und 25. Auflage, Vorb. zu § 13 Rn. 101 c.

626 S / S – *Lenckner*, 25. Aufl., Vorb. zu § 13 Rn. 101 c; *Frisch*, „Tatbestandsmäßiges Verhalten“, S. 268 ff.

627 So auch *Schmoller*, „Fremdes Fehlverhalten im Kausalverlauf“, in FS für *Otto Triffterer*, S. 223 ff. (240).

nahmen und zwar in erster Linie im Zusammenhang mit der Erörterung der „fahrlässigen“ Beteiligung“, teilweise aber auch einfach bei der Erörterung der objektiven Sorgfaltswidrigkeit. Hinsichtlich der Strafbarkeit der fahrlässigen Beteiligung kehrt der Kernsatz in Österreich immer wieder, dass eine solche grundsätzlich möglich sei, aber nur, wenn der Mitwirkende eine eigene Sorgfaltspflicht verletze.[628] Damit wird hinsichtlich der Mitwirkung an einem *voraussehbaren Fehlverhalten* ein differenzierender wissenschaftlicher Standpunkt eingenommen. Allerdings trifft den Bankmitarbeiter im Ausgangsfall keine *eigene* (berufsrechtliche) Sorgfaltspflichtverletzung wie sich aus der schon dargestellten Diskussion um die Verfügungsberechtigten im Sinne des § 154 AO ergibt.[629] Hinzu kommt, dass gerade fraglich ist, inwieweit ein Verhalten deshalb, weil es ein *konkret voraussehbares* Fehlverhalten eines anderen veranlasst oder fördert, als objektiv sorgfaltswidrig (sozial inadäquat) anzusehen ist.[630] Nähere Anhaltspunkte für die Grenzziehung lassen sich aus den im österreichischen Schrifttum besprochenen Fällen nur schwer gewinnen, da hier oft nicht die Dienstleistung, um die es im Ausgangsfall geht, im Mittelpunkt der Diskussion steht, sondern der Verkauf einer Ware. Beim *Vorsatz*delikt der Beihilfe stellte sich bisher die Frage der Sorgfaltspflichtverletzung nicht.

Wichtig im Rahmen der Diskussion sind *zwei* verschiedene Argumentationslinien: Die erste will die „Eigenverantwortlichkeit“ beziehungsweise die „Selbstverantwortlichkeit“ des unmittelbar Ausführenden, also des Haupttäters betonen. Wer nur daran mitwirke, dass ein anderer sich eigenverantwortlich deliktisch verhalte, hafte *grundsätzlich nicht*, oder exakter formuliert: „eine etwaige Haftung müsse als Ausnahme vom Grundsatz eigens und besonders begründet werden.“[631] Zur Begründung für eine *ausnahmsweise* strafrechtliche Verantwortlichkeit wird eine spezifische Garantenstellung des Erstverursachers genannt[632], die aber gerade beim Bankmitarbeiter für den Kunden nicht vorliegt.[633] In Konse-

628 OGH JBl. 1984, 48; 1980, 496; EvBl. 1982 / 12; *Triffterer*, AT, Kap. 16 Rn. 110.

629 Vgl. dazu die Nachweise in Teil 2 A. II. 4 b, c .

630 Vgl. dazu schon die Kritik von *Jakobs* im 2. Teil dieser Dissertation, unter A. I. 1. b, an der Auffassung, nach der die Strafbarkeit der Mitwirkung am Fehlverhalten des Dritten einfach davon abhängen soll, dass die Mitwirkung am Fehlverhalten „sozial inadäquat“ erfolgt; denn es erscheint ja gerade fraglich, in welchen Fällen das zutrifft.

631 So *Lenckner*, in: S/S, StGB, 24. Aufl., Vorb. zu § 13 Rn.101; S/S–*Cramer*, § 15 Rn. 155; AK-*Zielinski*, §§ 15, 16 Rn. 104.

632 S/ S–*Lenckner*, 25. Aufl., Vorbem. §§ 13 ff. Rn. 101 b, der darauf hinweist, dass es unter Schutzzweckgesichtspunkten ein Unterschied sei, ob es beim Dritten im späteren Kausalverlauf zu Fremd– oder Selbstverletzungen komme.

633 Vgl. hierzu Teil 1 III; klarstellend: BGHSt 46, 107 ff.

quenz dessen muss danach[634] dieser Ansatz – was bisher wenig beachtet wurde – auch auf die Sachverhalte eines vorsätzlichen Zusammenwirkens übertragen werden: Eine strafrechtliche Verantwortlichkeit dürfe daher auch dort nicht einfach auf die vorsätzliche Beteiligung als solche gestützt werden, sondern es müsse auf *„zusätzliche Voraussetzungen"* abgestellt werden, die eine Verantwortlichkeit des Mitwirkenden *trotz grundsätzlicher Selbstverantwortlichkeit des unmittelbar Ausführenden* strafrechtlich begründen.

Nach dem anderen Begründungsansatz wird dem Prinzip der Eigenverantwortlichkeit bei Schädigung Dritter keine derart die Verantwortung ausschließende Wirkung beigemessen, sondern es wird bei der Mitwirkung an einem *konkret vorhersehbaren* Fehlverhalten des Dritten eine *grundsätzliche strafrechtliche Verantwortlichkeit* – nicht nur im Rahmen eines fahrlässigen Zusammenwirkens, sondern auch bei „vorsätzlicher" Mitwirkung bejaht.[635] Allerdings werden auch hier *Ausnahmen* zugelassen, die aber nun ihrerseits wieder begründungsbedürftig sind und auf den Bereich vorsätzlicher Mitwirkung zu übertragen seien. Ein solcher Ausnahmefall wird etwa angenommen, wenn jemand „willkürliche Folgen" an das Verhalten eines anderen knüpft.[636] Ferner wird eine Strafbarkeit z.B. bei Geschäften des *täglichen Lebens* (Verkauf einer Ware trotz Vorhersehbarkeit der späteren Verwendung zum Einbruchsdiebstahl) sowie bei der blossen Rückzahlung einer Geldschuld (auch wenn dem Empfänger damit konkret vorhersehbar die Mittel zu einer konkreten Straftat zur Verfügung gestellt wird) erwogen.[637]

Letztlich wird der zweite Begründungsansatz befürwortet: Eine grundsätzliche Haftungsfreistellung könne mit dem Grundsatz der Eigenverantwortlichkeit nicht nachvollziehbar begründet werden.[638] *Jede,* sowohl die vorsätzliche als auch die fahrlässige Mitwirkung an einem „konkret voraussehbaren strafrechtswidrigen Verhalten eines Dritten" erscheine *wegen* der Vorhersehbarkeit grundsätzlich strafrechtlich vorwerfbar. Deshalb müsse der Grundsatz der Eigenverantwortlichkeit, um eine *grundsätzlich* gegebene strafrechtliche Verantwortlichkeit dennoch auszuschliessen, durchgreifende Argumente liefern. Solche fehlten aber.

Das Prinzip der Eigenverantwortlichkeit bezieht sich in seinem ursprünglichen und zentralen Anwendungsbereich auf den Sonderfall der Selbstschädigung

---

634 So *Schmoller*, in: FS für *Otto Triffterer*, S. 223 ff. (242); ähnlich: BGHSt 46, 107 ff.

635 So *Puppe* in Nomos-Kommentar zum StGB, Vor § 13 Rn. 159, 160 ff.; LK- *Schroeder*, § 16 Rn. 184.

636 *Jakobs*, AT, 24 / 13 ff., 16, der in solchen Fällen einer nicht strafbaren Mitwirkung von „scheinbarer Beteiligung" spricht.

637 *Jakobs*, AT, 24 / 13 und 17.

638 *Schmoller*, in: FS für *Otto Triffterer*, S. 223 ff. (244).

und der Selbstgefährdung, an der die Tatbeteiligung grundsätzlich straflos ist.[639] Die in der Konstellation einer Selbstschädigung eben gerade wegen der Eigenverantwortung geminderte Schutzwürdigkeit lässt sich auf eine Schädigung Dritter aber nicht übertragen. Hinzu kommt, dass die Feststellung, dass ein Täter für einen zugefügten Schaden „selbst" verantwortlich ist, nicht allgemein festlegt, dass nicht ein anderer ebenfalls (mit-) verantwortlich ist.[640] Auch leuchtet bei der Annahme einer verantwortungsausschließenden Eigenverantwortlichkeit nicht ein, weshalb ein eigenverantwortliches nachträgliches Fehlverhalten etwa im Bereich von ärztlichen Behandlungsfehlern oder Folgeunfällen nicht ebenfalls die Zurechnung in strafrechtlicher Hinsicht zum Erstverursacher grundsätzlich ausschließt; denn auch hier hat der Erstverursacher letztlich nur an der eigenverantwortlichen Erfolgsherbeiführung durch einen anderen mitgewirkt.[641] Ferner beruht die gesamte Teilnahmelehre darauf, dass die Eigenverantwortlichkeit des unmittelbar Handelnden eine Strafbarkeit der daran Beteiligten *gerade nicht ausschließt*.[642] Die Gegenauffassung muss in komplizierter Weise begründen, weshalb trotz der angenommenen verantwortungsbefreienden Wirkung der Eigenverantwortlichkeit des Dritten gerade eine vorsätzliche Mitwirkung an eigenverantwortlichen Handeln Dritter doch wieder strafbar ist. Eine solche Begründung gerät aber nicht nur mit den traditionellen Grundlagen der Teilnahmelehre in Widerspruch, sondern verkompliziert auch die Lösung in ansonsten unproblematischen Beteiligungsfällen.

Da aus diesen Gründen im Fall der Mitwirkung an *konkret* vorhersehbaren Drittschädigungen ein die Zurechnung ausschließender Grundsatz der Selbstverantwortlichkeit des unmittelbar Handelnden abzulehenen ist, haftet im Ausgangsfall des anonymen Geldtransfers nach Luxemburg der Bankmitarbeiter bei sub-

---

639 Letzteres ist heute allgemein anerkannt. Schon vom Sprachgebrauch her ergibt sich der primäre Bezug zu einer *Selbst*schädigung. Denn selbst – oder eigenverantwortlich – kann man nur für *sich selbst*, nicht aber für einen Dritten sein. Spricht man hingegen statt vom Selbstverantwortungsprinzip einfach vom „Verantwortungsprinzip" (z.B. S/S- *Lenckner*, Vorb. zu §§ 13 ff. Rn. 101; S/S – *Cramer*, § 15 Rn. 155), so wird der Begriff inhaltsleer, da in ihm gerade nicht zum Ausdruck kommt, wer die Verantwortung tragen soll.

640 „Mitverschulden" schließt die Strafbarkeit grundsätzlich nicht aus.

641 Die Tatsache, dass im Bereich von ärztlichen Behandlungsfehlern oder Folgeunfällen der *Erstverursacher* schon für sich ein rechtlich mißbilligtes Erfolgsrisiko geschaffen hat, macht keinen maßgebenden Unterschied; denn zu einer unmittelbaren Realisierung dieses Risikos ist es gerade nicht gekommen und die mittelbare Realisierung dieses Risikos ist eben nur über das eigenverantwortliche Handeln eines Dritten erfolgt.

642 Vgl. *Schmoller*, in: FS für *Triffterer*, S. 245. Dies gilt sowohl nach dem Einheitstätersystem in Österreich wie auch in Deutschland.

jektiver *konkreter Vorhersehbarkeit* des Kausalverlaufes, also der Vorhersehbarkeit der künftigen Steuerhinterziehung des jeweiligen bestimmten Bankkunden. Mit der *grundsätzlichen* Bejahung einer strafrechtlichen Verantwortung des Mitwirkenden an einem *subjektiv konkret* voraussehbaren Fehlverhalten erübrigen sich daher gesonderte Haftungsbegründungen, insbesondere die schwer zu begründende Konstruktion einer etwaigen Garantenstellung im Sinne des § 13 I StGB, die der Bankmitarbeiter nun einmal nicht hat.[643]

Folgt man diesem Ansatz, so ist mit der Bejahung einer *grundsätzlichen* Verantwortlichkeit des Tatbeteiligten auch keine Ausuferung der Strafbarkeit, insbesondere der Fahrlässigkeitsstrafbarkeit, verknüpft. Eine derartige Ausuferung der Strafbarkeit wird allerdings durch andere Überlegungen verhindert, die für den Vorsatz – und Fahrlässigkeitsbereich gleichermaßen gelten und die im folgenden einer näheren Betrachtung bedürfen. Zunächst sind – und darin ist der zutreffende *Kern* des Eigenverantwortlichkeitsprinzips zu sehen – infolge des Vertrauensgrundsatzes an die (*subjektive*) „konkrete Voraussehbarkeit" des nachträglichen Fehlverhaltens *hohe* Anforderungen zu stellen: Es reicht[644] nicht schon „eine gewisse Wahrscheinlichkeit" eines künftigen Fehlverhaltens; Grund dafür ist, dass „selbst wenn *einzelne Indizien* dagegen sprächen, grundsätzlich auf das rechtmässige Verhalten anderer vertraut werden darf."[645] Daher muss die *subjektive* konkrete Vorhersehbarkeit so eng verstanden werden, dass sie nur die Fälle, die jenseits des Vertrauensgrundsatz liegen, erfasst. Erforderlich sei, dass entweder (1) der andere durch sein eigenes Verhalten bereits deutlich gemacht hat, dass er einem entsprechenden vorsätzlichen Fehlverhalten zuneige[646] (insbesondere mittels einer ausdrücklichen Ankündigung oder sogar schon durch *unmittelbares* Ansetzen zu bestimmten Fehlverhalten) oder dass (2) die Mitwirkungshandlung ihrerseits gerade als eine *explizite Aufforderung* zu einem entsprechenden Fehlverhalten zu verstehen ist.

d) Stellungnahme zum österreichischen Ansatz

Gegen die *grundsätzliche* Verantwortlichkeit bei (*subjektiv*) konkret vorhersehbarem drittschädigendem Fehlverhalten, wie sie beim *Vorsatz*delikt schon länger

---

643 Vgl. dazu Teil 1 unter III. 1. dieser Arbeit und klarstellend: BGHSt 46, 107 ff.

644 Vgl. *Schmoller*, in: FS für *Triffterer*, (1996), 223 ff., S. 245.

645 Ob der Vertrauensgrundsatz wirklich so weit geht bedarf allerdings noch genauerer wissenschaftlicher Untersuchung. Aber der Grundsatz an sich wird nicht bestritten, nur die Reichweite, vgl. S/S-*Cramer*, § 15 Rn. 149 ff.

646 Dieses Kriterium dürfte sich mit der „erkennbaren Tatgeneigtheit" bei *Roxin* decken, vgl.: Festschrift für *Herbert Tröndle*, S. 190 ff.; *derselbe* AT I, § 24 Rn. 28 ff.; ebenso: *Kühl*, Strafrecht AT, § 4 Rn. 49.

vertreten wird, lässt sich zunächst nichts einwenden. Die Ausnahmefälle, die aber dann gebildet werden, begegnen durchgreifenden Bedenken. Zum einen trägt das Kriterium der Sozialadäquanz wieder zur Rechtsunsicherheit bei. Auch wird man bei *subjektiv* (nicht: objektiv) konkret verhersehbarem Fehlverhalten von Kunden im Falle des anonymen Geldtransfers gerade nicht mehr von Sozialadäquanz sprechen können. Auch die erkennbare Tatgeneigtheit, wie auch in Deutschland von *Roxin* vertreten, ist zu unsicher: Entsprechende Gefährdungsverbote, die bei einer strafrechtliche Zurechnung statuiert werden, können – als *Durchbrechung des Verantwortungsprinzips* – jedenfalls nicht schon durch das bloße Vorliegen objektiv erkennbarer Anhaltspunkte für entsprechende Absichten oder Neigungen des Bankkunden (Vordermanns) begründet werden.[647] Sonst entsteht die von der Rechtsordnung nicht gewünschte *Misstrauensgesellschaft*.

Auch die „Förderung erkennbarer Tatgeneigtheit" ist noch *kein allgemein gültiges* Zurechnungskriterium. Eine „Fahrlässigkeitszurechnung" kann es hier nur in Ausnahmefällen geben, wenn bei einer Abwägung die Gütererhaltungsinteressen gegenüber der mit dem *Verantwortungsprinzip* eingeräumten Handlungsfreiheit in einer Weise durchschlagen, dass es für die Rechtsgemeinschaft „unerträglich" wäre, wenn sich der Hintermann weiterhin darauf berufen könnte, dass er Handlungen nicht deshalb unterlassen müsse, weil sie vorsätzliche Straftaten verantwortlicher Dritter ermöglichen, veranlassen oder fördern könnten. Doch ist dies *erst dann* anzunehmen, wenn er sich dieses Bezugs subjektiv *b e w u s s t* ist, und er damit pflichtwidrig darauf vertraut, dass „schon nichts passieren" wird,[648] was in voluntativer Hinsicht dann irrelevant ist.

Nur die *subjektive Zurechnung* kann zur befriedigenden Lösung der Ausgangsproblematik führen. Die *subjektive* (nicht: die nur objektive) *konkrete Voraussehbarkeit* des fremden Fehlverhaltens ist strafrechtlich sehr nahe an dem hier geforderten *konkreten Wissen bzw. der „sicheren Voraussicht" um die notwendigen Auswirkungen*[649] *der eigenen Unterstützungshandlung (dolus directus zweiten Grades)*, die im Vorbereitungsstadium geleistet wird. Dabei ist Wissen als zukunftsorientierter Faktor immer mit einem restlichen Quantum an Unsicherheit behaftet. Aber nur bei einem solch *konkreten Wissen* rechtfertigt sich eine steuerstrafrechtliche Zurechnung, nicht aber dann, wenn nach der allgemeinen deutschen Vorsatzdoktrin der Tatbeteiligte ein steuerliches Fehlverhalten der Kunden nur eventualvorsätzlich kognitiv „ernstlich für möglich" hält, denn bei bedingtem Vorsatz trägt noch der *Vertrauensgrundsatz* die Handlung. Die öster-

647 Gleicher Meinung sind: S/S–*Lenckner*, Vorbem. zu §§ 13 ff. Rn. 101 c; *Frisch*, aaO. S. 268 ff; *Otto*, in: JZ 2001, S. 436 ff., S. 444.

648 So auch *Lenckner*, in S/-S, 25.Aufl., Vorb. §§ 13 ff., Rn. 101 c; anders BGHSt 46, 107 ff..

649 Vgl. zur Definition nur u.a. *Wessels/Beulke*, AT, 29. Aufl., Rn. 213.

reichische Lehre fordert, dass dann, wenn jemand an einem *subjektiv* bereits *konkret* voraussehbaren Fehlverhalten eines anderen mitwirkt, eine grundsätzliche strafrechtliche Verantwortung zu bejahen ist. Die Lehre steht nicht im Widerspruch zu der deutschen Täterschafts- und Teilnahmelehre, da das subjektiv ganz *konkret Vorhersehbare* letztlich begrifflich auf einer normativen Ebene dem hier vertretenen *konkreten Wissen bzw. der sicheren Voraussicht* um die Haupttat äußerst nahe kommt (vgl. dazu Teil 2 dieser Arbeit unter Ziff. III.). Dieses Wissen muss dann, neben den selbstverständlich vorliegenden und im Ausgangsfall zur Genüge gegebenen objektiven Anknüpfungstatsachen, über die Strafbarkeit des Bankmitarbeiters entscheiden.[650] Als Zwischenergebnis ist festzuhalten, dass die Ansätze im österreichischen Schrifttum und die dortigen Subjektivierungstendenzen der hier vertretenen *subjektiven Zurechnung* ganz erheblich nahe kommen.

8. Zwischenergebnis zur Vorsatzform

Nach der hier vertretenen Auffassung soll die Strafbarkeit des Bankmitarbeiters jedenfalls bei *dolus eventualis* wegen Beihilfe ausgeschlossen sein, da der Vertrauensgrundsatz im Steuerstrafrecht Geltung beansprucht. Es ist zuzugeben, dass der Nachweis einer strafbaren Beihilfe auch im Ausgangsfall besondere Mühe bereitet, da die hier vertretene Definition für den erforderlichen Beihilfevorsatz des Bankmitarbeiters voraussetzt, dass er *gewusst* hat, der Kunde sei zur Steuerstraftat entschlossen, und sich zumindest direktvorsätzlich mit ihm bei der Begehung dieser Straftat solidarisiert hat. Der erste für die Strafbarkeit erforderliche Erfolg auf subjektiver Tatbestandsebene liegt darin, dass der Teilnehmer diese Solidarisierung als solche *erkannt* und *akzeptiert* hat. Auch dieser Erfolg sowie die dazu führende Kausalität müssen dem Gehilfen selbstverständlich *nachgewiesen* werden.

Gelingt dieser Nachweis jedoch nicht, so ist der handelnde Bankmitarbeiter wegen eines allenfalls bloßen erfolglosen und damit straflosen „Beihilfeversuches" in einem Umkehrschluss aus § 30 Abs.1 StGB freizusprechen.[651] Physische

---

650 Zustimmend *Otto*, in: JZ 2001, S. 436 ff, (444).

651 Die Straflosigkeit der versuchten Beihilfe ergibt sich nach dem deutschen Strafrecht aus einem Umkehrschluß aus § 30 Abs.1 StGB, welcher nur die versuchte Anstiftung bei Verbrechen einbezieht; vgl. im Übrigen: RGSt 38, 156 (Beihilfe durch Rat); *Vogler*, „Zur Frage der Ursächlichkeit der Beihilfe für die Haupttat", in: Festschrift für *Ernst Heinitz* zum 70. Geburtstag, 1972, S. 312 ff.; *Coenders*, „Über die objektive Natur der Beihilfe", ZStW 46 (1925),1 ff.(6); gemäß *Herzberg*, „Anstiftung und Beihilfe als Straftatbestände", GA 1971, 1 ff. , S.6 mit Fn. 26 fehlt es in diesem Fall an der wirklichen Hilfe. Siehe auch BGH VRS 59, S. 186 ff. (Beihilfe

oder rein intellektuelle Hilfeleistungen sind keine strafbaren Beihilfehandlungen, wenn sie vom Teilnehmer lediglich als zufällig zustandegekommene Faktoren, die die Haupttat möglicherweise begünstigen können, gesehen werden. Sie sind keine nach § 27 I StGB zu würdigende strafbare Beihilfehandlungen, selbst wenn sie objektiv den Tatentschluss des Täters festigten. Wegen der in der Praxis auftretenden Beweisprobleme wird der hier vertretenen Theorie der subjektiven Zurechnung, d.h. der Beihilfe im intellektuellen Bereich, große Skepsis entgegengebracht.[652] Es wird argumentiert, mit ihr verbinde sich „die Gefahr, dass dort, wo sich ein physischer Tatbeitrag nicht nachweisen lässt, kurzerhand eine psychische Unterstützung angenommen wird. Das liefe auf eine verfassungswidrige *Verdachtsstrafe* hinaus.“ [653]

Gerade in den problematischen Fällen der Beihilfe durch übliche Bankgeschäfte nützt es aber Lehre und Rechtsprechung wenig oder gar nichts, dass gemäß der herkömmlichen, sehr weiten Definition der Beihilfe deren objektiver Tatbestand *sehr leicht nachweisbar* ist (insbesondere im Ausgangsfall *der Geldtransfers* nach Luxemburg). In solchen Fällen stößt man sowohl bei Anwendung der herkömmlichen objektiven Zurechnung wie auch bei der hier vertretenen engeren subjektiven Zurechnung in gleichem Maße an praktische Grenzen in Bezug auf deren Erkennbarkeit bzw. Nachweisbarkeit.

Die hier vorgeschlagene Vorsatzeinschränkung und Tatbestandsrestriktion im subjektiven Tatbestand hat jedoch im Kreditwesen gegenüber der herkömmlichen Lehre den großen Vorteil, dass sie schon auf Tatbestandsebene gewisse „potenzielle“ Fälle von Gehilfenschaft aus dem Anwendungsbereich des § 27 StGB ausnimmt – und dies ohne Berufung auf die nicht vollständig befriedigenden Einschränkungsmöglichkeiten, wie sie in Rechtsprechung und Literatur herangezogen werden. § 27 I StGB verlangt also im Ausgangsfall, dass der Gehilfe bei seiner Dienstleistung konkret wusste oder dies als *notwendige* Auswirkung seines Tuns „sicher voraussah“ (dolus directus zweiten Grades), dass er es mit jemanden zu tun hat, der bereits zur Begehung einer Straftat tendiert. Wer kein solches Wissen oder sichere Voraussicht um notwendige, nicht zwingende Verhaltensauswirkungen hat, kann daher – *ohne dass* er dahingehende Abklärungs-

---

zu einem gefährlichen Eingriff in den Straßenverkehr), wo festgestellt wird, dass der Täter die psychische Bestärkung durch Zurufe wie „*los drauf und hinterher*“ sowie „*volles Rohr drauf*“ wahrgenommen habe.

652 U.a.: *Hassemer*, „Professionelle Adäquanz – Bankentypisches Verhalten und Beihilfe zur Steuerhinterziehung“, in: *wistra* 1995, 41 ff., 44 (unter 2.a).

653 *Stratenwerth*, AT I , N. 114 zu § 13. Siehe auch *denselben*, Strafrecht, Allgemeiner Teil I, Die Straftat, 3. Aufl., Rn. 899; 4. Aufl. 2000, S. 345 ff.; *Samson* lehnt aus diesem Grunde die psychische Beihilfe im subjektiven Bereich ganz ab und anerkennt nur die „technische Rathilfe“; vgl. SK-*Samson*, § 27 Rn. 13-15.

pflichten hätte[654] – physische und intellektuelle potenzielle „Tatbeiträge“ leisten, ohne sich damit wegen Beihilfe zur Steuerhinterziehung strafbar zu machen.

Durch diese Beihilfedefinition erlangt man eine klare Grenzziehung zwischen strafloser und strafbarer Beteiligung an fremden Vorsatztaten im Spannungsfeld der Verantwortung für das Fehlverhalten vorsätzlich handelnder Dritter und damit in diesem Bereich eine äußerst wünschenswerte *Rechtssicherheit*. Eine solche Rechtssicherheit ist vor allen Dingen für die „potenziellen Gehilfen“, d.h. eigentlich für jedermann, von praktischem Nutzen: Gemäß der herkömmlichen Definition der Beihilfe, bzw. der zumindest erforderlichen Vorsatzform, muss jemand auch dann mit dem Vorwurf strafbarer Beihilfe rechnen, wenn er es lediglich für möglich gehalten und in Kauf genommen hat, dass (irgend) jemand mit Hilfe einer von ihm zur Verfügung gestellten Dienstleistung ein Delikt begeht.

Nach der hier vertretenen Vorsatzkonkretisierung kommt eine Strafbarkeit wegen Beihilfe im Sinne des § 27 I StGB überhaupt erst in Frage, wenn der Gehilfe g e w u s s t hat, dass er es mit jemandem zu tun hat, der bereits zur Begehung einer Straftat tendiert[655] oder die künftige (Steuer-)straftat „sich deshalb aufdrängt“ und sicher als notwendige Auswirkung subjektiv für den Berater voraussehen lässt, weil die Planungen des Dritten erkennbar „greifbare Gestalt“ angenommen haben. Hält es jemand nur ernstlich für möglich, dass er mit einem (künftigen) Straftäter zu tun hat, so bedeutet dies noch nicht, dass er sich vollständig von dieser Person distanzieren muss. Seine Dienstleistung für ihn ist noch nicht als strafbare Beihilfe zu qualifizieren.

II. Die „Bestimmtheit des Gehilfenvorsatzes“ in Bezug auf die nachfolgende Steuerstraftat des Bankkunden

Entscheidend ist aber nun bei der Beihilfe zur Steuerhinterziehung, was unter dem subjektiven Tatbestandsmerkmal des *konkreten Wissens* zu verstehen ist. Das konkrete Wissen ist, wie bereits schon ausgeführt wurde, ein zukunftsbezogener Faktor, der mit gewissen Unsicherheiten behaftet ist und und deshalb oft nur im Rahmen einer Wertung nach einer Bezugnahme zum objektiven Tatbestand und den vorliegenden Anknüpfungstatsachen zugeschrieben wird. Sicheres konkretes Wissen kann es für die Zukunft gar nicht geben: So kann der Bankkunde beispielsweise von seiner Ehefrau oder Freunden, mit denen er sich über seine

654 Vgl. BGE 109 IV 147 ff., E. 4.

655 Möglicherweise ist der Haupttäter auch *omnimodo facturus*, was an bereits im Teil 1 unter III. 2. im Rahmen der Problematik um die psychische Beihilfe im Ausgangsfall erörtert wurde.

Geldgeschäfte unterhält, jederzeit umgestimmt werden, so dass der Bankmitarbeiter dann nur irrig von einer akzessorischen Steuerstraftat ausgehen würde, während tatsächlich alle Einkünfte aus Kapitalvermögen versteuert wurden. Deshalb soll nun im folgenden auf das in neuerer Zeit so heftig umstrittene Problem der Konkretisierung und Bestimmtheit des Gehilfenvorsatz näher eingegangen werden. Fest steht dabei nur, dass er nicht genauso bestimmt sein muss wie der Anstiftervorsatz, da der Gehilfe ja nicht zwingend wie ein Täter bestraft wird und die Tat nicht mitgestaltet wie der Anstifter. Allerdings setzt eine Bestimmtheit des Vorsatzes mehr voraus als nur vage Vorstellungen von irgendeiner Straftat. Dies soll im folgenden dargestellt werden.

1. Rechtsprechung zur Bestimmtheit des Gehilfenvorsatzes und zu den „Einzelheiten der Haupttat"

Der Vorsatz des Gehilfen bezüglich der Haupttat muss sich nach der herrschenden Literaturmeinung[656] immer auf eine *bestimmte* fremde Tat beziehen. Der Gehilfe müsse die *wesentlichen* Merkmale des vom Täter zu verwirklichenden strafbaren Tuns erkennen.[657] Im Wesentlichen geht es also um die Beschreibung der notwendigen Vorsatzinhalte. Es stellt sich die Frage, wodurch die fremde Tat eigentlich noch bestimmt sein soll, wenn die Gerichte[658] formulieren, dem Gehilfen können Zeit, Ort, Person des Täters und sonstige Umstände unbekannt bleiben. In Anbetracht dieser Rechtsprechung dürfen Kenntnisse von den vorgenannten Umständen nicht nur im Sinne *eines* Tatumstandes, sondern sogar kumuliert fehlen. Es bleibt eigentlich nur eine verblüffend einfache Antwort: Bestimmt ist die Haupttat in der Vorstellung des Gehilfen dann, wenn er davon ausgeht, dass der Haupttäter eine oder mehrere Straftaten begehen wird und dabei die Umstände kennt, die zum gesetzlichen Tatbestand gehören (§ 16 I 1 StGB).[659] Dies wird aber schon dadurch verlangt, dass der Gehilfe die *wesentlichen Merkmale* des vom Täter zu verwirklichenden strafbaren Verhaltens *erkennen muss*.[660]

---

656 Vgl. *Wessels/Beulke*, AT, 29. Aufl., Rn.584; *Cramer*, in: *Schönke-Schröder*, StGB, 24. Aufl., § 27 Rn. 19; *Dreher-Tröndle*, StGB, 45. Auflage, § 27 Rn. 9.

657 BGH, GA 1967, 115 (116); NJW 1982, 2453 (2454); OLG Köln, GA 1959, 185; *Roxin*, in: LK, 10. Aufl. (1985), § 27 Rn. 30.

658 U.a.: BayObLG in: NJW 1991, 2582 mit Bspr. von *Wolf*, in: JR 1992, 428 ff.

659 Vor allem in der Rechtsprechung finden sich denn auch präzisere Formulierungen wie: „*Bestimmter Tatbestand*". Vgl.. RGSt 59, 245 (247); 67, 343 (344); BGHSt 11, 66; BGH NJW 1982, 2453 (2454); präziser auch *Lackner/Kühl*, § 27 Rn. 7.

660 Die Formel ist auch missverständlich. Unwesentliche Merkmale eines gesetzlichen Tatbestands gibt es in diesem Zusammenhang nicht (§ 16 I StGB). Fehlt die Vorstellung von *einem* Tatbestandsmerkmal, fehlt der Vorsatz. Gemeint ist wohl nur, dass der Gehilfe – wie der Täter – nicht exakt subsumieren muss.

Dieses Ergebnis verdient in zweierlei Hinsicht Beachtung. Zum einen handelt es sich bei der Formulierung, der Gehilfe müsse wissen, dass er eine „bestimmte" Tat unterstützt, nur um eine sprachliche ungenaue Wendung. Zum anderen aber drängt sich die Conclusio auf, dass der konkrete Mindestinhalt des Gehilfenvorsatzes tatsächlich nichts anderes ist als das „Tatbestandswissen".[661] Wäre diese Auffassung richtig und befürwortete die herrschende Meinung und ihr folgend das BayObLG in einer Entscheidung aus dem Jahre 1991[662] (zum Gehilfenvorsatz eines am Diebstahl in besonders schwerem Fall Beteiligten gemäß §§ 242, 243, 27 I StGB) dies nun eben in diesem Sinne, dann hätte das Gericht fast schon zu viel an Begründung investiert. In den Urteilsgründen formuliert das Gericht, es „reicht zur Bestimmtheit der Haupttat aus, dass der Beteiligte wusste, Tatobjekte seien Automaten der Marke X und diese Tatobjekte befänden sich in irgendwelchen Spielhallen und werden zu *irgendeinem* Zeitpunkt gestohlen". Dann hätte es in diesem Fall ausgereicht, darzulegen, dass die Vorstellung des Beteiligten auf die Verwirklichung der Bestimmungen der §§ 242, 243 StGB durch den Haupttäter gerichtet war. Dass er tatsächlich sogar noch mehr wusste, erscheint dem Gericht nur als nicht entscheidungserheblicher „Zusatz". Gerade weil aber hierauf Bezug genommen wird, lässt sich nicht von vornherein ausschließen, dass die viel benutzten Formulierungen vielleicht doch bedeuten, der Gehilfe müsse über das „Tatbestandswissen" hinaus noch eine *zusätzliche* rudimentäre Kenntnis von Merkmalen der Haupttat haben, ohne welche diese in seiner Vorstellung von der Tat nicht *„bestimmt"* genug sei.

Analysiert man bisher entschiedene Fälle zur Bestimmtheit des Vorsatzes[663] einmal genauer, so findet sich für diese Annahme allerdings kein Nachweis. Ein solcher könnte etwa darin gesehen werden, dass trotz vollständig vorhandenem „Tatbestandswissens" beim Gehilfen gleichwohl einmal Unbestimmtheit seines Vorsatzes angenommen wurde. Ein solcher Fall taucht in der höchstrichterlichen Judikatur – soweit ersichtlich – bis auf eine scheinbare Ausnahme[664] aber nicht

---

661 Deutlich in diesem Sinne: *Herzberg*, „Anstiftung zur unbestimmten Haupttat-BGHSt 34, 63 (= NJW 1986, 407) ", in: JuS 1987, 617 (619).

662 Vgl. das Urteil des BayObLG vom 27.3. 1991 – Rreg. 4 St 198/90., NJW 1991, 2585.

663 Insbesondere RGSt 67, 343 (344); RGSt 59 , 245 (247); 67, 343 (344); BGHSt 11, 66; BGH NJW 1982, 2453 (2454); OLG Köln GA 1959, 185; BGH, GA 1967, 115 (116).

664 In RGSt 59, 245 (247), ist in einer Fußnote (!) ein anderes Urteil des gleichen Senats erwähnt, in dem dieser einem Helfershelfer, der sich zum „Schmuggeln" verabredet hatte, „ohne dass schon irgendwie feststand was, wo und wann geschmuggelt werden sollte", mangels *hinreichender Bestimmtheit* des Gehilfenvorsatzes freigesprochen habe. Da in der Entscheidung selbst allerdings deutlich von Bestimmtheit

auf. Wenn nicht im Ergebnis schon genügende Bestimmtheit des Gehilfenvorsatzes festgestellt wurde[665], waren die Fälle, in denen dieser Vorsatz für zu unbestimmt erachtet wurde, im Grunde solche, in denen (schon) das „Tatbestandswissen" fehlte.[666] In Rechtsprechung und Literatur recherchiert man jedoch vergeblich nach der Angabe eines sachlichen Grundes, warum für die Bestimmtheit des Gehilfenvorsatzes – im Minimum – mehr zu fordern sein soll als die Vorstellung, der Haupttäter werde die Merkmale eines oder mehrerer Tatbestände verwirklichen.[667] Es soll die Frage aufgeworfen werden, wie etwa ein Fall beurteilt würde, in dem der Gehilfe dem Haupttäter eine Schusswaffe übergibt und dabei – allein – die Vorstellung hat, dieser werde damit sicher einen Raubüberfall begehen. Der Gehilfe macht sich weiter keine Vorstellungen darüber, ob Opfer ein Kreditinstitut, ein Geldbote oder eine Privatperson sein wird, genauso wie er keinen Gedanken daran verschwendet, ob sich der Haupttäter mit Geld, Wertpapieren oder sonstige Gegenständen bereichert. Zusätzlich ist es ihm auch völlig gleichgültig, zu welchem Zeitpunkt die Tat geschehen wird. Begeht nun der Haupttäter wirklich zu irgendeinem Tatzeitpunkt, an irgendeinem Tatort einen konkreten Raub, wird es auch bei solcher Unbestimmtheit des Gehilfenvorsatzes sehr schwer, an einer Verurteilung gemäß §§ 249, 27 I StGB vorbeikommen.

Die Kritik daran, einen solchen „*Blankovorsatz*" könne niemand haben, ist nicht überzeugend. Derartige Konstellationen sind durchaus vorstellbar. Es ist jedoch ein anderer kriminalpolitischer Gesichtspunkt, der tiefgreifende rechtliche Bedenken aufwirft, nämlich die ungewollte Perspektive, den Gehilfen dann einer gewissermaßen schrankenlosen Verantwortung auszuliefern. Allerdings ist er nur in den Fällen strafrechtlich voll verantwortlich, wenn er auch einen schrankenlosen Vorsatz hat. Dass Bedenken überhaupt zur Entstehung gelangen, hängt letztlich auch nur damit zusammen, dass man in diesem Kontext eben nie einen Gehilfen im strafrechtlichen Blickfeld hat, der tatsächlich *alles* für möglich hält und billigt, sondern intuitiv denkt sich jeder als Grundfall einen solchen, der durchaus *nicht mit allem* rechnet, vielmehr eben über das bloße „Tatbestandswissen" hinausgehende bestimmte Vorstellungen von der Haupttat hatte. Auf Grund von die-

---

des Tat*bestandes* die Rede ist, spricht nichts dafür, dann anzunehmen, dass es in jenem Fall nicht auch um die tatbestandliche Unbestimmtheit gegangen ist.

665 RGSt 59, 245 (247); 67, 343 (344); BGHSt 11, 66; BGH, GA 1981, 133 (134); NJW 1982, 2453 (2454); OLG Köln, GA 1959, 185.

666 Zuletzt BGH NStZ 1990, 501.

667 Problematisiert wird die Frage nach den Mindestanforderungen an den Teilnehmervorsatz beim *Anstifter* (welcher nach § 26 dem gleichen Strafrahmen ausgesetzt ist wie der Täter). Argumente für die angebliche Notwendigkeit einer weiteren Konkretisierung des Anstiftervorsatzes führt etwa *Roxin* an (JZ 1986, 908 ff.). Überzeugend hiergegen allerdings *Herzberg,* JuS 1987, 617 ff..Da *Roxin* selbst aber keine Parallele zum Gehilfenvorsatz zieht, soll hierauf nicht näher eingegangen werden.

sen Vorstellungen des „Gehilfens“ treten rechtliche Schwierigkeiten dann auf, wenn man darüber reflektiert, wie die strafrechtliche Verantwortlichkeit zu beurteilen ist, wenn solche vorhandenen Konkretisierungen des Vorsatzes beim Gehilfen mit der späteren Realität *nicht übereinstimmen*. Sedes materiae dieser speziellen Problematik ist aber die hier nicht erörterte Exzess- und Irrtumsproblematik im Steuerstrafrecht. Die Frage nach dem Bedeutungsgehalt dessen, was der Gehilfe sich subjektiv vorgestellt hat, muss völlig losgelöst davon beurteilt werden, was er sich *mindestens* vorstellen *musste*, um sich wegen Beihilfe zur Steuerhinterziehung strafbar zu machen. Evident wird dies, wenn man die Situation eines angeklagten Gehilfen im Strafprozeß betrachtet. Dieser kann sich doch unmöglich mit der Argumentation erfolgreich verteidigen dürfen, er habe schlechthin an *alle* denkbaren Sachverhaltskonstellationen (und damit eben auch an das wirkliche Geschehen) gedacht. Er kann sich erfolgreich nur damit verteidigen, sich gerade die konkrete Sachverhaltskonstellation, nämlich die Steuerstraftat in der Zukunft, nicht vorgestellt zu haben. Es kann also nicht anders sein, als dass der Vorsatz des Gehilfen bezüglich der Haupttat im Sinne einer Mindestanforderung nur das „Tatbestandswissen“ umfassen muss. *Die Strafbarkeitsgrenze wird durch § 16 I 1 StGB gezogen.*[668] Erst wenn der subjektive Tatbestand beim Gehilfen *unterhalb dieser Schwelle liegt*, fehlt sein Gehilfenvorsatz.

Es muss in letzter Konsequenz sogar noch ausreichen, wenn das „Tatbestandswissen“ beim Gehilfen nur in einer von *Herzberg*[669] erwähnten Sonderform vorliegt: Auch wenn sich der Gehilfe *keinerlei* Vorstellungen von *Art, Ausmaß* und *Anzahl* der Haupttaten macht, aber überzeugt ist, der Haupttäter habe einen ganz konkreten Vorsatz, Steuern zu hinterziehen, und er diesen Vorsatz „blanko“ bei seiner Hilfeleistung billigt, muss ebenfalls vorsätzliche Beihilfe zur Steuerhinterziehung angenommen werden. Folgt man dem, wird konsequenterweise die Rechtsfrage ausgelöst, ob dann die Formel von den Einzelheiten der Tat, die der Gehilfe nicht zu erkennen brauche, noch irgendeine Bedeutung beibehält. Für die hier vertretene Auffassung ist sie in der Tat ohne Inhalt, weil bei sicherem Wissen der Vorsatz bestimmt ist. Interessant ist es aber zu untersuchen, warum es so oft für notwendig erachtet wird, den Satz, Kenntnis der „Einzelheiten der Tat" sei nicht erforderlich, zu betonen. Offenkundig soll er einen Gegensatz zu den Vorsatzerfordernissen beim Haupttäter bzw. Alleintäter bezeichnen. Das gilt zumindest für einen Teil von Rechtsprechung und Literatur. Zuweilen findet sich nämlich die Bemerkung, der Täter müsse „die nach Gegenstand, Zeit und Ort usw.

---

668 So auch *Herzberg*, JuS 1987, 619; ihm folgend *Wild*, „Bestimmtheit des Gehilfenvorsatzes und Teilanfechtung von Strafurteilen- BayObLG, NJW 1991, 2582 in: JuS 1992, 911 ff. (913).

669 Vgl. *Herzberg*, in: JR 1977, 468 (471); derselbe, in: JZ 1988, 573 ff.; *Schulz*, in: JuS 1986, S. 933 ff. (934).

bestimmte Zuwiderhandlung gegen ein Strafgesetz wenigstens in allen wesentlichen Beziehungen, wenn auch nicht mit sämtlichen Einzelheiten der Ausführung" in seine Vorstellung und seinen Willen aufgenommen haben."[670] Folglich handelt es sich um eine bloße *Lockerung der Anforderungen* an den Gehilfenvorsatz wegen der besonderen Struktur der Beihilfe. Mit dieser Lockerungsfeststellung könnte man sich begnügen. Welche Ziele man mit den Bestimmtheitserfordernissen beim Gehilfenvorsatz erreichen will, zeigt eine in diesem Zusammenhang zitierte Entscheidung des Reichsgerichts (RGSt 70, 257)[671]. Sie[672] eignet sich für die Ableitung eines solch allgemeinen Gedankens aber nicht, weil sie den Sonderfall der Vorsatzerfordernisse bei fortgesetzter Handlung betraf. Diese Rechtfigur aus der Konkurrenzenlehre gibt es aber im Steuerstrafrecht seit 1994 nicht mehr. In einem anderen Reichsgericht-Fall war es dagegen so, dass den Tätern nicht etwa Kenntnisse bezüglich Zeit, Ort und Ablauf ihrer Tat (eines Mordes) gefehlt hätten, sondern dass sie hiervon *falsche* Vorstellungen hatten. Damit hält man den Schlüssel zur Lösung der ersten Frage, was nämlich die Formel von Einzelheiten der Tat, die der Gehilfe nicht zu kennen braucht, konkret bedeutet, in den Händen: Die Gerichtsurteile sind nicht nur als Umschreibung eines bloßen Vorsatz*minimums* zu verstehen, sondern Ziel ist es, hierdurch zu bestimmen, ob und wann Vorstellungen, die Täter und Gehilfen haben, den Vorsatz ausschließen, sofern diese sich nicht mit dem realen Kausalverlauf decken, also divergieren.[673] Das aber ist, worauf auch *F.- Ch. Schroeder* zu Recht hinweist, eine ganz andere Frage, im Grunde eine Irrtumsfrage.[674] Es zeigt aber auch ganz deutlich die Zukunftsbezogenheit des Vorsatzes. Als Resultat läßt sich also festhalten, dass sich sowohl beim Gehilfen als auch beim Täter das Vorsatz*minimum* nach *nichts* anderem richtet als nach den Erfordernissen des § 16 I 1 StGB.[675]

Die Konsquenzen aus der mit Blick auf die „Einzelheiten der Tat" „gelokkerten" Gehilfenvorsatzrechtsprechung des BGH sind aber einerseits, dass dem Bankmitarbeiter, der oft nicht weiß, in welchem Jahr und in welcher Höhe Steuern hinterzogen werden, ein erhöhtes Strafbarkeitsrisiko in seinem Beruf droht;

---

670 RGSt 51, 305 (311); 70, 257 (258); *Cramer*, in: *Schönke-Schröder,* § 15 Rn. 53.
671 RGSt 70, 257.
672 RGSt 51, 305.
673 Die Divergenz in den Anforderungen an Täter- und Gehilfenvorsatz bedeutet dann nichts anderes, als dass Irrtums- und Exzeßprobleme bei Tatbeteiligten unterschiedlich gelöst werden müssen.
674 Vgl. *Schroeder*, in: LK, § 16 Rn. 4.
675 In diesem Sinne deutlich (bzgl. des Täters): *Schroeder*, in: LK, § 16 Rn. 4; *Hillenkamp,* „Die Bedeutung von Vorsatzkonkretisierungen bei abweichendem Tatverlauf, 1971, S. 88 ff.; (bezüglich des Gehilfen:) *Herzberg*, JuS 1987, 618 ff..Es liegt nahe, dass es sich dann auch beim Vorsatz des Anstifters so verhält (vgl. *Herzberg* aaO), doch kann dies hier nicht näher erörtert werden.

andererseits, dass Irrtums- und Exzessprobleme beim Anstifter und Gehilfen sowie beim Alleintäter wegen unterschiedlicher Vorsatzbestimmtheit unterschiedlich gelöst werden müssen. Werden im Schrifttum darüber hinaus Bestimmtheitserfordernisse postuliert, die über die bisherigen Anforderungen hinausgehen, so ist dies offenkundig nur scheinbar der Fall und hat seine Ursache darin, dass zwei Fragen auf einmal beantwortet werden sollen, nämlich die Vorsatzfrage und die Bestimmtheitsfrage.

2. *Die Bedeutung des § 16 Abs.1 Satz 1 StGB und Konsquenzen*

Das Schrifttum[676] hat zu der Frage der Bestimmtheit und des notwendigen Inhalts des Gehilfenvorsatzes und seiner Konkretisierung Stellung bezogen. Was die Beihilfe anbelangt, so findet sich oft die Kommentierung, die Voraussetzungen für die Bestimmtheit des Vorsatzes, die beim Anstiftervorsatz herausgearbeitet wurden, auf den „Gehilfenvorsatz" zu übertragen.[677] Die Praxis orientiert sich aber nicht hieran. Dies wird an Hand folgenden Beispielfalles verdeutlicht:

> B bittet A um dessen Pistole und sagt lediglich, dass er sie „für einen Raubüberfall" benötige. Dies könne innerhalb eines weiten Rahmens alles Mögliche bedeuten. Über „das Ausmaß des Schadens und die Art der Weise des Angriffs" (*Roxin*) und sogar „über die Gattung der in Betracht kommenden Tatobjekte" *(BGH)* bleibt A völlig im Unklaren.

Gesetzt den Fall, *B* erzwänge mit der Pistole, die ihm *A* nach Zusage eines Beuteteils überlassen hat, von einem Juwelier die Herausgabe wertvollen Schmucks. Sollte dann *A*, der doch die Pistole übergeben hat *im Wissen*, dass *B* mit ihr einen anderen berauben oder räuberisch erpressen werde, wirklich straflos ausgehen, nur weil er die Einzelheiten der Tat des B nicht kennt ? Dies wären „*Schöne Zeiten für Gehilfen*".[678] Sie müssten vom Täter nur fordern, „er möge die Einzelheiten des geplanten Deliktes doch bitte erst nach der Tatbegehung schildern." Dabei ist überraschend und zugleich aufschlussreich, dass *Roxin* selbst nicht einmal theoretisch den „Gehilfenvorsatz" dem Anstiftervorsatz" angleicht. Zwar kommentiert er § 27 I StGB dahingehend, dass der „Gehilfe ..... die Haupttat ... in ihren *wesentlichen* Merkmalen erfassen" müsse, jedoch von den „Dimensionen des Unrechts" ist hier keine Rede. Vielmehr heißt es, ganz im Sinne des von *Herzberg* vertretenen Standpunktes: „Strafbare Beihilfe kann auch

676 Vgl. *Herzberg*, „Anstiftung zur unbestimmten Haupttat", in: JuS 1987, 617 ff.
677 So: *Baumann-Weber*, AT, S. 574; *Cramer* in : *Schönke- Schröder*, § 27 Rn. 19; *Dreher-Tröndle*, § 27 Rn. 8 ff.; *Lackner*, § 27 Anm. 5; *Strathenwerth*, AT, Rn. 901.
678 So zur Gehilfenstrafbarkeit *Herzberg*, „Anstiftung zur unbestimmten Haupttat-BGHSt 34, 63", in: JuS 1987, 617 ff. (618).

leisten, wer den genauen Hergang, Ort, Zeit und Opfer der Tat nicht kennt."[679] Der Widerspruch ist unverkennbar und wird deutlich, wenn man *Hilfe* und *Aufforderung* kombiniert:

A gibt *B* die Waffe und bedrängt ihn, möglichst bald irgendwo ein lohnendes Opfer zu berauben.

Tut *B* wie geheißen, dann würde *Roxin* Beihilfe bejahen und Anstiftung verneinen, aber letzteres mit Gründen, die ersteres verbieten. Wesentlich sind in diesem Zusammenhang mit dem Ausgangsfall die Gedanken[680] zur *notwendigen Abstraktion* des Vorsatzes. So kommt man zu der Einsicht, dass die Forderung einer *konkreten* Vorstellung von der Haupttat in Wahrheit gar kein spezielles Problem der Anstiftung oder der Teilnahmelehre an sich betrifft. Vielmehr geht es im Wesentlichen darum, dass ein etwas unangenehmer *allgemeiner* Befund[681] der Vorsatzlehre hier besonders auffällig wird. Weil der Vorsatz bei der Tat sich auf *etwas Zukünftiges* richtet, ist er notwendigerweise immer mehr oder weniger *abstrakt*:[682] Ob es um die „körperliche Mißhandlung" (§ 223 I StGB) oder die „vorsätzlich begangene rechtswidrige Tat" eines anderen (§§ 26, 27 I StGB) als „Bezugsgegenstand" des Vorsatzes geht, macht keinen prinzipiellen Unterschied. Auch der Täter sieht nie ganz genau und oft nur höchst ungenau voraus, wie ein tatsächlicher Kausalverlauf sich entwickelt.

Vorsatztäter und Teilnehmer müssen laut § 16 I 1 StGB die Umstände, die zum gesetzlichen Tatbestand gehören (genauer: dem gesetzlichen Straftatbestand unterfallen), „kennen". Es muss aber dafür schon genügen, dass die konkrete Verwirklichung der Tatumstände noch in den *allgemeinen Erwartungsrahmen* des Täters oder Teilnehmers fällt.[683]

Das „Kennen" im Sinne von § 16 I StGB wird aber weithin nicht als ein wirkliches Bewusstsein *faktisch* festgestellt, sondern vielmehr im Rahmen einer *Wertung* dem Tatbeteiligten zugeschrieben. Konsequenz hieraus ist für das Steuerstrafrecht: Da auch der Bankmitarbeitervorsatz auf Grund seiner abstrakten Strukur zukunftsbezogen ist, andererseits die Zeitspanne zwischen Tatbeitrag und Haupttat erheblich lang ist, konnte es bei der Vorsatzfrage in der Vergangenheit

---

679 In: LK, § 27 Rn. 30: die „wesentlichen Dimensionen des Unrechts" werden zwar in Rn. 33 haftungsbegrenzend genannt, doch hat der Begriff hier offenbar nicht den Sinn wie bei § 26 StGB und in der Urteilsanmerkung.

680 Vgl. *Herzberg*, „Anstiftung zur unbestimmten Haupttat- BGHSt 34, 63", in: JuS 1987, 617 ff. (619).

681 Vgl. dazu auch: *Scheffler*, „Zur Konkretisierung des Gehilfenvorsatzes", in: JuS 1997, 598 ff. (599).

682 So klarstellend *Herzberg*, in JuS 1987, 617 ff. (619).

683 So *Herzberg*, in: JuS 1987, 617 ff. (619).

schon genügen, dass die Verwirklichung des Steuerdelikts auch nur in den *„allgemeinen Erwartungsrahmen“* des Bankberaters fällt. Ist dies der Fall, so kann ihm vorsätzliches „Kennen“ im Sinne des § 16 I 1 StGB, der als alleinige Norm des Allgemeinen Teils etwas über den Vorsatz tatbestandlich festlegt und damit Hauptmaßstab sein muss, in Wechselbezüglichkeit zum objektiven Tatbestand im Rahmen einer Wertung zugeschrieben werden. Das Strafbarkeitsrisiko im Kreditwesen wird für den Berater in Anlegung dieser Kriterien fast uferlos.

3. Erwartung eines abstrakt-gattungsmäßig bestimmten Haupttatgeschehens ausreichend? – BGHSt 42, 135 („Edelsteine-Fall“)

Das Bestimmtheitsproblem beim Gehilfenvorsatz ist seit der Entscheidung von BGHSt 42, 135 („Edelsteine-Fall“) Gegenstand einer heftigen Diskussion im Strafrecht. Es wurde aber bereits vom Reichsgericht[684] gesehen und in der damaligen präzisen und sehr klaren Sprache formuliert und erörtert. Diese Formulierung des Reichsgerichts in RGSt 59, 245-247 (245) ist so klar, dass sie einmal voll referiert werden soll, bevor auf die zahlreichen neuen Stellungnahmen in der Literatur zu BGH 42, 135 und zum Bestimmtheitsproblem des Teilnehmervorsatzes Stellung genommen werden soll. Der wesentliche Satz lautet:

„Freilich genügt zu dem Vorsatz (der Mittäterschaft), ebensowenig wie zu dem der Beihilfe, ein unbestimmtes Wissen und Wollen. Es reicht nicht aus, dass durch das eigene Tun im Zusammenwirken mit einem anderen ein strafbarer Erfolg herbeigeführt werden soll, über den man nur eine ganz allgemeine Vorstellung hat.[685] Wie nach § 49 StGB zur Begehung „des“ Verbrechens oder Vergehens *wissentlich* Hilfe geleistet sein muss, das – mindestens in seinem wesentlichen Tatbestand – so verwirklicht worden ist, wie der Gehilfe es *bei Leistung der Hilfe* erwartet und sich vorgestellt hat, so bedarf es auch bei der Mittäterschaft „dieser Bestimmtheit des Vorsatzes“. Auch dieser muss bei Leistung seines Beitrags zur Ausführung der Tat einen hinreichend bestimmten strafbaren Tatbestand im Auge haben, den er im Einverständnis mit einem anderen Täter durch vereinte Kraft verwirklichen will.“

Zu den Tatmodalitäten wird am Ende der Gründe ausgeführt:

...„Was dieser „gegebenenfalls“ mit der Waffe tun sollte, stand mithin in der Vorstellung beider nach Ort , Zeit und Umständen, namentlich auch bezüglich der Personen, denen gegenüber die Waffe gebraucht werden sollte, schon im Augenblick ihrer Aushän-

684 Vgl. RGSt 59, 245-247.

685 Fussnote der Original-RG-Entscheidung an dieser Stelle: „Bei Vermittelung der Bekanntschaft mit einem Helfershelfer zum „Schmuggeln“, ohne dass *schon irgendwie feststand, was, wo und wann geschmuggelt werden sollte,* hat der II. Strafsenat des RG das Vorhandensein eines hinreichend bestimmten Gehilfenvorsatzes verneint (Urteil vom 18. September 1924, II 351 / 24.

digung hinreichend fest, um dem Erfordernis eines auf einen bestimmten Tatbestand gerichteten Vorsatzes zu genügen."...

Aus dieser Entscheidung wird ersichtlich, dass zwar auch hier die wesentliche Unrechtsdimension der Haupttat im Vorsatz zum Ausdruck kommen muss, dass aber das RG hinsichtlich der Vorsatzkonkretisierung in Bezug auf Ort, Zeit und Umstände der Tat nicht so „freizügig" war wie der BGH im sogenannten „Edelstein-Fall". Dort hat der BGH[686] folgendes entschieden:

„Beihilfe zum Betrug kann schon begehen, wer dem Täter ein entscheidendes Tatmittel (hier: ein inhaltlich falsches Wertgutachten) *willentlich* an die Hand gibt und damit *bewusst* das Risiko erhöht, dass durch den Einsatz gerade dieses Mittels eine mittels Täuschung gegen fremdes Vermögen gerichtete Haupttat verübt wird. Opfer, Tatzeit oder nähere Details der konkreten Begehungsweise müssen dem Gehilfen *nicht bekannt* sein."

Zur Begründung wird ausgeführt, die Bestimmtheit des Gehilfenvorsatzes finde ihre Rechtfertigung darin, dass *nur* derjenige Tatbeteiligte ernstlich mit der Haupttatsbegehung *rechnet*, der bereits die „wesentlichen Einzelheiten" des Tatplans *kennt*.[687] Diejenigen Umstände der Tat seien „wesentlich" für den Teilnehmervorsatz, deren Kenntnis die Haupttat *„hinreichend wahrscheinlich"* werden lässt.[688] Begründet wird der obige Leitsatz ferner damit, dass es die unterschiedlichen Teilnahmestrukturen, die verschiedene *Nähe* zur Tat und die differenzierten Strafdrohungen (für den Anstifter gleich dem Täter, für den Gehilfen zwingende Strafmilderung gemäß § 27 II 2 StGB) es gebieteten, an den Gehilfenvorsatz andere, d.h. im Ergebnis „mildere" Maßstäbe anzulegen als an den Anstiftervorsatz.[689] Im Gegensatz zum Anstifter, der einen bestimmten Taterfolg vor Augen hat, erbringe der Gehilfe einen von der Haupttat losgelösten Tatbeitrag. Er strebe den Erfolg nicht notwendigerweise an, wisse aber und nehme billigend in Kauf, dass sich sein Handeln auch ohne sein weiteres Zutun als unterstützender Bestandteil einer Straftat manifestieren kann. Tatzeit, Tatopfer und welche wahlweise ins Auge gefasste Tatmodalität (Betrug, Kreditbetrug oder Bewirkung illegaler Vorsteuererstattungen[690]), die allesamt in der Hand des

686 Vgl.: BGH (Urteil vom 18.4.1996) JZ 1997, S. 209 ff., mit Anm. *Roxin*, S. 210-212; BGH *wistra* 1996, 232 ff.

687 BGHSt JZ 1997, 296 (297). Vgl. im Übrigen zum Edelstein-Fall: *Roxin*: „Höchstrichterliche Rechtsprechung zum Allgemeinen Teil des Strafrechts, 100 Entscheidungen für Studium und Examen,1998, S. 128-129 (129).

688 BGHSt JZ 1997, 296 (297).

689 Vgl. hierzu schon: BGHSt 34, 64 ff.

690 BGHSt JZ 1997, 296 ff (297 ganz am Ende).

Haupttäters lägen, kann und muss der Gehilfe nach dem BGH nicht wissen, um trotzdem strafbar zu sein.[691]

Während *Roxin*[692] eine freilich von der traditionellen Formel inhaltlich abweichende Haupttatkonkretisierung mit seiner Definition von der erforderlichen „Kenntnis der Unrechtsdimension“ verlangt, wollen[693] Stimmen im Schrifttum[694] beim Gehilfen auf eine Konkretisierung gerade verzichten und die Erwartung eines *„gattungsmäßig“* abstrakt bestimmten Haupttatgeschehens ausreichen lassen. Es[695] wird dann die Frage aufgeworfen, ob der BGH auf halber Strecke stehen geblieben ist, als er Tatmittelkonkretisierung und Unrechtsdimension noch in den Gründen mitführte und damit das Bestimmtheitserfordernis, welches das RG noch verlangte, noch nicht völlig aufgegeben hat. Weiterhin stellt sich die Frage, ob es nicht völlig ausreicht, für den subjektiven Gehilfentatbestand die Annahme einer den gesetzlichen Tatbestand umschriebenen künftigen Verhaltensweise des Haupttäters abstrakt genügen zu lassen, also eine *abstrakt-gattungsmäßige* Haupttatvorstellung, wenn nur der Gehilfenbeitrag selbst hinreichend konkretisiert ist.[696] Dagegen wird der Standpunkt vertreten, dass diese „Radikallösung“ nur auf Akzeptanz stoßen könnte, wenn sie nicht in Widerspruch zu den allgemeinen Prinzipien der Beihilfestrafbarkeit geraten würde.[697] Der Strafgrund der Teilnahme könne kein anderer sein als derjenige des Täters. Dies folge aus der engen Verbindung der §§ 26, 27 II 1 StGB[698] an die Täterstrafe und daran sei nach der lex lata nicht zu rütteln.[699] Verantwortung tragen alle Tatbeteiligten für *ihren* vorsätzlichen Beitrag zur Rechtsgutsverletzung. Weil dem Täter eine konkrete (vorsätzliche) Rechtsgutsverletzung vorgeworfen wird, geht es auch bei der Ausgestaltung des Gehilfenvorsatzes um die *subjektive Zurechnung* einer konkreten Rechtsgutsverletzung. Aus diesem Grund verbietet sich auch der von *Roxin*[700] und *Otto*[701] vorgenommene, wenn auch vorsichtige, Vergleich mit der

691 Vgl. zum Edelstein-Fall: *Roxin*, Höchstrichterliche Rechtsprechung zum Allgemeinen Teil, S. 128, 129.

692 *Roxin*, JZ 1986, 908; so ausdrücklich auch für die Beihilfe in: LK-*Roxin*, § 27 Rn. 47; zurückhaltender *derselbe* in: Salger-FS, 1995, S. 129, 136 ff..

693 *Wolf*, in: JR 1992, 428 ff. (430).

694 *Wolf*, Urteilsanmerkung zu NJW 1991, 2582, in: JR 1992, 428 ff.

695 Siehe *Loos*, Urteilsanmerkung zur Edelsteinentscheidung des BGH, in: JR 1997, 297 ff. (298).

696 So *Wolf*, in: JR 1992, 428 ff., S. 429.

697 So *Loos*, Urteilsanmerkung, in: JR 1997, 297 ff. (299).

698 Die Strafmilderung in § 27 II 1 StGB ändert an dieser Anknüpfung nichts, weder verbal noch sachlich.

699 *Loos*, Urteilsanmerkung, in: JR 1997, 297 ff. (299).

700 *Roxin*, in: *Salger*-FS, aaO., S.136.

701 *Otto*, „Vorgeleistete Strafvereitelung“, in: Lenckner-FS, aaO.

„nachträglichen Beihilfe“ bzw. der Hilfe nach der Tat gemäß den tatbestandlich gerade anders konstruierten Delikten der Strafvereitelung und der Begünstigung gemäß §§ 258 I, 257 I StGB. Diese Tatbestände beziehen sich nicht auf den früheren primären Rechtsgutsangriff, sondern sind ganz eindeutig Hilfeleistungen nach der Tat, um die es hier aber nicht geht. Hier geht es um Hilfeleistungen *vor* der Tat und dabei ist die Frage zu prüfen, ob in manchen Fällen im Tatbestand der Beihilfe ähnliche subjektive Anforderungen zu fordern sind wie bei § 258 I StGB (in concreto: „Wissentlichkeit“).

Zwar beherrscht der Gehilfe nicht das Geschehen der konkreten Rechtsgutsverletzung und es besteht auch kein Äquivalent wie bei der Anstiftung. Die Tatherrschaft liegt beim Täter und nicht beim Teilnehmer. Allerdings ließe sich rechtlichen Bedenken gegen den Verzicht auf die Haupttatkonkretisierung mit der Argumentation begegnen, einen vergleichenden Verweis auf die Bestimmtheitsauflockerungen auch bei mittelbarer Täterschaft oder sogar bei Alleintäterschaft vorzunehmen.[702] Diese Vergleiche werden als a-fortiori-Argument für die Gehilfenschaft vorgetragen, und zwar wegen des „Minuscharakters“ (nicht: Stufenverhältnisses) der Beihilfe im Verhältnis zur Täterschaft. Der mittelbare Täter gebe im übrigen genauso wie der Gehilfe die Tatherrschaft aus der Hand. Allerdings setzt eine solche Argumentation voraus, dass die Resultate für die Täterschaftsfälle wirklich gesichert sind, was aber noch Gegenstand näherer wissenschaftlicher Untersuchung wäre. So wird im Schrifttum[703] angeführt, dass für eine Unterscheidung der Bestimmtheitsanforderungen bei Beihilfe und Anstiftung schon deshalb systematisch kein Raum sei, weil auch bei Mit- und Alleintäterschaft die gleichen Anforderungen gestellt werden. Eine praktikable Lösung wird dadurch erschwert, dass unter dem Titel Beihilfe offensichtlich – wie auch bei der Kausalitätsdebatte – sehr unterschiedliche Phänomene zusammengefasst werden. Wichtig ist auf jeden Fall die risikoerhöhende *Spezifität des Tatmittels* für die konkrete Haupttat. Soweit der BGH auf die Spezifität des Tatmittels hinweist, kann die Entscheidung für die weitere Entwicklung wichtig werden.

Auch *Weigend*[704] hebt in einem neueren Beitrag – ohne aber die Entscheidung des BGHSt 42, 135 besonders zu erwähnen oder zu zitieren – zu den Grenzen strafbarer Beihilfe auf die *„Quantität des konreten (Tat-)Mittels“* ab und will auf die *(tatsächliche) „Effizienz der Förderung“* abstellen, da er alle übrigen objektiven und subjektiven Zurechnungskorrektive ablehnt oder für unbrauchbar und unpraktikabel hält. Wenn nicht schon jede symbolische Solidarisierung mit

702 *Loos*, Urteilsanmerkung, in: JR 1997, 297 ff., (299).
703 Vgl. *Schleehofers* Kritik an BGHSt 42, 135 ff. in: StV 1997, 412 ff. (415).
704 *Weigend*, „Grenzen strafbarer Beihilfe“, in: FS für Nishihara (1998), S. 197 ff., 208, 210. Siehe dazu auch Teil 2 A. I 2 c.; S/S- *Heine*, 26. Aufl., § 27 Rn. 10a: „Qualität“.

dem Haupttäter und nicht jeder minimale, austauschbare Beitrag zum besseren Gelingen der Tat mit Kriminalstrafe geahndet werden solle, dann lasse sich die kriminalpolitische Notwendigkeit nach Reduzierung der Strafbarkeit nur mit Hilfe des „Regelungsmechanismus" der „fördernden Wirkung" befriedigen: „Je weiter man mit der Entkriminalisierung „harmloser" Tatbeiträge gehen wolle, desto höher könne man das für die Strafbarkeit erforderliche „Maß an Unterstützungseffizienz" schrauben."[705] Mit einer solchen Lösung sind dann aber sektorale Ansätze, wie zum Beispiel die Herausnahme „professionell adäquater" Verhaltensweisen aus dem Tatbestand der Beihilfe ausgeschlossen. Setze man aber für die Beihilfestrafbarkeit nicht nur eine Förderung der Tat, sondern darüber hinaus eine *„wesentliche"* Haupttatförderung voraus, so könnte dies zu einer Entkriminalisierung derjenigen Verhaltensweisen führen, die das Risiko der Rechtsgutsverletzung zwar bei sehr genauer Betrachtung auch ein wenig, aber doch nicht wirklich messbar gesteigert haben, und auf diesem Wege eine kriminalpolitisch vertretbare Problemlösung ermöglichen. Diese Auffassung schlägt also ersichtlich einen ganz neuen Weg vor, indem sie eine objektive „Abschichtung nach Quantität" befürwortet. Der Vorteil dabei sei die Elastitizität bei der Strafbarkeitsbestimmung.[706] Gleichwohl dürfen auch die Nachteile dieser Ansicht nicht übersehen werden. Es ist die mangelnde Voraussehbarkeit (und intersubjektive Verbindlichkeit) der Strafbarkeit bei der Lösung von Einzelfällen. Auch der strafrechtliche Bestimmtheitsgrundsatz (§ 1 StGB) spricht gegen eine Einzelfalllösung unter vollständiger Berücksichtigung aller Umstände des Einzelfalls. Aber im Rahmen der Diskussion um die Bestimmtheit des Gehilfenvorsatzes lässt sich aus der Argumentation der „Förderungseffizienz" Folgendes herausfiltern:

Je effizienter der Tatbeitrag des Gehilfen für die Haupttat ist, *desto weniger genau* muss die Vorstellung des Gehilfen von den Tatumständen sein, denn dann wiegt die *Gefahrerhöhung* und *Risikoerhöhung* für das geschützte Rechtsgut so schwer, dass der Gehilfe wissen kann und muss, dass die Haupttat in der Zukunft *mit an Sicherheit grenzender Wahrscheinlichkeit* begangen wird.

Dieser Grundsatz sollte für die Beihilfe Geltung beanspruchen und verdient Zustimmung. Ebenso hat ja auch der BGH argumentiert: Wer dem Täter das *entscheidende* Tatmittel willentlich aushändigt und damit durch gerade dieses Tatmittels *bewusst* das Risiko der Haupttatsbegehung erhöht, muss nicht mehr genau wissen, gegen wen sich die Straftat richtet, wo und wann sie stattfindet und welcher Tatbestand (§ 263 StGB oder „nur" § 265 b StGB) vom Täter verwirklicht wird.

---

705 Dazu: *Weigend*, „Grenzen strafbarer Beihilfe", in: FS für Nishihara (1998) S. 197 ff., 208.

706 Siehe dazu: *Weigend*, „Grenzen strafbarer Beihilfe", S. 197 ff., 208.

Gegen die hier vertretene subjektive Zurechnung im Falle sicheren Wissens wird aber der rein quantitative Ansatz im Ergebnis im übrigen nicht standhalten können: Zum einen ist nicht klar, was ein „*wesentlicher*“ Förderungsbeitrag sein soll und was quantitativ „Förderungseffizienz“ ist und was nicht. Vielmehr ist wieder eine Gesamtwertung darin zu sehen, basierend auf einer Gesamtwürdigung, die unter dem Gesichtspunkt der zuverlässigen subjektiven Voraussehbarkeit strafbaren Verhaltens für den Bürger nicht von Vorteil ist. Elastizität und Bestimmtheit im Strafrecht sind als Begriffe widersprüchlich und können nicht in Einklang gebracht werden.

Roxin ist der Auffassung[707], dass der Gehilfenvorsatz deshalb etwas weniger „bestimmt“ sein muss, weil der Gehilfe den Tatentschluss des Täters und damit die ganze Konzeption der geplanten Tat bereits vorfindet, während der Anstifter die Tat im wesentlichen *selbst* vorzeichnet und damit wenigstens in den groben Zügen kennen muss, um für die Auslösung des Haupttatgeschehens verantwortlich gemacht zu werden. Nicht überzeugen kann aber der Vergleich mit dem Tatbestand des § 258 I StGB, der hinsichtlich der rechtswidrigen Tat (irgendeiner im Sinne des § 11 StGB) bedingten Vorsatz, *nicht* aber eines *bestimmten* Tatbestands ausreichen lässt. Hier ist die Tat nämlich *bereits vollendet und auch beendet* und für den Strafgrund der Strafvereitelung ist ohne Bedeutung, *nach welcher* konkreten Haupttat die deutsche Strafrechtspflege beeinträchtigt und behindert wird. Entscheidend ist dort vielmehr, ob überhaupt eine solche rechtswidrige Tat vorliegt oder nicht. Anders verhält es sich aber bei der Beihilfe: Hier kann eine Ausnahme vom Regressverbot bei vorsätzlichem Handeln eines fremden Dritten nur dann gemacht werden, wenn der Gehilfe die „wesentliche Unrechtsdimension“ (wesentlicher Unrechtsgehalt der Tat und ihre Angriffsrichtung, nicht notwendig in allen Einzelheiten[708]) erkannt hat. An dieser Formel für die subjektive Zurechnung will aber auch *Roxin* für die Beihilfe weiter festhalten.[709]

Es ist in jedem Falle unzureichend, wenn vom Gehilfen nicht einmal eine konkrete[710] Tatbestandskenntnis (z.B.: Betrug gemäß § 263 I StGB oder Kreditbetrug nach § 265 b StGB), geschweige denn die Kenntnis der Unrechtsdimension oder von den Einzelheiten verlangt wird: Dadurch wird der für die Beihilfe so wichtige Akzessorietätsgrundsatz aufgeweicht.[711] Übertragen auf den Ausgangs-

707 Siehe: *Roxin*, „Zur Bestimmtheit des Teilnehmervorsatzes“, in: FS für *Hans Karl Salger* zum Abschied aus dem Amt des Vizepräsidenten des BGH, 1995, S.136.

708 Vgl. BGHSt 42, 135 (138); Lackner / *Kühl*, 23. Auflage (1999), § 27 Rn. 7.

709 *Roxin* in: Salger-FS, S.137.

710 In diesem Sinne auch: *Scheffler*, „Zur Konkretisierung des Gehilfenvorsatzes“, in: JuS 1997, 598 ff., S. 599 (r. Spalte). So auch *Wolf*, Anmerkung, in: JR 1992, 429.

711 A.A. diesbezüglich ist *Schlehofer*, der für den Teilnehmer nur auf § 16 I 1 StGB abstellen will und sonst auf gar nichts, vgl. StV 1997, 412 ff.(413).

fall würde sich der Bankmitarbeiter bei dieser „Auflockerungsrechtsprechung“ des BGH zum Gehilfenvorsatz noch öfters und viel eher strafbar machen, wenn er nur grobe Kenntnisse von den Steuerhinterziehungsgedanken des Bankkunden bei der Vornahme von Hilfeleistungen beim Geldtransfer ohne Papierspuren hat. Auch das Damoklesschwert, das wegen der Lockerung der Rechtsprechung zur Bestimmtheit des Gehilfenvorsatzes über dem Bankmitarbeiter schwebt, kann im Steuerstrafrecht – mit den Haftungsrisiken (§§ 71, 219 S.1, 235 AO) und dem Selbstanzeigeproblem des Tatbeteiligten (§ 371 I, III AO nur bei Kenntnis der Steuerhinterziehungstatsachen) – nur überwunden werden, wenn man im subjektiven Tatbestand „Wissentlichkeit“ verlangt (wie bei § 258 I StGB, hier ist ausnahmsweise subjektiv ein Vergleich möglich) bzw. sichere Voraussicht um die notwendigen Auswirkungen des eigenen Handelns.

Auch im Schrifttum wird die Bestimmtheitsproblematik kritisch beleuchtet. Es wird vertreten, dass sich bei der Frage der *Wissensdichte* der Gehilfenvorsatz in nichts von dem Vorsatz eines anderen Tatbeteiligten unterscheide.[712] Für die Bestimmtheit des Gehilfenvorsatzes ist also allein der allgemeine Maßstab des § 16 I 1 StGB entscheidend: Der jeweils Handelnde muss genau die Tatumstände kennen, die den die strafrechtliche Verantwortlichkeit auslösenden relevanten Unrechtsvorwurf begründen. Die Prüfung des Beihilfevorsatzes reduziert sich also auf die *Kernfrage*, ob der Tatbeteiligte die Umstände kennt, aufgrund deren sein Verhalten objektiv als Beihilfe zu einer bestimmten vorsätzlichen Haupttat anzusehen ist. Im Zentrum der BGH- Entscheidung[713] stehen offensichtlich – eingewoben in den Kontext der *subjektiven* Zurechnung – die Ausführungen zum objektiven Tatbestand der Beihilfe. Nur an diesem Ort – *im Vorsatzbereich* – liegt das Problem der Unbestimmtheit der Beihilfe.[714] Der BGH bringt in der Edelstein-Entscheidung die objektiven Anforderungen an die Beihilfe auf folgende Formel: Die Hilfeleistung durch Aushändigen eines Tatmittels muss das Risiko erhöhen, dass eine Haupttat in der für den Einsatz des Tatmittels typischen Weise verübt wird. Der Teilnehmer hat aber für die Haupttat nicht vollumfänglich einzustehen, sondern nur wegen der Pflicht, die Pflichtverletzung des Dritten nicht zu fördern. Auf Grund der Tatsache, dass der Gehilfe mittelbar zur „Nichtverletzung“ des Rechtguts aufgerufen ist, folgt, dass wegen der unterschiedlichen Art der Beziehung von Täterschaft und Teilnahme zum geschützten Rechtsgut beide Beteiligungsformen *vorsatzunabhängig* voneinander stehen.[715] Allerdings

---

712 Vgl. *Kindhäuser*, Urteilsanmerkung, in: NStZ 1997, 271ff., 273.

713 BGHSt 42, 135 ff.

714 Gleicher Ansicht wie hier: *Kindhäuser*, Urteilsanmerkung, in: NStZ 1997, 273 ff., S. 273.

715 Dass das Gesetz nur vorsätzliche Teilnahme spezifiziert und fahrlässige Teilnahme einer „Einheitstäterschaft“ zuweist, bedarf fallweise wieder einer umständlichen

ist nicht jede Unterstützung in diesem Sinne tauglich, die Beihilfestrafbarkeit zu erfüllen. Zu fordern ist darüber hinaus ein konkreter *Risikozusammenhang* zwischen der Primärpflicht des Täters (Steuerzahlungspflicht und damit Nichtgefährdung des staatlichen Steueranspruchs) und der Sekundärpflicht des Teilnehmers (Verbot der Hilfeleistung zur Steuerhinterziehung): Grundsätzlich ist, übertragen auf den Ausgangsfall, der Bankmitarbeiter nicht verpflichtet, dafür zu sorgen, dass der Bankkunde seine Zinseinkünfte wahrheitsgemäß versteuert. In der Bereitstellung einer missbrauchsanfälligen Infrastruktur und in einer fast spurlosen Geldtransferierung liegt aber ein nahe an der Ingerenz liegendes Vorverhalten, das zu der – ausnahmsweise – *erweiterten Risikotragung* des Bankangestellten führt, ohne ihn gleichsam zum Garanten für den Steueranspruch des Staates zu machen. Hinterzieht der Kunde tatsächlich seine Steuern für die Einkünfte aus Kapitalvermögen, so ist die Haftung des Gehilfen auf gerade die *von ihm selbst geschaffenen* Risiken und Gefahren beschränkt, die sich im folgenden Kausalverlauf in der Haupttat realisieren. Auch hat diese Beihilfehandlung die erforderliche *Eignung*, das spezifisch Deliktische der Steuerhinterziehung als Haupttat zu fördern. Ohne diese deliktsspezifische Eignung gelten die allgemeinen Regeln des *erlaubten Risikos*, d.h. nur für die Hinterziehung der Einkünfte aus Kapitalvermögen nach § 2 I Nr.5 EStG wird ein Risiko begründet, für die übrigen Einkünfte des Täters (z.B. aus Vermietung und Verpachtung oder aus selbständiger Arbeit) dagegen nicht.

Die zum Schluss noch aufzuwerfende Kernfrage im Steuerstrafrecht bleibt dann, ob es von entscheidender Relevanz ist, dass zum *Zeitpunkt der Beihilfehandlung* (z.B.: Beratungsgespräch oder Zeitpunkt der Dispositionen über das transferierte Geld) die Haupttat, da sie zukunftsorientiert ist, *noch nicht* konkretisiert war. Für überspitzte Voraussetzungen, nämlich Beihilfe erst bei Tatkonkretisierung zu bestrafen, spricht zunächst nichts. Der Gehilfe leistet – bezogen auf den Normbruch – mehr, wenn er nicht nur die vom Täter beabsichtigte Tatausführung unterstützt, sondern durch die Bereitstellung des tauglichen Mittels (Kontensystem) den Täter überhaupt erst dazu befähigt, die Haupttat chancenreich zu planen. Hinsichtlich der Haupttat selbst muss der Gehilfe nur wissen, welche *konkrete Norm* der Täter in der Zukunft vorsätzlich verwirklichen will. Der Gehilfenvorsatz muss also konkret dahingehen, wenn sein Verhalten auch die fragliche Norm verletzen soll, dass der Haupttäter eine Handlung vollziehen wird, die die Tatumstände eines bestimmten gesetzlichen Tatbestandes im Sinne

---

Korrektur, etwa bei der straflosen fahrlässigen „Beihilfe" zur freiverantwortlichen Selbstverletzung; vgl. nur BGHSt 24, 342. Gegen eine Übertragung von Beteiligungsdistinktionen auf Fahrlässigkeitstaten, aber für die Straflosigkeit fahrlässiger „Suizidteilnahme", *Roxin,* in: FS für Tröndle, S. 177, 183, 185 ff.

von § 16 I 1 StGB verwirklicht; ein derartiges *abstraktes Wissen* ist notwendig, aber auch hinreichend, um festzustellen, dass der Beitrag des Gehilfen in den deliktischen Zusammenhang eines Normbruchs integriert ist.[716]

Ein Wissen um konkrete Tatumstände ist nur insoweit erforderlich, als es um die auf die Haupttat bezogene fördernde Qualität des Gehilfenbeitrags geht. Allerdings kann – jedenfalls im Steuerstrafrecht und im Kreditwesen – wo Berufsträger *ständig* und nicht nur im Falle eines einzelnen falschen Wertgutachtens mit zukünftigen kriminellen Verhaltensweisen ihrer Kunden rechnen müssen, dann ein nur *ernstliches Fürmöglichhalten einer Haupttat,* mag sie auch *abstrakt* sein, nicht ausreichen, um eine *gesteigerte* Verantwortlichkeit für das vorsätzliche Fehlverhalten Dritter bereits zu begründen. Hier sollte entgegen BGHSt 42, 135 weiter ein *konkretes Wissen* auf Grund konkreter Indizien des Bankmitarbeiters um die Steuerstraftat gefordert sein oder zumindest die sichere Voraussicht um die notwendigen Auswirkungen des eigenen Tuns. Dies mag zwar gegen die allgemeinen Vorsatzlehren im Allgemeinen Teil des StGB sprechen, die für die Beihilfe – auch im Steuerstrafrecht bislang – *Eventual*vorsatz ausreichen lassen. Dies ist aber nun gerade der springende Punkt: Bestimmtheit des Gehilfenvorsatzes auf der einen Seite und intellektuelles „ernstliches-Fürmöglichhalten" im Sinne bedingten Vorsatzes hinsichtlich einer Straftat schließen sich gegenseitig nach der hier vorgenommenen Untersuchung aus. Hinzu kommt, dass die Definition der Mindestvoraussetzungen an die Bestimmtheit des Gehilfenvorsatzes im Steuerstrafrecht wegen der erheblich langen Zeitspannen zwischen Teilnehmerhandlung und Haupttat zusätzlich Schwierigkeiten bereitet.

4. Stellungnahme zum Stand der Diskussion

Wenn die Teilnahme an einer Straftat eine bewusste Risikoerhöhung im Hinblick auf die spätere Begehung der Haupttat bedeutet, gehört zum Gehilfenvorsatz nicht die Kenntnis von Einzelheiten der in der Zukunft liegenden Tätertat.[717] Auch der Bankberater ist sich der Einzelheiten der Steuerstraftat oft nicht in vollem Umfang bewusst. Er kann nicht alle Details der Tat kennen. Andererseits ist mit *Roxin* der Annahme zu widersprechen, *nur derjenige* Teilnehmer rechne ernstlich mit der Begehung der Haupttat, der „bereits wesentliche Einzelheiten des Tatplans kennt." Vielmehr hängt die Wahrscheinlichkeit der Tatbegehung (und damit die Bestimmtheit des Gehilfenvorsatzes) von der Durchsetzungskraft und dem Mut des Täters sowie der leichteren oder diffizileren Ausführbarkeit der

716 Vgl. auch *Wild*, in: JuS 1992, 911 ff.; *Wolf*, Urteilsanmerkung, in: JR 1992, 428, 429.

717 So auch *Roxin*, „Höchstrichterliche Rechtsprechung", Zu Nr. 85, S.207.

Tat ab. Die letzten beiden Gesichtspunkte sind aber durch psychische Stabilisierung („fast alle lassen jetzt ihr Geld beim Sammelkonto des Tochterinstituts in unserer Bank") oder durch aktive Tatbeiträge durchaus vom Gehilfen zu beeinflussen.

Da der Gehilfe die Tat oder den Tatentschluss oft konkret vorfindet, genügt für seinen Vorsatz – im Gegensatz zum planenden Anstifter – die Kenntnis – *abstrakt* – von dem gesetzlichen Tatbestand, den der Täter verwirklichen will. Dieser muss aber so hinreichend bestimmt sein, dass er den dem Beihilfeunrecht zugrundeliegenden, in § 27 I StGB normierten, Akzessorietätsgrundsatz nicht völlig aufweicht. Das wäre systemwidrig und hat zur Konsequenz, dass es ausreicht, wenn der Gehilfe mit einem Kredit-Betrug (§ 265b StGB) oder einem „normalen" Betrug (§ 263 I StGB) rechnet. Nicht ausreichend ist, wenn der Tatbeteiligte nur „irgendeine" gegen fremdes Vermögen gerichtete Tat unterstützen will. Die Beihilfe ist wegen des Akzessorietätsgrundsatzes immer auf einen *bestimmten Tatbestand bezogen.*[718] Der Gehilfe muss das von ihm geförderte Tatgeschehen zwar nicht unter den vom Täter verwirklichten Tatbestand (der Steuerhinterziehung gemäss § 370 AO) subsumieren, aber er muss jedenfalls im Sinne des § 16 I 1 StGB die Verwirklichung aller äußeren Tatumstände des jeweils in Betracht kommenden Delikts in seinen Gehilfenvorsatz aufgenommen haben.[719] Das bedeutet in concreto für die Beihilfe zur Steuerhinterziehung: Der Gehilfe muss nicht genau die Summe der hinterzogenen Steuern wissen.

Der Gehilfe im Steuerstrafrecht muss aber *konkretes Wissen* auf Grund zureichender konkreter Anhaltspunkte um die Steuerstraftat selbst haben und er muss diese Tat nicht nur ernstlich für möglich halten. Nur dieser Tatbestand kann immer der alleinige Bezugspunkt des Vorsatzes, und damit auch des Gehilfenvorsatzes sein. Letztlich ist alles Wissen um die Tat *zukunftbezogen* und damit von *Zufälligkeiten und Unsicherheiten geprägt.* Deshalb widersprechen sich Eventualvorsatz und Bestimmtheit des Gehilfenvorsatzes. Wegen der weiten Vorverlagerung der Beratungs- und Transferleistung (*Vorbereitungsstadium der Steuerstraftat*) im Kreditwesen und der steuerberatenden Tätigkeit schlechthin genügt es dann, wenn für den Gehilfen subjektiv die Tat *abstrakt mit an Sicherheit grenzender Wahrscheinlichkeit durchgeführt wird* oder sich dies ihm *aufdrängen* musste, weil er *die notwendigen Auswirkungen seines Tuns direktvorsätzlich*[720] *„sicher voraussah".* Hielt er aber die Tat kognitiv nur ernstlich für möglich, ist sein Vorsatz *nicht bestimmt.* Da der Tatbestand, an den das Steuergesetz im ein-

---

718 So auch *Roxin*: „Höchstrichterliche Rechtsprechung", S. 208.
719 So auch: *Schlehofer*, in: StV 1997, 412 ff. (413).
720 Zu dieser *intellektuellen* Anforderung beim dolus directus zweiten Grades: *Wessels/Beulke*, AT, 29. Aufl., Rn. 213.

zelnen Fall die Steuerpflicht anknüpft, stets einen Teil des Tatbestandes des Steuerdelikts bildet[721], muss im Steuerstrafrecht der Vorsatz des Gehilfen all diejenigen Umstände erfassen, die im Einzelfall (hier: Kapitaleinkünfte nach § 2 EStG) die Steuerpflicht begründen.

5. *Berücksichtigung der gesetzlichen Wertungen in § 11 GwG und § 111 b StPO sowie des § 30 StGB und Parallelvergleich zu § 310 I Nr.2 StGB*

Für diejenigen Stimmen, die die Forderung nach sicherem Wissen ablehnen, treten aber auch bei den konkreten (erhöhten) Anforderungen an den Eventualvorsatz im Kreditwesen grosse Schwierigkeiten auf. Diese sollen im folgenden beschrieben werden. Dabei ist auch für die Bestimmtheitsfrage auf gesetzliche Wertungen solcher Delikte in einem Parallelvergleich einzugehen, die ebenfalls – wie im Steuerstrafrecht typisch und charakteristisch – weit im Vorbereitungsstadium der Haupttat begangen werden. Auch hier können gewisse Konkretisierungsversuche auf die Bestimmtheitsfrage bei der Beihilfestrafbarkeit im Steuerstrafrecht übertragen werden. Um Eventualvorsatz beim Bankmitarbeiter von nur strafloser grober Fahrlässigkeit abgrenzen zu können, verlangt sowohl die Rechtsprechung[722] als auch der überwiegende Teil der Lehre[723] neben der Wissenskomponente ein voluntatives Element beim Vorsatz, das regelmäßig in der Formel „billigen“, „billigend in Kauf nehmen“ oder „einverstanden sein“ hinsichtlich des Erfolges (Steuerhinterziehung des Bankkunden) zum Ausdruck gebracht wird. Die Problematik besteht nun darin, wann eine solche Billigung des Erfolges anzunehmen bzw. unter welchen Umständen (im Rahmen eines Indizienbeweises) auf diese innere Tatsache der Billigung geschlossen werden kann. Die Frage wird nicht einheitlich beantwortet.[724] Folgende Leitlinien der neueren Rechtsprechung bieten jedoch eine Orientierung:

So wird grundsätzlich anerkannt, dass das Vorliegen gefahrbegründender Umstände nicht automatisch die Billigung indiziert, sondern auch in diesem Fall die Möglichkeit nicht ausgeschlossen ist, dass der Täter ernsthaft und nicht nur vage auf den guten Ausgang vertraut.[725] Jedoch soll die Annahme einer Billigung beweisrechtlich naheliegen, wenn der Täter sein Vorhaben trotz äußerster Gefährlichkeit durchführt, ohne auf einen glücklichen Ausgang vertrauen zu können, oder wenn er es dem Zufall überläßt, ob sich die von ihm erkannte Gefahr ver-

---

721 So zu diesem Punkt – aber für den Täter eines Steuerdelikts – ausgesprochen: OLG Bremen, StV 1985, 282 ff. (282 unter Ziff.2).

722 Zusammenfassend *Cramer,* in: Schönke / Schröder, § 15 Rn. 85 ff.

723 Vgl. *Jescheck/ Weigend*, Strafrecht AT, S. 268 ff m.w.N.

724 Vgl. *Dreher/Tröndle*, Strafgesetzbuch, § 15 Rn. 10.

725 BGHSt NStZ 1982, S. 506; NStZ 1984, S.19.

wirklicht oder nicht (sogenanntes Zufallsprinzip).[726] Dagegen soll ein Beweisanzeichen für das Fehlen einer Billigung z.B. darin liegen, dass der Erfolg unerwünscht und dessen Eintritt nach der Sachlage wenig wahrscheinlich war.[727]

Übertragen auf den Ausgangsfall bedeutet das: Nicht bei jedem Bankangestellten, der eine Transaktion subjektiv als verdächtig beziehungsweise riskant in Bezug auf § 370 I AO einstuft, kann pauschal Eventualvorsatz angenommen werden.[728] Auch in dieser Situation ist nicht unwahrscheinlich, dass er letztlich darauf vertraut, dass keine Steuerhinterziehung des Bankkunden in Zukunft erfolgen wird. Dafür spricht insbesondere, dass nach den bisherigen Erfahrungen angezeigte Verdachtsfälle nur eine geringe Trefferquote aufweisen, die Eintrittswahrscheinlichkeit also eher niedrig angesetzt werden muss. Auf der anderen Seite liegen aufgrund der Bankdurchsuchungen der letzten Jahre tausende von beweisbaren Fällen der Einkommens- und Vermögenssteuerhinterziehung vor, an denen Bankangestellte beteiligt waren. Ebensowenig kann die Durchführung einer Finanztransaktion per se als eine „äußerst gefährliche" Handlung angesehen werden, die – wie z. B. ein Beilwurf – das Vertrauen auf den guten Ausgang ausschließen muss. Etwas anderes mag allerdings bei Vorhandensein eines Verschleierungssystem der Bank gelten. Bei der Installation und Zurverfügungstellung eines „Bankennetzes" (System) liegt für das geschützte Rechtsgut des staatlichen Steueranspruchs eine *gefährdende* Handlung vor, wenn dieses System derart angelegt ist, die Erträgnisse aus Kapitalanlagen zu anonymisieren und die Bankmitarbeiter dabei den Kunden, die ohne Hilfeleistung der Bankangestellten ihre Kapitalanlagen und die Erträge hieraus nicht vor der Besteuerung durch den deutschen Fiskus verbergen würden, Sonderwissen zur Verfügung stellen. Jedenfalls bedarf es in jedem Fall einer individuellen Feststellung bei den Bankverantwortlichen, daß der Erfolg (die im großen Stil angelegte Steuerhinterziehung der Bankkunden) gebilligt worden ist. Um hier eine deutliche Grenze zur straflosen bewussten Fahrlässigkeit zu markieren, sollte – wenn man die Forderung nach sicherer Kenntnis ablehnen wollte – der Eventualvorsatz folglich erst dann bejaht werden, wenn aus den *Gesamtumständen* zu schließen ist, daß der Täter mit der künftigen, fortgesetzten Steuerhinterziehung *gerechnet* hat und die Verheimlichung vor dem Fiskus auch tatsächlich gewollt hat, zumindest billigend in Kauf genommen hat.

726 Vgl. BGHSt JZ 1981, S. 35.

727 Vgl. BGHSt, Urteil vom 26.6.1985, 3 StR 98 / 85 (unveröffentlicht), zitiert nach *Dreher/Tröndle*, Strafgesetzbuch, § 15 Rn. 10.

728 Die gleiche Meinung für den Bereich der Geldwäsche vertritt *Werner*, „Bekämpfung der Geldwäsche in der Kreditwirtschaft" (Freiburg 1996), § 10, S. 242 ff. (S. 243).

Der Nachweis dieser Billigung kann sich dabei insbesondere aus den konkreten Umständen der Situation ergeben.[729] *Entscheidende Bedeutung* wird insoweit der *objektiven Qualität* der Auffälligkeiten beizumessen sein. Hierbei stellt sich allerdings die grundsätzliche Frage, ab welchem Grad der Auffälligkeit denn nun der Rückschluss auf den Vorsatz denkbar ist. Unter Berücksichtigung der gesetzlichen Wertungen in § 11 GwG und § 111 b StPO ist folgende Differenzierung denkbar: Die Wahrnehmung bloßer „Auffälligkeiten" seitens des Bankangestellten vermag noch keinen Vorsatz zu indizieren.

Wer auf solche Anhaltspunkte nicht reagiert, handelt möglicherweise sorgfaltswidrig, aber nicht vorsätzlich. Die entscheidende Risikoschwelle wird vielmehr durch § 11 GwG markiert, wonach erst der „Verdacht" die Anzeigepflicht auslöst. Ist diese Schwelle dann allerdings erreicht und ignoriert der Bankangestellte dies, verläßt er den Bereich des erlaubten Risikos.[730] Es erscheint daher gerechtfertigt, *bewusste* Verstöße gegen Anzeigepflichten als Indiz für den Gehilfenvorsatz zu werten, weil der Täter in dieser Situation nicht mehr auf den guten Ausgang vertrauen darf. In einem solchen Fall wird die Rechtsgutsgefährdung vom Willen des Handelnden umfasst.[731]

Als Schwierigkeit bleibt allerdings hier die Frage offen, wie die *Schwelle* zwischen Auffälligkeit und Verdacht *zu bestimmen* ist. Der Verdacht, also das ernstliche Fürmöglichhalten einer Straftat, könnte zum Beispiel dann indiziert sein, wenn der dem Bankangestellten persönlich bekannte Bankkunde den anonymen Geldtransfer ins steuerbegünstigende Ausland wünscht oder die Überweisung mit einem Phantasienamen unterzeichnet, bei dem klar erkennbar ist, daß der Überweisende seine Identität verschleiern will, weil er bereits über z.B. vier namentlich bekannte Konten bei der eigenen Bank verfügt und nun die Überweisung „möglichst geräusch- und spurenlos" unter einer bloßen Referenznummer unter einem bankinternen Sammel (Cpd-)- Konto wünscht – unter voller „Diskretion" im Übrigen. Weil all diese Schwierigkeiten bei der Bestimmung zwischen Verdacht und Auffälligkeit beim *Eventual*vorsatz zu nichts führen als zu einer Rechtsunsicherheit in diesem Bereich des Kreditwesens, zum zweiten auch das voluntative Vorsatzelement nie richtig nachweisbar ist und der Bereich der bewussten Fahrlässigkeit beim Vorsatzdelikt der Beihilfe tunlichst zu vermeiden ist, muss eine stärkere Betonung des intellektuellen Vorsatzelements im Steuerstrafrecht Geltung beanspruchen. Erst ab einem *konkreten Wissensgrad* wird das Tragen eines weitergehenden Risikos für einen Nicht-Garanten für das

729 Ähnlich wie die hier vertretene Meinung für den Bereich der Geldwäsche: *Werner*, „Bekämpfung der Geldwäsche in der Kreditwirtschaft", S.1 ff, Teil 3, § 10 (S. 243).

730 Vgl. dazu auch für den Bereich der Geldwäsche: *Salditt*, StV- Forum, 1992, S.129.

731 Vgl. dazu auch für den Bereich der Geldwäsche: *Salditt*, StV-Forum 1992, S. 130.

geschützte Rechtsgut (staatlicher Steueranspruch) ersichtlich und verständlich. Dann ist eine Durchbrechung des Selbstverantwortungsprinzips im Steuerstrafrecht geboten, dann gibt es kein Recht mehr auf Ignoranz für das strafrechtliche Fehlverhalten eines vorsätzlich handelnden Dritten. Die Handlung des eigenverantwortlich vorsätzlich handelnden Dritten wird dann, bei Vorliegen eines oder mehrerer (wie im Teil 1 dargestellt) objektiven Tatbeiträge dem Tatbeteiligten *subjektiv zugerechnet.*

Zuletzt ist im Rahmen eines abschließenden Parallelvergleichs bei der Bestimmtheitsfrage noch auf ein Urteil des BGH vom 15.12.1976 einzugehen[732], wo der BGH zum Delikt der *Vorbereitung* eines *bestimmten*[733] Sprengstoffdelikts (früher: § 311 b I Nr.2 StGB, jetzt: § 310 I Nr.2 StGB) festgestellt hat, dass die in „Aussicht genommene Tat in ihren Grundzügen Gestalt angenommen haben muss." Auch der Bankberater wird weit im *Vorbereitungsstadium* der Haupttat tätig, weshalb sich hier ein Vergleich anbietet. Auch in diesem Deliktsbereich wurde bereits ein abstrakter Vorsatz des *weit* im Vorfeld zur Vorbereitung der Tat Handelnden für genügend erachtet.[734] Gerade der Vergleich mit dem Vorbereitungsdelikt des § 30 I StGB in Verbindung mit einem Verbrechenstatbestand ergibt Folgendes:

§ 30 StGB, bei dem schon eine „geistig-verbale" Vorbereitungshandlung genügen kann, hat unter den Vorbereitungsdelikten eine Ausnahmestellung, die nicht ohne Konsequenzen bleibt.[735] *Herzberg* führt dazu aus, „dass das deutsche Tatstrafrecht einen Ausgleich dafür verlange, wenn eine Strafnorm wie § 30 StGB auf das konkret sichtbare Element der Verbrechensvorbereitung verzichtet. Dieser Ausgleich werde durch die Einschränkung gewonnen, „dass die vorbereitete Tat in der Vorstellung des Vorbereitenden *greifbare Gestalt* angenommen haben muss". So hätte sich die verschärfte Anforderung des „konkretisierten Vorsatzes" durchgesetzt, obwohl über die Ursache der gegenüber anderen Vorbereitungstatbeständen angenommenen Verschärfung noch keine größeren wissenschaftlichen Untersuchungen vorliegen. Auffallend sei, dass das Gesetz das Konkretisierungserfordernis für die *Unternehmensvorbereitungen* der §§ 83 und § 310 I Nr.1 StGB (nicht aber für § 316 c III i.V. mit I Nr. 1 StGB) fest normiert hat, indem es explizit die Vorbereitung eines „bestimmten" Unternehmens voraussetze. Begründen lasse sich dies damit, dass Unternehmensdelikte nach der Legaldefinition des § 11 I Nr.6 StGB neben der Vollendung auch den Versuch

---

732 BGH – 3 StR 432 / 76 (S) zu § 311 b I Nr. 2 1975, jetzt: § 310 Nr. 2 StGB, in: JR 1977, 468, 469 mit interessanter Anmerkung von *Herzberg*, JR 1977, 469 ff.

733 Vgl. den Wortlaut des § 310 I Nr.1 StGB der auch für § 310 I Nr. 2 StGB Geltung beansprucht.

734 Vgl. BGHSt JR 1977, 470; weitere Hinweise auf: RGSt 68, 80; 69, 81.

735 Vgl. *Herzberg*, Urteilsanmerkung, in: JR 1977, 469 ff. (470).

der Tat umfassen. Teilweise wird auch bei diesen Delikten befürchtet, dass bei zu hohen Anforderungen an den subjektiven Tatbestand die Verfolgung von Straftaten erschwert werde. Verlangt man aber zwingend beim „Vorbereitenden" einen auf einen *bestimmten Straftatbestand* gerichteten Vorsatz, so bedeutet dies keinesfalls, dass *er selbst* ein Vorstellungsbild von Einzelheiten der geplanten Tat haben muss. Es ist voll genügend, wenn der „Vorbereitende" davon ausgeht, die von ihm vorbereitete Tat sei eine bestimmte, „weil sie in den Planungen eines anderen Dritten bereits *konturenfeste Gestalt* erhalten hat.[736] Überträgt man diese Gedanken auf die Bestimmtheit des Gehilfenvorsatzes, wie unter B. II. 3 dieser Arbeit ausgeführt wurde, so vertragen sich diese Gedanken mit dem gefundenen Ergebnis: Der Steuerhinterziehungsgehilfe muss nur wissen, dass die Steuerstraftat des Kunden überhaupt bevorsteht, und er muss bei seiner „im Vorbereitungsstadium der Steuerstraftat" geleisteten Handlung(en) wissen, dass ein Dritter „Planungen von *konturenfester Gestalt*" für ein Steuerdelikt hat. Eine solche subjektive Zurechnung ist dem Strafrecht bei anderen beratenden Berufsgruppen im Wirtschaftsstrafrecht bzw. dem Nebenstrafrecht nicht völlig fremd. Auch die dort erhobenen Forderungen im Hinblick auf das intellektuelle Vorsatzelement stützen den subjektiven Ansatz und die Forderung nach sicherem Wissen ganz entscheidend. Dies soll nun unter B. III. dargelegt werden.

III. Subjektive Kriterien bei Auskunftserteilung, Beratung und bei Bereitstellen missbrauchsanfälliger Infrastrukturen

Um beurteilen zu können, welche Anforderungen an die Bankmitarbeiter im Rahmen der Kundenberatung im *subjektiven* Bereich zu stellen sind, soll nun untersucht werden, welche Anforderungen an andere *beratende* Berufe im Vorsatzbereich bei deliktischen Absichten ihrer Mandanten gestellt werden, um zu einer Beihilfestrafbarkeit zu kommen. Diese Erkenntnisse sollen dann als Anhaltspunkte und Argumente für die Vorsatzfrage, die Bestimmtheit und die Konkretisierung des Gehilfenvorsatzes des Bankmitarbeiters im Rahmen seiner beratenden Tätigkeit im Kreditwesen dienen.

1. Vermutung für die Straflosigkeit von Rechtsanwälten bei der Ratserteilung im Rahmen der zivilrechtlichen Beratung

Zunächst ist auf die Rechtsprechung des Reichsgerichts einzugehen: Das Reichsgericht hielt es für „selbstverständlich, dass das – nach bestem Wissen abgegebe-

736 Gleicher Auffassung: *Herzberg*, in: JR 1977, 469 ff. (471).

ne, richtige oder unrichtige – Rechtsgutachten eines Rechtsanwalts darüber, ob eine gewisse geplante Handlung nach den Gesetzen mit Strafe belegt sei oder nicht, nicht als Beihilfe angesehen werden darf. Dies selbst dann, wenn das Gutachten die Ausführung der strafbaren Tat zur Folge hat und der Gutachter um diesen bevorstehenden Erfolg bereits bei seiner Ratserteilung wusste.[737]

Dieser Leitgedanke und seine Begründung wurden übernommen und bestätigt durch RGSt 60, 6 (8) und durch das OLG Düsseldorf[738] sowie in neuerer Zeit dem BGH.[739] Die Rechtsprechung geht davon aus, dass es zu den wesentlichen „Berufshandlungen und Berufspflichten" eines Rechtsanwaltes gehört, beratend tätig zu werden. Man müsse daher „von vornherein und präsumtiv" annehmen, „dass das Bewußtsein und der Wille des Anwaltes in solchen Fällen lediglich darauf gerichtet ist, pflichtmäßig Rat zu erteilen" , nicht aber darauf, bei der Tat des Klienten mitzuwirken.[740] Nur dann, wenn der Anwalt (auch) den *Willen* habe, durch seinen Ratschlag die Ausführung einer Straftat zu fördern, komme Beihilfe in Betracht. Dies gelte auch dann, wenn der Rechtsanwalt weiß, dass sein Rat den Klienten zu einem bestimmten Tun veranlassen wird.[741] Vorsätzlich leiste der Rechtsanwalt dem Täter nur dann Beihilfe, wenn sein Wille auch dahingehe, die Vollbringung der vom Täter beabsichtigten Tat zu fördern.[742]

Diese Begründungen enthalten zwei wesentliche Gesichtspunkte. Der erste: Aus dem sicheren Wissen um die Verwirklichung einer Haupttat darf nicht auf den Willen geschlossen werden, sie zu fördern. Es müssen vielmehr besondere Gründe dafür vorliegen (und angegeben werden), dass es das Ziel des Beraters gewesen sei, die Grenzen seiner beruflichen Rechte und Pflichten zu überschreiten und sich gezielt an der Straftat eines anderen zu beteiligen.[743] Zum Zweiten: Das sichere Wissen darum, dass eine Straftat begangen wird, genügt für sich allein nicht zur Annahme vorsätzlicher Unterstützung der Haupttäters im Sinne der §§ 27 I, 15 StGB. Darüberhinaus sei jener besonders zu begründende zielgerichtete Wille erforderlich. Diese Rechtsprechung schränkt den Anwendungsbereich

---

737 RGSt 37, 321 (322).

738 NStZ 1984, 29.

739 BGH NJW 1992, 3047 (3047).

740 RGSt 37, 323; ähnlich insoweit der redaktionelle Leitsatz der Entscheidung des BGH vom 21.8.1992 in NJW 1992, 3047 (3047): „In der Erteilung einer Rechtsauskunft ist keine Beihilfe zu einer Straftat des Mandanten zu sehen, da der Wille des Rechtsanwaltes darauf gerichtet ist, pflichtgemäß Rat zu erteilen, und nicht darauf, eine Straftat zu fördern."

741 Vgl. NStZ 1984, 29 (29).

742 Vgl. dazu schon: RGSt 60, 6 (8) und bezugnehmend darauf: OLG Düsseldorf NStZ 1984, 29 (29).

743 Vgl. zu dieser Problematik auch: *Volk*, „Zum Strafbarkeitsrisiko des Rechtsanwaltes bei Rechtsrat und Vertragsgestaltung" in: BB 1987, 139 ff. (143).

der allgemeinen Vorsatzregeln drastisch ein. Während für die Gehilfenstrafbarkeit generell *dolus eventualis* genügt, wird er hier, für den Sonderfall der Rechtsauskunft durch Anwälte, als irrelevant bezeichnet. Wenn nämlich selbst *sicheres Wissen* allein nicht genügt, muß bedingter Vorsatz von vorneherein und erst recht als Kriterium *subjektiver Zurechnung* ausscheiden.[744] Eine Gehilfenstrafbarkeit des Rechtsanwalts für die Ratserteilung setzt also *direkten Vorsatz* voraus.

Auch die Anwendungsregeln für diese Vorsatzform sind aber durch die Rechtsprechung einschneidend modifiziert worden. Im Normalfall des Allgemeinen Teils des Strafrechts reicht für den direkten Vorsatz das sichere Wissen des Täters, dass bestimmte Tatbestandsmerkmale vorliegen oder erfüllt werden. Auf den „Willen" kommt es dann nicht an; das voluntative Element des Vorsatzes entfällt im Grunde völlig.[745] Hier hingegen werden – wegen der Sachgesetzlichkeit anwaltlichen Handelns – in zweifacher Hinsicht schärfere Anforderungen gestellt. Der Förderungswille muss neben dem sicheren Wissen gesondert festgestellt und unabhängig vom sicheren Wissen begründet werden. Man kann also den Grund und das Prinzip dieser Konstruktion als Zwischenstand notieren: Das Reichsgericht hat die Berufsrechte des Anwalts über eine *Modifikation der Vorsatzregeln* zur Geltung gebracht. Die *dogmatische Methode* ist dabei aber noch die der Vermutung („von vornherein" und „präsumtiv" wird ein Förderungswille des Anwalts verneint).

Im Schrifttum ist die Frage der Auskunftserteilung durch Bankangestellte im Hinblick auf die Rechtsprechung zu den rechtsberatenden Berufen zumindest schon ansatzweise erörtert worden.[746] Dabei wird aber differenziert: Die Grenze des sozialadäquaten Verhaltens sei erst dann überschritten, wenn der Bankangestellte dem Kunden Ratschläge erteilt, durch welche *konkrete* Maßnahmen er das Finanzamt und den Steuerprüfer am besten über die Höhe der Steuerschuld täuschen könne und wie er es am besten anstellen könne, dass der Steuerprüfer nicht auf die hinterzogenen Steuern stößt. Durch solche Ratschläge leiste er technische Rathilfe als Beihilfe zur Steuerhinterziehung oder begehe eine Begünstigung. Dagegen halte sich die bloße Auskunft über Prüfungstechniken der Finanzbehörden noch innerhalb der Grenzen sozialadäquaten Verhaltens, und „zwar selbst dann, wenn der Auskunftserteilende vermutet oder *weiß*, dass der Kunde das durch die Auskunft erlangte Wissen bei etwaigen Hinterziehungshandlungen

744 Ebenso: *Volk*, in: BB 1987, 139 (143).

745 Vgl. zu diesem Vorsatzelement stellvertretend für alle: *Jescheck-Weigend*, Strafrecht – Allgemeiner Teil, § 29 III 2; *Herzberg*, in: JZ 1988, S. 573 ff..

746 Vgl. dazu: *Philipowski*, „ Steuerstrafrechtliche Probleme bei Bankgeschäften", in: *Kohlmann (Hrsg.)*, „Strafverfolgung und Strafverteidigung im Steuerstrafrecht", 131 ff. (149); ganz knapp angesprochen bei *Kniffka*, „Durchsuchung von Kreditinstituten", in: *wistra* 1987, 310 (linke Spalte, oben).

verwerten wird. Den von der Rechtsprechung beim Parallelfall der Anwaltsauskunft für die Beihilfestrafbarkeit erforderlichen *konkreten Tatförderungswillen* könne man aber beim Auskunft erteilenden Bankbediensteten im „Normalfall" oft nicht feststellen. Bei der vorliegenden Untersuchung und im Ausgangsfall des *anonymen* Geldtransfers nach Luxemburg geht es aber gerade nicht um den „Normalfall", falls es einen solchen überhaupt gibt. Hier geht es vielmehr um die Fälle, in welchen Kunden durch anonyme Buchungen von Geldern auf Konten einer bankeigenen Tochtergesellschaft in Luxemburg ermöglicht wird, Gelder und Kapitaleinkünfte der Kenntnis des Finanzamts zu entziehen. Gleichzeitg wird dann im Einzellfall bewirkt, dass der Kunde dadurch in seinem Entschluß *bestärkt* wird, diese Gelder nicht anzumelden.[747]

2. Forderung nach direktvorsätzlichem Handeln beim zivilrechtlich beratenden Rechtsanwalt

a) Die Rechtsprechung des BGH zu den Grenzen der Beihilfe durch einen Rechtsanwalt

Der BGH[748] hat für den Beihilfevorsatz eines Rechtsanwalts, der als firmenexterner Berater von einer anlageberatenden GmbH herangezogen wurde, folgende Grundsätze aufgestellt:

„Zielt das Handeln des Haupttäters ausschließlich darauf ab, eine strafbare Handlung zu begehen, und *weiß* dies der Hilfeleistende, so ist sein Tatbeitrag als Beihilfehandlung zu werten. *Weiß* der Hilfeleistende dagegen *nicht*, wie der von ihm geleistete Beitrag vom Haupttäter verwendet wird, hält er es *lediglich für möglich* (eventualvorsätzlich), dass sein Tun zur Begehung einer Straftat genutzt wird, so ist sein Verhalten regelmäßig noch *nicht* als strafbare Beihilfehandlung zu beurteilen, es sei denn, das von ihm erkannte Risiko strafbaren Verhaltens des von ihm Unterstützten war *„derart hoch"*, dass er sich mit seiner Hilfeleistung die Förderung einer erkennbar tatgeneigten Person angelegen sein ließ."

Diese Rechtsprechung, die für alle „berufsypischen" Handlungen allgemein gelten soll, stützt die hier erhobene Forderung nach sicheren Kenntnissen ganz entscheidend. Sie schränkt die Strafbarkeit bei nur bedingt vorsätzlichem „ernstlichen Fürmöglichhalten" in kognitiver Hinsicht stark ein. Der Entscheidung lag

---

747 Für diese Fälle den Tatverdacht für die Durchsuchungsanordnung des Gerichts bejahend: *Kniffka*, „Die Durchsuchung von Kreditinstituten in Steuerstrafverfahren" in: *wistra* 1987, 309 ff., (310).

748 Vgl. BGHSt, Beschl. vom 20.09. 1999 – 5 StR 729 / 98, in: *wistra* 1999, 459 ff.; bespr. von *Wohlers*, „Hilfeleistung und erlaubtes Risiko", in: NStZ 2000, 169 ff.; bestätigt nun in BGHSt 46, 107 ff. für das Steuerstrafrecht.

ein Fall zugrunde, in dem ein beratender Rechtsanwalt eine Broschüre für den Börsenterminhandel für eine um Anlagegelder werbende GmbH entworfen hatte, welche diese Broschüre dann in der weiteren Zeit deliktisch zu Betrugsstraftaten ausnutzte. Die Rechtsprechung scheint aber einen Wandel anzudeuten, wenn bedingter Vorsatz bei „berufstypischen Verhalten" grundsätzlich nicht ausreichen soll, sondern nach dem BGH nur noch dann ausreicht, wenn das für das Rechtsgut geschaffene Risiko *derart hoch* ist, dass er letztlich einem erkennbar tatgeneigten Täter die Tatherrschaft über den erfolgten Rechtsgutsangriff überließ. Übertragen auf das Kreditwesen bedeutet dies:

Bei der Installation von Konten ohne Namensnennung und den weiteren Geschäftsvorfällen nach dem eigentlichen Geldtransfervorgang ist für den staatlichen Steueranspruch als geschütztes Rechtsgut ein relevantes Risiko geschaffen worden. Die Höhe dieses Risikos ist aber nicht klar zu bemessen, weil sich manche Kunden durch den Auslandskapitaltransfer nur einen Liquiditätsvorteil wegen späterer Festsetzung der Steuern verschaffen wollten (vgl. Teil 1). Stuft man das geschaffene Risiko als niedrig ein, so muss auch nach der neuen Rechtsprechung des BGH zum „neutralen Verhalten" der Bankberater um die Steuerhinterziehung *wissen*, um den Beihilfetatbestand zu verwirklichen. Bewertet man dagegen das geschaffene Risiko der Banken durch das „System" als *hoch* ein, so wird der BGH den Bankberater auch schon bei einem „Fürmöglichhalten" der Straftatbegehung eines *erkennbar* tatgeneigten Täters (Bankkunden) wegen Beihilfe zur Steuerhinterziehung verurteilen. Hier sieht man, dass mangels Legaldefinition des Vorsatzes die Rechtsprechung zum Vorsatz je nach Tatbestand divergieren kann und hier der Rechtsprechung ein normativer Wandel gelingt. Je nach im Einzelfall vorhandener subjektiver Momente beim Tatbeteiligten (Gehilfen) kann die strafrechtliche Verantwortung verschieden sein, und zwar entsprechend dem vom Tatbeteiligten geschaffenen Haupttatrisiko. Je höher der Grad der Risikoschaffung ist, desto minimaler sind beim subjektiven Beihilfetatbestand die intellektuellen Vorsatzanforderungen. Auch diese Rechtsprechung stützt den hier vertretenen Ansatz ganz entschieden. Der Unterschied liegt aber darin, dass bei der Rechtsprechung des BGH die konkrete Risikoschaffung (Formel: „derart hoch") und die jeweiligen intellektuellen Vorsatzanforderungen beim Tatbeteiligten – also Vorsatz und Risiko – gekoppelt werden, während hier im Steuerstrafrecht – *unabhängig* vom dem in der Praxis des Wirtschaftsstrafrechts oft schwer bestimmbaren Grad des vom Tatbeteiligten geschaffenen Haupttatrisikos – sichere Voraussicht um die notwendigen Auswirkungen des eigenen Tuns im Sinne des dolus directus zweiten Grades für das geschützte Rechtsgut verlangt wird, um Wertungsfragen im Vorsatzbereich zu minimieren. Die Höhe des geschaffenen Haupttatrisikos ist eine offene Wertungsfrage, die in jedem Fall bei der Beihilfestrafbarkeit berücksichtigt werden muss, nicht aber ausschlaggebend sein darf.

b) Die Befürworter im Schrifttum

Dieses Ergebnis steht im Einklang mit der Meinung, die *Tiedemann*[749] und *Volk*[750] vertreten. Die Autoren haben sich, jeweils mit eingehender Begründung, dafür ausgesprochen, für die Berater, für die Berufsgesetze gelten, aus dem Berufsrecht die grundsätzliche Straflosigkeit des Rates, der Auskunft und der Mitwirkung an deren Durch- bzw. Ausführung herzuleiten und die Berater nur dann zur strafrechtlichen Verantwortlichkeit zu bringen, wenn bezüglich der Straftat des Kunden Gewißheit vorliegt und damit mit *direktem Vorsatz*[751] gehandelt wird. *Tiedemann*[752] gelangt zu diesem Ergebnis im Zusammenhang mit einer Untersuchung der Strafbarkeit eines Rechtsanwaltes, der im Rahmen der anwaltlichen Vertretung auf dem Gebiete des Zivilrechts für seinen Mandanten unrichtige Tatsachenangaben vorträgt. Danach liegt Prozeßbetrug – sei es in der Form der täterschaftlichen Begehung oder der Beihilfe beim Rechtsanwalt nur bei einer mit dolus directus vorgetragenen bewußten Lüge vor.[753] Eine Strafbarkeit wegen Beihilfe zum Betrug sei also nur dann gegeben, wenn der Anwalt von der Unrichtigkeit der Tatsachenangaben sichere Kenntnis habe. Dolus eventualis sei nicht ausreichend.

Häcker[754] dagegen vertritt die Ansicht, dass einem solchen „Sonderrecht“ entgegenzutreten sei. Zur Begründung führt er an, dass ein kontinuierliches Tätigwerden des Beraters in „kritischen Situationen“ schwerlich mit der Pflicht zur gewissenhaften Berufsausübung und, soweit einschlägig, generell mit der Stellung als Organ der Rechtspflege zu vereinbaren sei. Diese Organstellung bedinge es, dass dem Anwalt jedenfalls nicht weniger abverlangt werden könne als dem

---

749 Lesenswert: *Tiedemann* in: Kommentar zum GmbH-Strafrecht, 2. Auflage, Sonderausgabe aus *Scholz*, Kommentar zum GmbH-Gesetz, 7. Auflage, 1988, § 82 Rn. 25.

750 S. *Volk* , „Strafbarkeitsrisiko des Rechtsanwalts“ in: BB 1987, 139, 144.

751 Vgl. noch einmal: *Tiedemann* in: *Scholz*, Kommentar zum GmbH-Gesetz, § 82 Rn.25.

752 Diesbezüglich: *Tiedemann*, „Examensklausur Strafrecht“ –„Fall zu Spezialfragen des materiellen und des Strafverfahrensrecht“ , in: JURA 1981 , 24 ff. (30, 31).

753 Vgl. *Tiedemann*, „Examensklausur Strafrecht“ in: JURA 1981, 24 ff. (31); vgl ebenso: *Jagusch,* LK (allerdings in der 8. Auflage), § 263 Anm. 11 ff.; im Ergebnis auch LK-*Lackner* (10. Auflage), § 263, Rn. 309 m.w.H., nach dem dolus eventualis zwar ausreicht, jedoch in der Regel keine Täuschungshandlung vorliegt bei dem Aufstellen von Parteibehauptungen, „deren Unwahrheit der Täter nicht für sicher, aber für möglich hält“.

754 *Häcker* in: *Müller-Guggenberger*, Wirschaftsstrafrecht, 3.Auflage, § 82 Rn. 12.

Mandanten, der bekanntlich nur mit *bedingtem* Vorsatz zu handeln braucht, um strafrechtlich verfolgt zu werden. In der älteren Rechtsprechung ist die Meinung vertreten worden, dass ein bedingter Vorsatz nicht ausreiche, um eine Beihilfe durch Rechtsberatung und -gestaltung anzunehmen.[755] Ihr läge nach Ansicht *Krekelers* ersichtlich die Überzeugung zugrunde, dass der Wille desjenigen, der *rechtsberatend* und *rechtsgestaltend* tätig wird, grundsätzlich allein darauf abzielt, pflichtgemäß zu handeln, und nicht darauf gerichtet ist, auf das, was durch den Mandanten in strafbarer Weise beabsichtigt ist, einzuwirken.

Allerdings hat der BGH[756] in jüngerer Zeit nach *allgemeinen* strafrechtlichen Grundsätzen bedingt vorsätzliche Teilnahme eines Beraters an einer Lohnsteuerhinterziehung angenommen, der einem GmbH- Gesellschafter / Geschäftsführer geraten hatte, auf das Geschäftsführergehalt keine Lohnsteuer anzumelden und abzuführen, obwohl er sich zu der seinen Rat begründenden Beurteilung keine fundierten Kenntnisse verschafft hatte. Wenn diese Entscheidung Schule machen sollte, wenn also in Bezug auf beraterspezifische Tätigkeiten nicht weiter angenommen werden sollte, dass ein in ihnen liegendes strafbares Verhalten nur bei Handeln mit *direktem Vorsatz* zu bejahen sei, und wenn es weiterhin in der Rechtsprechung abgelehnt wird, das Handeln im Rahmen einer Berufsordnung als Rechtfertigungsgrund anzuerkennen[757], weil für diesen Rechtfertigungsgrund eine gesetzliche Grundlage fehlt, dann[758] soll für folgende strafrechtliche Vorgehensweise plädiert werden: Es muss eine *eingehende und strenge Prüfung* der Frage erfolgen, ob *bedingt vorsätzliches Handeln* des Beraters tatsächlich gegeben ist. Dabei sind *hohe Anforderungen* zu stellen, weil der Berater in der Regel ausschließlich fremde Interessen wahrnimmt, also nicht eigensüchtig handelt.

Die Motivation für diese Forderungen nach verschärften Anforderungen in subjektiver Hinsicht liegen auf der Hand: Wenn der Rechtsanwalt in erste Linie die Erteilung einer ordnungsgemäßen Rechtsauskunft bezweckt und einen (rechtlichen oder steuerrechtlichen) Rat abgeben will, hat er bei bloßem Fürmöglichhalten der nachfolgenden Haupttat des Mandaten regelmäßig keinen Vollendungswillen, der neben dem doppelten Gehilfenvorsatz bei allen Beihilfehandlungen hinsichtlich einer vorsätzlichen, rechtswidrigen Tat vorliegen muss (wegen des Wortlauts „*begangenen*“ in § 27 I StGB). Erst die sichere Kenntnis von einer Steuerstraftat macht seine Unterstützungshandlung objektiv gefährlich und tatbestandsmäßig im Sinne des § 27 I StGB, da auch gesetzliche Nachprüfungs-

755 Vgl. RGSt 37, 321; 60 , 6, (8); OLG Düsseldorf NStZ 1984, 29.
756 BGHSt, StRK AO 1977, § 370 Rn. 76.
757 So *Tiedemann* in: Kommentar zum GmbH-Gesetz, aaO., und NJW 1988, 1311, 1312.
758 *Krekeler*, „Die strafrechtliche Verantwortlichkeit von Notaren“, in: AnwBl. 1993, S. 72.

pflichten des zivilrechtlich beratenden Anwalt bei bloßen Zweifeln an einer künftigen Straftat des Mandanten nicht bestehen. Der Rechtsanwalt ist nicht Hilfsbeamter der Staatsanwaltschaft, sondern unabhängiges Organ der Rechtspflege.[759]

3. *Die strafrechtliche Verantwortlichkeit des Steuerberaters gemäß §§ 370 AO, 27 I StGB*

Auch bei der strafrechtlichen Verantwortlichkeit des Steuerberaters im Hinblick auf eine Strafbarkeit wegen Beihilfe zur Steuerhinterziehung gemäß §§ 370 AO, 27 I StGB ergeben sich im Schrifttum wissenschaftlich interessante Forderungen im Hinblick auf die *innere* Tatseite des Steuerberaters. Diese Forderungen für den subjektiven Tatbestand der Beihilfe können dann als weitere Argumentationslinien für die beratenden Tätigkeit im Kreditwesen dienen.

a) *Forderung nach bewusster Tatförderung und Ablehnung der Garantenstellung des Steuerberaters*

Speziell für das Steuerstrafrecht und die Strafbarkeit des Steuerberaters wegen Beihilfe zur Steuerhinterziehung[760] werden im Schrifttum folgende Leitlinien beschrieben: Hat der Steuerpflichtige eine unrichtige Steuererklärung abgegeben, ohne dass der Steuerberater nachgewiesenermaßen den darin enthaltenen Tatbestand der Steuerhinterziehung *kannte*, kann er grundsätzlich zu dieser im Versuchsstadium befindlichen Tathandlung noch Beihilfe durch *positives Tun im Wege psychischer Unterstützung leisten,* ohne dass der Erfolg der Haupttat im Sinne einer Kausalität mitverursacht sein muss. Diese Form der Beihilfe liegt vor, wenn der Steuerberater den Steuerpflichtigen in seinem getroffenen Tatentschluß *bestärkt* und ihm ein erhöhtes Gefühl an Sicherheit vermittelt. Es müssen allerdings bei Fallgestaltungen dieser Art, bei denen es um die Abgrenzung positiven Tuns von unechtem Unterlassen geht, *weitere Anhaltspunkte* dafür vorliegen, dass der Steuerberater die Tat objektiv gefördert oder erleichtert hat und dass er sich dessen *bewusst* war, um eine ungerechtfertigte Strafbarkeitsausdehnung zu vermeiden. Hat der Steuerberater an einem Gespräch der Beteiligten teilgenommen, in dem es um die Begründung von Zahlungen ging, kann ihm nur dann ein Vorwurf der Beihilfe gemacht werden, wenn ihm nachgewiesen wird, dass er *bewusst tatfördernd* tätig geworden ist. Die bloße Teilnahme an der Besprechung und die Kenntnisnahme der steuerunehrlichen Angabe des Mandanten

---

759 Vgl. § 1 BRAO.
760 *Kohlmann* in: Steuerstrafrecht, Kommentar, Teil B, § 370 Rn. 17.7.

reicht dazu nicht aus.[761] *Wannemacher* führt aus: „Je umfassender das *Wissen* des Beraters über den steuerlich relevanten Sachverhalt ist, desto eher wird man ihm nachweisen können, die Erfüllung des objektiven Tatbestand zumindest billigend in Kauf genommen zu haben.“[762] Auch hier sieht man die Betonung des kognitiven Vorsatzelements, allerdings bei der Begründung des Eventualvorsatzes.

Es liege aber äußerst selten Beihilfe durch Unterlassen vor. Den Berater treffe auch keine Rechtspflicht zur Berichtigung der falschen Steuererklärung, da er nicht zum Personenkreis des § 153 AO gehöre und ihm aus seiner beruflichen Stellung allein keine Garantenpflicht im Sinne des § 13 Abs.1 StGB erwachse.[763] Nur eine solche enge Auslegung des § 153 AO werde dem Vertrauensverhältnis zwischen dem Steuerberater und seinem Mandaten gerecht. Der Steuerberater ist zur Verschwiegenheit verpflichtet (§ 57 Abs.1 StBerG). Dies gilt auch gegenüber Angehörigen der Finanzverwaltung.[764] Dem entspricht ein Auskunftsverweigerungsrecht des Steuerberaters nach § 102 Abs.1 Nr. 3b AO über alle Angelegenheiten, die ihm in dieser Eigenschaft als Steuerberater anvertraut oder bekanntgeworden sind, sowie ein Zeugnisverweigerungsrecht im Strafverfahren nach § 53 Abs.1 Nr.3 StPO, durch die das Vertrauensverhältnis zum Mandanten geschützt und dem Geheimnisträger jeweils ein aus einer möglichen Zwangslage erwachsender Pflichtenwiderstreit mit anderen öffentlichen Interessen der Allgemeinheit erspart werden soll.[765]

Stellt der Steuerberater *nachträglich* Steuerhinterziehungen[766] im Sinne von § 370 AO anhand der Bücher und Unterlagen seines Mandanten fest oder werden ihm solche vom Mandanten offenbart, ist er mit Rücksicht auf den Grundsatz der

---

761 BGH, Beschl. vom 20.12.95 – 5 StR 412/ 95, StRK AO 1977 § 370 R. 236 = wistra 1996, 184, 188= NStZ 1996, 563 ff.; i.ü: *Bilsdorfer*, in: NWB, Fach 13, S. 975 ff. (2001).

762 *Wannemacher*, Steuerberater und Mandant im Steuerstrafverfahren, 1989, Rn. 544.

763 *Kohlmann*: Steuerstrafrecht, Teil B, § 370 AO Rn. 97.6 unter Hinwies auf BGH, Beschluss vom 20.12.1995 = NStZ 1996, 563 ff., mit Anmerkung von *Achenbach*, Stbg. 1996, 299.

764 Vgl. *Gehre*, Steuerberatungsgesetz, 3.Aufl., § 57 Rnr. 55, 69.

765 Vgl. KK- *Pelchen*, StPO, 3.Aufl., § 53 Rn. 1; *Koch / Scholtz*, AO, 4.Aufl., § 102 Rn.2.

766 Siehe zum Problemkreis der strafrechtlichen Verantwortung des Steuerberaters: *Brenner*, „Muss der Steuerberater die Steuererklärung berichtigen, wenn er zugunsten seines Mandanten Steuern verkürzt hat?“, in: BB 1987, 1856 ff.; *Wannemacher*, Steuerberater und Mandat im Steuerstrafverfahren, 3. Aufl., 1989, R. 228 –237, insbesondere Rn. 544.Weiterhin: *Achenbach*, „Der BGH zu den Strafbarkeitsrisiken des nachträglich bösgläubigen Steuerberaters- Klärungen und offene Fragen“, in: Stgb. 1996, 299 ff., (300).

Mandantentreue gehalten, nach außen sein Wissen für sich zu behalten.[767] Er könne nur versuchen, seinen Mandanten von der Zweckmäßigkeit einer Selbstanzeige zu überzeugen. Eine eigene Handlungspflicht aus § 153 AO treffe ihn aber nicht. Bei dieser Rechtslage stehe es außer Zweifel, dass sich für den Steuerberater aus der bloßen beruflichen Stellung auch keine Garantenstellung aus § 13 Abs.1 StGB herleiten läßt.[768] Auch für sonstige Hilfspersonen des Steuerpflichtigen, die seine steuerlichen Angelegenheiten wahrnehmen, insbesondere Angestellte (z.B. Buchhalter), gelten dieselben Grundsätze. Regelmäßig sind sie nicht verpflichtet, eine unrichtige oder unvollständige Steuererklärung, an der sie mitgewirkt haben, zu berichtigen[769], es sei denn, sie haben selbst unterschrieben.

Zu Abgrenzungsschwierigkeiten kann es aber in der Praxis kommen, wenn der Steuerberater nur eine beratende Tätigkeit ausgeübt und der Steuerpflichtige die Steuererklärung selbst unterschrieben hat, beispielsweise dann, wenn der Steuerberater lediglich bei der Bewertung der Bilanzpositionen mitwirkte. Hier wird man darauf abstellen müssen, ob die eingetretene Steuerverkürzung *unmittelbar* in einem *Zusammenhang* mit seiner Tätigkeit als Steuerberater steht.[770] Letztlich sei dies eine Frage der Kausalität.[771] Im Übrigen ist das OLG Koblenz[772] der Auffassung, der Steuerberater sei von sich aus nur dann verpflichtet Nachforschungen anzustellen, wenn sich ihm aufgrund bestimmter Umstände „aufdrängen" mußte, daß auch in früheren Jahren Steuern aufgrund unrichtiger Steuererklärungen verkürzt worden sein könnten. Der Steuerberater, so heißt es in einem Urteil des OLG Bremen zum Steuerstrafrecht[773], ist Helfer des Steuerpflichtigen und ist nicht Sachwalter der Finanzbehörde. Grundsätzlich trifft den Steuerberater keine Verpflichtung, Nachforschungen anzustellen, um die Angaben des Steuerpflichtigen auf ihre Richtigkeit hin zu prüfen. Er ist auch nicht verpflichtet, die eingereichten Unterlagen auf ihre Ordnungsgemässheit hin zu überprüfen.

767 *Kohlmann*, Steuerstrafrecht, § 371 AO, Rnr. 45; *Tipke / Kruse*, AO, aaO, Tz. 1 a ; *Klein / Orlopp*, AO, 5. Aufl., § 371 Anm. 4.

768 Ebenso: *Koch/ Scholtz*, aaO; *Tipke / Kruse*, aaO, Tz. 1 a .

769 *Kohlmann*, Steuerstrafrecht, § 370 AO 1977 Rn. 97.7; *Tipke / Kruse*, AO, § 153 Rdnr. 1; a.A.: *Brenner*, „Muss der Steuerberater die Steuererklärung berichtigen, wenn er zugunsten seines Mandanten Steuern verkürzt hat?", in: BB 1987, 1856 – 1860 und StuW 1982, 113.

770 So: *Brenner*, „Muß der Steuerberater die Steuererklärung berichtigen, wenn er zugunsten des Mandanten Steuern verkürzt hat?" in: BB 1987, 1856 ff, 1859, r. Spalte.

771 Vgl. BGH, 6.5.1986 – 4 StR 150 / 86 – LG Regensburg; *Franzen/Gast/Joecks*, 5. Aufl., § 370 Rn. 250 (2001).

772 *wistra* 1983, 270; NWB, Fach 1 (1984), S. 355.

773 OLG Bremen, 26.4.1985, in: StV 1985, 282 ff. (282, 284).

b) Die Forderung nach sicherem Wissen als allgemeiner Tendenz im Steuerstrafrecht und Motive

Auch im Rahmen der Rechts-, insbesondere der Steuerberatung ergeben sich also vergleichbare Problemstellungen wie im Ausgangsfall. Den steuerlichen Berater treffen keine originären gesetzlichen Erklärungspflichten. Er wird aber für den Steuerpflichtigen bei der *Vorbereitung* von dessen Erklärung in unterschiedlicher Intensität, die insbesondere vom Beratungsauftrag abhängig ist, tätig. Insbesondere durch die Tätigkeit im Vorbereitungsstadium der Abgabe der Steuererklärung kann der steuerliche Berater einen für eine Steuerhinterziehung eines Mandanten kausalen Tatbeitrag leisten, der zum Vorwurf einer Beihilfe zur Steuerhinterziehung nach § 370 AO i.V. mit § 27 I StGB führen kann.

Beispielsweise bereitet der Steuerberater nach bestem Wissen und Gewissen alle Daten auf, die für die Steuererklärung nötig sind. Die Anlage über die Einkünfte aus Kapitalvermögen füllt er nicht aus, weil sein Mandant ihm die entsprechenden Beträge nicht zur Verfügung stellt.[774] Daraufhin übersendet der Steuerberater die vorbereitete Steuererklärung seinem Mandanten, wobei er konkret damit rechnet, dass dieser bei den Einkünften aus Kapitalvermögen unrichtige Werte eintragen wird. Ohne die Erstellung der sonstigen Daten der Steuererklärung wäre es zu einer solchen Haupttat nicht gekommen. Das Verhalten ist also ursächlich für die unrichtige Einkommenssteuererklärung.

Andererseits lässt sich folgende Überlegung anstellen: Hätte der Steuerberater nicht zumindest diese (korrekten) Teile der Steuererklärung geliefert, wäre es zu einer Steuererklärung gar nicht gekommen, denn man darf *nicht* hinzudenken, dass dann diese Sektionen vom Mandanten oder einem anderen Berater – korrekt oder inkorrekt – erarbeitet worden wären. Das wäre ein unzulässiges Rekurrieren auf hypothetische Kausalverläufe. Es hätte dann eine Steuerhinterziehung (durch Unterlassen) vorgelegen, an welcher der Steuerberater nicht beteiligt gewesen wäre und die sich nicht nur auf die Einkünfte aus Kapitalvermögen bezogen hätte. Nach einer Entscheidung des OLG Stuttgart zur Beihilfe beim Betrug kann dies aber bedeutsam sein. Der Leitsatz der Entscheidung lautet:

> „Vermag der Rechtsrat eines Anwalts allenfalls zu einer Verringerung, nicht aber zu einer Steigerung der Wahrscheinlichkeit oder Höhe eines etwaigen Betrugsschadens bei Kunden des Klienten beizutragen, so liegt darin keine Beihilfe zum Betrug“.[775]

Auf den vorliegenden Fall übertragen: Die Mitwirkung des Steuerberaters sichert zumindest, dass die anderen Einkunftsarten in zutreffender Höhe erfaßt und besteuert werden. Dabei kann es nicht darauf ankommen, ob sich der Beraterstempel neben der Unter-

---

774 Oder der Berater ihm die Vorgaben nicht glaubt.

775 OLG Stuttgart NJW 1979, 2573 mit Anmerkung von *Joecks,* in: JA 1980, 127 (127).

schrift des Mandanten in der Steuererklärung des Mandanten befindet. Ein solcher Mitwirkungsvermerk ist kein „Gütesiegel" oder Testat.

Im übrigen sind im Steuerstrafrecht die Grenzen der Beihilfestrafbarkeit fließend und wenig geklärt; eine Tendenz geht aber dahin, auch auf den *Beratungsvertrag* zwischen Steuerberater und Mandant abzustellen.[776] Ein weiteres Korrektiv sind *erhöhte* Anforderungen im subjektiven Tatbestand der Beihilfe. Gestützt werden solche *erhöhten* Anforderungen im subjektiven Tatbestand durch die Entscheidung des 1. Strafsenats des BGH vom 1. September 1992[777]:

Ein Rechtsanwalt hatte als Strafverteidiger ein Gesundheitszeugnis seines Mandanten vorgelegt, an dessen Echtheit er Zweifel hatte. Tatsächlich war das Gesundheitszeugnis gefälscht und der Rechtsanwalt wurde wegen Urkundenfälschung in der Variante des Gebrauchmachens von einer gefälschten Urkunde gemäß § 267 I, 3. Alt. StGB angeklagt. Der BGH hob die Verurteilung des Landgerichtes auf: Ein Strafverteidiger sei verpflichtet, seinen Mandanten bestmöglich zu verteidigen. Ihm vorliegende oder zugängliche Beweismittel müsse er zugunsten seines Mandanten einbringen. In diesem Rahmen sei er zwar verpflichtet, darauf Acht zu geben, dass er nicht gefälschte oder sonst als unrichtig erkannte Beweismittel vorlege. Habe er aber lediglich *Zweifel* an der Echtheit, sei er deswegen nicht befugt, ein Beweismittel zurückzuhalten. Andernfalls würde er in Kauf nehmen, ein möglicherweise echtes, entlastendes Beweismittel zu unterdrücken.

Bei der Steuerhinterziehung ist die Konstellation ähnlich: Der Steuerberater ist verpflichtet, seinem Mandanten bestmöglich zu beraten. Der Steuerpflichtige selbst ist bei Strafe gezwungen, eine Steuererklärung abzugeben. Dies spricht dafür, auch im Steuerstrafrecht bei *bloßen Zweifeln* an der Richtigkeit einzelner Daten den Vorsatz des Steuerberaters im Hinblick auf eine Strafbarkeit wegen Beihilfe zur Steuerhinterziehung *zu verneinen.*[778]

Dagegen kann auch nicht der Einwand greifen, dass der 5. Senat des BGH zuletzt mit Urteil vom 15.11.1994 die Möglichkeit des bedingten Vorsatzes ausdrücklich bestätigt hat: „Hat der Angeklagte Zweifel an der Rechtmäßigkeit der bisherigen Abrechnungspraxis für Umsatzsteuerkürzungen, und führt er sie dennoch fort, ohne gegenüber dem Finanzamt die Zweifel offenzulegen und sachkundigen Rat einzuholen, handelt er mit bedingtem Vorsatz"[779]. Der Gesamtkontext dieser Entscheidung macht deutlich, dass der dort Angeklagte nicht nur Zweifel an der Rechtmäßigkeit seines Verhaltens hatte, sondern bewusst eine Erkundigung unterließ, da er mit einer für ihn negativen Auskunft rechnete.

---

776 Vgl. OLG Karlsruhe, *wistra* 1986, 189; *Kohlmann*, Steuerstrafrecht, § 370 AO Rn. 16.5; S/S–*Cramer*, § 26 Rn. 10 ff.

777 Vgl. zu dieser BGH- Entscheidung: *Wistra* 1993, 22 ff.

778 So vertreten von *Joecks*, Praxis des Steuerstrafrechts, S. 47.

779 Vgl. BGH in: *wistra* 1995, 69.

Als Zwischenresultat ist also bemerkenswerterweise festzustellen, dass die strafrechtliche Verantwortlichkeit der Teilnahme eines steuerlichen Beraters in der Regel nicht gegeben ist, wenn er *nur bedingten Vorsatz* hinsichtlich der Unrichtigkeit der ihm vorliegenden Vorgaben des Mandanten hatte. Erst bei *sicherem Wissen*[780] um die Unrichtigkeit wird eine Verantwortung konstituiert mit all ihren haftungs- und berufsrechtlichen Konsequenzen. Bei diesem kognitiven Befund im subjektiven Tatbestand können – übertragen auf die Bankmitarbeiter – auch die Regeln der „professionellen Adäquanz" nicht mehr dazu führen, eine Teilnahmestrafbarkeit zu verneinen, gerade auch im Hinblick auf die Zurverfügungstellung des „Bankensystems zur Verschleierung" und die eindeutigen Hinweise hierauf.

Zudem führt die Definition des bedingten Vorsatzes und seine oftmalige ungeprüfte Übertragung auf das *Nebenstrafrecht,* hier das Steuerstrafrecht, eben oft zu unbilligen Konsequenzen.[781] Bestimmtheit des Gehilfenvorsatzes und ernstliches Fürmöglichhalten im Sinne des Eventualvorsatzes lassen sich im Steuerstrafrecht, wo der Gehilfe typischerweise weit im Vorfeld tätig wird, nur schwer in Einklang bringen. Diese Aussage steht vor dem Hintergrund der Gehilfenhaftung des Steuerberaters nach §§ 71, 235 AO[782] im Falle einer Verurteilung für die Steuerschuld des Mandanten, sowie berufsrechtlicher Konsequenzen. Auch wird eine grundsätzlich mögliche Selbstanzeige eines Gehilfen nach § 371 I, III AO, welche *nach* Zahlung der Steuerschulden zur Strafbefreiung führen kann, nur möglich sein, wenn der Berater mit *sicherem Wissen* konkrete Angaben machen kann.[783] Denn eine Selbstanzeige wegen Beihilfe zur Steuerhinterziehung setzt voraus, dass hinreichend sicher sein muß, dass auch eine Haupttat vorlag, *d.h.* zumindest eine bestimmte Person vorsätzlich eine unrichtige / unvollständige Steuererklärung abgegeben hat, infolge der es zu Steuerverkürzungen kam. Ein Berater wird aber *nur bei sicherem Wissen* darlegen können, dass Kunden in *bestimmten* Jahren falsche Steuererklärungen abgegeben haben.[784] Sonst kann er

780 So die Forderung von *Joecks*, Praxis des Steuerstrafrechts, S. 47.

781 So auch vertreten von: *Joecks*, Praxis des Steuerstrafrechts, S. 18.

782 Wenn auch grundsätzlich nachrangige Haftung angeordnet ist, vgl. § 219 Satz 1 AO.

783 So auch *Riegel/ Kruse,* "Strafbefreiende Selbstanzeige nach § 371 AO", in: NStZ 1999, S.325, die im Hinblick auf den Inhalt der Selbstanzeigen vertreten, dass die Bankmitarbeiter ihrer Taten *im Detail aufdecken* müßten. Dies soll vor allem eine Pflicht der Bankmitarbeiter zur Offenbarung aller ihnen bekannten steuerlich relevanten Tatsachen sowie die Pflicht zur *genauen* Bezeichnung von *Art* und *Umfang* der Steuerhinterziehung und des eigenen Tatbeitrages beinhalten.

784 So auch ganz kurz zum Problem Stellung nehmend: *Kaligin*, „Steuerfahndungsermittlungen gegen Banken und Bankkunden", in: StB 1998, 492 ff. (494 unter V.). Zu den strengen Anforderungen an eine wirksame Gehilfenselbstanzeige: vgl. u.a.: *Kohlmann*, Steuerstrafrecht, Stand: Oktober 1998, § 371 Rn. 65.

die hohen Voraussetzungen, die auch an den Haupttäter gestellt werden, eigentlich gar nicht erfüllen. Eine Selbstanzeige dem „Grunde nach“, in einer unbekannten Anzahl von Fällen unbekannten Kunden geholfen zu haben, reicht für die Strafbefreiung bekanntlich nicht aus.[785] Das Gesetz wäre also sinnlos.

Auch *Wannemacher* betont das *Wissen* um die Steuerverkürzung als Zurechnungskriterium von entscheidender Relevanz: Allein auf Grund seiner berufsrechtlichen Stellung sei der Steuerberater ebensowenig wie der Rechtsanwalt verpflichtet, Ermittlungen darüber anzustellen, ob die von dem Mandanten gegebenen Informationen richtig sind.[786] Die Schwelle zur Strafbarkeit ist nach diesem Standpunkt überschritten, „wenn der Berater weiß, dass die Buchhaltung unvollständig oder falsch ist, und er dennoch bewusst und aktiv mithilft, um den Anschein einer ordnungsgemäßen Buchführung zu Zwecken der Steuerverkürzung zu erwecken.[787]

Als Teilergebnis lässt sich also konstatieren, dass auch den Steuerberater nur bei sicherem Wissen eine Verantwortlichkeit treffen soll und dass im Kreditwesen dann auch nichts anderes gelten darf, wenn dort in geringerem Maße steuerrechtlich beraten wird und das Banktechnische bei dem Geldtransfer ins Ausland doch weit im Vordergrund steht. Auch diese Stimmen im Steuerstrafrecht stützen also den subjektiven Lösungsansatz.

4. Die strafrechtliche Verantwortlichkeit von Notaren bei der beratenden Tätigkeit: Strenge Anforderungen für die Annahme des Eventualvorsatzes und Motive

Auch das Schrifftum zum Notarrecht[788] hat sich in neuerer Zeit mit der strafrechtlichen Verantwortlichkeit bei der beruflichen Erteilung einer Rechtsauskunft befaßt. Die Ausführungen zum Notarrecht sind, soweit die die Vorsatzkonkretisierung und zu verlangende Aufklärungspflichten betreffen, auch für den Bankmitarbeiter von Interesse. Im Notarrecht stützt man sich im Wesentlichen auf die Grundsätze der objektiven Zurechnung. Die Frage, ob sich der Notar durch die Erteilung einer Rechtsauskunft der Beihilfe zu einer (späteren) Straftat von Beteiligten schuldig mache, beantworte sich dort, wo entschieden werde, ob der

785 Vgl. dazu unter vielen anderen nur: *Riegel/ Kruse*, in: NStZ 1999, 325.

786 Siehe: *Wannemacher*, Steuerberater und Mandant im Steuerstrafverfahren, 1989, Rn. 619; *derselbe*, Steuerstrafrecht, 1999, Rn. 1842.

787 Siehe dazu: RG JW 1938, S.3109. Im übrigen *Meilicke*, Wird das Steuerstrafrecht für die Steuerpraxis zum russischen Roulette?“ in: BB 1984,S. 1885 ff., S. 1989 ff. (V.), 1890.

788 *Krekeler*, „Die strafrechtliche Verantwortlichkeit des Notars bei der Gründung einer GmbH“, in: AnwBl. 1993, S. 71, 72.

Notar (noch) *handlungsbefugt* ist. Soweit die Handlungsbefugnis des Notars reiche, könne die Tätigkeit nicht strafbare Förderung einer Haupttat, also Beihilfe zur Haupttat sein.[789]

Das notarielle Berufsrecht allein könne die Kriterien und die Maßstäbe abgeben, nach denen die Verantwortlichkeitsebene zwischen dem Notar und den Beteiligten abzugrenzen sei und abgegrenzt werden müsste. Objektiv zurechenbar sei demzufolge ein durch menschliches Verhalten verursachter Unrechtserfolg nur dann, wenn dieses Verhalten eine *rechtlich missbilligte* Gefahr des Erfolgseintritts geschaffen habe. Die rechtliche Missbilligung der durch die Tätigkeit des Notars hervorgerufenen Gefahr des Erfolgseintritts könne aber (nur) dem (notariellen) Berufsrecht entnommen werden.[790] Die strafrechtliche Verantwortlichkeit des Notars für sein Tätigwerden, für sein Erfolgsetzen für ein rechtswidriges Geschehen setzt demnach voraus, dass sich das Notarhandeln nicht mehr innerhalb der Berufsrechte und -pflichten bewege, also die Grenze des nach dem Berufsrecht Zulässigen überschreite. Soweit die Handlungsbefugnis des Notars reiche, bestehe ein „strafrechtsfreier" Raum.[791]

Allerdings ist auch *Krekeler* im Folgenden der Auffassung, dass sich die strafrechtliche Verantwortlichkeit ändert, wenn für die hier interessierende Konstellation, der Kenntnis des Beraters von der nachfolgenden Haupttat des Kundens, konkrete Anhaltspunkte vorliegen. So wird[792] für die Notare ausgeführt, dass im Falle *positiver Kenntnis* (vgl. auch § 14 II BNotO, § 4 BeurkG) andere Grundsätze gelten würden: *Erkenne* der Notar *positiv,* dass mit den Handlungen, an denen er mitwirken soll, unerlaubte oder unredliche Zwecke verfolgt werden, dürfe er seine Tätigkeit versagen. Dies gelte nur dann, wenn für ihn diese Zwecke *zweifelsfrei feststehen.* Als Erkenntnisquelle seien allerdings nicht nur die zu beurkundenden Erklärungen anzusehen, sondern auch die *sonstigen* dem Notar bekannten Umstände und Verhältnisse. Der Notar müsse also *jedes* Wissen, berufliches und privates, verwerten, wenn es die Absichten der Beteiligten erkennbar mache. Der bloße Verdacht auf unredliche oder unerlaubte Zwecke verpflichte den Notar nicht, die Amtshandlungen nach §§ 14 II BNotO bzw. § 4 BeurkG abzulehnen. Vielmehr müsse er von der Unvereinbarkeit mit seinen Amtspflichten überzeugt sein. § 14 II BNotO legt dem Notar nicht die besondere Pflicht auf, in die verborgenen Zweckúberlegungen der Beteiligten einzudringen. Er braucht also nach dem Zweck, den die Beteiligten mit einem der Form nach unbedenklichen Rechtsgeschäft verfolgen, nicht forschen. Er darf es nicht einmal. In der

---

789 *Krekeler*, „Die strafrechtliche Verantwortlichkeit des Notars", in: AnwBl. 1993, S. 71.

790 *Krekeler*, in: AnwBl. 1993, S. 71; zu den Notaren i.ü.: BGHR § 266 Beihilfe 3.

791 *Krekeler*, in: AnwBl. 1993, S. 71; ferner: BGHR § 266 Beihilfe 3.

792 *Krekeler*, in: AnwBl. 1993, S. 71, l. Sp.

Regel ist der Notar auf die Angaben der Beteiligten angewiesen. Er darf ihnen auch vertrauen und die tatsächlichen Umstände, die ihm die Beteiligten unterbreiten, grundsätzlich seinem Handeln zugrunde legen. Diesen Ausführungen ist beizupflichten. Andererseits hat der Notar die Pflicht, sich bei *zweifelhaften* Beurkundungsvorgängen über Zweck und Hintergrund des Geschäftes *zu erkundigen.* Entsteht oder besteht beim Notar aufgrund besonderer Umstände der Verdacht, dass mit dem beabsichtigten Rechtsgeschäft unerlaubte oder unredliche Zwecke verfolgt werden, so ist er zu weiteren Nachforschungen verpflichtet. Er hat dann den Verdachtsmomenten nachzugehen und die Beteiligten um *Aufklärung zu ersuchen.* Lässt sich dann der Verdacht nicht verifizieren, so ist der Notar zur Ablehnung der Beurkundung nicht berechtigt und damit erst recht nicht verpflichtet. Zur Verdeutlichung der bisherigen Ausführungen bleibt die Feststellung, dass der Notar weder in der Lage noch dazu verpflichtet ist, zu ermitteln, ob die Mandanten Straftaten planen. Nur bei zweifelhaften Vorgängen und Vorliegen besonderer Umstände besteht, wie *Krekeler* zutreffend ausführt, eine strafrechtliche Erkundigungspflicht.

Erlangt der Notar erst im *nachhinein* Kenntnis und Gewißheit, dass das Rechtsgeschäft unerlaubten oder unredlichen Zwecken dient, so hat er seine (weitere) Mitwirkung zu versagen.[793] Es trifft ihn dann die Amtspflicht, den schädigenden Erfolg zu verhindern, soweit es noch möglich ist. Betreibt er dann die Angelegenheiten der Beteiligten weiter, so legt dieses Tätigwerden nach Auffassung *Krekelers* in Verbindung mit dem *Wissen* um die Rechtswidrigkeit des Geschäftes den Schluss auf seinen Willen zur Unterstützung der Haupttat nahe.[794]

Auch im Notarrecht wird die Frage gestellt, ob eine Strafbarkeit des Notars bereits beim Nachweis des indirekten Vorsatzes gegeben sein soll. Diese Frage wird verneint und das Postulat aufgestellt, dass eine Beihilfestrafbarkeit des Notars nur bei *direktem Vorsatz* angenommen werden kann.[795]

Als *Motive* für die *erhöhten* Anforderungen an den subjektiven Tatbestand bei den Notaren ist der Wortlaut der Regelungen in § 4 BeurkG und in § 14 Absatz 2 BNotO von maßgebender Bedeutung, was bisher im Schrifttum nicht so deutlich betont wurde. Hier wird *de lege lata* vom Notar dann die Versagung seiner Amtstätigkeit vom Gesetzgeber zwingend gefordert, wenn seine Mitwirkung bei Handlungen verlangt wird, mit denen *erkennbar* unerlaubte oder deliktische Zwecke verfolgt werden. Diese *Erkennbarkeit* der unerlaubten Zwecke, besser

---

793 *Mecke / Lerch*, aaO, § 4 Rn. 9; BGH *DNotZ* 1987, 558.

794 *Krekeler*, in: AnwBl.1993, S. 72 ; *Volk*, in: BB 1987, 139, 143; BGHR § 266 Beih. 3.

795 So: *Krekeler*, aaO; vgl. zum „*sozialadäquaten Verhalten*"(Notar): BGHR § 266 Beih. 3.

formuliert das *Erkennen* selbst, d.h. die sinnhafte Wahrnehmung von unredlichen Zwecken, legt aber dann regelmäßig die Annahme *sicheren Wissens* des Notars um die nachfolgende oder gleichzeitige Straftat der Beteiligten nahe. Bei bloßem ernstlichem Fürmöglichhalten einer (Steuer-)Straftat, wie bei der Definition des *dolus eventualis* gefordert, müßte der Notar jedenfalls nicht seine Handlungen versagen, da für ihn nicht *subjektiv zu erkennen* war, dass kriminelle Zwecke der Beteiligten im Vordergrund der Handlung des Notars standen. Demzufolge ist auch bei der Strafbarkeit der Notare wegen Beihilfe zu Straftaten der betreuten Beteiligten im subjektiven Tatbestand darauf zu achten, dass keine Widersprüche zu den Berufspflichten des Notars nach § 4 BeurkG und § 14 BNotO vorliegen.

Übertragen auf den Bankmitarbeiter bedeutet dies: Nur was für ihn bei der Bankberatung subjektiv erkennbar ist, kann er dementsprechend für die Zukunft auch „sicher" wissen bzw. als notwendige Auswirkung seines Tuns sicher voraussehen. Wenn sicheres Wissen oder sichere Voraussicht hinsichtlich der geplanten Steuerstraftat des Kunden bei dem Bankmitarbeiter vorliegt, ist er durch seine Überweisungstätigkeit, d.h. durch den anonymisierten Geldtransfer, der Beihilfe zu der späteren Steuerstraftat des Kundens schuldig.

5. *Verantwortlichkeit für das Bereitstellen einer mißbrauchanfälligen Infrastruktur : Subjektive Voraussetzungen im Teledienstegesetz*

Im Zusammenhang mit der Untersuchung der Strafbarkeit von schweizerischen Internet Providern wurde ebenfalls in einer älteren Untersuchung zum Schweizerischen Recht *vor* dem Inkrafttreten des deutschen TDG geprüft, ob hier eine Strafbarkeit wegen Gehilfenschaft in Betracht zu ziehen ist.[796]

Dabei wurden zusammenfassend für die Strafbarkeit von Internet-Providern wegen Beihilfe folgende Grundsätze abgeleitet:

– Das Zurverfügungstellen der technischen Infrastruktur eines Internet Providers zur Verbreitung strafrechtlich verbotener Inhalte (z. B. pornographischer Bilder) könne unter den weiteren, nachfolgend genannten Voraussetzungen Gehilfenschaft zu den in Frage stehenden strafbaren Handlungen sein.

– Dies sei als aktives Handeln zu betrachten und nicht bloß als Unterlassen von Maßnahmen im Sinne des § 13 Abs.1 StGB, welche die in Frage stehenden Straftaten verhindern könnten.

Voraussetzung für die Annahme von Gehilfenschaft wäre, dass der Internet-Provider von den in Frage stehenden strafbaren Handlungen *Kenntnis* hat, denn Gehilfenschaft zu einer strafbaren Handlung könne nur vorsätzlich, also mit Wis-

---

796 Vgl. *Widmer / Bähler*, „Strafrechtliche und aktienrechtliche Haftung von Internet-Providern", in: CR 1996, 178 ff. (180).

sen und Wollen, begangen werden. Es genüge allerdings der Eventualvorsatz. Dies hat zur Konsequenz, dass der Vorsatz auch gegeben sei, wenn der Gehilfe, also der Provider, aufgrund seiner Kenntnisse der Umstände damit rechnen müsse, dass sein Verhalten eine konkrete Straftat unterstützen könnte und er dies in Kauf nehme.[797] Im sogenannten Rosenberg – Urteil hat das Schweizer Bundesgericht dagegen keine generelle Kontrollpflicht der PTT hinsichtlich der über den Telekiosk verbreiteten Inhalte angenommen. Es sei kein Grund ersichtlich, weshalb dies für einen Internet Provider anders sein sollte, zumindest dann, wenn er selber sich gegenüber seinen Kunden nicht zu einer Inhaltskontrolle verpflichtet habe. Um die Strafbarkeit als Gehilfe des Haupttäters abzuwenden, ist der Internet Provider, sofern keine anderen Möglichkeiten bestehen, verpflichtet, den Zugang zu den strafrechtswidrigen Inhalten, sobald er von diesen *Kenntnis* hat, umgehend zu sperren bzw. diese, sofern auf seinem „Server" gespeichert, ebenso zu löschen.

Dies war also *vor* Inkrafttreten des TDG eine gutachtliche Stellungnahme. Zwar wird hier noch *bedingter* Vorsatz für genügend erachtet. Widersprüchlich ist dann aber, wenn die Akzentuierung auf die „Kenntnis" des Providers bei den Strafbarkeitsvoraussetzungen gelegt wird, wenn doch beim Eventualvorsatz eine solche gerade nicht zur Definition des kognitiven Vorsatzelementes gehört. Nach Inkrafttreten des TDG (1.8.1997, zuletzt geändert am 14.12.2001 in Umsetzung der EG-Richtlinie 31/2000) stellt sich die Lage aus strafrechtlicher Sicht weitaus konkreter dar: Insbesondere fiel bei der Strafbarkeit der Internet-Provider die „Privilegierung" in § 5 II TDG a.F. auf. § 5 II TDG a.F. setzte für die strafrechtliche Verantwortlichkeit *„Kenntnis"* des Beteiligten voraus.[798], wobei mittlerweile der neue § 9 I 2 TDG jetzt sogar eine strafrechtliche Verantwortlichkeit von Providern erst bei „absichtlichem Zusammenwirken mit Dritten" vorsieht. Erst dann, wenn die Diensteanbieter *präzise* Kenntnisse über die auf ihren Servern gespeicherten rechtswidrigen Inhalte erhalten, können sie die betreffenden Daten unschwer mit Hilfe der vorhandenen Standardsoftware löschen.[799] Die besonderen Kenntnisse begründen und steigern also die Verantwortung des Providers für das vorsätzliche und eigenverantwortliche Fehlverhalten Dritter. Auch dies kann ein Indiz für eine *Abschichtung* von neutralen Alltagshandlungen auf *subjektiver* Tatbestandsebene sein und gleichzeitig ein Argument für die Forderung nach direkt-vorsätzlichem Handeln bei der Beihilfestrafbarkeit zur Steuerhinterziehung auch im Kreditwesen. Es spricht jedenfalls für eine gesetzgeberi-

797 Vgl. *Widmer / Bähler*, „Strafrechtliche und aktienrechtliche Haftung von Internet-Providern". In: CR 1996, 178 ff. (180).

798 Vgl. dazu *Sieber*, „Die rechtliche Verantwortlichkeit im Internet", in: MMR 1999, Beilage zu Heft 2 / 1999 mit weiteren Nachweisen.

799 So *Sieber*, „Die rechtliche Verantwortlichkeit im Internet", aaO. mit Fn. 87.

sche Entscheidung zur Zurückdrängung des schwer nachweisbaren *voluntativen* Vorsatzelementes und zur stärkeren Berücksichtigung der Wissenskomponente (kognitives Vorsatzelement) bei der Beihilfestrafbarkeit im Wirtschaftsstrafrecht.

Zu den *Motiven*[800],gerade für die Rechtslage bis 14.12.2001, ist Folgendes anzuführen: Stellt der Diensteanbieter fremde Inhalte in sein Angebot ein, bleibt auch hier primär der Urheber für diese Inhalte verantwortlich. Dennoch hat der Diensteanbieter selbst eine Mitverantwortung zu tragen, wenn ihm der einzelne, *konkrete Inhalt bekannt* ist und wenn er technisch in der Lage ist, diesen einzelnen Inhalt gegen weitere Nutzung zu sperren. Die Regelung dient der Klarstellung, dass dem Diensteanbieter, der rechtswidrige Inhalte Dritter in sein Diensteangebot, z.B. seinem eigenen News-Server oder in seinen eigenen Online-Dienst übernimmt, eine Garantenstellung für die Verhinderung der Übermittlung an Dritte trifft. Diese Verpflichtung soll aber nach der Gesetzesbegründung nur dann greifen, wenn der Diensteanbieter die fremden rechtswidrigen Inhalte *bewusst* zum Abruf bereit hält.[801]

Die Einschränkung der Verantwortlichkeit ist motiviert worden durch die Tatsache, dass der Diensteanbieter die fremden Inhalte nicht veranlasst hat und es ihm aufgrund der technisch bedingten Vervielfachung von Inhalten und der *Unübersehbarkeit* der in ihnen gebunden Risiken von Rechtsgutverletzungen zunehmend unmöglich ist, alle fremden Inhalte im eigenen Dienstebereich zur Kenntnis zu nehmen und auf ihre Rechtmäßigkeit zu überprüfen. Gerade durch den Umstand, dass für die Verantwortlichkeit im Sinne des § 5 II TDG a.F. (jetzt in § 9 I TDG neu geregelt) schon *Kenntnis* von den Inhalten verlangt wurde, erhalten die Diensteanbieter die erforderliche *Rechtssicherheit*.[802] Gerade dies wird im Rahmen dieser Arbeit auch für die beratenden Bankmitarbeiter bei nicht überschaubaren künftigen Steuerstraftaten ihrer Kunden gefordert. Entscheidend war auch der Gedanke der Zumutbarkeit in § 5 TDG, der Vorgängernorm zu § 9 I TDG, so dass eine am Einzelfall orientierte Auslegung der Norm[803] möglich war. Je nach Art des Teledienstes kann eine gezielte Sperrung oder Löschung nicht

---

800 Vgl. zu den Motiven: Bundesrats-Drucksache 966 / 96- Begründung zum Gesetz des Bundes zur Regelung der Rahmenbedingungen für Informations- und Kommunikationsdienste (IuKDG); vgl. zusammenfassend zur Auslegung von § 5 II TDG: *Sieber*, „Die rechtliche Verantwortlichkeit im Internet – Grundlagen, Ziele und Auslegung von § 5 TDG und § 5 MDStV", in: MMR 1999, Beilage zu Heft 2 / 1999.

801 Vgl. BR- Drucksache 966 / 96.

802 So die Gesetzesbegründung zur Bundesrats-Drucksache 966 / 96, S.10.

803 Zur Auslegung des § 5 II TDG siehe: *Sieber*, „Die rechtliche Verantwortlichkeit im Internet", in: MMR 1999, Beilage zu Heft 2 / 1999, (insbesondere IV.3. und IV 1.b).

oder nur mit unverhältnismäßig hohem Aufwand möglich sein. Deshalb sieht § 9 I 2 TDG nun sogar „absichtliches Handeln" vor.

Bei Kenntnis des Providers genügt also nicht der Verweis auf die primäre Verantwortlichkeit des Urhebers der rechtswidrigen Inhalte, um die Mitverantwortung des Diensteanbieters auszuschließen. Auch dies zeigt, dass es kein grundsätzliches Recht auf Ignoranz gibt und dass bei *Kenntnis* von „Fehlverhalten Dritter"[804] durchaus das Eigenverantwortlichkeitsprinzip eingeschränkt und eine gesteigerte Verantwortung begründet wird. Der Begriff der *Kenntnis* in § 5 II TDG a.F. und die damit verbundene Verpflichtung zur Sperrung der Nutzung stand noch vor dem Hintergrund von Zumutbarkeitserwägungen und vor dem Hintergrund der oft unübersehbaren Datenvolumen im Internet.[805] Jetzt hat der Gesetzgeber in § 9 TDG noch nachgebessert. Letztlich führen aber nach der Gesetzesintention im TDG – sowohl in der Altfassung als auch in der Neufassung – erst diese *subjektiven* Tatbestandsmerkmale das Verhalten des Online-Dienstanbieters zu einem „gefährlichen" Handeln und geben ihm einen verbrecherischen Sinngehalt.[806]

6. *Zusammenfassung der subjektiven Kriterien und Motive bei anderen beratenden Berufen und Übertragbarkeit der Gedanken auf die Dienstleistungen im Kreditwesen*

Zusammenfassend lässt sich feststellen, dass auch in anderen beratenden Berufsgruppen die Tendenz dahin geht, entweder als besondere Kriterien in subjektiver Hinsicht verstärkte Anforderungen an den Eventualvorsatz zu stellen (weitere Anhaltspunkte müssen vorliegen, um die Strafbarkeit zu begründen) oder gar wie hier *sicheres Wissen*, also eine weniger starke Betonung des *voluntativen* Vorsatzelements[807] zu Gunsten einer stärkeren Berücksichtigung des *kognitiven* Vorsatzelementes zu fordern. Besonders deutlich wird diese Tendenz im Bereich der Online-Kriminalität, wo durch die Gesetzesformulierung der § 5 II TDG a.F., § 9 I TDG, nämlich die Tatbestandsmerkmale *„Kenntnis"* bzw. „Absicht" nicht mit eventualvorsätzlichem Fürmöglichhalten gleichgesetzt werden können. Das *kognitive* Vorsatzelement soll im Bereich der Wirtschaftskriminalität zu Recht stärker hervortreten bzw. dominieren, das voluntative soll dagegen weniger gewich-

804 Vgl. dazu die Ansätze in Österreich zur Lösung des Problematik unter Teil 2 unter B. I. 7. c,d (allgemeine Kriterien).

805 Vgl. dazu auch *Hoeren / Sieber*, Handbuch – Multimedia- Recht, „Rechtsfragen des elektronischen Geschäftsverkehrs", München 1999, Rn. 176, 163.

806 Vgl. ebenso: *Otto*, „Vorgeleistete Strafvereitelung als Beihilfe", in: Festschrift für Lenckner 1998, S. 193 ff., S.214 mit Fn. 72.

807 Welches beim dolus directus 2. Grades eine untergeordnete Bedeutung hat !

tig sein, da dem im Wirtschaftsleben Handelnden allein der Gewinn oder die zu erzielende Provision aus der Tätigkeit erwünscht ist, ein Wille zur Förderung fremder Straftaten oft nicht vorhanden ist, im Prozess vehement bestritten wird, zudem schwer nachweisbar ist und oft aus gewissen Vorgängen nur gefolgert wird (vgl. BGHSt 46, 107 ff. und Teil 2 A. unter III.).

C. Zwischenergebnis

Zusammenfassend zum 2. Teil dieser Arbeit sollen hier noch einmal alle Argumente für die subjektive Zurechnung im Steuerstrafrecht im Falle *sicheren Wissens* bzw. sicherer Voraussicht des Bankmitarbeiters auf Grund *hinreichender Indizien* gewürdigt werden. Zunächst streiten die steuerstrafrechtlichen Besonderheiten für eine (subjektiv) tatbestandlich *reduzierte* Verantwortlichkeit des Bankberaters. Eine inhaltlich korrekte Selbstanzeige, die dem Gehilfen nach der Intention des Steuergesetzgebers in § 371 I, III AO wegen des steuerpolitischen Regelungszwecks (Erschließung aller offenen Steuerquellen) als Strafbefreiung möglich sein muss, setzt mehr voraus, als dass nur dem Finanzamt mitgeteilt wird, „es hätten in einer unbestimmten Vielzahl von Fällen Bankberatungen" stattgefunden, bei denen verschiedene „unbestimmte Bankkunden" beraten wurden.[808] Der Berater muss wenigstens wissen, *ob überhaupt* Steuern hinterzogen werden sollten oder ob dies klar erkennbar war, um hinreichende Angaben machen zu können.[809] Anderenfalls stellt er bloße Vermutungen über Art und Umfang der Steuerhinterziehung sowie seiner Mitwirkung auf, die für eine zutreffende Besteuerung nicht ausreichen, da dafür konkrete Tatsachen genannt werden müssen.

Auch wird er, wenn er nach dem Geldtransfer ins Ausland weiter für den Kunden in Vollmacht spurenlos über die Gelder verfügte (vgl. Teil 1 dieser Arbeit), oft schon deshalb Kenntnis haben. Ein ernstliches Fürmöglichhalten einer Straftat kann nicht schon den Beihilfeschuldvorwurf auslösen. Beim „ernstlichen Fürmöglichhalten" einer Steuerstraftat muss im Kreditwesen auch beim Vorsatzdelikt der Beihilfe zur Steuerhinterziehung noch der dem materiellen Strafrecht zugrundeliegende Vertrauensgrundsatz Geltung beanspruchen.[810] Im Übrigen verträgt sich der Eventualvorsatz in kognitiver Hinsicht im Steuerstrafrecht nicht mit den (Mindest-) Bestimmtheitsanforderungen an den Gehilfenvorsatz. Der ko-

808 Es gibt keine Selbstanzeige „dem Grunde nach".

809 Siehe zu den hohen Anforderungen an die Strafaufhebung im Falle der Gehilfenselbstanzeige: *Kohlmann*, Steuerstrafrecht, Stand: Oktober: 1998, § 371 Rn. 65.

810 Ähnlich, aber in einem anderen Kontext: *Roxin*, „Was ist Beihilfe?", in Miyazawa-FS, 1995, S. 501 ff. (516).

gnitive Befund des Fürmöglichhaltens der zukünftigen Steuerstraftat ist für eine Strafbarkeit nicht ausreichend, hier kann steuerstrafrechtlich subjektiv nicht zugerechnet werden.

Deshalb ist an dieser entscheidenden Schnittstelle im Vorsatzbereich die Risikoeinschätzung der Rechtsgemeinschaft mit der des einzelnen zu vergleichen.[811] So wenig wie ein realistischer Bankmitarbeiter als Einzelner kann die Rechtsgemeinschaft insgesamt ausschließen, dass es bei einem Geldtransfer per se in der Zukunft zu einer Hinterziehung der Einkünfte aus Kapitalvermögen kommt. Nimmt die Gesellschaft aber insgesamt dieses Risiko hin, so kann sie es dem Einzelnen nicht schon in strafbarkeitsbegründender Weise anlasten, wenn dieser das zukünftige Steuerdelikt nur ernstlich für möglich hält, *wie jeder andere Bürger dieser Gesellschaft auch*, und gerade keine sichere Kenntnis auf Grund von hinreichenden Indizien hat.[812] Der Vergleich des gesellschaftlichen und des individuellen Verhaltens im Hinblick auf das Haupttatrisiko unterscheidet den bedingt vorsätzlich handelnden Bankberater von demjenigen, der *weiß*, dass er ein fremdes Delikt fördert. Der bewusst Fördernde steht der Tat *viel näher* als der nur ernstlich für möglich haltende Berater, der Delikte billigend in Kauf nimmt. Wegen der Unmöglichkeit, einen Kausalverlauf wegen der langen Zeiträume zwischen Tatbeitrag und Haupttat zu überblicken, steigert erst das Wissen die Verantwortlichkeit für Dritte im Steuerstrafrecht und nur dann erscheint die Haftung für die Steuerschuld nach § 71 AO sinnvoll. Damit spricht auch viel dafür, dem Berater bei sicherer Kenntnis die Pflicht aufzuerlegen, das Bankgeschäft nicht durchzuführen. Zwar ist dies ohne Zweifel ein erheblicher Grundrechtseingriff, jedoch ist derjenige, der ein Geschäft führt, von dem er weiß, dass jede Transaktion eine Straftat des jeweiligen Geschäftspartners zur Konsequenz hat, zur Aufgabe des Geschäfts verpflichtet. Dies stimmt voll überein mit den Berufsregeln anderer beratender Berufsgruppen (z.B.: Berufsrecht der Notare und Steuerberater).

Überdies entspricht dies auch dem Standpunkt des Schweizer Bundesgerichts[813] in der Entscheidung zum *wissentlichen* Verkauf von importiertem Antilopenfleisch an Abnehmer, die das Fleisch unter einer falschen Bezeichnung weiterveräußerten, weil es unter seiner wahren Bezeichnung nicht absetzbar war. In einer Situation, in welcher der Dienstleister *weiß*, dass der die Leistung in Anspruch nehmende die Dienstleistung zu illegalen Zecken missbraucht, um einer Steuer zu entgehen, ist es nicht gerechtfertigt, die Strafbarkeit der Beihilfe zum

---

811 Ebenso: *Amelung*, „Neutralisierung“ geschäftsmäßiger Beiträge zu fremden Straftaten“, in: FS zum 70. Geburtstag von *Gerald Grünwald*, S. 9 ff. (23).

812 Ganz ähnlich: *Amelung*, „Neutralisierung geschäftsmäßiger Beiträge zu fremden Straftaten“, 1999, S. 9 ff (23).

813 BGE 119 IV (1993), 289 ff. (294).

Steuerdelikt unter Berufung auf das Eigenverantwortungsprinzip im Strafrecht einzuschränken. Auch bei den Delikten der Strafvereitelung § 258 I StGB als Hilfeleistung nach der Tat und bei § 164 StGB, also Tatbeständen mit typischerweise starker Affinität zum „Sozialüblichen", wird bei objektiv weit gefassten Tatbeständen im subjektiven Tatbestand mindestens *Wissentlichkeit* hinsichtlich der hier relevanten Vereitelungshandlung[814] vorausgesetzt, um nicht strafwürdige Verhaltensweisen von vorneherein auszuscheiden. Deshalb ist die Anordnung *qualifizierter Vorsatzformen* gerade in spezifischer Weise ein gesetzgeberisches Mittel der Abgrenzung zur Sozialüblichkeit.

Insgesamt wurde bei *allen* erörterten beratenden Berufen (Teil 2 B. III.) *Subjektivierungstendenzen* im Hinblick auf die Frage der Wissendichte festgestellt, inbesondere beim Steuerberater, der nach den Forderungen im Schrifttum nur im Falle *sicheren Wissens* Steuerhinterziehungsgehilfe sein soll. Beim Notar wird bei „*erkennbar* unerlaubten Zwecken" nach § 14 II BNotO auch die Unterlassung der Mitwirkungen an Handlungen Dritter verlangt. Maßgebend dabei ist: Was objektiv schon nicht erkennbar ist, kann auch subjektiv nicht *zur Kenntnis* genommen werden und erst recht nicht nur eventualvorsätzlich „ernstlich für möglich" gehalten werden. Ebenso wurde in der Online-Kriminalität bei der Frage der Gehilfenschaft nach dem früheren § 5 II TDG schon vom Wortlaut des Gesetzes auf die Kenntnis des Tatbeteiligten abgestellt[815] und schon gar nicht die allgemeine Vorsatzdoktrin des Allgemeinen Teils übernommen. Gleiches gilt für die Formulierung im neuen § 9 I 2 TDG.

Die Fälle der Beihilfe zur Steuerhinterziehung unterscheiden sich ganz besonders von den klassischen Lehrbuchfällen: Hier spielen *mehrere* objektiv beweisbare Dienstleistungen zusammen, es geht gerade nicht um den blossen Verkauf einer Einzelware. Zwar sieht der Wortlaut des § 27 I StGB i.V. m. §§ 370, 369 II AO keine ausdrückliche Einschränkung des subjektiven Tatbestandes vor. Eine tatbestandliche Reduktion im subjektiven Tatbestand *in bonam partem* ist aber – trotz der üblichen wenig dogmatisch fundierten Kritik[816] (Nähe zum Gesinnungsstrafrecht, Öffnung des Tors für Schutzbehauptungen, Gefährdung der

---

814 Vgl. BGHSt 38, 348. Hinsichtlich der Vortat genügt bei § 258 StGB freilich bedingter Vorsatz, vgl. Tröndle / Fischer- *Fischer*, 49. Auflage, § 258 Rn. 10.

815 Vgl. zu § 5 TDG insbesondere *Sieber*, „Die rechtliche Verantwortlichkeit im Internet" – Grundlagen, Ziele und Auslegung von § 5 TDG und § 5 MDStV", in: MMR, Beilage zu Heft 2 / 1999.

816 Vgl. dazu zusammenfassend: *Wohlers*, „Gehilfenschaft durch „neutrale" Handlungen – Ausschluss strafrechtlicher Verantwortlichkeit bei alltäglichem bzw. berufstypischem Verhalten ?", in: Schweizerische Zeitschrift für Strafrecht, Bd. 117 (1999), 425 ff. (428) mwN. Statt eines eigenen Ansatzes für eine Einschränkung der Strafbarkeit bildet *Wohlers* drei Fallgruppen, in denen positiv formuliert Strafbarkeit vorliegen soll, vgl. dazu S. 436 seines Beitrags.

Rechtssicherheit) – zulässig, da das Gesetz zur Vorsatzdefinition, abgesehen von § 16 I 1 StGB, schweigt. Da die Überweisung von Geldern nach Luxemburg auch in manchen Fällen nur einen Liquiditätsvorteil des Steuerpflichtigen bewirken sollte (spätere Entrichtung des Zinsabschlags) bzw. andere Motive in Betracht kamen, ist es unter dem Gesichtspunkt des Vertrauensgrundsatzes bei bloßem „Fürmöglichhalten" einer Steuerstraftat noch nicht gerechtfertigt, eine strafrechtliche Verantwortung zu begründen. Erst bei *sicherem* Wissen um den Tatplan des Kundens scheiden nämlich die anderen – freilich weitaus selteneren – Tatmotive für den Überweisungsvorgang (der Liqiuditätsvorteil, Renditesteigerung, Währungsvorteil, etc. ohne Gedanken der Steuerhinterziehung) aus.

Die Vorsatzarten sind zudem nicht legaldefiniert, sondern gefestigte Rechtsprechung. Diese kann sich aber im Steuerstrafrecht durchaus ändern. Im Hinblick auf den strafrechtlichen Rechtsgüterschutz, der dem Strafrechtssystem zugrunde liegt, rechtfertigt sich diese „Privilegierung" mit dem Hinweis darauf, dass bei Körperverletzungs- und Totschlagsdelikten das Leben und die körperliche Unversehrtheit als höchste Rechtsgüter vom Gehilfen sekundär angegriffen werden, während der Steuerhinterziehungsgehilfe im Ergebnis ein Vermögensdelikt begeht, bei welchem der staatliche Steueranspruch gefährdet oder verletzt wird. Es gibt keine Alltagshandlung per se, vielmehr wird der Charakter einer Handlung durch ihren Zweck bestimmt. Daher kann allein auf der Ebene des weiten objektiven Beihilfetatbestandes eine Abschichtung strafloser Fälle der Beihilfe zur Steuerhinterziehung nicht stattfinden. Die Frage, was der Bankmitarbeiter konkret wissen muss, ist eine in die Zukunft gerichtete Frage und damit immer auch eine Wertungsfrage in Wechselbezüglichkeit zum objektiven Tatbestand. Er muss aber wissen, welcher *konkrete* Tatbestand verwirklicht werden soll („Tatbestandswissen"). Die Beihilfe ist die Ausnahme vom Regressverbot, d.h es kann ohne weiteres an eine weit im Vorbereitungsstadium geleistete Handlung angeknüpft werden, auch wenn später ein voll verantwortlicher Dritter handelt. Dieser stellt dann die strafrechtliche Akzessorietät des § 27 I StGB zu späterer Tatzeit eben erst her. Er ist der „Herr des Geschehens".

Dass diese Handlung nach dem Standpunkt von *Otto, Amelung und Ransiek*[817] auch (zusätzlich) zur *Entstehung* eines Steueranspruchs des Fiskus führt, ist nur die eine Seite der Medaille. Fast jede Banktransaktion hat steuerrechtliche Konsequenzen im Sinne der Einkommenssteuererhebung nach §§ 36 ff. EStG.

---

817 Vgl. noch einmal: *Otto*, „Vorgeleistete Strafvereitelung", in: *Lenckner*-FS, 1998, 197 ff.; *Amelung*, „Neutralisierung geschäftsmässiger Beiträge" in: Grünwald-FS, 1999, 9 ff.; *Ransiek*, „Die Information der Kunden über strafprozessuale und steuerrechtliche Ermitt-lungsmassnahmen bei Kreditinstituten", in: wistra 1999, 401 ff.; in die gleiche Richtung zielend: *Lüderssen*, „Beihilfe, Strafvereitelung und objektive Zurechnung", in: Grünwald-FS, 1999, 329 ff.

Die Steuerhinterziehung des Haupttäters auf Grund des anonymen Transfers stellt erst die Akzessorietät im Sinne des § 27 I StGB her. Für seinen weitreichenden Tatbeitrag trägt der Berater auch ein weitreichendes Risiko. Ferner geht aus § 370 IV AO eindeutig hervor, dass *schon die Gefährdung* des staatlichen Steueranspruchs (durch nicht rechtzeitige Zahlung der Steuern) unter den Tatbestand fällt, die Steuerhinterziehung also kein Erfolgsdelikt im klassischen Sinne ist.[818] So ist Steuerverkürzung besser formuliert die „Gefährdung des vollen Ertrags der einzelnen durch § 370 AO geschützten Steuern.[819] Steuerverkürzung ist daher die Gefährdung der rechtzeitigen und vollständigen Verwirklichung des Steueranspruchs.[820] Der Gehilfe muss in keinem Fall das Rechtsgut *primär* angreifen. Die vorsätzliche Steuerhinterziehung des Kunden wird im Falle von anonymen Transfers bei konkretem Wissen vielmehr subjektiv zugerechnet. Schon jede kleine einzelne Geldtransferleistung kann vom Grundsatz her zur Beihilfestrafbarkeit im Kreditwesen führen.

Gerade durch die Lockerung der Rechtsprechung des BGH zur Bestimmtheit des Gehilfenvorsatzes im „Edelstein-Fall“ ist das Risiko der Strafbarkeit im beratenden Kreditwesen viel größer als das Risiko bei vielen Tatbeständen im Besonderen Teil des StGB. Auch dies verbietet eine uneingeschränkte Übernahme der allgemeinen Vorsatzlehren auf das Nebenstrafrecht. Das „sichere Wissen“ ist auf Grund der objektiven Anknüpfungstatsachen, die im Ausgangsfall in dreifacher Weise vorliegen (Kontensystembildung, Bankberatung, Geldtransfers ins Ausland und nachträgliche Verfügungen über das transferierte Geld), wertend festzustellen. Kein Verhalten ist rechtlich fassbar, wenn es losgelöst wird vom *Wissen* des sich in bestimmter Weise Verhaltenden. Der Haupttäter, also ein Dritter, stellt dann den sozialen Sinngehalt der vom Tatbeteiligten erbrachten Tathandlung erst nachträglich her. Die psychische Beihilfe und das „Solidarisierungsmoment“ können allenfalls als Zusatzelement oder *Zusatz*begründung dienen: Keinesfalls können die Fälle um die Geldtransaktionen nach Luxemburg mit der pauschalen Annahme einer psychischen Stabilisierung des Kundens gelöst werden, mit der Begründung, das letzte Quantum an Restunsicherheit beim Tatentschluss des Kunden sei von den Beratern durch aggressive Werbung[821] ausgelöscht worden. Dies würde die Tatsache verkennen, das der Bankangestellte gerade nicht Garant im Sinne des § 13 I StGB ist. Auch muss der Gehilfe im Steuerstrafrecht zudem *nicht bei der Abgabe* der Steuererklärung helfen, sondern es genügen nach ganz herrschender Meinung auch Vorbereitungshandlungen

818 So auch *Kohlmann*, Steuerstrafrecht: § 370 Rn. 126 ff., vor allem Rn. 128.
819 Ganz genau so: *Kohlmann*, Steuerstrafrecht, § 370 AO Rn. 128.
820 Vgl. BGHSt 24, 178, 181; ebenso: BayObLG *wistra* 1982, 238.
821 Siehe zur Werbung für die Geldanlage beim Tochterinstitut: *Tipke*, „Zur Steuerfahndung bei Banken und Bankkunden“, in: BB 1998, 241 ff. (243, linke Spalte).

jeglicher Art.[822] Das Hauptproblem im Steuerstrafrecht, nämlich dass der Berater wegen der Konturen- und Farblosigkeit des „Hilfeleistens-Begriffs" oft nicht aus dem Tatablauf ersehen kann, ob der Handelnde (Kunde, Mandant) mit seinem Beitrag eine fremde Tat fördert oder nicht[823], kann nur mit höheren Anforderungen im Blick auf das kognitive Vorsatzelement gelöst werden, da in voluntativer Hinsicht ein Vollendungswille[824] des Tatbeteiligten auch schwer nachweisbar ist.

Das *sichere Wissen* um die Steuerstraftat ist als zukunftsorientierter Faktor letztlich mittels einer Wertung in Bezug auf den objektiven Tatbestand festzustellen. Eine Unterbrechung des Zurechnungszusammenhanges gibt es in Übereinstimmung mit dem erörterten Ansatz im österreichischen Schrifttum bei *subjektiv* konkret vorhersehbaren Vorsatztaten nicht, weil dann der eigenverantwortlich handelnde Dritte keine selbständige Gefahr für den tatbestandlichen Erfolg begründet, sondern eine akzessorische. Bei *subjektiv* konkret voraussehbarem Fehlverhalten eines Dritten ist eine grundsätzliche Verantwortlichkeit des Tatbeteiligten, die bislang beim Vorsatzdelikt in Deutschland nicht so formuliert oder nur vereinzelt ausgesprochen wurde, zu fordern. Ausnahmen vom Grundsatz bedürfen dann wiederum einer besonderen Begründung, z. B. nur „ernstliches Fürmöglichhalten" kann im Steuerstrafrecht nicht genügen, wegen der Selbstanzeigenproblematik des Gehilfen und der Unbestimmtheit des Vorsatzes. *Subjektiv* konkrete Vorhersehbarkeit eines künftigen Geschehensablaufs legt letztlich Wissen um die Haupttat nahe. Die *subjektive* sichere Voraussicht unterscheidet sich von der abgelehnten objektiven Vorhersicht (die beim Fahrlässigkeitsdelikt geprüft wird) dadurch, dass wirklich nur auf den Tatbeteiligten und dessen persönliche Situation abgestellt wird, nicht dagegen auf dasjenige Wissen rekurriert wird, was ein objektiver Dritter in der Lage des Beraters hätte vorhersehen können, wenn er z. B. den Bankvorstand um Rat gefragt hätte. Zudem muss die Voraussicht „sicher" im Sinne des dolus directus zweiten Grades sein, weil der Gesetzgeber fahrlässige Beihilfe nicht mit Strafe bedroht hat, sondern nur vorsätzliche Hilfeleistungen nach § 27 StGB.

Entscheidend für die subjektive Zurechnung ist, dass sich in Bezug auf die Bestimmtheit des Gehilfenvorsatzes das Vorsatzminimum nach nichts anderem richtet als nach § 16 I 1 StGB. Der Berater muss wenigstens wissen, dass eine

---

822 Vgl. z.B.: Klein-*Gast de Haan*, AO, 6. Auflage 1998, § 370, S. 1549 mit Hinweis auf BGH wistra 1986, 26; HFR 1993, 333; *Kühn / Hofmann*, AO (FGO) – Nebengesetze, 17. Auflage, 1995, § 370 AO, S. 856. Im übrigen das Dilemma im Steuerstrafrecht mit der zeitlichen Distanz von Tatbeitrag und Erfolg klar aufzeigend: *Kohlmann*, Steuerstrafrecht, § 370 Rn. 17 und 17.7. ; ebenso jetzt: BGHSt 46, 107 ff..

823 Siehe zu den Schwierigkeiten im Steuerstrafrecht: *Kohlmann*, Steuerstrafrecht, § 370 Rn. 17.

824 Der aus dem Wortlaut folgt: „begangen", vgl. § 27 I StGB.

Steuerhinterziehung („Tatbestandswissen“) hinsichtlich der Hinterziehung von Einkünften aus Kapitalvermögen und nicht nur eine irgendwie geartete Vermögensstraftat in der Zukunft vom Haupttäter begangen werden soll. Da der Vorsatz 2. Grades in die Zukunft gerichtet ist, ist er immer mehr oder weniger *abstrakt*. Sicher unzureichend für die Annahme von Kennnis im Sinne der subjektiven Zurechnung ist die blosse Wahrnehmung von „Auffälligkeiten“, die „ernstliches Fümöglichhalten“ nahe legen würden. In der Praxis ist nämlich die grosse Schwierigkeit bei der Bestimmung der objektiven Qualität dieser „Auffälligkeiten“ beim Eventualvorsatz zu sehen, die zur Rechtsunsicherheit beiträgt. Das Damoklesschwert der Beihilfestrafbarkeit, das wegen der Lockerung der Rechtsprechung zur Bestimmtheit des Gehilfenvorsatzes und der Bestrafung bei Eventualvorsatz über dem Bankmitarbeiter schwebt, kann nur durch eine Erhöhung der Vorsatz*art* (dolus directus 2. Grades) im subjektiven Tatbestand unter Zurückdrängung des voluntativen Elements entschärft werden, wenn der These zugestimmt wird, dass größere empirische Kenntnisse zu einer gesteigerten Verantwortung für Dritte bei wirtschaftlichem Handeln führen – auch vor dem Hintergund, dass bei wirtschaftlichem Handeln jeder Beteiligte *besonders* eigenverantwortlich handelt.

3.Teil: Lösungsansätze de lege ferenda

Zu prüfen ist aber nun noch, welche Lösungsalternativen im Steuerstrafrecht bei der Gehilfenstrafbarkeit bestehen, wenn man nicht, wie hier ausgeführt, eine Tatbestandsrestriktion im subjektiven Tatbestand befürwortet, aber auch mit den objektiven Lösungsmodellen im Sinne einer Tatbestandseinschränkung nicht einverstanden ist. Darauf ist im 3. Teil dieser Arbeit näher einzugehen.

I. Gesetzgeberische Möglichkeiten im Steuerstrafrecht

Es könnte die Frage aufgeworfen werden, ob bei Ablehnung der hier vertretenen subjektiven Ansätze für das strafrechtlich zu würdigende Verhalten ein *eigener* Steuerstrafrechtstatbestand für die Beihilfe zur Steuerhinterziehung mit genauer Beschreibung der Pflichten und der Anforderungen im subjektiven Tatbestand (z.B. Einfügen von „Kenntnis" in den Tatbestand wie z. B. in § 5 TDG a.F.) in Betracht zu ziehen ist. Der Ruf nach dem Gesetzgeber könnte aber auch zu einer Verpflichtung zur Einführung einer neuen Katalogtat in § 138 I StGB führen: das Vergehen nach §§ 370 I AO. In neuerer Zeit wurde auch immer wieder vorgeschlagen, den Tatbestand der schweren Steuerhinterziehung (§ 370 III AO a.F.) zum Verbrechen mit entsprechender Strafdrohung hochzustufen, so dass alle Vorschriften, die für Verbrechen gelten (z. B. § 30 StGB, § 100c StPO), auch auf die Steuerhinterziehung anwendbar wären. Dieser Vorschlag wurde nun im Zuge der Terroranschläge im Jahr 2001 geräuschlos mit der Einführung des Tatbestands der gewerbs- und bandenmäßigen Steuerhinterziehung (§ 370 a AO) mit Wirkung zum 1.1.2002 umgesetzt. Dann ist es nur noch ein kurzer Schritt zur Einfügung des § 370 I AO bzw. des neuen § 370 a AO in den Katalog des § 138 StGB. Außerdem wäre daran zu denken, § 370 AO (einfache Steuerhinterziehung) in den Katalog nach § 261 I StGB (Geldwäsche) einzufügen, wofür bisher im Gesetzgebungsverfahren nur für den neuen § 370 a AO (Verbrechen gemäß § 12 StGB) ein Konsens gefunden wurde. Im Zuge zunehmender Bedrohung durch weltweite terroristische Anschläge scheint beim Gesetzgeber bei der Verbrechensbekämpfung ein ganz erheblicher Umdenkungsprozess einzusetzen. Faktisch ist in der realen Bank- und Steuerpraxis (vor allem der nun gangbare Weg über die §§ 11, 10 II GwG und § 100c StPO) ein kriminalpolitischer Paradigmenwechsel festzustellen. Dies gilt auch vor dem Hintergrund, dass über die nun im Strafverfahren möglichen Tatsachenmitteilungen wegen eines Verbrechens an die Finanzämter (§ 370a AO, § 261 I StGB, §§ 11, 10 II GwG) mit dem schneidigen Mittel der Steuerschätzung (§ 162 AO) dem Aussageverweigerungsrecht im strafrechtlichen Ermittlungsverfahren im Besteuerungsverfahren entgegengewirkt werden kann.

Ferner könnte der Wortlaut des § 154 II AO geändert werden, um die Bank bei der Frage der Prüfung der Verfügungsberechtigung an der Verschleierung von Vermögenswerten zum Zwecke der Steuerhinterziehung zu hindern.[825]

Unter dem Gesichtspunkt, dass die Einkommenssteuererklärung erst viele Monate nach Ablauf des Geschäftsjahres abgegeben wird, gelegentlich sogar erst ein Jahr oder zwei Jahre nach dem Verhalten dessen, der möglicherweise als Gehilfe zu beurteilen wäre, ist in der finalen Kette (der verschiedenen Mittel zum Zweck) auch der Umstand der großen zeitlichen Entfernung der einzelnen Tatbeiträge von der Haupttat von Bedeutung.[826] Hier ist nach der Auffassung vieler Stimmen[827] eine *Abwägung des Gesetzgebers* zu fordern. Es müsse auf der einen Seite das Interesse der Rechtsordnung in Betracht gezogen werden, möglichst viele Personen in die strafrechtliche Verantwortlichkeit einzubeziehen. Demgegenüber stehe aber das Interesse des Dritten, seinen Kontakt mit dem Täter – beispielsweise seinen geschäftlichen Kontakt – nach seinen grundrechtlich geschützten Belangen zu gestalten und abzuwickeln. Die Abwägung müsste[828] eine bewusste sein, die entweder in einer *textklaren* Vorschrift des Gesetzes zum Ausdruck kommen sollte oder in einer Fassung des StGB, die wenigstens im Zusammenhang mit den Gesetzesmaterialien ausreichend klar ist. Die bisherige Gesetzeslage entspreche dem jedoch nicht, weil klare Differenzierungen fehlten. Vielmehr werde der Allgemeine Teil des StGB über § 369 II AO mit samt seiner Beihilfevorsatzrechtsprechung kommentarlos mit all seinen Änderungen auf das Steuerstrafrecht übertragen, ohne die Besonderheiten dieses Rechtsgebietes zu würdigen. Da sich künftige Weiterentwicklungen und Änderungen des StGB und der Rechtsprechung hierzu ohne weiteres auf das Steuerstrafrecht auswirken, liegt hier die Ursache für eine fehlende Auseinandersetzung mit den Besonderheiten dieses Rechtsgebietes und die fehlende Beleuchtung der inneren Tatseite bei der Beihilfe.

Letztlich ist es *Aufgabe des Gesetzgebers,* nach dem strafrechtlichen Bestimmtheitsgebot (§ 1 StGB) unter Umständen einen bisher sanktionslosen Verstoß zu sanktionieren oder die Ordnungswidrigkeit zu einem Straftatbestand zu

---

825 So ausdrücklich der Vorschlag bei: *Wabnitz/Janovsky* (2000), Handbuch, 10. Kap., S. 712.

826 Zur Aufwerfung dieses Problems vgl.: *Meyer-Arndt*, in: *wistra* 1989, 281 ff., (286).

827 Vgl. nur *Meyer-Arndt*, in: *wistra* 1989, 281 ff., (286).

828 *Meyer-Arndt*, in: *wistra* 1989, S.286.

erheben bzw. einen bisher sanktionierten Verstoß (Hilfehandlung mit Eventualvorsatz) nur noch unter Einschränkungen („derart hohe" Risikoschaffung) zu sanktionieren. Diese Aufgabe übernimmt jetzt zunehmend die Rechtsprechung, wie am Urteil des BGH in BGHSt 46, 107 ff. bereits gezeigt wurde (vgl. Teil 2 dieser Arbeit unter III.). Eine starke Form der Tatbeteiligtenbegünstigung ist es hingegen, wenn der Inhaber der Sachherrschaft dem Dritten das Mittel oder sonst ein Instrumentarium trotz Erkennbarkeit der missbräuchlichen Verwendung zur Verfügung stellt. Der Inhaber der Sachherrschaft, der nur seine Aufsichtspflicht vernachlässigt, hat keine Verbindung zum Täter. Es hängt demzufolge mehr oder weniger vom *Zufall* ab, ob sich ein Dritter seine Nachlässigkeit zunutze macht. Auch dies ist vom Gesetzgeber zu berücksichtigen. Der Teilnehmer dagegen, der seine Leistung abredegemäß erbringt, greift aktiv in das Geschehen ein.[829] Er hat daher einen bestimmten Anlass, die Pflichtmäßigkeit und Wirkung seines Handelns zu prüfen. Es könnte deshalb sogar naheliegen, in diesem Fall den Teilnehmer einem Täter gleichzustellen. Im Gemeinen Recht galt nämlich der kooperative Gehilfe als Hauptgehilfe, der wie ein Täter bestraft werden konnte, zumal wenn er die Haupttat ermöglicht hatte.[830] Bei sicherem Wissen wäre eine solche haupttäterähnliche Verantwortung für die Rechtsgutverletzung nicht auszuschließen. Gleichwohl kann auch die kooperative „fahrlässige" Teilnahme (die § 27 I StGB i.V. mit § 369 II AO explizit ausschließt) keine Haftung für den Erfolg begründen. Denn hier wie dort fehlt die Willensübereinstimmung hinsichtlich des Erfolges, die das Fördern in den Bereich der Strafbarkeit rückt. In diesen Fällen hängt der Eintritt der Rechtsgutsgefährdung vom Willen des Haupttäters (Bankkunden) ab.

Das Gesetz geht zunächst davon aus, dass das *bloße Wissen* einer Person von der strafbaren Handlung eines anderen nicht selbst kriminelles Unrecht ist. Die „Mitwisserschaft" ist nach dem Gesetz nicht mit Strafe bedroht. Dieser Grundsatz ist auch im Auge zu behalten, wenn es darum geht, die Grenzen der strafbaren Beihilfe gesetzgeberisch zu ziehen. Will man der Forderung nach Erhöhung des intellektuellen Vorsatzelementes also nicht folgen, bleibt als möglicher Lösungsansatz die Einordnung der einfachen Steuerhinterziehung (§ 370 I AO) entweder in § 138 I StGB (das wäre eine Anzeigepflicht) oder in den Geldwäschetatbestand des § 261 StGB (das wäre eine Untersuchungspflicht für ein Vergehen dahingehend, ob mit schon einfach hinterzogenen Geldern weitere einfache Steuerhinterziehungen im Sinne des § 370 AO oder solche nach § 370a AO drohen): dann würde man jedoch mit dem Wortlaut des Gesetzes (§ 261 V StGB) auch den nur „*Leichtfertigen*" (Bankmitarbeiter) – als *Täter* und nicht als vorsätzlich

829 *Bindokat*, „Fahrlässige Beihilfe", in: JZ 1986, 421 ff. (425).
830 Vgl. dazu: *Tittmann*, „Handbuch der Strafrechtswissenschaft I", 2. Aufl., § 104.

handelnden Gehilfen – bestrafen und würde nicht (wie bisher zum Teil in der Praxis) dem Bankmitarbeiter einen mehr als fraglichen *bedingten* Vorsatz nachweisen oder unterstellen, sondern könnte die Kriterien, die die Rechtsprechung für das Tatbestandsmerkmal der Leichtfertigkeit entwickelt hat („sich aufdrängen"), für die spezifische Fallkonstellation anwenden. Aber da in diesem Fall schon tatbestandlich bei § 261 StGB eine Steuerstraftat vorliegen muss („aus den Akten ersichtlich") und es hier im Kern mehr um die *Vermeidung künftiger Steuerstraftaten* geht, ist auf einen anderen Lösungsweg einzugehen, der passender erscheint als die Einordnung des Vergehens der einfachen Steuerhinterziehung als Katalogtat in § 138 I StGB oder § 261 StGB. Der Gesetzgeber könnte die streitigen Fälle durch Formulierungen des *subjektiven* Tatbestandes im Beihilfetatbestand positiv regeln. Ob dies überhaupt möglich ist, wird im Folgenden erörtert werden.

1. Alternativvorschlag zur subjektiven Zurechnung: Ansatz nach § 369 II AO

Für Steuerstraftaten gelten die allgemeinen Gesetze über das Strafrecht, soweit die Strafvorschriften der Steuergesetze nichts anderes bestimmen, wie zum Beispiel in § 371 AO im Falle der Selbstanzeige als persönlicher Strafaufhebungsgrund (§ 369 II AO). Nach dieser deutlichen Formulierung des Gesetzgebers wird also der Allgemeine Teil des StGB, d.h. auch seine Lehren und die durch Judikatur und Schrifttum entwickelten Rechtsinstitute[831] insoweit übernommen, als die Steuergesetze als leges speciales nichts anderes bestimmen.[832] Gerade die Grundsätze des Allgmeinen Teils des StGB sind jedoch nur in sehr geringem Umfang kodifiziert und weitgehend von Rechtsprechung und Strafrechtswissenschaft entwickelt worden. Hier liegt die Gefahr für das Steuerstrafrecht. Es wäre also *de lege ferenda* durchaus möglich, gerade den hier im Steuerstrafrecht äußerst umstrittenen Tatbestand der Beihilfe zur Steuerhinterziehung *restriktiver* zu formulieren, indem das *kognitive* Vorsatzelement im Steuerstrafrecht näher umschreiben wird und so folglich mehr Gesetzesklarheit und Rechtssicherheit in diesem Bereich durch die Dominanz dieses Elements geschaffen wird.

Dies gilt dann umso mehr, wenn man die hier vertretene subjektive Zurechnung nicht mit der allgemeinen deutschen Vorsatzdogmatik, die bedingten Vorsatz im Steuerstrafrecht de lege lata ausreichen lässt, in Einklang bringen kann. Der Vorsatz ist im StGB nicht legaldefiniert, er ist ein Auslegungsprodukt der

---

831 Vgl. dazu: *Kohlmann*, Steuerstrafrecht, § 369 Rn.121.

832 Vgl. *Kohlmann*, Steuerstrafrecht, § 369 Rn 117, 7; Franzen / Gast / Joecks-*Joecks*, § 369 Rn. 13 ff.; RGSt 63, 139, 141; *Hübner*, in: *Hübschmann/Hepp/Spitaler*, § 369 Rn.28.

Judikatur. Diese kann sich für das Steuerstrafrecht durchaus ändern, was § 369 II AO nicht verhindert, sondern erlaubt. Dies ist deshalb der Fall, weil die allgemeinen Gesetze über das Strafrecht im Sinne von § 369 II AO jeweils in dem Umfang und Sinn anzuwenden sind, den die Rechtsprechung und Literatur durch Auslegung ermittelt haben.[833]

Die weitere Frage ist dann, ob dies auch dann gilt, wenn sich die Auslegung einer Vorschrift (z.B.: der subjektive Tatbestand der Beihilfe) nach Tatbegehung ändert und sich dies für den Täter nachteilig auswirken würde. Nach überwiegender Auffassung gilt das Verbot der Rückwirkung von Strafgesetzen (§§ 1, 2 StGB, Art. 103 II GG) – auch im Falle der Änderung einer ständigen Rechtsprechung – insoweit nicht, da jedes Normverständnis dem Bedeutungswandel unterworfen sei, den der Fortschritt, die allgemeine Entwicklung und die damit zusammenhängende Veränderung auf allen Lebensgebieten mit sich bringe.[834] Im Übrigen gereichte eine Vorsatzverschärfung aber zum Vorteil des Steuerhinterziehungsgehilfen: sie ist keine Überraschung unter der Prämisse, dass im Hinblick auf die vom Rang her unterschiedlichen geschützten Rechtsgüter hinter den Tatbeständen und besonderen Deliktstypen, auf welche § 27 I StGB jeweils anzuwenden ist, die Hilfeleistung erst durch die unterschiedliche subjektiven Anforderungen Konturen gewinnt.

2. *Scheinbarer Wertungswiderspruch zwischen sicherer Kenntnis bei §§ 370 I AO, 27 I StGB und den subjektiven Anforderungen bei § 261 V StGB im Kreditwesen*

Allerdings bleibt auch bei dieser Lösung einer gesetzgeberischen Entscheidung im Steuerstrafrecht auf dem Wege des § 369 II AO die Frage zu beantworten, ob dadurch, gerade auch im beratenden Kreditwesen, Wertungswidersprüche zu dem *subjektiv* eher weit gefassten Tatbestand der Geldwäsche (§ 261 V StGB) entstehen, bei dem schon *leichtfertiges* Handeln des Bankmitarbeiters, also ein Handeln, welches sich durch gesteigerte bewusste Fahrlässigkeit auszeichnet, zur Strafbarkeit *als Täter* führen kann. Diese Normierung in § 261 V StGB, welche schon das leichtfertige Nichterkennen der bemakelten Herkunft des inkriminierten Tatobjekts mit Strafe bedroht, durchbricht aber bereits in systematischer und kriminalpolitisch bedenklicher Weise den sonst vom Strafgesetzgeber durchge-

---

833 S. *Kohlmann*, Steuerstrafrecht, § 369 Rn. 123.

834 Vgl. *Hübner*, in: Hübschmann/Hepp/Spitaler, Rn. 29; *Samson*, in: *Franzen/Gast/Samson*, Rn 14; im übrigen: *Tröndle/Fischer-Tröndle*, 49.Aufl., § 1 StGB, Rn. 11 c.

haltenen Grundsatz, fahrlässiges Handeln im Vermögensdeliktsbereich im Interesse eines freien Wirtschaftsverkehrs nicht mit Kriminalstrafe zu bedrohen.[835]

Wenn man den Bankmitarbeiter bei dem anonymen Geldtransfer nach Luxemburg *nur* im Falle eines *konkreten Wissens* um die Steuerhaupttat des Kundens auf Grund von *konkreten Indizien* nach einer subjektiven Zurechnung wegen Beihilfe zur Steuerhinterziehung bestraft, stellt sich ganz offenbar die Frage, ob eine derartige Privilegierung des Bankmitarbeiters einem Vergleich mit dem Tatbestand der Geldwäsche (§ 261 I, V StGB) standhält oder ob durch diesen Lösungsansatz im Kreditwesen ein strafrechtlicher Wertungswiderspruch entsteht. Nach Absatz V des § 261 StGB genügt es nämlich schon, dass der Täter lediglich leichtfertig nicht erkennt, dass der Gegenstand aus einer in § 261 I 2 StGB bezeichneten Straftat herrührt. Hinsichtlich aller übrigen Merkmale – also auch der Tathandlungen nach Absatz 1 und Absatz 2 als solchen und der Tatumstände im Übrigen – bleibt aber das Vorsatzerfordernis bestehen.[836] Leichtfertig handelt der Bankmitarbeiter, wenn sich die dubiose Herkunft im Sinne des § 261 I 2 StGB nach der Sachlage „*aufdrängt*" und der Täter dies aus besonderer Gleichgültigkeit oder grober Unachtsamkeit außer acht lässt.[837] Im Anbetracht der für diese Schuldform gebotenen Feststellungen wird im Schrifttum davon ausgegangen, dass Leichtfertigkeit im Sinne des § 261 V StGB nur in Form der „bewussten" Fahrlässigkeit in Betracht kommen kann.[838] Auch hier lässt sich schon eine gewisse kognitive Verschärfung erkennen.

Gegen den Geldwäschetatbestand sind erhebliche systematische, kriminalpolitische und verfassungsrechtliche Bedenken erhoben worden, insbesondere, dass er als „verdeckte Beweisregel" das Schuldprinzip und den strafrechtlichen Bestimmtheitsgrundsatz (§ 1 StGB, Art. 103 II GG) verletze. Der BGH hat aber festgestellt, dass der Tatbestand der leichtfertigen Geldwäsche weder gegen das Schuldprinzip, welches dem materiellen Strafrecht zugrunde liegt,[839] noch gegen den Bestimmtheitsgrundsatz des § 1 StGB verstoße.[840] Die Strafbarkeitsausdehnung des § 261 V StGB schafft gerade im beratenden Kreditwesen besondere Probleme, da sie insbesondere in den im äußeren Erscheinungsbild nicht als kri-

---

835 Vgl. zu diesen Bedenken: *Hetzer*, NJW 1993, 3299; Tröndle-Fischer- *Fischer*, 49. Aufl., § 261 Rn. 17.

836 Vgl. Tröndle/ Fischer- *Fischer*, StGB, § 261 Rn. 17. *Otto* fordert eine Änderung des § 261 StGB in: JZ 2001, 436 ff., 440 ff., 444.

837 BT-Drucksache 12 / 989, 28; BGHSt 33, 66; *Körner / Dach*, Geldwäsche. Ein Leitfaden zum geltenden Recht (1994), S.36.

838 So *Salditt*, „Der Tatbestand der Geldwäsche", StV-Forum 1992, 121 ff., 130.

839 Vgl. §§ 20, 29, 46 I 1 StGB.

840 Dazu die Grundsatzentscheidung des 1. Strafsenates vom 17. Juli 1997, BGHSt 43, 158 ff.

minell erkennbaren Verhaltensweisen der Fälle des § 261 II StGB praktische Bedeutung erlangt.[841] Die Ausdehnung zieht ferner gerade durch den Auffangcharakter des § 261 V StGB sehr unterschiedliche Falltypen mit ein, was den Unrechtsgehalt anbelangt.[842] Für die Legislative war diese Strafbarkeitsausweitung zur effektiven Bekämpfung der Organisierten Kriminalität anscheinend unabdingbar.[843] Als im Hinblick auf das Rechtsstaatsprinzip nicht unbedenkliche Begründung hierfür wird angegeben, es sei eine kriminalpolitische Notwendigkeit, „auftretende Beweisschwierigkeiten" zu vermeiden. Im übrigen entspräche es einer „herrschenden Meinung" im internationalen Vergleich, wonach eine wirksame Bekämpfung der Geldwäsche ohne den Leichtfertigkeitstatbestand oder eine sonstige Erleichterung des Nachweises der Herkunft des inkriminierten Gegenstands *nicht möglich* sei. Allerdings bedeutet das Bestreben, Beweisschwierigkeiten zu vermeiden, nicht umgekehrt, dass leichtfertiges Handeln nicht einen eigenständigen Unrechtsgehalt aufweist.[844]

Wesentliche Grundleitlinien bei der Beurteilung der Frage, ob ein Gleichklang mit dem Geldwäschetatbestand unbedingt erforderlich ist oder ob dies nicht zwingend der Fall ist, sind folgende: Zum einen handelt es sich bei dem Delikt der Geldwäsche nach der Entstehungsgeschichte der Norm um ein Delikt gegen die Organisierte Kriminalität, während die Beihilfe zur Steuerhinterziehung, um die es in dieser Arbeit geht, ein „Massendelikt" ist und nach Auffassung der meisten Strafverteidiger immer noch von der Rechtsgemeinschaft als „Kavaliersdelikt" eingeordnet wird. Für viele Arbeitnehmer wird die Lohnsteuer schon einbehalten, so dass bei der Steuerhinterziehung nur ein bestimmter Täterkreis in Frage kommt. Der Tatbestand der Geldwäsche (§ 261 StGB) beruht dagegen auf dem OrgKG vom 15.7.1992[845], dem Verbrechensbekämpfungsgesetz[846] vom 28.10.1994 und dem Gesetz zur Verbesserung der Bekämpfung der Organisierten Kriminalität vom 4. Mai 1998[847]. Mit seiner Hilfe sollte die Verschleierung unrechtmäßig erlangter Vermögenswerte und die Vereitelung ihrer Wiederauffindung bekämpft und das der Tarnung dienende Einschleusen solcher Vermögenswerte aus dem *Bereich der Organisierten Kriminalität in den legalen Finanz- und Wirtschaftskreislauf (= Geldwäsche) unterbunden werden* und zudem der häufig mit dem Täter der Geldwäsche nicht identische Vortäter *isoliert* und der inkrimnierte Gegenstand verkehrsunfähig gemacht werden. Dieser Ziel-

841 Hierzu: *Otto*, in: ZKredW 1994, 63; *Salditt*, in: StV-Forum, 1992, S. 132.
842 Vgl. *Arzt*, in: JZ 1993, 913 ff., 915.
843 Vgl. BT- Drucksache 12 / 989, 27.
844 Ebenso: BGHSt 43, 158 ff, 165.
845 Vgl. BGBl. I 1302.
846 BGBl. I 3186.
847 Vgl. BGBl. I 845.

richtung (Bekämpfung und Isolierung der Organisierten Kriminalität) entspricht es dann aber auch, nach § 261 V StGB auch den *„nur“* leichtfertigen Täter zu bestrafen. Der Tatbeteiligte bei einer Steuerstraftat ist dagegen vom Gesetzgeber, aber auch in Judikatur und Schrifttum bisher nicht als so gefährlich eingestuft worden, dass er *„isoliert“* werden müsse durch Erweiterung der Strafbarkeit auf die Fälle der Leichtfertigkeit (vgl. §§ 27 I, 15, 16 Absatz 1 Satz 1 StGB, § 369 II AO). Vielmehr soll die Misstrauensgesellschaft vermieden werden und ein reibungsloser Dienstleistungsaustausch weiterhin möglich sein. Auch insofern liegt also kein Wertungswiderspruch vor. *Leichtfertiges* Handeln wird *gerade deshalb bestraft*, weil der Gesetzgeber erwartet, dass das beim Geldwaschen „offensichtlich“ werdende illegale Geld den deutschen Strafverfolgungsorganen einen Ansatz bietet, auf dieser „Papierspur" in die Strukturen der Organisierten Kriminalität tiefer einzudringen und dass es gelinge, mit der über die Instrumente der Einziehung, Vermögensstrafe und des Erweiterten Verfalls (§§ 261 VII, 74a, 43a StGB) möglichen Entziehung der finanziellen Grundlagen den *Nerv* der Organisierten Kriminalität zu treffen.[848]

Auch ist zu beachten, dass die Beihilfe zur Steuerhinterziehung eine *akzessorische strafrechtrechtliche Verantwortung* begründet (vgl. zum Akzessorietätsgrundsatz § 27 I StGB), während § 261 StGB systematisch im Absatz 5 den *Täter* bestraft. Die Geldwäsche muss sich gerade nicht auf eine *einzelne* Vortat beziehen, sondern kann sich als eigenständige Tat an eine *Vielzahl* von Vortaten (de lege lata nicht hinsichtlich der Steuerhinterziehung gemäß § 370 I AO) anschließen[849], die gar nicht im Vorstellungsbild des Täters so in abstraktem Sinne *konkret* sind wie bei der Beihilfe zum Steuerdelikt (Bestimmtheit des Gehilfenvorsatzes)[850]; deshalb kommt in dem Geldwäschetatbestand des § 261 StGB eben ein *eigener Unrechtsgehalt* zum Ausdruck, der eine besondere Regelung der Vorsatz- und Schuldform gestattet. Wegen dieser Besonderheit des Geldwäschetatbestandes muss die Beihilfe zur Steuerhinterziehung im Kreditwesen nicht unbedingt gleich gestaltet werden.

Allerdings fordert auch der BGH eine verfassungskonforme Auslegung des § 261 V StGB im Hinblick auf Art. 103 II GG dahingehend, dass Leichtfertigkeit nur dann vorliege, wenn sich die Herkunft des Gegenstands aus einer Katalogtat nach der Sachlage *„geradezu aufdrängt“*[851] und der Täter gleichwohl handelt,

848 Vgl. BT- Drucksache 12 / 989, 26.

849 So auch der BGH, vgl. BGHSt 43, 158 ff. (167).

850 Vgl. zu diesem Grundproblem schon die Erörterung unter Teil 2 , B. II.. Freilich ist diese Problematik der Bestimmtheit weiterhin im Fluss und zwar hinsichtlich *jedes einzelnen* Deliktstatbestands des Strafrechts und bedarf noch einer weiteren wissenschaftlichen Diskussion.

851 So der BGH: BGHSt 43, 158 ff., 168.

weil er dies aus besonderer Gleichgültigkeit oder großer Unachtsamkeit außer Acht lässt. Nur dann hat wegen der *Vielzahl* der vom Gesetz erfassten Handlungsformen und der gleichzeitigen Verwendung der Schuldform der Leichtfertigkeit (§ 261 V StGB) der gesetzliche Tatbestand der Geldwäsche noch die „nötigen Konturen“, um der strafrechtlichen *Bestimmtheit* (Art. 103 II GG) zu genügen.[852]

Das Begriffselement der Leichtfertigkeit widerspricht gerade aber nicht der hier für das Kreditwesen verlangten *sicheren Kenntnis* des Bankmitarbeiters von der Steuerstraftat des Kunden. Wenn sich das zukünftige Geschehen dem Bankmitarbeiter *„geradezu aufdrängt“*, hat er dann nicht oft bereits schon *Kenntnis* im Hinblick auf das kognitive Vorsatzelement, welches allein im subjektiven Tatbestand zur Restriktion des Tatbestandes im Steuerstrafrecht entscheiden soll ? Wenn sich ein Kausalverlauf als notwendige Auswirkung des eigenen Tuns geradezu ergibt und die Augen verschlossen werden, ist die Annahme, dass dann Wissen um die Tatbegehung naheliegt, zutreffend. Man kann daher zu dem Ergebnis kommen, dass dieses Wissen um die Haupttat nicht fernliegt und schon gar nicht zu einem Wertungswiderspruch zwischen § 261 I, V StGB und § 370 I AO in Verbindung mit § 27 I StGB führt.

Auch die *unterschiedliche Schutzrichtung* im Hinblick auf die geschützten Rechtsgüter der Tatbestände spricht eher gegen einen Wertungswiderspruch: Der Geldwäschetatbestand schützt zunächst die „Aufgabe der inländischen staatlichen Rechtpflege, die Wirkungen von Straftaten zu beseitigen“.[853] Neben diesen Schutz tritt nach zutreffender Meinung in § 261 II StGB – wie in § 257 StGB auch – der Schutz der durch die Vortat verletzten Interessen.[854] Diese *doppelte* Schutzrichtung und der noch hinzukommende Aspekt der *effektiven Bekämpfung der Organisierten Kriminalität („OK“)* im Gegensatz zum einfachen Schutzgut des staatlichen Steueranspruchs zur Erfüllung seiner Aufgaben bei § 370 I AO, § 27 I StGB rechtfertigt eine Ausdehnung der Strafbarkeit bei der Geldwäsche und widerspricht nicht der These, im Steuerstrafrecht nur bei sicherem Wissen bzw. bei sicherer Voraussicht (um die notwendigen Auswirkungen) des Bankmitarbeiters zur Strafbarkeit wegen Beihilfe zur Steuerhinterziehung zu kommen. Auch sonst gebietet der verfassungsrechtliche Gleichheitssatz (Art. 3 Absatz 1

---

852 So auch der BGH: BGHSt 43, 158 ff. (167, 168).

853 BT-Drucksache 12 / 989, S.27

854 Lackner-*Kühl*, § 261 Rn.1; LK-*Ruß*, § 261 Rn.4; *Krey*, BT / 2 Rn. 605 a; *Wessels/Hillenkamp*, BT, § 20 VIII 1.; *Rengier*, BT / 1 § 23 Rn.4; dagegen nur Schutz der Rechtspflege: *Otto*, BT, § 96 Rn. 28. Eine abweichende Rechtsgutsbestimmung rückt noch den wenig fassbaren überindividuellen Gesichtspunkt des Vertrauens in die Solidität und Sauberkeit des legalen Finanz – und Wirtschaftsverkehrs in den Vordergrund, vgl. *Wessels/Hillenkamp*, Strafrecht, BT, Rn. 894.

GG) dem Bundesgesetzgeber ja auch nur „wesentlich Gleiches gleich" zu behandeln. Hier liegt aber im Kreditwesen *wesentlich Ungleiches* bei den Tatbeständen des § 261 StGB einerseits und § 370 AO, § 27 StGB andererseits vor, zumal der Gesetzgeber die einfache Steuerhinterziehung bewusst nicht als Katalogtat im Sinne des § 261 I StGB (wegen des Vergehenscharakters) ausgestaltet hat. Nur die §§ 373, 374 AO und jetzt § 370 a AO wurden in der Vorschrift des § 261 I 2 Nr. 3 StGB im Gesetz berücksichtigt.

Hinzu kommt auch noch ein Argument gegen das Vorhandensein eines Wertungswiderspruchs zum subjektiven Tatbestand der Geldwäsche aus der Bestimmung des § 261 IX 2 StGB. Danach wird nicht bestraft, wer wegen Beteiligung an der Vortat strafbar ist (z.B.: der Mittäter einer Steuerhehlerei gemäß § 374 AO, § 25 II StGB). Im Falle der Beihilfe zur Steuerhinterziehung (§ 370 AO, § 27 I StGB) geht es aber um diese Beteiligung an der Vortat und die nach steuerstrafrechtlichen Grundsätzen dort erforderliche subjektive Zurechnung, die als ungerechtfertigtes Privileg des Bankmitarbeiters aufgefasst werden könnte. Dann hilft auch hier der Blick auf § 261 IX 2 StGB, der eine Geldwäschestrafbarkeit bei Vortatbeteiligung dann nicht bestraft, wenn jemand wegen Beteiligung an der Vortat *strafbar* ist. Dieser *persönliche* Strafaufhebungsgrund[855] dehnt die Straflosigkeit über den strafbaren Vortäter auf die an der Vortat Beteiligten (Mittäter und Tatbeteiligte nach §§ 26, 27 I StGB) aus, lässt aber andererseits die Strafbarkeit von Personen zu, die den Vortäter bei *dessen* Geldwäsche unterstützen, denn seit der Gesetzesreform vom 4. Mai 1998 wurde die Strafbarkeitsvoraussetzung der „Tat *eines anderen*" in § 261 I StGB aufgegeben.[856]

Anders dagegen bei der Beihilfe zur Steuerhinterziehung: Hier muss der Gehilfe *konkretes Wissen* von den sogenannten schätzungsrelevanten Tatsachen der Steuerhinterziehung haben, um eine Gehilfenselbstanzeige gemäß § 371 I, III AO wirksam vornehmen zu können[857] und der Täter muss die Steuerschuld nachzahlen (§ 371 III AO), sonst droht die Gesamtschuldnerhaftung des Gehilfen für die Steuerschuld aus §§ 71, 235 AO, die durchaus im Einzelfall existenzbedrohend sein kann – im Gegensatz zum zivilrechtlich nach §§ 823 I, 830 BGB i.V. mit ei-

855 Vgl. dazu: *Wessels/Hillenkamp*, BT, (1999) Rn. 897.

856 Siehe zur Neuregelung – auch des GWG – *Hund*, ZRP 1997, 180; *Kreß*, in: *wistra* 1998, 121; *J. Meyer / Hetzer*, in: NJW 1998 1020, sowie BT- Drucksache 13 / 8651.

857 Vgl. dazu noch Teil 2 D. Zur ganzen Problematik einer wirksamen Selbstanzeige: *Schwedhelm / Olbing*, „Selbstanzeigeberatung in den Luxemburg-Fällen", Stbg. 1999, 145 ff.; *Dörn*, „Aktuelle Rechtsprechung und Literatur zur Steuerfahndung bei Banken", in: Stbg. 1999, 319 ff. unter VI.; *Riegel / Kruse*, „Strafbefreiende Selbstanzeige nach § 371 AO durch Bankmitarbeiter", in: NStZ 1999, S. 325 ff, (326 unter II.). Im übrigen: *Burkhard*, „Die Tatentdeckung im Sinn des § 371 Abs.2 Nr.2 AO", in: Stbg. 1999, 410 ff..

nem Schutzgesetz aus dem StGB auf Schadensersatz haftenden Gehilfen, der nur für die *konkrete* Mitwirkungshandlung und nicht die Steuerschuld mehrerer Veranlagungszeiträume haftet.

Bei dem Tatbestand der Geldwäsche soll in erster Linie das „gewaschene" Geld abgeschöpft werden (§§ 261 VII, 74 a, 43a StGB), um die Organisierte Kriminalität im *Kern* zu treffen, nicht dagegen den *einzelnen* Bankmitarbeiter. Auch dies spricht dafür, den Bankmitarbeiter bei der Steuerhinterziehungsgehilfenschaft anders zu beurteilen.

Als Ergebnis dieser Untersuchung lässt sich also festhalten, dass in Anbetracht der allgemeinen *Subjektivierungstendenzen* bei den beratenden Berufen, insbesondere auch beim Online-Provider, der ja *Kenntnis* haben oder absichtlich handeln muss (vgl. § 5 II TDG, jetzt seit 14.12.2001: § 9 I TDG), kein Wertungswiderspruch im Kreditwesen entstünde, wenn man – *gerade um Beweisschwierigkeiten und Wertungsspielräume im Hinblick auf das jeweils geschaffene Haupttatrisiko zu vermeiden* – bei der Beihilfe zur Steuerhinterziehung Wissen um die Haupttat fordert und bei der Geldwäsche – ebenfalls wegen den insofern anderen Beweisschwierigkeiten und der effektiven Bekämpfung der Organisierten Kriminalität – es bei der Regelung des § 261 V StGB bewenden lässt.

Fraglich bleibt aber, ob nicht doch die Steuerhinterziehung selbst Katalogtat nach § 261 I 2 StGB werden sollte und zwar *de lege ferenda.*[858] Dies wäre aber nichts anderes als ein *kriminalpolitscher Paradigmenwechsel im Kreditwesen*, denn in diesem Falle würde sich der Pflichtenkatalog des Bankangestellten noch erheblich erweitern. Sicherlich bedrohen Steuerhinterziehungen langfristig die Handlungsfähigkeit des Gemeinwesens. Besteht theoretisch die Möglichkeit, dass die Einbeziehung des § 370 AO in den Vortatenkatalog des § 261 I StGB die rechtsethische Missbilligung dieses Handelns verstärkt und einen entsprechenden Wertewandel einleitet oder beschleunigt, wäre das für eine wirksame Bekämpfung dieser Straftaten, die oft auch der Organisierten Kriminalität zuzurechenen sind, sicher hilfreich.[859] Steuerstraftaten gehören zur „Wohlstandskriminalität". Je höher die Einkünfte eines Steuerpflichtigen sind, desto stärker ist der Anreiz zu vorsätzlicher Steuerverkürzung.[860] Das gesellschaftliche Unwerturteil über Steuerstraftaten steht noch in einem Missverhältnis zur Schärfe des Sanktionensystems und dem Schaden des Staates (in den „Luxemburg-Fällen" bei 600 Milliarden transferierter Gelder alleine 30 Milliarden DM Steuerausfälle jährlich). Die Novellierung des § 261 StGB unter gleichzeitiger Anwendung der Pflichten im

---

858 Vgl. dazu die Kritik von *Hetzer*, „Geldwäsche und Steuerhinterziehung", in: WM 1999,1306 ff..

859 So auch: *Hetzer*, „Geldwäsche und Steuerhinterziehung", in: WM 1999, 1306 ff., 1314.

860 *Franzen / Gast / Joecks*, Steuerstrafrecht, 1996, § 370 Rn. 16.

Geldwäschegesetz im Bankwesen würde unter Einbeziehung der Steuerhinterziehung zwar das Strafbarkeitsrisiko des Bankangestellten wegen § 261 V StGB noch erhöhen, es würde aber andererseits das Realitätsniveau des öffentlichen Bewusstseins innerhalb der Bevölkerung im Steuer(straf-)recht, das nicht nur „Kavaliersdelikte“ beinhaltet, etwas schärfen. Zwar sind die Bankinstitute keine Zweigstellen der Organisierten Kriminalität. Die aufgedeckten Fälle der Beihilfe zur Steuerhinterziehung zeigen aber, dass nicht nur die Organisierte Kriminalität über gewaltige Vermögenswerte aus illegalen Quellen verfügt und deshalb mit Blick auf alle Steuerstraftäter und Tatbeteiligte eine Erweiterung des Geldwäschetatbestands und der Einsatz des Steuerrechts für den rechtsstaatlich rechtmässigen Zugriff auf nicht nachweisbar legal erworbenes Vermögen kriminalpolitisch zu erwägen wäre.[861] Es bleibt abzuwarten, ob der Gesetzgeber nun in der Zukunft in dieser Richtung tätig wird und ob sich die gesteigerte Motivation der durch das Geldwäschegesetz Verpflichteten dann zum Schutze der in § 261 StGB geschützten Rechtsgüter (dann auch auf das Rechtsgut des § 370 AO) auswirkt. Jedenfalls könnte damit ein kleiner Beitrag zur wirksamen Bekämpfung der Organisierten Kriminalität geleistet werden. Die Beihilfeproblematik im Steuerstrafrecht wäre freilich besser gelöst durch einen eigenen subjektiv ausformulierten Beihilfetatbestand in der Abgabenordnung. Die Auferlegung zusätzlicher Pflichten für den Bankmitarbeiter durch Einordnung der Steuerhinterziehung als Katalogtat in einen Tatbestand des StGB ist hierzu nur ein Minus und würde nicht der Vermeidung *künftiger* Steuerdelikte dienen, sondern eher eine Schadensvertiefung bereits begangener Delikte vermeiden helfen.

II. Problem der Vorsatzkonkretisierung bei Bankmitarbeitern[862] und Lockerung des Bankgeheimnisses

In einem neueren Beitrag[863] von *Zachert*, in dem dieser zu den Bezügen der Organisierten Kriminalität und der Kriminalität in der Finanzwirtschaft Stellung nimmt, werden unter anderem neue Lösungsansätze zur Diskussion gestellt. Er sucht nach Lösungsmöglichkeiten für die Schwierigkeiten, die in der Praxis bei der Vorsatzfeststellung und der Vorsatzkonkretisierung in Bezug auf die Beihilfestrafbarkeit von Bankmitarbeitern auftreten.

---

861 *Hund*, in: ZRP 1996, 163.

862 *Prof. Dr. Zachert* war von 1990 bis 1996 Präsident des Bundeskriminalamtes.

863 *Zachert*, „Professionelle Tatplanung, präzise Ausrichtung am Markt“ in: F.A.Z. vom 18.9.1998, Seite 14.

Bei der Frage nach geeigneten Instrumenten zur Aufklärung etwaiger Straftaten von Finanzdienstleistern wäre nach dem Vorschlag *Zacherts* eine *Informationsverpflichtung* und eine daraus resultierende Informationsverknüpfung zwischen Banken, Steuerbehörden, Staatsanwaltschaften und polizeilichen Zentralstellen (Bundeskriminalamt, Landeskriminalämter) hilfreich, wobei dann, da ein gewisser Auslandsbezug offenkundig ist, schrittweise „internationale Standards" entwickelt werden müssten. Insofern könne die Finanzkriminalität nur international, zumindest europäisch, bekämpft werden. Im Rahmen der Verhältnismässigkeitsprüfung müsste dazu gegebenenfalls *„das Bank- und Steuergeheimnis eingeschränkt werden."*[864]

Problematisch an diesem Ansatzpunkt ist zum einen die Vereinbarung dieser Vorschläge mit der Bestimmung des § 138 StGB (Nichtanzeige von Straftaten) bzw. dem Grundsatz, dass die Bankangestellten gerade nicht zu den Hilfsbeamten der Staatsanwaltschaft im Sinne des GVG gehören. Des weiteren führt die stärkere Inpflichtnahme Privater (insbesondere von beratenden Berufsträgern) in die Organisationsstruktur der Strafverfolgungsbehörden zu einem verfassungsrechtlichen Problem in Bezug auf verfassungsrechtliche Grundfreiheiten (Artt. 12, 2 I GG), das ein eigenständiges Thema darstellt und hier nicht näher vertieft werden kann.[865] Zum anderen ergeben sich im wesentlichen nur aus dem Geldwäschegesetz für die Banken eine Reihe von Pflichten zur Kundenidentifizierung, die Pflicht zur Meldung von Geldwäscheverdachtsfällen, sowie die Pflicht, Vorkehrungen dagegen zu schaffen, dass Banken zu Geldwäschezwecken missbraucht werden können. Diese Pflichten sollen in der Regel nicht dazu führen, dass die Bankmitarbeiter zu unentgeltlichen „Ermittlern wider Willen" gemacht werden. Auch sollen die Bankkunden dadurch nicht in ein Rasterfahndungsnetz der Polizei geraten. Vielmehr dienen diese Pflichten dazu, den Banken über die jeweiligen Verbände eine Orientierungshilfe zum Erkennen von Straftaten zur Verfügung zu stellen, die der *Sensibilisierung* der einzelnen Bankmitarbeiter für diese Delikte dienen soll. Im zu erörternden Ausgangsfall geht es aber auch um diese Sensibilisierung im Einzelfall und die Frage, ob bei Kenntnis von einer geplanten Steuerstraftat der staatliche Strafanspruch zum Tragen kommt und die Rechtsgemeinschaft ein solches gleichgültiges, aber wohl „berufsübliches Verhalten" noch toleriert.

---

864 *Zachert*, „Professionelle Tatplanung, präzise Ausrichtung am Markt", aaO.

865 Dieselbe Problematik stellt sich auch, wenn dem Strafverteidiger die Pflicht auferlegt wird, seinen Mandanten bei Verdacht der Geldwäsche anzuzeigen, wenn er treuhänderisch dessen Geld verwaltet. Vgl. auch den Pressebericht von *Brüssow* in der F.A.Z. vom 4.2.2000, Seite 22; siehe andererseits dazu *Otto*, in: JZ 2001, S. 440 ff. zur Geldwäsche beim Strafverteidiger und das Urteil des BGH vom 04.07.01 (2 StR 513/00), in: WM 2001, 1579 ff.)

Jedenfalls würde die Einführung weiterer Berufspflichten im Finanzwesen bei der Frage der Vorsatzkonkretisierung sicher einen konstruktiven Beitrag leisten.

III. Verantwortungssteigerung durch die Auferlegung von Anzeige-, Aufklärungs- und Auskunftspflichten als gesetzgeberische Maßnahme

Nach teilweise vertretener Auffassung müssen im Argument der üblichen Geschäftstätigkeit bei Bankangestellten verschiedene Erwägungen zusammentreffen, wenn Straflosigkeit die Folge sein soll.[866] Auf der einen Seite darf „der Vorsatz der Teilnahme an einer Straftat in diesen Fällen *nur* auf das *kognitive* Vorsatzelement" gestützt werden. Das deutsche Recht hat die Teilnahme *nach der Tat* in Form der §§ 257 I, 259 I StGB ganz konkret tatbestandsmäßig als *Absichtsdelikte* ausgestaltet, während für die „normale" Teilnahme nach § 27 StGB der Vorsatz in *jeder* Form genügt.

Im Zusammenhang mit den §§ 257 ff StGB läßt sich aber dieses bloß kognitive Element auch als *Sphärentheorie* beschreiben. Das bloße Wissen darum, dass ein neutrales Alltagsverhalten von Dritten zu strafbarem Tun verwertet wird, mache den Handelnden nicht für diese Ausnutzung verantwortlich. Diese Sphärentheorie laufe auf ein Regressverbot im Vorsatzbereich hinaus. Versuche man, die hinter dem Regressverbot oder Sphärentheorie stehende *Güterabwägung* zu beschreiben, richte sich der Blick zunächst auf den *Nutzen* für die Rechtsgemeinschaft. Der Rechtsgemeinschaft bringe es fast keinen Nutzen, wenn der Dritte den Täter nicht mit einer Alltagshandlung unterstützen dürfe, eben weil der Dritte in vielen Fällen nur zufällig um die Förderung der Haupttat wissen könne. Aus dem gleichen Grunde sei – vom Täter her gesehen – die Unterstützung auf dem Alltagsmarkt leicht anderweitig erhältlich. Anders liegt die Situation nur dann, wenn dem Dritten nicht nur verboten wird, die alltägliche Unterstützung zu erbringen, sondern ihm zugleich eine (gesetzliche) *Anzeigepflicht*[867] auferlegt werden würde.

Bringt es aber für den Rechtsgüterschutz und damit für die Allgemeinheit nicht viel, so ist auf der anderen Seite zu bedenken, dass den Dritten die (gesetz-

---

866 S. *Arzt*, „Geldwäscherei", in: NStZ 1990, 1 ff., 3.

867 Im Zusammenhang mit § 261 StGB wird man den Banken ein Anzeige*recht* schon bei Verdachtsfällen ausdrücklich zusprechen müssen. Das hat nichts mit § 138 StGB zu tun (da die Straftat schon begangen ist), sondern mit dem selbstverständlichen Recht jedes Bürgers, sich bei einem Strafverdacht an die Strafverfolgungsbehörden zu wenden (vgl. dazu BVerfGE 74, 257); problematisch erscheint mir vor allem der Wunsch der Strafverfolgungsbehörden, die Banken mögen in Verdachtsfällen eine Lockvogelrolle spielen, vgl. auch *Arzt*, S. 192.

liche) Pflicht zur Verweigerung von Alltagshandlungen empfindlich belasten würde. Jedenfalls dann, wenn man mit der üblichen *dolus eventualis* – Doktrin operiert, häufen sich die Fälle, in denen der Dritte die Alltagshandlung *vorsorglich unterlassen* müsste. Je bagatellhafter die von dem Täter zu erwartende Rechtsgutsverletzung und je alltäglicher die von dem Dritten erwartete Mitwirkung ist, desto weniger wird man eine Verweigerungspflicht des Dritten annehmen können. Für eine solche Straffreiheit des Dritten sprechen im Übrigen die Beweisprobleme im Hinblick auf die Beweisbarkeit von Zufallskenntnissen des „Gehilfen". Zusammenfassend lässt sich sagen, dass derjenige, der eine Bestrafung der Bankmitarbeiter wegen Beihilfe zur Steuerhinterziehung gesetzlich konkretisieren will, diesem eine mehr oder weniger *sorgfältige Prüfung* auf eine künftige Straftat *auferlegen* müsste.[868] Dazu müssten jedoch diese Prüfungspflichten de lege ferenda aber tatbestandlich *konkretisiert* werden. Der Verstoß gegen solche Prüfungspflichten beseitigt dann aber zugleich die Berufung auf „übliche Geschäftstätigkeit."

Bankrechtliche und steuerrechtliche Meldepflichten für (insbesondere) Bargeldgeschäfte sind nach amerikanischem Vorbild vorzügliche Mittel, um Straftaten der organisierten Kriminalität zu verhindern. Die Übernahme solcher Pflichten in unser Recht werde aber nicht leicht, da man in der Bundesrepublik Deutschland am „*System der Kompensation relativ hoher Steuern durch relativ niedere Steuerehrlichkeit*" rütteln müsste.[869] Es ist aber im Ergebnis ersichtlich, dass der deutsche Gesetzgeber trotzdem auch Änderungen in diesem Bereich erwägt. Die Einführung von Prüfungspflichten, insbesondere von Auskunftspflichten, wäre ein konstruktiver Beitrag bei der Frage der Beihilfestrafbarkeit im Kreditwesen.

Der verstärkten Konkretisierung von Prüfungspflichten im Bankwesen ist sicher zuzustimmen, wenn auch festzustellen ist, dass die gesetzliche Normierung von weitergehenden Prüfungspflichten im Ergebnis nur ein *milderes* Mittel sind im Verhältnis zu einer detaillierten Regelung des subjektiven Tatbestandes der Beihilfe zur Steuerhinterziehung in der AO. Zu de lege lata im StGB noch nicht existierenden Anzeigepflichten bei der einfachen Steuerhinterziehung (§ 370 I AO) soll bei der Frage der Beihilfestrafbarkeit von Bankmitarbeitern nun Stellung genommen werden.

---

868 Vgl. *Arzt,*"Geldwäscherei", in: NStZ 1990, 1 ff. (6).
869 So *Arzt*, „Geldwäscherei", in: NStZ 1990, 1 ff. (6).

IV. Keine Einführung einer neuen Katalogtat (§§ 370 I AO, 27 StGB) in § 138 I StGB und Gedanken zum strafprozessualen Verfolgungszwang

Bezüglich der Frage der Beihilfestrafbarkeit bietet sich auch ein Rückgriff auf die „gesetzlichen Vor-Wertungen“[870] der §§ 138, 323 c StGB sowie die Erkenntnisse im Zusammenhang mit dem strafprozessualen Verfolgungszwang bei außerdienstlich erlangtem Wissen an. So werden durch die Statuierung einer Anzeigepflicht bei bestimmten besonders gewichtigen (aber gerade auch bei *gewaltlosen* Delikten wie der *Geld- und Wertpapierfälschung* gemäß § 138 I Nr.4 StGB) Straftaten genauso wie durch die Hilfspflicht bei Unglücksfällen (§ 323 c StGB) oder gemeiner Gefahr Handlungsspielräume von Personen im Einzelfall abstrakt beschnitten.[871] Als Vor- Wertungen sind solche gemeint, die zum Ausdruck bringen, wo die Handlungsfreiheit eines an sich Unbeteiligten im Interesse des Schutzes der Güter anderer vor den deliktischen Taten Dritter endet, wo die Freiheit an sich nicht Verantwortlicher dem Schutz der Güter vor den zu erwarteten Taten geopfert wird.

Dabei muss zunächst bei der Erörterung dieser gesetzgeberischen Vorwertung konstatiert werden, daß *de lege lata* für die Steuerhinterziehung und für die Steuerhinterziehung im besonders schweren Fall (§§ 370 I, 370 III 1, IV, VII) *keine* Anzeigepflicht nach § 138 I StGB besteht.[872] Mitursächlich hierfür ist sicher bisher der Vergehenscharakter dieser Delikte. Eine Auffassung im Schrifttum[873] will schon daraus folgern, dass es eine allgemeine Pflicht zur Verhinderung von Straftaten eines anderen nicht gebe. Das Problem ist aber bei weitem vielschichtiger und komplexer.

Diese Tatsache und gesetzgeberische „Vorwertung“ könnten sich auch für die Lösung der Ausgangsproblematik auswirken, wenn bei der Frage der Strafbarkeit des Bankmitarbeiters bei *Kenntnis* von der zukünftigen Steuerstraftat des Bankkunden der Beihilfeschuldvorwurf erhoben werden soll. Insbesondere könnte ar-

---

870 So der Terminus von *Frisch*, „ Tatbestandsmäßiges Verhalten und Zurechnung des Erfolges“ (1988), S. 313.

871 So *Hefendehl*, Examensklausur Strafrecht, in: JURA 1992, S. 377; *Frisch*, „Tatbestandsmäßiges Verhalten“ (1988), S. 313 ff.; § 138 StGB liegt als Vergleichsmaßstab auch deswegen nahe, da bei ihm richtigerweise der Gedanke im Vordergrund steht, die durch die genannten Straftaten angegriffenen strafrechtlichen Rechtsgüter zu schützen, vgl. dazu *Rudolphi* in: SK-StGB, § 138 Rn.2 (Okt. 1989); *Lackner/Kühl*, StGB, § 138 Rn.1.

872 Allerdings wäre *de lege ferenda* zu überlegen, ob man das Problem der Beihilfe zur Steuerhinterziehung im Kreditwesen nicht über das Einfügen einer neuen Katalogtat in § 138 I StGB ein für allemal lösen könnte; zweifelnd: *Joecks*, StGB, § 27 Rn. 17.

873 Vgl. *Meilicke*, „Wird das Steuerstrafrecht für die Steuerpraxis zum russischen Roulette?“, in: BB 1984, S.1885 ff., 1889.

gumentiert werden, wenn schon keine Anzeigepflicht nach dem Strafgesetzbuch bestehe, müsse der Bankmitarbeiter auch bei einer Zurverfügungstellung einer mißbrauchsanfälligen Infrastruktur (insbesondere eines bank – und gesellschaftsrechtlichen „Kontengeflechts") sich *keine* weiteren Gedanken über das zukünftige strafbare Verhalten des Bankkunden machen. Eine strafrechtliche Verantwortlichkeit treffe ihn nicht.

Andererseits ist bemerkenswert, dass schon objektiv im Rahmen des Tatbestands des § 138 I StGB ein *glaubhaftes Erfahren* von einem gewaltlosen Delikt wie der Geld- und Wertpapierfälschung in den Fällen der §§ 146, 151, 152 StGB oder einer Fälschung von Zahlungskarten und Vordrucken für Euroschecks in den Fällen des § 152 a Abs.1 bis 3 StGB ausreichend ist, um die gesetzlich statuierte Anzeigepflicht des § 138 I StGB auszulösen. Dies leuchtet bei der Dimension des entstehenden Schadens für den Rechtsstaat und die Gesellschaft bei der Geld- und Wertpapierfälschung durchaus ein. Aber geht es nicht auch bei der Beihilfe zur Steuerhinterziehung in *Milliardenhöhe* um immense Schadenshöhen, die nicht nur als Bagatellschäden für den Steuerstaat zu qualifizieren sind? Wäre die Forderung nach einer Einfügung des § 370 AO als Katalogtat in § 138 I StGB tatsächlich *de lege ferenda* eine befriedigendere Lösung, gerade im Hinblick auf den strafrechtlichen Bestimmtheitsgrundsatz in Art. 103 GG, § 1 StGB, oder zumindest nur für den Ausgangsfall? Bei der Beantwortung dieser Frage muss man die gesetzlichen Wertungen unserer Rechtsordnung einer genaueren Untersuchung unterziehen. Unsere Rechtsordnung kennt zwar keine generelle Pflicht, Dritte vom Verstoß gegen Strafgesetze abzuhalten. Dennoch darf nicht übersehen werden, dass § 138 I StGB zum Schutz bestimmter Rechtsgüter[874] eine *Anzeigepflicht* normiert. Auch die Grundsätze über das unechte Unterlassungsdelikt fordern eine strafrechtliche Verantwortlichkeit, falls der hierzu bestellte Garant keine Maßnahmen ergreift, um Nachteile von dem bedrohten Rechtsgut abzuwenden. Obschon es sich bei den neutralen Unterstützungshandlungen überwiegend um ein positives Tun handelt, sind die durch §§ 138, 139 StGB[875] und § 13 I StGB begründeten Unterlassungsanforderungen auch bei der Tatbestandsverwirklichung durch positives Tun im Rahmen der Zuteilung von Handlungsfreiheiten bei beschränktem Handlungsraum zugrunde zu legen. Wen die Verpflichtung trifft, eine Anzeige zu erstatten oder von einem Rechtsgut drohende Gefahren abzuwenden, ist in besonderem Maße dazu aufgefordert, keine Verletzung

874 *Tröndle / Fischer*, StGB, § 138 Rn. 1 ff.; *Schönke / Schröder – Cramer*, § 138 Rn.1.

875 Vgl. *Frisch*, „Tatbestandsmäßiges Verhalten und Zurechnung des Erfolges", 1988, S. 313 ff.; im übrigen: *Tag*, „Beihilfe durch neutrales Verhalten", in: JR 1997, 49 ff. (56); *Hefendehl*, Examensklausur Strafrecht, in: JURA 1992, 374 ff., S. 377; *Philipowski*, „Steuerstrafrechtliche Probleme bei Bankgeschäften", in: Strafverfolgung und Strafverteidigung im Steuerstrafrecht, 1983, S. 147.

oder Gefährdung ermöglichende oder zumindest fördernde Tatgelegenheiten zu schaffen. Bei Missachtung dieser Verpflichtung wird – im Vergleich zu den nicht besonders Verpflichteten – eine *besondere Nähe* zur späteren, zukünftigen Rechtsgutsbeeinträchtigung und damit auch zu der strafrechtlichen Haftung bzw. Verantwortlichkeit begründet.

Gegen die wegen der gesetzlichen Anzeigepflicht sich aufdrängende Berücksichtigung der „Vor-Wertungen des § 138 StGB“[876] im Bereich der Beihilfestrafbarkeit wendet sich *Niedermair*[877] mit Hinweis auf die Inhomogenität des Straftatenkatalogs von § 138 I StGB sowie der Begründung, dass das Gesetz – unabhängig von der Anzeigepflicht des § 138 I StGB – jedem Bürger zumute, fremde, durch Vorsatzdelikte geschützte Rechtsgüter von eigenen aktiven Angriffsbeiträgen zu verschonen. Dieser Begründung ist allerdings zu entgegnen, dass es hier um die Strafbarkeit von in eigenem Verantwortungsbereich erbrachten Handlungen und folglich um die rechtliche Abgrenzung von Verantwortungssphären geht. Nicht die faktischen Wirkungen auf das Verhalten der anderen sind angesprochen, sondern das rechtlich begründete Verbot, eine Handlung vorzunehmen. Die Handlungspflicht des Gehilfen muss daher zurücktreten, wenn eine Sonderpflicht zugunsten des durch die Haupttat gefährdeten Rechtsguts (z.B. des staatlichen Steueranspruches) statuiert wird. Durch den Katalog des § 138 I StGB hat der Gesetzgeber im Rahmen seines Ermessensspielraums die Verantwortlichkeit eines jeden Privaten für bestimmte Rechtsgüter normiert und damit seinen Willen zum Ausdruck gebracht, dass *genau in diesen* aufgeführten Fällen (§ 138 I Nr. 1 – Nr. 9 StGB) das *Wissen* darum, dass das Delikt in der Planung ist und noch abgewendet werden kann, möglicherweise auch auf Grund eines eigenen Tatbeitrages, für die Deliktsbegehung *verantwortlich* macht. Dann tritt an die Stelle des Prinzips der Eigenverantwortlichkeit,[878] von der das materielle Strafrecht im Vorsatz- und Fahrlässigkeitsbereich ausgeht, das Prinzip der *Gesamtverantwortlichkeit* zweier Tatbeteiligter – freilich in unterschiedlichem Verantwortungsgrade, wie sich aus der zwingenden Strafmilderung des Gehilfen (§ 27 II 2 StGB, § 369 II AO) als gesetzliche Wertung ergibt. Folgt man dem bisher Aufgeführten, so lässt sich außerhalb der durch § 138 I StGB und § 13 I StGB bezeichneten Sonderpflichten eine Beihilfestrafbarkeit des Bankmitarbeiters im Ausgangsfall nur schwer begründen. Eine Beihilfestrafbarkeit käme praktisch nur dann in Betracht, wenn der *eindeutige Wille* des potentiellen Gehilfen dahin geht, unter dem

---

876 So *Frisch*, „Tatbestandsmäßiges Verhalten“, S. 312 ff..

877 Vgl. *Niedermair*, ZStW 1995 (Bd. 107), S. 519 ff. unter Berufung auf LK- *Hanack*, 10. Auflage, § 138 Rn.5.

878 Vgl. dazu *Walther*, „Eigenverantwortung und strafrechtliche Zurechnung“, 1991. Zur Einschränkung dieses Prinzips im Betäubungsmittelstrafrecht, vgl. insbesondere BGH 37, 179.

Deckmantel der „normalen“ Geschäftstätigkeit Straftaten zu begehen und damit den Bereich der Straflosigkeit zu verlassen. Als Inhalt dieser inneren Verknüpfung von Beihilfehandlung und Haupttat ist grundsätzlich auf die durch die Zweckbestimmung des Unterstützenden konkretisierte Qualität des Beitrags abzustellen.

Von einer neutralen Handlung kann aber grundsätzlich nicht mehr ausgegangen werden, wenn sie in ihrem Kern der zukünftigen Straftat mittelbar zu dienen bestimmt ist.[879] Denn bei Überschreitung des Bereichs der Eigenverantwortlichkeit und der Unterordnung des eigenen Handelns an den Tatplan des Haupttäters tritt an die Stelle des materiell-strafrechtlichen Prinzips der Eigenverantwortung[880] das durch § 27 I StGB normierte Prinzip der Gesamtverantwortung. Im übrigen kann bei einer konsequenten Verschleierung von Geldtransaktionen in systematischer Weise nicht mehr von strafrechtlicher „*Neutralität*“ des Handelns im Kreditwesen gesprochen werden. Vielmehr erlangt dann das Interaktionsverhältnis zwischen dem Bankmitarbeiter und dem Bankkunden einen strafrechtsrelevanten Bezug, jedenfalls bei *sicherer Kenntnis* des Bankmitarbeiters von der geplanten Steuerstraftat. Auch muss bei der Frage der „Vor- Wertung“ des § 138 I StGB eben berücksichtigt werden, dass nach der ständigen höchstrichterlichen Rechtsprechung Anstifter und *Gehilfen* der geplanten Straftat *keine* Anzeigepflichten treffen,[881] da die Tat eine völlig fremde sein muss[882] und nach der herrschenden Meinung eine Wahlfeststellung zwischen § 138 I StGB und der Teilnahme an der geplanten Tat nicht möglich ist. Demzufolge ist bei der hier vertretenen Annahme einer Gehilfenstrafbarkeit im Sinne des § 27 I StGB i.V. mit § 370 I AO *bereits* durch Bereitstellen eines verschleiernden Transaktionsweges im Vorfeld der zukünftigen Steuerstraftat durch einen „vorgeleisteten“ Beitrag des Bankmitarbeiters bei einem entsprechenden Vorsatz an eine *nachträgliche* Pflichtauferlegung nach § 138 I StGB *de lege ferenda* wohl nicht zu denken.

Im Übrigen ist auch in diesem Zusammenhang beachtlich, dass ein Rechtsanwalt (allerdings nicht ein Steuerberater) nach § 139 III 2 StGB sogar von der Verpflichtung zur Anzeige eines schweren Verbrechens freigestellt ist, wenn ihm

---

879 So auch Schweizerisches Bundesgericht, BGE 119 IV (1993), 294; *Otto*, ZKredW 1994, 63 ff. (66); ebenso: *Tag*, „Beihilfe durch neutrales Verhalten“, in: JR 1997, 49 ff. (57).

880 Der Schutzbereich einer Norm, die den Rechtsgutsinhaber vor Eingriffen Dritter bewahren soll, endet dort, wo der eigene Verantwortungsbereich des Betroffenen beginnt. Zu diesem Prinzip: *Walther*, „Eigenverantwortlichkeit und strafrechtliche Zurechnung“, 1991.

881 Vgl. MDR / H 86, 794; MDR /H 88 276; BGHSt 36, 169, hierzu *Joerden*, in: JURA 1990, 633; *Ostendorf* in: JZ 1994, 560.

882 Vgl. *Tröndle / Fischer*, 49. Auflage, 1999, § 138 Rn. 12.

etwas gerade in „seiner Eigenschaft“ als Rechtsanwalt anvertraut worden ist, was wiederum eine Auslegungsfrage ist.[883]

Die strafrechtliche Verantwortlichkeit wegen Beihilfe kann eben schon im Vorbereitungsstadium der Tat erfolgen[884] und so ist es auch im Ausgangsfall, der hier steuerstrafrechtlich untersucht wird. Vertritt man dann aber den Standpunkt, dass bei *Kenntnis* des Bankmitarbeiters von der Steuerstraftat schon zu diesem frühen Zeitpunkt die Norm des § 27 I StGB eingreift, wäre die Forderung an den Gesetzgeber nach einer neuen Katalogtat in § 138 I StGB (z.B.: § 138 Nr. 10 StGB) *de lege ferenda* im Ausgangsfall nicht erforderlich. Ferner bestehen nach der hier erhobenen Forderung nach sicherem Wissen keine verantwortungskonstituierende Gründe dafür, dass schon ein *„glaubhaftes Erfahren“* von einer Steuerstraftat im Bereich des Banken- und Kreditwesens für die Anforderungen an den *subjektiven* Tatbestand ausreichen soll. Dies würde zu einer zu weiten Ausdehnung der Strafbarkeit führen, die weder vom Gesetzgeber beabsichtigt sein kann, noch von der Vertrauenserwartung der Rechtsgemeinschaft gefordert wird. Allerdings ist im Schrifttum nicht endgültig wissenschaftlich dargelegt, ob die §§ 138, 323c StGB wirklich *verbindlich* den Kreis der Handlungsverbote festlegen. Auch wird man generell das Unterlassen einer Förderung einer fremden Tat eher fordern dürfen als die Anzeige fremder steuerdeliktischer Vorhaben.[885] Entscheidend ist immer, ob es sich bei dem zu prüfenden Verhalten um Veränderungen im eigenen Organisationsbereich handelt oder ob es um Verhaltensweisen geht, deren Sinn und Zweck die Erweiterung fremder Machtbefugnisse ist. Die Begründung liegt in der unterschiedlichen Wertungsrelevanz von Veränderungen des eigenen und des fremden Organisationsbereiches unter dem Gesichtspunkt der Gefahrschaffung wie der Möglichkeit des Verbots risikoerhöhender Verhaltensweisen. Dieser unterschiedliche Wertungsgehalt führt im Ergebnis dazu, dass sich deliktserleichternde Verhaltensweisen im eigenen Organisationsbereich weitgehend nur über §§ 138 I, 323 c StGB erfassen lassen, während die Erweiterung fremder deliktisch missbrauchbarer Macht unter den Voraussetzungen der §§ 138, 323 c StGB qualitativ als tatbestandsmäßige Beihilfehandlung einzuordnen ist. Die §§ 138, 323 c StGB bilden aber letztlich *nicht* den materiellrechtlichen Grund dafür, ein Verhalten zugleich *zwingend* als Beihilfehandlung einzustufen. Die in diesen Vorschriften zum Ausdruck gekommene *„Vor-Bewertung“* der strafrechtlichen Situation ist im Ergebnis nichts weiter als ein *einzelnes* jedenfalls nicht völlig untergeordnetes Wertungskriterium im Vorfeld

---

883 Vgl. dazu neben dem Gesetzeswortlaut auch: *Meilicke*, „Wird das Steuerstrafrecht für die Steuerpraxis zum russischen Roulette ?“, in: BB 1984, 1885 ff., 1889.

884 Dies wurde weiter oben bereits ausführlich dargelegt.

885 So auch *Frisch*, „Tatbestandsmäßiges Verhalten und Zurechnung des Erfolges“, 1988, S. 312 ff. (315); ähnlich *Beckemper*, in: JURA 2001, S. 163 ff. (169).

im Rahmen der Qualifikation eines risikoschaffenden Verhaltens als tatbestandsmäßige Beihilfehandlung (nach den insoweit maßgebenden Kriterien) im Sinne der §§ 370 AO, 27 I StGB.

Auch bei der Frage des strafprozessualen Verfolgungszwangs gilt es zu untersuchen, wie der Freiheitsraum der Privatsphäre des Staatsanwalts oder des Polizisten im Hinblick auf das Legalitätsprinzip einzuschränken ist. Eine *Pflicht* zum Einschreiten wird dabei zumeist bezüglich *schwerer* Straftaten bejaht, die nach Art und Umfang die Belange der Öffentlichkeit in besonderem Maße berühren.[886] Eine Pflicht zur Verwertung *privat* erlangter Kenntnisse soll nur bestehen, wenn nach Abwägung des privaten Interesses des handelnden Amtsträgers und des öffentlichen Interesses an der Strafverfolgung das öffentliche Interesse überwiegt, was in der Regel dann zutrifft, wenn Straftaten begangen wurden, die nach Art oder Umfang die Belange der Öffentlichkeit und der Volksgesamtheit in besonderem Maße berühren.[887] Mangels Greifbarkeit dieser Abgrenzungskriterien wird man indes nur insoweit eine Verpflichtung des Polizisten zur Anzeige annehmen können, als diese für Private allgemein gegeben ist.[888]

Nach einer Meinung im Schrifttum ist die in § 138 StGB zum Ausdruck kommende Wertung somit nicht nur für die Präzisierung des strafprozessualen Legalitätsprinzips von Interesse, sondern auch für andere materiellrechtliche Zusammenhänge fruchtbar zu machen und zwar methodisch durch einen Erst-recht-Schluss: In den Fällen, in welchen die Nichtanzeige geplanter Straftaten strafbar sei, sei auch eine *bewusst* vorgenommene objektiv taugliche Beihilfeleistung *in jedem Falle* oder sogar *erst recht strafbar.*[889] Für die normierten Katalogtaten des § 138 I StGB mag dies zutreffen. Andererseits muss der Tatbeitrag nicht nur objektiv tauglich sein, sondern nach der Rechtsprechung des BGH die Tat konkret fördern, d.h. das Haupttatrisiko *derart* erhöhen[890], dass die Tat praktisch die „zwingende" oder notwendige Folge ist, obwohl in die Zukunft gerichtete Handlungen nie zwingend erfolgen. Entscheidendes Kriterium muss daher immer der Grad der Erhöhung des Haupttatrisikos sein, weshalb der Erst-recht-Schluss einer Korrektur bedarf.

---

886 Vgl. BGHSt 5, 225, 229; 12, 277, 280 ff.; OLG Köln NJW 1981, 1794.

887 So schon BGHSt 5, 225 ff., 229 = NJW 1954, 1009; und: OLG Köln, Urt. vom 18.3.1981, NJW 1981, 1794.

888 Vgl. dazu: *Hefendehl,* Examensklausur Strafrecht, JURA 1992, S. 377; *Müller,* in: KMR § 158 (StPO) Rn. 11 (Aug. 1987).

889 So auch *Frisch,* „Tatbestandsmäßiges Verhalten", S. 314. Die von *Frisch* vor dem Hintergrund des Rechtsgüterschutzes vorgenommene Einschränkung, eine strafbare Beihilfe liege nur dann vor, wenn eine spätere Anzeige das Rechtsgut nicht mehr effektiv schütze (aaO., S. 316 ff.), führt vorliegend zu keinem anderen Ergebnis.

890 Vgl. BGHSt, Beschl. vom 20.9.1999, in: wistra 1999, 459 ff. (459, 460).

V. Das Absichtsmerkmal als Korrektiv objektiv zu weit gefasster Tatbestände[891]

Fraglich ist nun aber, ob aus der Formulierung bestimmter objektiv weit gefasster Tatbestände (auch § 258 I StGB ist ein solcher Tatbestand) aus den subjektiven Voraussetzungen im Gesetzestext für die hier geforderte subjektive Zurechnung im Falle sicheren Wissens einige Gedanken *de lege ferenda* für einen eigenen steuerstrafrechtlichen Beihilfetatbestand fruchtbar gemacht werden können. Als Lösungsansatz für die Ausgangsproblematik könnte auch das Absichtsmerkmal als Korrektiv des objektiv zu weit gefassten Beihilfetatbestandes herangezogen werden.[892] Dazu ist zunächst auf einige typische Beispiele im StGB näher einzugehen, in denen das Absichtsmerkmal als subjektives Kriterium objektiv zu weit gefasster Tatbestände vom Gesetzgeber gezielt eingesetzt wird.

1. §§ 89, 125, 181 I Nr.2 StGB

Zunächst ist auf die Tatbestände der § 89 StGB (Verfassungsfeindliche Einwirkung auf Bundeswehr und öffentliche Sicherheitsorgane) und § 125 StGB (Landfriedensbruch) näher einzugehen, die objektiv ein Einwirken des Täters auf einen Dritten fordern. Das Erfordernis zielgerichteten Handelns ergibt sich hier schon aus dem Wortlaut. Das Merkmal „Einwirken" stellt einen finalen Begriff dar, der schon seinem objektiven Gehalt nach eine Tätigkeit voraussetzt, die auf eine Beeinflussung in bestimmter Richtung abzielt. In dem Merkmal „Einwirken" ist das Bestreben enthalten, etwas Bestimmtes zu erreichen.[893] Verstärkt wird dies in § 89 StGB noch durch das Erfordernis eines „planmäßigen" Einwirkens, was ein überlegtes Vorgehen nach einem bestimmten Programm, also zu einem bestimmten Ziel voraussetzt.[894] Das Merkmal bedarf daher notwendigerweise einer Ergänzung im subjektiven Tatbestand, welche die Zielrichtung der Einwirkung angibt. Erst diese Zielrichtung sagt etwas über den Unrechtscharakter des Details aus, da ein „Einwirken" zu völlig veschiedenen Zwecken erfolgen kann. Diese Überlegung wird durch eine weitere Betrachtung gestützt. Durch den objektiven Tatbestand des § 89 StGB wird das Grundrecht der Meinungsfreiheit tangiert, wonach es grundsätzlich gestattet sein muss, Fragen der Kriegsdienstverweigerung zu erörtern oder auch hierzu aufzufordern, selbst wenn der Täter erkennt,

891 Vgl. dazu auch: *Gehrig*, „Der Absichtsbegriff in den Straftatbeständen des Besonderen Teils des StGB" (1986), S.117 ff.

892 Vgl. zu diesem konstruktiven Vorschlag: *Gehrig*, „Der Absichtsbegriff in den Straftatbeständen des Besonderen Teils des StGB", 1986, S. 1ff (117 ff.) .

893 BGHSt 4, 291 zu § 91 aF; *Schudt*, „Die subjektive Unrechtselemente in der neueren Strafrechtsentwicklung", München 1951, Seite 6.

894 Vgl. SK-*Rudolphi*, § 89 Rn.5; *Maurach-Schroeder*, BT 2 , 6.Aufl. 1981, S. 241

daß Angehörige der Bundeswehr hierdurch in ihrer Schutzbereitschaft verunsichert werden.[895] Daher kann das Strafrecht erst dann einsetzen, wenn sich der Täter den Erfolg der Zersetzung der Einsatzbereitschaft gerade zum Ziel gemacht hat.[896] Erst durch die Zielvorstellung des Täters lässt sich strafbares Verhalten von verfassungsmäßiger, durch das Grundrecht der Meinungsfreiheit legitimierter Tätigkeit abgrenzen.[897] Für die Auslegung des Absichtsmerkmals ist also wieder der Gedanke maßgebend, dass rechtmäßige Handlungen in den Bereich der Strafbarkeit einbezogen würden, wenn nicht im subjektiven Tatbestand ein Korrektiv in der Form einer bestimmten Willensrichtung des Täters vorhanden wäre. Entsprechendes gilt für § 125 StGB. Zur Begründung der Strafbarkeit kann es nicht ausreichen, dass der Täter, der etwa bei der Erörterung einer brisanten, die Öffentlichkeit stark bewegenden Frage die Bevölkerung für seine Ziele politisch mobilisieren will, zu Demonstrationen aufruft, und dabei die Förderung der Bereitschaft zur Begehung von Gewalttätigkeiten bei einzelnen Gruppen als Folge seiner auf andere Ziele gerichteten Einwirkung vorhersieht.[898] Vielmehr ist ein darauf bezogenes zielgerichtetes Einwirken im Sinne einer *psychischen* Beeinflussung in einer bestimmten Richtung erforderlich.[899]

Ebenso verhält es sich beim Tatbestand des § 181 I Nr.2 StGB (Schwerer Menschenhandel). Auch dort setzt das „Einwirken" eine Einflussnahme auf den Willen des Opfers zur Erreichung eines bestimmten Erfolges voraus. Das Merkmal „anwerben" in § 181 I Nr.2 StGB stellt eine besondere Form des Einwirkens dar.[900] Der spezifische Unwert des Deliktes wird erst durch die Zielrichtung des Täterhandelns geprägt, das Opfer zu sexuellen Handlungen zu bringen.[901]

2. § 100 I StGB (Friedensgefährdende Beziehungen)

Nach denselben Prämissen läßt sich die Auslegung des Absichtsbegriffs in § 100 I StGB erklären. Die Vorschrift schützt den Bestand der Bundesrepublik Deutschland gegen friedensgefährdende Agententätigkeit.[902] Der objektive Tatbestand beschreibt mit den Merkmalen der Aufnahme bzw. des Unterhaltens von

---

895 BGH MDR 1963, 326 zu § 91 aF .
896 BGH MDR 1977, 281 .
897 BT-Dr V/2860, S.11 ff.; zu diesem Auslegungsgesichtspunkt bei Staatsschutzdelikten allgemein *Bennhold,* Absicht bei Verfassungsgefährdung, 1966, S. 62, 81 ff.
898 Im Grundsatz ebenso: BGHSt 32, 165, 179.
899 Vgl. BT-Dr VI / 502, S.9.
900 Vgl. dazu: *Schudt*, „Subjektive Unrechtselemente", S.66; im übrigen: *Gehrig*, „Der Absichtsbegriff in den Straftatbeständen des Besonderen Teils des StGB", S.118.
901 BT-Dr VI/ 1552, S. 27.
902 Vgl. *Lackner*, StGB, § 100 Anm.1.

Beziehungen zu einer fremden Macht ein völlig *neutrales Verhalten*, das erst durch das Willensziel des Täters die Richtung auf das strafrechtlich geschützte Rechtsgut erhält.[903] Erst dadurch, daß es dem Täter auf die Herbeiführung eines Krieges gegen die Bundesrepublik *ankommt*, wird die Handlung zu strafbarem Unrecht.[904]

3. § 109 d StGB

§ 109 d schützt die Funktionsfähigkeit der Bundeswehr gegen die Störung durch bestimmte Äußerungen.[905] Der objektive Tatbestand setzt bereits im Zeitpunkt des Aufstellens der betreffenden Äußerungen ein, so dass die Strafbarkeit auf den Zeitpunkt der Rechtsgutsgefährdung vorverlegt ist.[906] Daher könnte man erwägen, hinsichtlich der Verbreitung der Äußerungen nur den unbedingten Vorsatz genügen zu lassen.[907] Begründen ließe sich das in Anlehnung an die bei der Auslegung der §§ 267, 146, 86 StGB entwickelten Grundsätze mit der Überlegung, dass das Rechtsgut in gleichem Maße gefährdet wird, wenn der Täter in Kenntnis der Verbreitung seiner Behauptungen durch Dritte handelt, wie wenn er diese selbst weiter verbreiten will.

Rechtliche Bedenken bestehen allerdings schon vom Wortlaut her, da ausdrücklich ein Handeln „zum Zwecke der Verbreitung“ gefordert wird. Ob das Wortlautargument auch durch sachliche Gründe gestützt wird, soll zunächst anhand der Entstehungsgeschichte untersucht werden.[908] § 109 d StGB war die umstrittenste Vorschrift des 4. Strafrechtsänderungsgesetzes vom 11.6.1957, BGBl. 1957, 597. Der Regierungsentwurf hatte ursprünglich die Fassung vorgesehen: “Wer unwahre oder gröblich entstellte Behauptungen tatsächlicher Art aufstellt, um andere vom Wehrdienst abzuhalten oder die Bundeswehr in der Erfüllung ihrer Aufgaben zu behindern...“. Dadurch sollte verfassungsfeindlichen Elementen entgegengewirkt werden, die versuchen wollten, die Bereitschaft der Bevölkerung zum Wehrdienst zu untergraben.[909] Im Ausschuss für Rechtswesen wurden jedoch Bedenken gegen die vorgeschlagene Formulierung geäußert, weil die Vorschrift sich in dieser weiten Fassung nicht nur gegen Verfassungsfeinde rich-

---

903 Vgl. auch: *Dietrich Oehler,*“Das objektive Zweckmoment in der rechtswidrigen Handlung“, Berlin 1959, S. 124,127 zu § 100 d a.F.

904 Vgl. Sch-Sch-*Lenckner,* § 100 Rn. 12; *Schroeder*, „Der Schutz von Staat und Verfassung“, 1970, S. 301.

905 LK-*Schroeder,* vor § 109 Rn.2.

906 Vgl. *Maurach-Schroeder*, BT 2, S. 276.

907 So S/S-*Eser,* § 109 d Rn. 9; *Maurach-Schroeder*, BT 2 , S. 276.

908 Vgl. dazu: *Ratuschny*, „§ 109 d – Lügnerische Propaganda“, Köln, 1960, S. 25 ff.

909 BT-Drucksache II / 3039, S.12.

te. Es wurde darauf hingewiesen, dass etwa auch bloße Unmutsäußerungen im engsten Familienkreis, vertrauliche Mitteilungen oder Äußerungen im Eifer erfasst würden, was man aus rechtsstaatlichen Gründen vermeiden wollte.[910] Um solche Fälle auszuschließen, wurde zunächst erwogen, zu fordern, daß der Täter öffentlich, in einer Versammlung oder durch Verbreiten von Schriften gehandelt haben müsse. Um jedoch keine Gesetzeslücke für planmäßig gesteuerte Aktionen entstehen zu lassen, die sich zur Verbreitung von Gerüchten bewusst der Flüsterpropaganda bedienten, und um andererseits dennoch eine brauchbare Begrenzung des Tatbestandes zu finden, wurde ein Handeln „ zum Zwecke der Verbreitung" gefordert. Damit sollten nur die Fälle unter Strafe gestellt werden, in denen es dem Täter auf die Verwirklichung des Tatbestands ankam. Dennoch wurde die Vorschrift noch als zu weit empfunden.

Um Fälle bloßer Prahlerei und überzogener Kritik aus dem Tatbestand auszuschalten, wurde eine Willensrichtung des Täters gefordert, die sich gezielt gegen die Tätigkeit der Bundeswehr richten müsse.[911] Aus der Entstehungsgeschichte ergibt sich somit, dass der Gesetzgeber bewusst *enge subjektive Tatbestandsvoraussetzungen* geschaffen hat, indem er die Strafbarkeit von zwei hintereinander gestaffelten Zielsetzungen des Täters abhängig machte.[912] Wenn man nach dem Grund für diese gesetzgeberische Entscheidung sucht, so kann dieser nicht darin gesehen werden, dass die *objektive* Tathandlung im Hinblick auf das geschützte Rechtsgut *neutral* sei, da schon der objektive Tatbestand eine Eignung der aufgestellten Behauptung zur Störung der Tätigkeit der Bundeswehr voraussetzt. Auch dass es sich, wie etwa im Falle des § 89 StGB, um eine grundrechtlich gedeckte objektive Tathandlung handeln könne, kann hier jedenfalls für das Aufstellen unwahrer Behauptungen nicht angenommen werden, da dies vom Grundrecht des Art. 5 GG nicht umfasst ist.[913] Nicht so eindeutig verhält es sich allerdings beim Aufstellen gröblich entstellter Behauptungen, wenn diese etwa im Rahmen einer sehr emotional geführten Auseinandersetzung gemacht werden. Dies kann im Interesse politischer Meinungsbildung unter Umständen noch hinzunehmen sein.

Das Absichtsmerkmal hat daher die Funktion, Fälle, in denen die Strafdrohung in die Nähe des noch grundrechtlich geschützten Bereichs geriete, auszuscheiden und den Tatbestand auf die wirklich strafwürdigen Fälle zu beschränken. Der subjektive Tatbestand hat hier also zwar nicht die Aufgabe, einem ob-

---

910 BT- Drucksache II / 3407, S.3.

911 BT-Drucksache II / 3407, S.5.

912 Kritisch unter dem Gesichtspunkt, daß die Vorschrift damit praktisch bis zur Bedeutungslosigkeit eingeschränkt werde, vgl. *Greiser*, „Eine bedeutungslose Strafbestimmung", *in:* NJW 1973, 231; *Lackner*, JZ 1957, 401,403; LK-*Schroeder*, § 109 d Rn.1.

913 Vgl. BVerfGE 54, 208, 219 ff; *Herzog, in: Maunz-Dürig-Herzog,* Art. 5 Rn. 146 ff.

jektiv neutralen Verhalten den Charakter strafbaren Unrechts erst zu verleihen, wohl aber einer zu weiten Ausuferung der Strafbarkeit vorzubeugen.

4. § 219 b StGB (Inverkehrbringen von Mitteln zum Abbruch der Schwangerschaft)

Die Vorschrift des § 219 b StGB stellt ein abstraktes Gefährdungsdelikt dar, das bereits bestimmte Anstiftungs- und Beihilfehandlungen *im Vorbereitungsstadium* unter Strafe stellt. Der objektive Tatbestand verlangt ein Inverkehrbringen von Gegenständen, die zum Schwangerschaftsabbruch geeignet sind. Nicht erforderlich ist, dass diese Eignung den Gegenständen ausschließlich oder auch ihrer spezifischen Zweckbestimmung innewohnt. Vielmehr reicht es aus, wenn diese Mittel durch bestimmungswidrigen Einsatz zum Schwangerschaftsabbruch verwendet werden können.[914] Damit wird der Tatbestand objektiv sehr weit gefasst. Dementsprechend wurde im Bericht des Sonderausschusses ausgeführt, bei der Vielzahl der zur Abtreibung geeigneten Mittel bedürfe es eines Korrektivs im subjektiven Tatbestand. Dieses bestehe darin, daß der Täter die Förderung rechtswidriger Taten bezwecken müsse. Dieses Ergebnis würde den schon für die zuvor erörterten Tatbestände entwickelten Grundsätze entsprechen.

Es stellt sich aber die Frage, ob hierdurch der Tatbestand in einer Weise eingeengt würde, daß er typische, in der Praxis vorkommende Fälle nicht mehr erfassen könnte. Die Vorschrift richtet sich nach ihrem Schutzzweck vornehmlich gegen Zulieferer von Laienabtreibern.[915] Nun wird argumentiert, dass es diesen Tätern in der Regel nur auf das Entgelt ankommen werde, so dass die Einbeziehung des unbedingten Vorsatzes in den subjektiven Tatbestand erforderlich sei, um solche Fälle sachgerecht erfassen zu können. Zu beachten ist indessen, dass es dem Zulieferer nicht auf die Vornahme von Schwangerschaftsabbrüchen durch den Dritten ankommt und anzukommen braucht[916], sondern nur auf deren Förderung. Das Entgelt wird in diesen Fällen dafür gezahlt, dass geeignete Gegenstände geliefert werden, die es dem Dritten ermöglichen, Abtreibungen vorzunehmen. Darin liegt aber bereits ein Fördern, eine Hilfeleistung für die Tat des Dritten. Wenn der Täter dafür bezahlt wird, dass er dem Dritten die Vornahme von Abtreibungen ermöglicht, stellt die darin liegende Förderung ein notwendiges Zwischenziel auf dem Weg zum Endziel, der Erlangung des Entgelts, dar. In diesem Sinne kommt es dem Zulieferer von Laienabtreibern auf die Förderung rechts-

---

914 Vgl. *Gehrig*, „Der Absichtsbegriff in den Straftatbeständen des Besonderen Teils“, S. 121.

915 Vgl. BT-Drucksache 7/ 1981, S.18.

916 Vgl. *Lackner/ Kühl*, StGB, § 219 b Rn.5.

widriger Taten an, so dass eine Korrektur des oben gefundenen Ergebnisses zur Erzielung sachgemäßer Ergebnisse nicht erforderlich ist. Fraglich ist nun aber, wie die Methode des Gesetzgebers bei objektiv zu weit gefassten Tatbeständen mit der Beihilfestrafbarkeit in subjektiver Hinsicht korreliert.

5. Keine Absicht als Tatbestandsmerkmal de lege ferenda – erhöhte subjektive Anforderungen als Methode des Gesetzgebers

Von den bisher bei den jeweiligen Vorschriften des Besonderen Teils des StGB herausgestellten Gesichtspunkten hat sich folgendes bestätigt: Wenn die objektive Tatbestandsbeschreibung entweder im Hinblick auf das geschützte Rechtsgut völlig indifferent oder doch so weit gefasst ist, dass auch objektiv neutrale Handlungen einbezogen werden, verwendet der Gesetzgeber das Absichtsmerkmal im Sinne zielgerichteten Handelns, um der Tat überhaupt erst den Charakter strafbaren Unrechts zu verleihen, oder jedenfalls, um den Bereich des Tatbestandes auf die wirklich als strafwürdig empfundenen Fälle zu beschränken. Der oft in die Diskussion eingebrachte Einwand, ein objektiv neutrales Verhalten könne nicht durch das Hinzukommen einer bestimmten Absicht zu einem tatbestandsmäßigen Verhalten werden, da dies zu einem längst abgeschafften „*Gesinnungsstrafrecht*“ führen würde“[917], überzeugt nicht. Diese Ansicht widerspricht dem eindeutigen Willen des Gesetzgebers, wie er in der Fassung der zuvor behandelten Tatbestände zum Ausdruck gekommen ist. Sie ist auch in der Sache unzutreffend: Zunächst ist die Willensrichtung des Täters nicht identisch mit dessen Gesinnung. Beweggründe und Ziele des Täters können durchaus den Handlungsunwert einer Tat begründen. Die Tätergesinnung ergibt sich dagegen erst aus einer Gesamtwürdigung *sämtlicher* Tätermotive.[918] Dass der Täter zielgerichtet einen bestimmten Erfolg anstrebt, sagt somit noch nichts über seine Gesinnung aus. Abgesehen davon wäre der Vorwurf des „Gesinnungsstrafrechts“ allenfalls dann berechtigt, wenn der bloße Wunsch oder der Wille des Täters Anknüpfungspunkt für die Strafbarkeit wäre.[919] So verhält es sich aber nicht. Vielmehr nimmt der Täter eine bestimmte Handlung vor, die zur Herbeiführung des Erfolges geeignet ist. Die Willensrichtung des Täters begründet erst im Zusammenhang mit dieser

---

917 So *Frisch*, „Zum tatbestandsmäßigen Verhalten der Strafvereitelung“ in: JuS 1983, 915,917,923; *Wilfried Bottke*, Anmerkung, in: JA 1980, 448.

918 Vgl. S/S- *Stree*, § 46 Rn. 16; *Jescheck*, AT, 3. Aufl., S. 194, 711.

919 So auch: *Gehrig*, „Der Absichtsbegriff in den Straftatbeständen des Besonderen Teils“, S.122.

Handlung die Strafbarkeit.[920] Im Übrigen ist auch auf die Hilfeleistungen *nach* der Tat hinzuweisen (§§ 258 I, 257 I, 259 StGB), die allesamt hinsichtlich der Hilfeleistung nach der Tat nicht nur bedingten Vorsatz allein ausreichen lassen.[921] Diese Tatbestände verlangen entweder zusätzlich eine Absicht (Bereicherungsabsicht oder Begünstigungsabsicht) oder lassen, wie bei § 258 I StGB (Strafvereitelung), der freilich in Bezug auf die rechtswidrige Tat bedingten Vorsatz ausreichen lässt, nur *Wissentlichkeit* hinsichtlich der Handlung ausreichen. Auch hier sieht man das Interesse des Gesetzgebers, die strafbaren von den straflosen Fällen auf der Ebene des subjektiven Tatbestandes durch Vorsatzverschärfung zu trennen. Bei der Beihilfe, die im Steuerstrafrecht oft[922] oder fast ausschließlich lange Zeit v o r der Tat erbracht wird, wurde dies wohl übersehen.

VI. Bestrafung allein der Bank und ihrer Organe durch neuen § 76 b I StGB: Forderung nach einer reinen Unternehmensstrafe als sinnvollem Lösungsansatz?

Wenn nun de lege lata auf dem einzelnen Bankmitarbeiter, der oft nur die Beratung und die Dispositionen über das Geld selbstverantwortlich durchführt und für die Systembildung selbst nicht verantwortlich ist (vgl. dazu Teil 2 unter A. III. und vor allem unter Ziff. 2 und 3. dieser Arbeit), ein erhebliches Strafbarkeits- und Haftungsrisiko lastet, wäre zu überlegen, ob im steuerberatenden Kreditwesen mit einer reinen Unternehmensstrafe gegen die Bank und einer Bestrafung nur der Bankorgane (Vorstände, Aufsichtsräte) ein konstruktiver Lösungsweg gefunden wäre. Auch der BGH hat in seiner Entscheidung vom 01.08.2000 (BGHSt 46, 107 ff.) betont, dass „eine zentrale Steuerung im Kreditinstitut selbst" existierte.

Die Forderung nach der Unternehmensstrafe („Strafrecht für Verbände") ist nicht neu: Das Bundesjustizministerium hat eine Sachverständigenkommission „Reform des Sanktionensystems" eingesetzt, die sich mit der Frage der Unternehmensstrafen befasst hat. Eine echte Kriminalstrafe für juristische Personen gibt es bislang noch nicht. Auch wenn Mitarbeiter von Unternehmen verurteilt werden, bleiben die Unternehmen selbst straflos. Auf der Grundlage des Ordnungswidrigkeitenrechts (§§ 30, 17 IV OWiG, §§ 130, 9 OWiG) kann jedoch ei-

---

920 Vgl. auch *Seier*, „Die Trennungslinie zwischen zulässiger Verteidigungstätigkeit und strafbarer Strafvereitelung- OLG Frankfurt", in:NStZ 81, 144 sowie JuS 1981, 806, 808 ff.

921 Der Eventualvorsatz genügt aber hinsichtlich der rechtswidrigen (Vor-)Tat.

922 So auch das LG Wuppertal m.w.N., in: wistra 1999, 473 ff. (474).

ne Geldbuße gegen sie („als Königsweg") verhängt werden[923], die bis zu einer Million DM betragen kann. Die rechtspolitischen Initiativen zur Einführung einer Unternehmensstrafe sind von starkem Misstrauen gegenüber den Unternehmen geprägt. Ein Diskussionsentwurf des Landes Hessen von 1998 und eine große Anfrage der SPD vom Januar 1998 befürchteten, dass durch die große Zahl von Unternehmensfusionen ein Machtpotential entstehe, welches eine Missbrauchsgefahr in sich berge.[924] Zum Teil wird angenommen, die Unternehmen belohnten nicht selten ihre Mitarbeiter durch Beförderungen oder sonstige lukrative Posten, wenn diese im Unternehmensinteresse Straftaten begingen. Die Notwendigkeit der Unternehmensstrafe wird mit dem geltenden individualistischen Zurechnungsprinzip des materiellen Strafrechts begründet, welches einen individuellen Täter und ein individuelles Opfer, d.h. natürliche Personen, vorsieht.[925] Eine wirksame Bekämpfung der Unternehmenskriminalität sei de lege lata nicht möglich, weil es wegen der Organisationsstrukturen und der Hierarchien in Unternehmen oft unmöglich sei, Straftäter mit ausreichender Sicherheit zu individualisieren und zu belangen. Empirische Untersuchungen hierfür fehlen allerdings noch. Obgleich die Landesregierung Hessen die Bundesratsinitiative zur Unternehmensstrafe zurückzog, will die Bundesregierung gleichwohl in naher Zukunft Strafrechtsnormen zur strafrechtlichen Verantwortlichkeit juristischer Personen einführen. Ob dies notwendig ist, bleibt aber im Folgenden noch zu prüfen.

Jedenfalls sah der alte Diskussionsentwurf eine Verbandsstrafe mit zugehörigen Maßregeln vor. In den Allgemeinen Teil des StGB sollte eine neuer § 76 b I StGB eingefügt werden, nach welchem ein Verband bestraft wird, wenn „in seinem Betriebe eine Straftat begangen wurde und dabei Pflichten verletzt wurden, die den Verband selbst treffen". Als typische Delikte wurden genannt: Ausschreibungsbetrügereien, Korruptionsvorgänge, der Vertrieb betrügerischer Kapitalanlagemodelle, die industrielle Umweltverschmutzung und auch die *Beihilfe zur Steuerhinterziehung mittels Kapitaltransfers durch Banken ins Ausland.*[926] Nach dem Entwurf sollte die Geldbuße für das Unternehmen bis zu 36 Millionen DM (360 Tagessätze zu 100.000,- DM) betragen. Auch eine „Quasi-Todesstrafe" war vorgesehen: die Auflösung des Verbandes. Außerdem waren als Maßregeln

923 Siehe dazu auch: *Többens*, „Die Bekämpfung der Wirtschaftskriminalität durch die Troika der §§ 9, 130 und 30 des Gesetzes über Ordnungswidrigkeiten", in: NStZ 1999, S. 4 ff.; zum „Königsweg": *Spatscheck*, „Bankenfalle", in: DB 2000, S. 495. *Wegner*, in: NJW 2001, 1979 ff..

924 Siehe dazu auch den Bericht in der F.A.Z. vom 25.6.1999: „Im Ausland sind Strafen für Unternehmen bereits üblich"- Entwicklung in Deutschland ist noch offen" von *Hild* und *Kayßer*.

925 Siehe *Hetzer*, „Schuldlose Sanktionsobjekte?", in: *wistra* 1999, 361 ff. (362).

926 Siehe auch: *Hetzer*, „Schuldlose Sanktionsobjekte?" in: wistra 1999, 361 ff. (362).

der Besserung die Erteilung von Weisungen oder die Zwangsaufsicht vorgesehen.[927] Bemerkt werden soll an dieser Stelle, dass eine Vielzahl ausländischer Rechtsordnungen die Strafbarkeit von Unternehmen schon regeln. Der angloamerikanische Rechtskreis normiert die strafrechtliche Verantwortlichkeit von Unternehmen im Grundsatz schon seit längerem. Während jedoch das englische Strafrecht für Unternehmen nur die Geldstrafe regelt, gewinnt in den USA die sogenannte „corporate probation“ zunehmende Bedeutung. Hierbei kann dem Unternehmen, ähnlich wie im Falle des § 46 a StGB, die Wiedergutmachung des entstandenen Schadens auferlegt werden. Auch in manchen Ländern der Europäischen Union, etwa in Dänemark oder in den Niederlanden, hat der Gesetzgeber die Einführung einer Unternehmensstrafe beschlossen. In anderen internationalen Gremien wird die Einführung einer Unternehmensstrafe favorisiert. Die Entwürfe einer Arbeitsgruppe, die sich im Auftrag des Europäischen Parlaments mit dem Entwurf eines „Corpus iuris strafrechtlicher Regelungen zum Schutz der finanziellen Interessen der EU“ befasst, sieht beispielsweise eine Kriminalstrafe für juristische Personen und solche Vereinigungen vor, die „nach dem Gesetz Rechtssubjekt und Inhaber eigener Vermögenswerte sein können“.[928]

1. Kritik an der Verbandsgeldbuße

Nach dem geltenden deutschen Recht können Straftaten und Ordnungswidrigkeiten nur von natürlichen Personen begangen und straf- oder bußgeldrechtliche Sanktionen, abgesehen von den §§ 9, 17, 30, 130 OWiG, auch nur gegen diese verhängt werden. Für Unternehmen gilt also bislang der Grundsatz: „Societas delinquere non potest“ (eine Gesellschaft kann kein Unrecht begehen). Sie sind vom Strafrecht freigestellt, da sie weder handlungsfähig noch schuldfähig sind.[929] Deshalb wird die Verbandsgeldbuße von *Jescheck / Weigend*[930] mit dem Hinweis auf einen „*Etikettenschwindel*“ auch völlig abgelehnt. Nach der herrschenden Meinung wird die Organstraftat bzw. Organordnungswidrigkeit dem Verband zugerechnet, und eine Geldbuße gegen ihn verhängt, weil er potenzieller Nutznießer der Anknüpfungstat ist.[931] Gegen die Einführung der Unternehmensstrafe gibt

927 Vgl. zum ganzen auch: BT-Drs. 13 / 9682.

928 Siehe dazu auch den Bericht von: *Hild* und *Kayßler* in: F.A.Z. vom 25.6.1999, „Im Ausland sind Strafen für Unternehmen bereits üblich“. Zum Problem in Organisationen vgl. die neuere Diskussion bei *Amelung* (Hrsg.), „Individuelle Verantwortung“, S. 1 ff.

929 Vgl. dazu auch: *Többens*, „Die Bekämpfung der Wirtschaftskriminalität“, in: NStZ 1999, S.4 ff (6).

930 Siehe *Jescheck / Weigend*, Strafrecht, Allg. Teil, S. 228 ff. mwN.

931 KKOWiG – *Cramer*, § 30 Rn. 11 ff. mwN.

es aber gewichtige Argumente: Zum einen streiten die praktischen Erfahrungen dagegen. So meint das Bayerische Staatsministerium, dass Tatnachweise bislang jedenfalls nicht an komplexen und unüberschaubaren organisatorischen Strukturen gescheitert sind.[932] Auch wird bezweifelt, ob die Einführung einer strafrechtlichen Verantwortlichkeit der Unternehmen, neben der schon bestehenden ordnungswidrigkeitenrechtlichen Verantwortlichkeit, zu einer nachhaltigen Verbesserung führen würde.[933]

Im Übrigen wird argumentiert, der sozialethisch verwurzelte Schuldbegriff des Strafrechts sei auf juristische Personen nicht übertragbar. Der innere Grund des Schuldvorwurfs liege de lege lata darin, dass das Individuum auf freie, verantwortliche, sittliche Selbstbestimmung angelegt und deshalb befähigt ist, sich für das Recht und gegen das Unrecht zu entscheiden, sein Verhalten nach den Normen des rechtlichen Sollens einzurichten und das rechtlich Verbotene zu vermeiden.[934] Diese Begriffe machen für die juristische Person keinen Sinn. Nur das Individuum sei im strafrechtlichen Sinne handlungsfähig. Es wird zwar von den Kritikern der Unternehmensstrafe zugestanden, dass die moderne wirtschaftliche Entwicklung der Verbände dazu zwingen könnte, nicht an den traditionellen Begrifflichkeiten von Schuld und Sühne festzuhalten, sondern neue dogmatische Schlussfolgerungen zu ziehen. Auch wird gesehen, dass gerade im Steuerstrafrecht (Steuerrecht) ein Bedürfnis für die Missbilligung des Verbandshandelns in strafähnlicher Form vorhanden ist. Häufig zerfalle die einzelne Steuerhinterziehung in für sich jeweils rechtlich „unbedeutsame" Einzelakte, die erst in ihrer Gesamtheit zur Tatbestandsverwirklichung führten.[935] Eine Nachweisbarkeit des inneren Zusammenhangs im Sinne einer Gehilfenschaft kann schwierig sein. Selbst wenn ein Organ der Bank persönlich strafrechtlich zur Verantwortung gezogen wird, muss sich die Strafhöhe an den wirtschaftlichen Verhältnissen dieses Organs und nicht des vertretenen Unternehmens ausrichten. Zahlreiche Kapitalgesellschaften stellen unterrangige Angestellte in die Verantwortung, bei denen eine Geldstrafe nicht hoch ausfallen kann. Der durch die Geldstrafe erlittene Schaden werde aber dem Angestellten von dem Unternehmen ersetzt. Trotz diesem Missstand ist aber zu konstatieren, dass die bisher geltenden Regelungen, insbesondere § 30 I OWiG, ausreichen, um die Unternehmenskriminalität entscheidend zu bekämpfen, weil duch die gerichtliche Verhängung einer Verbandsgeldbuße nach §§ 30 I, 17 IV OWiG schon jetzt eine kollektive Verantwortlich-

---

932 Vgl. dazu: *Hetzer*, „Schuldlose Sanktionsobjekte?", in: *wistra* 1999, 361 ff., 363 oben.

933 Vgl. *Hetzer*, „Schuldlose Sanktionsobjekte?", in: *wistra* 1999, 361 ff. (363).

934 BGHSt 2, 192, 200.

935 So die Auffassung von Vertretern des Bundesministeriums für Finanzen, vgl. *Hetzer*, „Schuldlose Sanktionsobjekte?", in: *wistra* 1999, 361 ff. (366).

keit der leitenden Personen eines Verbandes berücksichtigt werden kann und die Vorschrift zusammen mit den Möglichkeiten der Gewinnabschöpfung nach § 29 a II OWiG und § 73 III StGB genügen.[936] Dieses „Sanktionsrepertoire" wird aber nach Auffassung von *Hetzer* nicht den neuen Herausforderungen gerecht.[937] Ob § 30 OWiG praxistauglich ist, soll anhand des nun im Folgenden zu erörternden Beschlusses des LG Bielefeld vom 16.3.1999 gezeigt werden.

2. *Bisherige Anwendung der §§ 17 IV, 30 I Nr.1 OWiG in der steuerstrafrechtlichen Gerichtspraxis*

Wie bei der Lektüre dieses Beschlusses des LG Bielefeld ersichtlich ist, kann mit Hilfe des gegenwärtig Geltung beanspruchenden Ordnungswidrigkeitenrechts, insbesondere der §§ 30, 17 IV OWiG, durchaus eine praxistaugliche Lösung gefunden werden, insbesondere durch Sanktionen gegen die Bank selbst. In dem Beschluss der 1. Großen Strafkammer des LG Bielefeld vom 16.3.1999[938] wurde in dem Ordnungswidrigkeitenverfahren gegen die Bank selbst wegen Verstoßes gegen §§ 30 I Nr.1, 17 IV OWiG, § 370 AO, §§ 27, 13 StGB eine Geldbuße in Höhe von fünf Millionen DM festgesetzt. Es wurden durch die Anwendung von §§ 30 I, III, 17 IV OWiG alle Tatvorteile abgeschöpft und nicht nur eine Geldbuße von einer Million DM verhängt. Den Bank*organen*, die für die Umsetzung einer Geschäftspolitik überwachungspflichtig sind, wurde die mangelnde Unterbindung des ihnen seit 1992 *bekannten* anonymisierten Geldtransfers vorgeworfen. Da nicht festgestellt werden konnte, *welche* Organe der Bank ihrer „Einschreitungspflicht" (§ 13 StGB) nicht nachgekommen waren, die Besserstellung der Bank durch die anonymisierten Vermögenstransfers (unter den Referenznummern über das Sammelkonto) aber infolge erzielter Provisioneinnahmen im Verfahren gegen die Bank konkret beziffert werden konnte,[939] wurde die Geldbuße gegen die Bank, also de facto gegen das Unternehmen, festgesetzt. Ob nun die Vorteile der Tat als Geldbuße oder als noch einzuführende Geldstrafe abgeschöpft werden, kann für die Praxistauglichkeit einer Norm nicht von entscheidender Bedeutung sein. 4,15 Millionen DM wurden in diesem Beschluss als Gewinnabschöpfung im Sinne des § 17 IV OWiG festgesetzt[940], der über § 30 III

936 Weitere Vorschriften de lege lata, die sich gegen die Unternehmen richten sind: § 10 II WiStG, §§ 35, 51 GewO; § 16 III HandwO; § 20 BImschG; § 396 AktG; § 62 GmbHG; § 17 I i.V. mit III VereinG, § 43 BGB.

937 Vgl. *Hetzer*, „Schuldlose Sanktionsobjekte?", in: *wistra* 1999, 361 ff. (366).

938 DStRE 1999, 618; dazu *Werner*, Praxis SteuerstrafR 99, S. 50 ff.

939 Vgl. Beschluss des LG Bielefeld vom 16.3.1999, S.3; DStRE 1999, 618.

940 Sinn des § 17 IV OWiG ist es, den Täter einer Ordnungswidrigkeit so zu stellen, dass er im Ergebnis von seiner Handlung keinen Vorteil behält, sondern über das

OWiG Anwendung findet. Als Sanktion wurde dagegen nach Maßgabe des § 30 II 1 Nr.1 OWiG eine Geldbuße in Höhe von 850.000 DM gegen die Bank selbst festgesetzt. Es könnte also diskutiert werden, dass man den Bankmitarbeiter als „Werkzeug" des Systems von dem Makel einer Strafverurteilung freistellt, das Unternehmen dafür ordnungswidrigkeitenrechtlich alle rechtswidrig erlangten Vorteile herausgibt und eine zusätzliche (Einzel-)Geldstrafe gegen den Bankmitarbeiter bzw. eine Verwarnung mit Strafvorbehalt[941] unterbleiben könnte. Abzuwarten bleibt im Übrigen, inwieweit durch das Urteil des BGH in BGHSt 46, 107 ff. eine weitere Norm des Ordnungswidrigkeitenrechts in den Mittelpunkt der strafrechtlichen Diskussion rückt: § 130 OWiG (Verletzung der Aufsichtspflicht in Betrieben und Unternehmen). Anknüpfend an ein *„System mit zentraler Steuerung"* und die nunmehr durch den BGH bejahte Strafbarkeit eines Kundenberaters wegen Beihilfe zur Steuerhinterziehung ist es nicht unwahrscheinlich, dass die Staatsanwaltschaften zumindest vom Vorliegen einer sanktionsbewehrten Aufsichtspflichtverletzung der Führungsebene der Bank ausgehen; diese Verletzung wiederum wäre dann eine taugliche Anknüpfungstat für eine unternehmensbezogene Geldbuße gemäß §§ 30, 17 IV OWiG.[942] Festzuhalten ist aber, dass die vom LG Bielefeld verhängten Unternehmensgeldbußen an den individualstrafrechtlichen Vorwurf einer Beihilfe zur Steuerhinterziehung (§ 370 AO, § 27 StGB) anknüpfen. Ferner bestand das Verhalten der deutschen Banken nicht nur aus der Summe der Individualverhaltensweisen ihrer Mitglieder und Organe, sondern konnte infolge von Organisationssteuerung und von Gruppeneffekten auch als selbständig und begrifflich abgrenzbar verstanden werden. Deshalb liegt für die Zukunft die Anwendung des selbständigen Sanktionsinstruments des § 30 OWiG nicht fern.

Maß der gezogenen Vorteile hinaus eine geldliche Einbuße hinnehmen muss. Vgl. *Göhler*, OWiG, 12. Aufl. (1998), § 17 Rn.38. Untere Grenze für die Geldbuße ist der wirtschaftliche Vorteil. Auf diese Weise soll ein unlauteres Gewinnstreben bekämpft werden und sichergestellt sein, dass die Höhe der Geldbuße in einem angemessenen Verhältnis zur Bedeutung der Ordnungswidrigkeit und zu dem erzielten Gewinn steht. Das gesetzliche Höchstmaß der Geldbuße darf deshalb kein Hindernis sein, ein solches Verhältnis herzustellen.

941 So das Strafmaß im Urteil des LG Wuppertal, in: wistra 1999, 473 ff; BGHSt 46, 107.

942 Dazu auch: *Wegner*, „Ist § 30 OWiG tatsächlich der Königsweg in den Banken-Strafverfahren?", in: NJW 2001, 1983 ff.

3. *Schuldprinzip und Grundsatz der Verhältnismäßigkeit als Gegenargumente gegen die reine Unternehmensstrafe*

Gegen die Einführung einer Unternehmensstrafe spricht, dass das Bundesverfassungsgericht die Geltung des Schuldprinzips, welches dem materiellen Strafrecht zugrunde liegt, und die Geltung des Verhältnismäßigkeitsgrundsatzes als unverzichtbare Voraussetzungen einer verfassungsmäßigen Strafgesetzgebung und Judikatur ansieht. Dies müsste bei einer etwaigen Neuregelung des Unternehmensstrafrecht in jedem Fall berücksichtigt werden. Die besseren Argumente sprechen aber dafür, weiterhin mit der „Troika des Ordnungswidrigkeitenrechts" (§§ 9, 30, 130 OWiG) zu operieren und das dort geltende Recht zu verschärfen. Ob eine „Geldbuße" (nach OWiG) oder eine Geldstrafe (nach dem StGB) verhängt wird, scheint auf den ersten Blick sekundär: Von primärer Bedeutung ist für den Staat, dass alle Vermögensvorteile aus den Wirtschaftsstraftaten dem betreffenden Unternehmen entzogen und vollstandig abgeschöpft („abgesaugt") werden. Nur so kann auch die organisierte Kriminalität in ihrer Existenz wirksam bekämpft werden, was auch das Geldwäschegesetz sehr gut zum Ausdruck bringt.

4. *Kein Verstoß gegen den Grundsatz ne bis in idem (Art. 103 III GG) bei „Bestrafung" von Bank und Bankorgan*

Bei einer solchen Bestrafung von Bank und Bankorgan allein mit Hilfe des Ordnungswidrigkeitenrechts liegt auch kein Verstoß gegen den Verfassungsgrundsatz „ne bis in idem" (Verbot der doppelten Ahndung einer Handlung, Art. 103 Abs.3 GG) vor.[943] Denn die Individualsanktion (Strafe bzw. Geldbuße) ist gegen den Täter einer Straftat oder Ordnungswidrigkeit gerichtet, während die Verbandsgeldbuße gegen die juristische Person oder den Personenverband gerichtet ist. Von daher kann in der „doppelten" Ahndung von Organen einer juristischen Person und der juristischen Person selbst oder einem Personenverband kein Verstoß gegen Art. 103 III GG gesehen werden.[944] Einleuchtend ist dabei, dass bei der Festsetzung der Individualsanktion eine gegen die juristische Person oder den Personenverband gerichtete Verbandsgeldbuße mitberücksichtigt wird, wenn der Täter unmittelbar durch die Verbandsgeldbuße betroffen ist. Schon im Hinblick auf den Verfassungsgrundsatz „ne bis in idem" ist es auch ratsam, die Entscheidung über die Rechtsfolge der Geldbuße, die gegen die juristische Person in Be-

---

943 *Göhler*, OWiG, 12.Aufl.,1998, § 30 Rn. 29.
944 OLG Hamm NJW 1973, 1851, 1853; OLG Celle NdsRpfl. 1975, 125 ff.

tracht kommt, mit der Entscheidung über die Tat des Organs zu verbinden,[945] und nur unter den Voraussetzungen des § 30 IV 1 OWiG ein selbständiges Verfahren zwecks Festsetzung einer Geldbuße gegen eine juristische Person zuzulassen. Denn die Gefahr einer doppelten Ahndung ist dann nicht auszuschließen, wenn beide Sanktionen (Geldbuße gegen ein Organ auf der einen Seite und Geldbuße gegen die juristische Person auf der anderen Seite) getrennt voneinander verhängt werden. Nicht von vorneherein ausgeschlossen ist aber, dass nach Festsetzung der Verbandssanktion noch ein Strafverfahren gegen das Bankorgan oder den Bankmitarbeiter stattfindet, der vorsätzlich und schuldhaft die „Anknüpfungstat" (Beihilfe zur Steuerhinterziehung gemäß §§ 370 AO, 27 I StGB) begangen hat, denn das Gesetz sieht in dieser Hinsicht keine Sperrwirkung vor.[946] Allerdings muss dann wiederum bei der Festsetzung der Sanktion gegen den Bankmitarbeiter selbst mitberücksichtigt werden, inwieweit er selbst durch die Verbandssanktion gegen die Bank wegen einer vermögensrechtlichen Beteiligung an ihr bereits eine wirtschaftliche Einbuße erlitten hat.

VII. Das Problem im Steuerstrafrecht: Verhinderung der Tat durch Verpflichtung eines Dritten

Im Steuerstrafrecht ist eine Verlagerung von staatlicher Kontrolle zur Kontrolle eines Dritten sichtbar und fast schon selbstverständlich. So führt auch *Tipke* aus[947], dass der deutschen Finanzverwaltung durch einen „Mittelsmann" die Beschaffung von Unterlagen einer Luxemburger Bank durch einen Angestellten der Bank offeriert wurden – gegen eine entsprechende Vergütung. *Tipke* meint, es sei diesbezüglich ein Beweisverbot gegeben oder eine Umgehung des völkerrechtlichen Beweisverbotes, wenn deutsche Finanzbehörden bezahlte ausländische Bankangestellte als „verlängerten Arm oder als Werkzeug" für Ermittlungen (wie die Erteilung von Auskünften, Lieferungen von Kopien von Bankunterlagen) benutzen würden. Bankangestellte würden dadurch mit korrupten Mitteln zu einem Verrat von Bankgeheimnissen angestiftet.[948] Es ist offensichtlich effektiver, die Besteuerung auf ganz andere Weise sicherzustellen, als zutreffende Angaben zur

---

945 Begr. Zu § 19 EOWiG = 30, BT- Drucksache V / 1269, S.61. Im übrigen: *Rebmann, Roth/ Herrmann*, „Gesetz über Ordnungswidrigkeiten", 3. Auflage, Stand: April 1998, § 30 Rn. 38.

946 Begr. 2. WiKG, BT- Drucksache 10 / 318, S. 41.

947 *Tipke*, „Zur Steuerfahndung bei Banken und Bankkunden, in: BB 1998, 241 ff. (245).

948 *Tipke*, „Zur Steuerfahndung bei Banken und Bankkunden", in: BB 1998, 241 ff (245).

Feststellung der richtigen Besteuerung über § 370 AO zu erzwingen. Das Verhältnis vom Steuerpflichtigen zum Staat ist nicht mehr allein zu normieren, sondern es ist tatsächlich zu überlegen, *einen privaten Dritten* einzubeziehen. Immer dann, wenn der steuerpflichtige Bürger auf die Dienste Dritter angewiesen ist und sie tatsächlich in Anspruch nimmt, lässt sich dieser Dritte steuerrechtlich in die Pflicht nehmen. Evident ist das insbesondere für die Abführung der Lohnsteuer. Es ist ineffektiv, im Hinblick auf das Steueraufkommen darauf zu vertrauen und strafrechtlich sicherstellen zu wollen, dass einzelne Bürger zutreffende Angaben über ihre Einkünfte machen, sondern einfacher, den Arbeitgeber zur Abführung der Lohnsteuer im Wege des Abzugsverfahrens gesetzlich zu verpflichten. Selbiges gilt dann aber für die Besteuerung von Zinseinkünften.[949] An die Stelle von steuerstrafrechtlicher Durchsetzung von Steueransprüchen oder umfassender eigener Ermittlungen der Finanzbehörden kann die Besteuerung in Form der Quellensteuer treten. Inländische und ausländische Bankinstitute werden verpflichtet, den Steuerabzug vollständig für ihre Kunden vorzunehmen und das Delikt der Steuerhinterziehung von Kapitaleinkünften wird damit zumindest teilweise unmöglich. Es bedarf insoweit keines gesetzlichen Straftatbestandes mehr, um die Erfüllung steuerrechtlicher Pflichten durchzusetzen.

Vom Bundesverfassungsgericht wird eine im Wirtschaftsstrafrecht gängige Argumentation ebenfalls zu Recht verworfen: Die strafrechtliche Norm des § 370 AO ist im Vergleich zur Quellensteuer nicht als das mildere Mittel anzusehen, welches erst dann eingesetzt werden dürfte, wenn strafrechtliche Mittel versagen.[950] Ein solches Argument ist aus mehreren Gründen nicht stichhaltig. Erstens wird der strafrechtlichen Norm außer der zu erzielenden Abschreckung eine besondere Aufgabe abgesprochen – so kann das Strafrecht aber nicht hinreichend erklärt werden. Ist man aber anderer Meinung und sieht die *Inpflichtnahme eines privaten Dritten* als das vergleichsweise schwerere Mittel an, da der Kreis der Verpflichteten insgesamt ausgedehnt wird, geht es zweitens ebenso wie bei der Prüfung der Erforderlichkeit strafrechtlicher Mittel darum, dass im Hinblick auf Verfassungsrecht bedenklich sein müsste, dass eine weitergehende Regelung mehr Wirkung erzielen kann. Das ist nicht der Fall: Schon immer dann, wenn durch eine alternative Regelung mehr Schutz zu erwarten ist als durch die strafrechtliche Norm, ist der Einsatz der weitergehenden Regelung auch erforderlich. Und für den Bereich des Steuerrechts liegt es auf der Hand, dass die Besteuerung der Zinseinkünfte in Form einer Quellensteuer im Wege eines international (eu-

949 Siehe BVerfGE 84, 239 ff. . Vgl. auch *Blesinger*, „Materielle Steuerpflicht“, in: NJW 2001, S. 1459 ff. (1463) zur Inpflichtnahme von Banken (privaten Dritten).

950 Vgl. BVerfGE 84, 239, 279 ff..; ebensowenig ist § 370 AO das vergleichsweise schärfere Mittel, da sich die steuerrechtlichen Pflichten grundsätzlich ändern, wenn ein weiterer Normadressat hinzukommt.

ropaweit) gültigen Abzugsverfahrens unter Einschaltung der Banken erfolgversprechender ist als eine strafrechtliche Lösung. Gegen das Ziel, eine bessere Effektivität der Durchsetzung von Normen zu erreichen, ist im Grundsatz nichts einzuwenden, solange dabei die Grundrechte beachtet werden. Das nationale Interesse an einer möglichst perfekten Steuererhebung stößt zudem auf europäische Grundfreiheiten („Kapitalverkehrsfreiheit", Art. 73 d EGV). Zwar garantiert Art. 73 d EGV, dass die Mitgliedstaaten bestimmte Maßnahmen treffen dürfen, um die Versteuerung sicherzustellen. Diese Maßnahmen dürfen jedoch nicht auf verdeckte Beschränkungen des freien Kapital- und Zahlungsverkehrs hinauslaufen (Art. 73 d Abs. 2 EGV). Übermäßige Kontrollen der Behörden könnten dazu führen, dass auch redliche deutsche Steuerpflichtige gehemmt werden, Kapital in andere EU-Staaten zu transferieren.[951]

Im Steuerstrafrecht darf es aber nicht um die vollständige staatliche Kontrolle einzelner gehen. Läßt sich das Ziel der möglichst vollständigen Verhinderung von Steuerstraftaten, die potenziell von jedermann in mannigfaltiger Art begangen werden können, nur dadurch erreichen, dass man bestimmte Personen (z. B. Bankmitarbeiter und Organe der Bank) allgemein überwacht und dadurch nicht erträgliche und im Vergleich zur strafrechtlichen Regelung grundsätzliche Freiheitsbeschränkungen des einzelnen vornimmt, so ist das mit der Verfassung nicht vereinbar. Nicht die persönliche, allgemeine Lebensführung darf überwacht werden, sondern lediglich das Verhalten in einem spezifischen *geschäftlichen* Pflichtenkreis.[952] Deshalb darf das *allgemeine* private Verhalten des einzelnen nicht einfach als potenzielles Risiko definiert werden, weil es zur Verwirklichung von Delikten kommen kann; anderenfalls würde man die Grundlage einer freien Gesellschaft in Frage stellen.

Anders verhält es sich dagegen im *geschäftlichen* Bereich, da es dort um die Durchsetzung ganz spezifischer, beschränkter Pflichten geht. Selbst wenn hier eine strafrechtliche Lösung für ausreichend gehalten werden sollte, ist das nur überzeugend, wenn strafprozessual sichergestellt worden ist, dass die Steuerbehörden die notwendigen Informationen zur Feststellung der Steuerpflicht des einzelnen erlangen können, und zwar nicht nur im Einzelfall, sondern systematisch.[953] Das bedeutet, dass ein Zugriff insbesondere auf die Daten von Kreditinstituten über die Konten von Steuerpflichtigen möglich sein muss. Auch die strafrechtliche Regelung könnte also voraussetzen, dass potenziell – unter bestimmten Verdacht – die Konten von der Behörde überprüft werden können. Deshalb geht

951 *Joecks*, „Die Stellung der Kreditwirtschaft im steuerstrafrechtlichen Ermittlungsverfahren", in: WM-Sonderbeil. Nr.1, 1998, S. 16.

952 Vgl. auch BVerfGE 67, 100, 143.

953 Siehe BVerfGE 84, 239, 275.

das Bundesverfassungsgericht zu Recht davon aus, dass die Beschränkungen des § 30a AO mit der Rücksichtsnahme auf ein angebliches Vertrauensverhältnis zwischen Kreditinstitut und Kunden[954] verfassungsrechtlich nicht geboten ist.[955] Das BVerfG lässt es offen, ob der Informationszugriff auf das private Finanzkapital und seine Erträge überhaupt vom verfassungsrechtlichen Schutz persönlicher Daten umfasst ist.[956] Da durch das Steuergeheimnis des § 30 AO sowie des § 355 StGB gesichert ist, dass die Informationen nicht weitergegeben oder zweckwidrig verwendet werden, besteht jedenfalls kein Grund, nicht eine Einschränkung des Grundrechts auf Schutz der persönlichen Daten vorzunehmen.[957] Pointiert formuliert: Es besteht keine Veranlassung, auf das Vertrauensverhältnis zwischen Bank und Kunden Rücksicht zu nehmen – außer man will Steuerhinterziehungen aus „gesamtwirtschaftlichen Gründen“[958] nicht nachhaltiger als bisher bekämpfen. Da die Lösung gesamtwirtschaftlicher Probleme als Folge gesetzmäßiger Besteuerung freilich kaum in gerechter Weise dadurch zu erreichen ist, dass die Rechtstreuen ihre Steuerpflicht erfüllen, für die anderen aber auf die Besteuerung verzichtet wird, ist zur Behebung von Folgeproblemen ein anderer Lösungsweg zu beschreiten.[959] Dass das Zinsabschlagsgesetz, durch das der Gesetzgeber auf die Entscheidung des BVerfG reagierte, diesen Weg konsequent verfolgt, läßt sich nur schwer behaupten.[960] Da von den Banken nur ein Zinsabschlag in Höhe von 30 % einbehalten wird und anonym an die Finanzbehörden weitergeleitet wird[961], ist es für Steuerpflichtige mit höherem Einkommenssteuersatz immer noch gewinnbringend, Zinseinkünfte nicht zu erklären, um die gesetzlich vorgesehenen Steuern nicht in voller Höhe zu begleichen. Die vom BVerfG angenommene Wirkung des § 30 a AO, ein Klima der Zurückhaltung und des Zögerns bei der Besteuerung von Kapitaleinkünften zu schaffen, besteht

---

954 Überzeugender ist es, von gesetzlicher Tolerierung der Steuerverkürzung zu sprechen. Vgl. *Reiß*, „Die Hinführung zur Steuerehrlichkeit“, in: ZRP 1989, 168, 169.

955 BVerfGE 84, 239, 279 ff.

956 BVerfGE 84, 239, 280.

957 BVerfGE 84, 239, 280 ff..

958 Vgl. BVerfGE 84, 239, 258, 265 ff.

959 BVerfGE 84, 239, 273 ff.

960 Bedenken dazu im Missbrauchsbericht zum Solidarpakt von BMF *Waigel*, in: Die Steuer-Gewerkschaft 5/1993, 56,57. Kritisch auch *Neckels*, StW 1993, 61, 62, 67. *Streck*, in: DStR 1993, 342, bezeichnet das Gesetz als „Zinssteuerhinterziehungsprivilegierungsgesetz“.

961 Nach § 45 d EStG kann das Bundesamt für Finanzen flächendeckend eine Kontrolle der Freistellungsaufträge der Steuerpflichtigen vornehmen, die solche in Auftrag gegeben haben, um zu verhindern, dass die Freistellungsgrenze mehrfach in Anspruch genommen wird. Zinsen, Kontostände oder Depotwerte sind nicht zu melden.

nach wie vor, so dass wiederum nur in Ausnahmefällen die nicht vollständige Erfüllung der Steuerschuld aufgedeckt wird.

Strukturelle Mängel der Durchsetzung von Rechtsnormen können durch andere als strafrechtliche Regelungen weitgehend beseitigt werden, und zwar ohne Ausweitung heimlicher staatlicher Eingriffs- und Zwangsbefugnisse. Das hat allgemein zur Voraussetzung, dass neben dem eigentlich Verpflichteten noch weitere, von ihm unabhängige Personen entweder zur Einziehung der Steuern (z.B. im Wege des Steuerabzugsverfahrens) im Bankbereich oder zur Weitergabe von Informationen über die relevanten Geschäftstransaktionen verpflichtet werden. Durch Einschaltung eines Dritten wird die ursprünglich nur zweiseitige Beziehung vom eigentlich gesetzlich Verpflichteten und Staat aufgelöst: Der Dritte erledigt die Kontrollfunktion des Staates – allerdings, ohne selbst zu kontrollieren. Der ursprünglich Verpflichtete kann die Interaktion über den Steueranspruch nicht einfach abbrechen oder ausschließen, da die Beziehungsstruktur grundlegend geändert würde. Das kann aber nur dann und insoweit von Erfolg gekrönt sein, als der Steuerpflichtige die Dienstleistung des Dritten (Bank) auch tatsächlich in Anspruch nimmt. Es gibt zwar keine Garantien, dass dieser Dritte die ihm aufzuerlegenden Verpflichtungen erfüllt. Eine Vermutung geht aber in die Richtung, dass der Dritte (die Bank) dann kein Interesse an einer Nicht-Erfüllung seiner Pflichten haben wird, wenn ihm selbst keine Nachteile aus der Erfüllung drohen. Nimmt man deshalb den Ausschluß derjenigen Nachteile an, die der Dritte (Bank) dadurch erleiden kann, dass das Kapital nicht mehr bei ihm selbst, sondern im Ausland angelegt wird, indem eine solche Anlage im Hinblick auf die Steuerhinterziehung ebenfalls unattraktiv wird (Steuerabzug bei ausländischen Kapitaleinkünften), und erstattet ihm die entstehenden Kosten der Informationsweitergabe oder der Abführung der Steuer, besteht für ihn in der Regel kein Grund, der auferlegten Pflicht nicht zu genügen. Ohne eine abgestimmte *europaeinheitliche* Regelung (beispielsweise die viel diskutierte *„Abgeltungssteuer“*[962] mit endgültigem und einheitlichem Steuersatz) ist es allerdings nicht zu verhindern, dass Einnahmen von Steuerpflichtigen verschwiegen und ohne Umweg der Inanspruchnahme eines Kreditinstitutes direkt im Ausland angelegt werden, genauso wenig wie kollusives Zusammenwirken von Steuerpflichtigen und Drittem (Bank). Eben das wären jedoch die Fallkonstellationen, die von einer strafrechtlichen Regelung aufgefangen werden können: Sie dient dem Zweck, sicherzustellen, dass die neue Struktur der Besteuerung eingehalten und nicht umgangen wird. Ein Grundrisiko der Umgehung besteht latent aber immer.

---

962 Vgl. z.B.: F.A.Z., 07. Juni 2001, Seite 33 zum Lieblingsprojekt der EU. Österreich und Luxemburg wollen dabei erreichen, dass auch die Schweiz am Projekt beteiligt wird.

4. Teil: Zusammenfassung und Ergebnisse der Untersuchung

I. Ergebnisse für das Steuerstrafrecht und den Ausgangsfall

Bei der zusammenfassenden Würdigung der gefundenen Ergebnisse ist von Bedeutung, dass bisher der Allgemeine Teil des StGB mit samt seiner Beihilfevorsatzrechtsprechung über § 369 II AO vorbehaltslos auf das Steuerstrafrecht übertragen wurde, ohne die Besonderheiten der Beihilfehandlungen in diesem Rechtsgebiet angemessen zu würdigen. Da sich jede künftige Weiterentwicklung und Änderung des Allgmeinen Teils und seiner Vorsatzlehren ohne weiteres auf das Steuerstrafrecht auswirken, liegt hier die Ursache für eine bisher fehlende Auseinandersetzung mit den Charkeristika dieses Rechtsgebiets und der fehlenden Beleuchtung der inneren Tatseite bei der Beihilfe zur Steuerhinterziehung. Wenn man unter Regressverbot das Verbot versteht, die zu einem strafbaren Erfolg führende Kausalkette hinter eine frei verantwortliche vorsätzliche menschliche Handlung zurückzuverfolgen,[963] kann dies zunächst dazu führen, dass bei der frei verantwortlichen Steuerhinterziehung des Bankkunden keine Zurückverfolgung auf die sehr weit früher erfolgten Kausalbeiträge des Bankmitarbeiters und der Bank selbst („Systembildung") möglich ist.

Wenn aber die Strafbarkeit der Beihilfe (und auch der Anstiftung) als gesetzliche Ausnahmen vom Regressverbot damit erklärt werden, dass der Teilnehmer vorsätzlich und in gewissem Sinne in Gemeinschaft mit dem Haupttäter handelt[964], kann nur das *sichere Wissen* um die zeitlich nachfolgende Steuerstraftat die Strafbarkeit wegen Beihilfe zur Steuerhinterziehung im Ausgangsfall begründen. In diesem Fall gibt es kein erlaubtes Risiko mehr, der Vertrauensgrundsatz trägt dieses Verhalten beim Handeln mit dolus directus zweiten Grades nicht mehr, und das grundsätzlich geltende Eigenverantwortungsprinzip im Strafrecht wird dann, aber *nur* dann, durchbrochen. Das im Steuerstrafrecht schwer nachweisbare voluntative Vorsatzelement ist dann im subjektiven Tatbestand nur noch von untergeordneter Bedeutung.

---

963 Nach der klassischen Lehre vom Regressverbot unterbricht die freie Handlung bereits den Kausalzusammenhang, weil der Wille causa sui ist. Dazu: *Roxin*, FS-Tröndle (1989), 177 ff..

964 Vgl. *Köhler*, AT, S. 146, anders aber S. 195; *Otto*, in: Maurach-FS, 1972, S.91 ff. (98).

Die Strafbarkeit von Anstiftung und Beihilfe (§§ 26, 27 I StGB) beweist deutlich, dass es in gewissen Fällen Pflichten des Individuums zur Vermeidung der Mitursächlichkeit für Vorsatztaten Dritter geben muss.[965] Die professionelle Ausübung eines Berufes kann – wie jede allgemein zulässige Tätigkeit – unerlaubt werden, wenn sie im Einzelfall für das jeweils geschützte Rechtsgut gefährlich ist, und der Tatbeteiligte dies weiß oder hinreichende Indizien dafür hat. *Per se erlaubte Verhaltensweisen gibt es nicht.* Auch die Ausübung einer beratenden Tätigkeit oder sonst einer sozialen Rolle gibt kein Recht auf Ignoranz, jedenfalls dann nicht, wenn Sonderwissen bewusst und gezielt eingesetzt wird, um den Kunden vor den Strafverfolgungsorganen zu schützen.[966] Dann ist in jedem Fall die Grenze des Sozialüblichen und Berufstypischen deutlich und objektiv erkennbar überschritten.

Das Sonderwissen begründet eine *Sonderverhaltenspflicht* dahingehend, auf die subjektiv *sicher* vorauszusehenden Deliktspläne des Kunden Rücksicht zu nehmen und Dienstleistungen sogar abzulehenen (vgl. dazu auch Teil 2 dieser Arbeit unter Ziff A. III). Bei bloßem ernstlichem Fürmöglichhalten einer Steuerstraftat aber, wie es jeder unbeteiligte Dritte auch für möglich hält, dass zwischen 1993 und 1996 bei der Kapitalanlage im Ausland Steuern hinterzogen wurden, ist die Grenze des Sozialüblichen nicht überschritten. Der Vorsatz ist zu unbestimmt und das relevante Risiko, das geschaffen wurde, noch nicht *so hoch*, weil der Bankkunde auch in manchen (freilich selteneren) Fällen durch die Kapitalanlage ohne etwaige deliktische Absichten nur einen Liquiditätsvorteil im Ausland oder Zins- und Währungsvorteile bzw. schlichte Geheimhaltung des Existenz von Kapital vor Familienmitgliedern erstrebte. Erst bei *sicherem Wissen* um den Tatplan des Kunden scheiden die anderen Motive für den Geldtransfer aus.

Der BGH[967] scheint dieser Ansicht nun – allerdings ohne befriedigende Begründung – auch beizupflichten, wenn er in seinen Urteilen für den beratenden Rechtsanwalt und den beratenden Bankangestellten ausführt, dass diese keine strafbare Beihilfehandlungen begehen, wenn sie *nur* „ernstlich für möglich halten, dass ihr Tun zur Begehung von Straftaten benutzt werde, es sei denn, das von ihnen *erkannte* Risiko war *derart hoch*, dass sie sich mit ihren Hilfleistungen die Förderung eines erkennbar tatgeneigten Täters angelegen sein ließen.“ Diese Rechtsprechung soll nun für *alle* berufstypischen Handlungen gelten. Ein er-

---

965 Ähnlich auch: NK- *Puppe*, Vor. § 13 Rn. 155 und Teil 2 dieser Arbeit unter A. III.).

966 Im Ergebnis ähnlich das Urteil des LG Wuppertal, in: *wistra* 1999, 473 ff (475, lk. Sp.); bestätigt durch BGHSt 46, 107 ff.

967 Vgl. zu dieser wichtigen Entscheidung auch: BGHSt in: wistra 1999, 459 ff. (459, 460); siehe auch *Wohlers*, „Hilfeleistung und erlaubtes Risiko“, in: NStZ 2000, 169 ff.; und jetzt bestätigend in BGHSt 46, 107 ff.; Teil 2 dieser Arbeit unter Ziff. A. III..

kanntes Risiko für ein geschütztes Rechtsgut setzt aber *Wissen* um bestimmte Kausalverläufe voraus. Wie im Teil 2 dieser Arbeit gezeigt wurde, sind das Wissen um Tatbestandsmerkmale und das *Wissen* um Kausalität und die Auswirkungen einer Handlung verschiedene Wissensinhalte. Dies muss auch bei der steuerstrafrechtlichen Beihilfezurechnung beachtet werden, denn der bewusst Fördernde steht der Haupttat viel näher als der sie nur ernstlich für möglich haltende Berater.

Demgegenüber verknüpft der BGH im Ergebnis bei „berufstypischem Verhalten" den Grad der Risikoerhöhung der Teilnehmerhandlung für das geschützte Rechtsgut mit den Anforderungen an das *intellektuelle* Vorsatzelement der Beihilfe bei der wirtschaftlichen Beratung. *Je höher* das geschaffenene Risiko für das Rechtsgut ist, *desto geringer* sind die Anforderungen an die intellektuelle Komponente beim Gehilfenvorsatz. Ganz ähnlich verlangt das neuere Schrifttum bei Banktätigkeiten[968] entweder Kenntnis des Beraters von den Plänen des Kunden oder – bei dolus eventualis – wenigstens *zusätzlich* dazu „erkannte Tatgeneigtheit" des Kunden, um die Beihilfestrafbarkeit zur Steuerhinterziehung zu begründen. Erkannte Tatgeneigtheit und bedingter Vorsatz (ernstliches Fürmöglichhalten einer Steuerstraftat) schließen sich aber, was auf Grund der auf Warenverkauf und nicht spezifisch auf Bankdienstleistungen bezogenen Erörterungen nicht gesehen wird, begrifflich aus (vgl. auch Teil 2 dieser Arbeit unter B. II.). Denn der bedingte Vorsatz verlangt in kognitiver Hinsicht per definitionem keinerlei konkrete Kenntnis.[969] Im Übrigen spricht gegen den BGH, dass die Förderung „erkennbarer Tatgeneigtheit" kein allgemeine Geltung beanspruchendes Zurechnungskriterium[970] ist und dogmatisch eher in den Bereich der Fahrlässigkeitszurechnung gehört und nicht zum Vorsatzbereich (vgl. dazu auch Teil 2 unter A. III. 3. und B. I. 7.). Gegen die vom BGH im Steuerstrafrecht befürwortete *Verbindung von Vorsatz und Risiko* beim Eventualvorsatz spricht, dass durch diese Konstruktion der Beihilfetatbestand in den Bereich der Gefährdungsdelikte gedrängt wird und subjektiv eine Vermischung aus Versuchs- und abstrakten Gefährdungselementen de facto stattfindet.[971]

Gerade aber im Steuerstrafrecht ist der grundsätzlich für das Kernstrafrecht, also den Besonderen Teil des StGB, konzipierte objektive Tatbestand „Hilfe leisten" des § 27 I StGB, der über den Verweis in § 369 Absatz 2 AO in das Steuerstrafrecht integriert wird, *zu weit* gefasst. Er verdient deshalb eine tatbestandliche Reduktion in subjektiver Hinsicht. Die Beihilfe zu einem Vermögensdelikt und

---

968 Vgl. *Wohlleben*, „Beihilfe durch äußerlich neutrale Handlungen", Fall 26, S. 126.
969 *Wessels/Beulke*, AT, 29. Aufl., Rn. 214.
970 S/S-*Lenckner*, Vorb. zu § 13 ff, Rn. 101 c.
971 Zu dieser Argumentation auch: S/S-*Heine*, 26. Aufl., § 27 Rn. 9.

die Beihilfe zur Steuerhinterziehung sind ferner nicht ohne weiteres miteinander vergleichbar, da bei letzterem Tatbestand deliktstypischerweise eine Vielzahl von delikts*vorbereitenden* Verhaltensweisen vom objektiven Wortlaut der Norm erfasst ist. Hinzu kommt, dass es nur für das Delikt der Steuerhinterziehung gemäß § 370 AO „*charakteristisch*“[972] und gerade *typisch* ist, dass der Gehilfe die Tat weit im Vorbereitungsstadium (Planungsstadium) und lange Zeit *vor* der Tatbegehung fördert. Bei den Delikten des Besonderen Teils des StGB ist dieses Handeln des Tatbeteiligten im Vorbereitungsstadium der Haupttat nicht typisch oder charakteristisch: Hier sind in der Regel zwischen dem Tatbeitrag und der Haupttat nicht solche erheblichen Zeitspannen wie im Steuerstrafrecht. Auch deshalb können in Bezug auf den subjektiven Tatbestand der Beihilfe zur Steuerhinterziehung die allgemeinen Lehren der deutschen Vorsatzdoktrin nicht uneingeschränkt übertragen werden (vgl. auch Teil 2 dieser Arbeit unter Ziff. A). Dies muss *auch* bei Überschreiten des „Berufstypischen“, nicht jedoch des berufsrechtlich Zulässigen, gelten, denn allein aus dem Überschreiten des Berufstypischen folgen noch keine Straftaten, hinzu kommt immer noch ein menschlicher Kontakt. Deshalb wären in diesem Falle der Überschreitung von Berufsregeln berufsrechtliche (z.B.: §§ 1 II, 33 I 2 KWG) oder haftungsrechtliche Konsequenzen noch ausreichend; das Strafrecht muss bei einem Verstoß gegen Berufsregeln nicht sofort herangezogen werden. Hinzu kommt, dass im Ausgangsfall ein Verstoß gegen die AO (§ 154 AO) nicht vorliegt (Teil 1 dieser Arbeit unter Ziff. III. 1.) und keine Vermögensbetreuungspflicht der Bank gegenüber dem Fiskus besteht. Nur bei *sicherer Vorhersicht* im Sinne dolus directus zweiten Grades korrespondiert Wissen mit einer *gesteigerten* Verantwortung für das vorsätzliche Fehlverhalten Dritter bei wirtschaftlichem Handeln, wo *besonders* eigenverantwortlich gehandelt wird. Zudem sind Transfers über Cpd-Konten ausländischer Tochterbanken bei der Mutterbank in Deutschland de lege lata zulässig, weshalb allein aus der Konteninstallation nicht auf einen „speziellen Zuschnitt“ auf etwaige steuerdeliktische Pläne der Bankkunden geschlossen werden darf (vgl. dazu Teil 1 der Arbeit unter Ziff. I. und III.). Im Ausgangsfall (Teil 1 der Arbeit unter Ziff. I.) ist nach den hier gefundenen Ergebnissen der handelnde Bankmitarbeiter nur dann strafbar, wenn er die Steuerhinterziehung des Kunden bei der Beratung als notwendige Auswirkung seines Tuns als *sicher* vorausgesehen hat. Dies muss ihm im Strafprozess wegen der Unschuldsvermutung an Hand des gegebenen Sachverhalts nachgewiesen werden. Im Falle des Wuppertaler Bankangestellten, dessen Bestrafung der BGH aufrecht erhielt, war die Beweissituation in Bezug auf das Wissen des Beraters eindeutig, so dass auch ohne Aufstellung neuer

972 So auch ganz richtig gesehen vom LG Wuppertal in einem Strafverfahren gegen einen Bankmitarbeiter, vgl. dazu Teil 2 unter A. III. dieser Arbeit.

Grundsätze für berufstypisches Verhalten eine Verurteilung wegen direktem Vorsatzes zweiten Grades hätte erfolgen müssen.

II. Vergleichende Ergebnisse

Stellt der Gesetzgeber aber erhöhte Anforderungen an die Strafwürdigkeit deliktsunterstützenden Verhaltens, kommt dies – wie bei der Strafvereitelung oder Begünstigung (§§ 258, 257 StGB) – gerade in der Formulierung des *subjektiven* Tatbestands zum Ausdruck (vgl. auch Teil 3 dieser Arbeit). Dass dies bei der Beihilfe unterlassen wurde, muss entgegen der Auffassung anderer Stimmen[973] nicht als gesetzgeberische Entscheidung respektiert werden,[974] da der Gehilfe im Steuerstrafrecht den Kausalverlauf in seinen wesentlichen Zügen nie überblicken kann.[975] Bei Tatbeständen mit typischer starker Affinität zu „geschäftsüblichem" Verhalten – wie es die §§ 257, 258, 259 StGB sind – dienen dort die verlangten *qualifizierten* Vorsatzformen (Absicht als schärfste Form des Vorsatzes) der Abschichtung rechtlich tolerierter von rechtlich missbilligten Verhaltensweisen. Deshalb erscheint es folgerichtig, wenn – im Steuerstrafrecht – gerade auch im Hinblick auf die *Subjektivierungstendenzen* bei den anderen rechtsberatenden Berufen (Notar, Steuerberater, Rechtsanwalt) wie oben in Teil 2 unter Ziff. B. III. ausgeführt, beim Beihilfetatbestand die subjektiven, intellektuellen Anforderungen zu *verstärken.* Zwar ist für eine Strafbarkeit absichtliches Handeln nicht zu verlangen, sondern *sicheres Wissen* oder sichere Voraussicht auf Grund hinreichender Indizien im Hinblick auf das Verhalten des Beraters (Beratung, Geldtransaktion und Bereitstellen des Kontensystems). Ein auf fünf Jahre bezogener Gehilfenvorsatz verbietet sich entgegen dem Urteil mancher Gerichte und insbesondere entgegen BGHSt 46, 107 ff. (vgl. Teil 2 dieser Arbeit unter Ziff. A. III. Ziff. 2. und 3.).

Für die subjektive Zurechnung, die im Ausgangsfall *sicheres Wissen* des Bankmitarbeiters von der Haupttat des Kunden *auf Grund hinreichender Indizien* voraussetzt, spricht auch, wie bei den Stimmen im Schweizer und Österreichi-

---

973 Vgl. u.a. *Niedermair*, „Straflose Beihilfe durch neutrale Handlungen", in: ZStW 107 (1995) S. 507 ff. (544).

974 Das LG Wuppertal meint ganz zu Recht, es wäre „*charakteristisch* für das Steuerdelikt, dass das Tatgeschehen oder ein „steuerrelevantes Verhalten" des Tatbeteiligten bereits lange vor der eigentlichen Steuerverkürzung geplant und vorbereitet wird, vgl. Teil 2 dieser Arbeit unter A. III..

975 Zu diesem Dilemma im Steuerstrafrecht: *Kohlmann*, Steuerstrafrecht, § 370 AO Rn. 17 ganz am Ende und Teil 2 dieser Arbeit unter B. II..

schen Schrifttum[976] im Teil 2 dieser Arbeit erörtert wurde, die *Tendenz zur Subjektivierung* bei den Hilfeleistungen vor und während der Tat, was die hier vertretene Forderung nach sicherem Wissen ebenso stützt. Für die Zurechnung im Steuerstrafrecht *nur* bei entprechender Kenntnis spricht auch die Tatsache, dass in anderen Fällen der Wirtschaftskriminalität, z.B. der Online-Kriminalität, ebenfalls „Absicht“ (früher: „Kenntnis“) und nicht „ernstliches Fürmöglichhalten“ bzw. mehr als bedingter Vorsatz des Online-Providers im subjektiven Tatbestand für eine Strafbarkeit gefordert wird.[977] Zuzugeben ist, dass der Wortlaut des § 27 I StGB im Unterschied zu den Hilfeleistungen nach der Tat keine ausdrückliche Einschränkung des subjektiven Tatbestandes enthält. Dies kann aber mangels genauerer Vorsatzdefinition im Allgemeinen Teil des StGB nicht relevant sein: Zweck des Beihilfeverbotes ist es, die Setzung eines unerlaubten Risikos zu unterbinden, und deshalb ist es auch zulässig, den Beihilfevorsatz für das Steuerstrafrecht entsprechend den *konkreten Verantwortungsbereichen* zu bestimmen (vgl. Teil 2 dieser Arbeit unter B. I. 7.). Die Förderung „erkennbarer Tatgeneigtheit“ ist – auch wenn diese tatsächlich bewusst wurde – kein allgemein Geltung beanspruchendes Zurechnungskriterium. Gefährdungsverbote dürfen nicht schon bei Absichten und Neigungen des Bankkunden begründet werden, sonst besteht die Gefahr einer *Misstrauensgesellschaft.*

Gerade aber die *de lege lata* mögliche Strafbarkeit des Bankmitarbeiters bei bloßem „ernstlichem Fürmöglichhalten“, wie das kognitive Vorsatzelement nach der allgemeinen klassischen Vorsatzdogmatik beim *dolus eventualis* definiert wird, führt zum bloßem Bestrafen eines Gedankens und damit zu weitgehendem verfassungswidrigem Gesinnungsstrafrecht, gerade auch in Anbetracht der Lokkerung der Anforderungen an die Bestimmtheit des Gehilfenvorsatzes hinsichtlich der Einzelheiten der Haupttat (2.Teil unter B. II).[978] Im Kreditwesen sollte wegen der Mannigfaltigkeit der Handlungen noch der Vertrauensgrundsatz Geltung beanspruchen. Gleiches gilt auch im Hinblick auf die Besonderheit der steuer(straf-)rechtlichen Haftung des Gehilfen nach §§ 71, 235 AO für die Steuerschuld und Hinterziehungszinsen des Kunden. Diese ist im Gegensatz zur deliktischen Haftung nach §§ 823 II, 830 BGB i.V. m. einem Schutzgesetz aus dem StGB, bei der nur für die *konkrete* eigene Teilnahmehandlung[979] (und nicht für falsche Steuererklärungen in einen Zeitraum von drei oder mehr Jahren)[980] auf Schadensersatz gehaftet wird, Existenz bedrohend und beruht gerade nicht auf

976 Vgl. dazu Teil 2 unter B. I. 8.
977 Vgl. dazu Teil 2 dieser Arbeit unter B. III..
978 Vgl. dazu noch einmal: BGHSt 42, 135 ff oder Teil 2 B. II dieser Arbeit.
979 BGHZ LM § 823 (Be) Nr.4
980 So aber das LG Wuppertal, vgl. Teil 2 dieser Arbeit unter Ziff. A. III..

dem *Willen zur Teilnahme* wie im Zivilrecht.[981] Deshalb ist eine vorbehaltslose Übertragung der allgemeinen Vorsatzlehren auf die Beihilfe zum Steuerdelikt nicht unangreifbar. Diese Unterschiede können auch vom Gesetzgeber nicht ohne weiteres übersehen werden. Das Haftungsrisiko der nachgeordneten Bankmitarbeiter ist es auch, was einige Bankvorstände bewog, die gegen sie erlassenen Strafbefehle – quasi stellvertretend für die einzelnen Bankmitarbeiter – rechtskräftig werden zu lassen.[982] Dies führte zur Einstellung der strafrechtlichen Ermittlungsverfahren gegen Bankmitarbeiter, die bei einer dem Gesetze entsprechenden Auslegung des Beihilfetatbestands im Falle einer nachgewiesenen Beratung mit einem Steuerstrafverfahren hätten rechnen müssen.

Grundsätzlich ist kein menschliches Verhalten, sei es als Träger einer sozialen Rolle, sei es privat ausgeübt, aufgrund seiner äußeren Gestalt und „schlechthin", also unabhängig vom Wissen des Handeln, sozial adäquat oder rollenadäquat (vgl. Teil 2 der Arbeit unter Ziff. A I.).[983] Der Bankmitarbeiter kann sich dann nicht mehr darauf berufen, auf die bloße Prognose oder Hoffnung vertrauen zu dürfen, dass der Bankkunde keine Steuerhinterziehung begeht, wenn nach seinem Wissensstand im Einzelfall *hinreichende Indizien* (vgl. Teil 2 der Arbeit) dafür vorhanden sind, daß seine Handlung kausal für eine Steuerstraftat werden wird. Das Selbstverantwortungsprinzip im Strafrecht, „wonach jedermann grundsätzlich nur dafür verantwortlich ist, dass es durch sein *eigenes unmittelbares* Handeln nicht zu rechtlich missbilligten Erfolgen kommt", wird bei diesem Wissensstand eingeschränkt beziehungsweise durchbrochen. Dies gilt aber nur hinsichtlich der ordnungsgemäßen Versteuerung der Einkünfte aus Kapitalvermögen gemäss §§ 2 I Nr. 5, 20 EStG, nicht hinsichtlich der übrigen Einkunftsarten, von denen der Bankberater gerade nichts weiß.

Der Bankmitarbeiter haftet als Gehilfe der Steuerhinterziehung, wenn das Fehlverhalten des Dritten subjektiv so *konkret voraussehbar* ist[984], dass *Wissen* um die Steuerstraftat als notwendige Auswirkung der eigenen Handlung im Vorbereitungsstadium der Tat *nahe liegt* (vgl. Teil 2 unter Ziff. B. II. und A. III. dieser Arbeit) oder die Schwelle zum direkten Vorsatz überschritten ist, aber nur in diesen Fällen – nicht im Falle des bloßen „ernstlichen Fürmöglichhalten der Tat"

---

981 Vgl. zum *Willen zur Teilnahme* als Zurechnungsgrund im Recht der Unerlaubten Handlungen für den ganzen Schaden an jeden Beteiligten ohne Rücksicht auf die Kausalität: BGHZ 63, 124: Wer eine unerlaubte Handlung *will*, soll für deren Folgen ohne weiteres einstehen müssen.

982 Vgl. dazu die Presseberichte, u. a.: F.A.Z. 16. Juni 1999, S. 17 und Teil 1 dieser Arbeit unter Ziff.I..

983 Gleicher Auffassung wie hier vertreten sind Meinungen, die im Teil 2 unter A. III. referiert wurden.

984 So die Gedankengänge im neuen Österreichischen Schrifttum; vgl. 2.Teil unter B. I.

im Sinne der traditionellen Eventualvorsatzdoktrin des Allgemeinen Teils des StGB. In diesem Falle ist nämlich der Vertrauensgrundsatz als *Konkretisierung des Eigenverantwortlichkeitsprinzips* – gerade auch beim *Vorsatz*delikt der Beihilfe – als weiteres allgemeines Prinzip des materiellen Strafrechts, wonach „das einzelne Individuum grundsätzlich darauf vertrauen darf, dass Dritte nicht im sozialen kommunikativen Verkehr im Anschluss an den menschlichen Kontakt Straftaten begehen",[985] nicht hinreichend genug eingeschränkt, um einen Beihilfeschuldvorwurf im Steuerstrafrecht überzeugend zu begründen. Nur das „verantwortungskonstituierende Wissen" auf Grund hinreichender Indizien korrespondiert im Steuerstrafrecht mit einer gesteigerten Verantwortlichkeit für das vorsätzliche Fehlverhalten Dritter mit allen haftungs- und berufsrechtlichen Konsequenzen. Letztlich ist alles Wissen um die Haupttat zukunftsbezogen und damit von Zufälligkeiten und Unsicherheiten geprägt. Deshalb widersprechen sich grundsätzlich im Steuerstrafrecht, wo Teilnehmer weit im Vorbereitungsstadium handeln, Eventualvorsatz (intellektuelles „Fürmöglichhalten einer Tat") und die Annahme von Bestimmtheit des Gehilfenvorsatzes hinsichtlich der Einzelheiten der Steuerstraftat.

III. Kriterien für das sichere Wissen und den Gehilfenvorsatz

Von welcher Art und Stärke aber diese hinreichenden Indizien sein müssen, kann im Rahmen dieser Erörterung, wie auch sonst, nicht allgemein festgelegt werden, sondern sie bestimmen sich nach dem konkreten Einzelfall,[986] d.h. auch nach der *Art und Umfang* der Dienstleistung. Das Vorhandensein zum Steuerdelikt tatgeneigter oder tatbereiter Personen ist jedenfalls *ein* wichtiges und ernst zu nehmendes Indiz. Ebenso wie jede andere allgemein erlaubte Dienstleistung kann die Ausübung eines Berufes illegal werden, wenn die Ausübung im Einzelfall ein Gefahrpotenzial für ein geschütztes Rechtsgut eröffnet und der Bankmitarbeiter dies *weiß* oder *hinreichende Indizien* dafür hat. Auch die Ausübung des Berufes oder einer sonstigen sozialen Rolle gibt kein Recht auf die uneingeschränkte Berufung auf das Eigenverantwortlichkeitsprinzip im Strafrecht.

Probleme bei der Annahme einer Beihilfestrafbarkeit wegen Steuerhinterziehung schon bei *Eventualvorsatz* ergeben sich zum einen daraus, dass bei der Bestimmung von Verdacht und bloßen Auffälligkeiten im Hinblick auf eine zukünf-

---

985 So in Deutschland als erstes auf die *Vorsatz*delikte übertragen, während der Vertrauensgrundsatz für die Verkehrsdelikte im *Fahrlässigkeits*bereich entwickelt wurde, von *Roxin*, vgl. nur Teil 2 B. I. 7. c. am Anfang der Erörterung.

986 So endlich klarstellend: *Jäger*, in seiner Anmerkung zu BGHSt 46, 107 ff., vgl. dazu Teil 2 dieser Arbeit unter A. III..

tige Steuerstraftat praktische Schwierigkeiten bestehen, die im beratenden Kreditwesen zu Rechtsunsicherheiten und Wertungsproblemen führen (vgl. dazu auch Teil 2 unter B. Ziff. II.). Zum anderen ergeben sie sich auch aus folgender Überlegung: Auch bei der Strafbarkeit wegen Beihilfe zur Steuerhinterziehung nach § 370 AO in Verbindung mit § 27 I StGB sieht das Steuerstrafrecht als „Privileg" die Selbstanzeige des Bankmitarbeiters als Gehilfen[987] als persönlichen Strafaufhebungsgrund[988] vor (§ 371 I, III AO). Eine Selbstanzeige wegen Beihilfe zur Steuerhinterziehung setzt indes voraus, daß auch eine *konkrete* Haupttat vorlag, also zumindest eine Person vorsätzlich eine unrichtige / unvollständige Steuererklärung abgegeben hat, infolge deren es zu Steuerverkürzungen kam. Ein Bankangestellter wird aber ohne konkrete *sichere Angaben* nicht die Behauptung aufstellen können, dass Kunden in *bestimmten* Jahren oder überhaupt jemals falsche Steuererklärungen abgegeben haben.[989] Auch *Art* und *Umfang* der Steuerverkürzung und Umfang seiner Mitwirkung wird der Berater bei nur „ernstlichem Fürmöglichhalten einer Steuerstraftat" nicht angeben können.[990] Soll diesem dann nicht die strafbefreiende Selbstanzeige als „goldene Brücke" zur Steuerehrlichkeit möglich sein?

Wegen der weiten Vorverlagerung der Beratungs- und Transferleistungen (*Vorbereitungsstadium der Steuerstraftat*) im Kreditwesen muss aus der Sicht des Gehilfen die Tat (abstrakt) mit an Sicherheit grenzender Wahrscheinlichkeit durchgeführt werden oder diese muss sich ihm „aufdrängen", weil er die notwendigen Auswirkungen seines Tuns direktvorsätzlich „sicher voraussah". Hält er aber die Tat nur kognitiv „ernstlich für möglich", ist sein Vorsatz *nicht bestimmt*. Da der Tatbestand, an den das Steuergesetz im einzelnen Fall die Steuerpflicht anknüpft, stets einen Teil des Tatbestandes des Steuerdelikts bildet,[991] muss im Steuerstrafrecht der Vorsatz des Gehilfen all diejenigen Umstände erfassen, die im Einzelfall (hier: Kapitaleinkünfte nach § 2 EStG) die Steuerpflicht begründen (vgl. Teil 2 unter B. II. 5).

Je effizienter der Tatbeitrag des Gehilfen für die Steuerstraftat ist, desto weniger genau muss die Vorstellung des Gehilfen von den Tatumständen sein, denn

---

987 Vgl. dazu u.a. *Kohlmann*, Steuerstrafrecht, § 371 AO 1977, Rn. 38, 39, 39.1. und Teil 2 unter B. II.

988 Vgl. *Kohlmann*, § 371 AO 1977, Rn. 26 und Teil 2 dieser Arbeit unter B. II..

989 Vgl. *Kaligin*, „Steuerfahndungsermittlungen gegen Banken und Bankkunden", in: StB 1998, 492 ff. (494 unter V.). Mösbauer, 2. Aufl. (2000), S. 201 bzw. Teil 2 unter B. II..

990 An den Gehilfen werden aber dieselben strengen Anforderungen – jedenfalls in der Theorie und der Kommentarliteratur gestellt wie beim Täter. Vgl. *Kohlmann*, Steuerstrafrecht, § 371 Rn. 65 (Stand: Oktober 1998) bzw. Teil 2 dieser Arbeit unter B. II. und C..

991 Siehe dazu auch Teil 2 B. II. 4. dieser Arbeit.

dann wiegt die Gefahrerhöhung und die *Risikoerhöhung* für das geschützte Rechtsgut so schwer, dass der Gehilfe wissen kann und muss, dass die dem Tatbestand nach bestimmte Haupttat mit an Sicherheit grenzender Wahrscheinlichkeit in der Zukunft begangen wird.[992] Für die Bestimmtheit des Gehilfenvorsatzes im Steuerstrafrecht genügt es, wenn der Bankmitarbeiter weiß, dass die Steuerhinterziehung als Delikt *überhaupt* bevorsteht, und er muss bei seiner „im Vorbereitungsstadium" der Steuerstraftat geleisteten Handlungen wissen, dass ein Dritter „Planungen von *konturenfester Gestalt*" für ein solches Delikt hat. Dieses Wissen genügt *abstrakt* den Anforderungen des entscheidenden Maßstabs nach § 16 I 1 StGB („kennen"). Nur so kann verhindert werden, dass der Akzessorietätsgrundsatz (§ 27 I StGB) systemwidrigerweise aufgeweicht wird.

Selbstverständlich kann die Mitwisserschaft des Bankangestellten allein zwar sein objektives Verhalten nicht strafbar machen.[993] Allerdings trifft auch die folgende Argumentation, die teilweise geführt wird, nicht zu: So wird immer noch ausgeführt, dass Bankgeschäfte, die die *Voraussetzungen* der Steuerhinterziehung durch den Kunden erst schaffen und erleichtern, noch nicht allein deshalb das Rechtsgut des staatlichen Steueranspruchs verletzen.[994] Anderenfalls wäre der Bankangestellte letztlich Garant für die Steuerehrlichkeit des Kunden, was nicht der Fall sein kann. Erst wenn die Handlungen des Bankangestellten die *Durchsetzung* des staatlichen Steueranspruchs in gesetzlich nicht gedeckter Weise erschwerten, sei der Unrechtszusammenhang mit der Haupttat nach diesem Standpunkt gegeben.[995] Dabei wird die generelle Struktur der Beihilfe vernachlässigt: Der Gehilfe wird im Steuerstrafrecht eben oft – *charakteristisch* für die Steuerhinterziehung und *typischerweise* – im Vorfeld, d.h. strafrechtlich (aus Sicht des Haupttäters) *im Vorbereitungsstadium* der Steuerhinterziehung des Kunden tätig und er muss, da er nicht immer weiß, was mit seinem Tatbeitrag konkret passiert, nach der Gesetzesintention allein aus dem Umstand der Tat*förderung erhöhte Risiken tragen*. Die Beihilfe ist eben gerade die gesetzlich normierte Ausnahme vom sonst geltenden Regressverbot[996] im materiellen Strafrecht und zielt anders als die Anstiftung nicht auf eine ganz bestimmte Tat, sondern auf ein „wesentli-

992 Vgl. auch dazu: Teil 2 B II. 3.

993 So auch *Moos*, in: Aktuelles zum Finanzstrafrecht, S.112.

994 So auch *Lüderssen*, „Beihilfe, Strafvereitelung und objektive Zurechnung" in: Festschrift für Grünwald, S. 329 ff. (343).

995 Siehe *Otto*, in: StV 1994, 410; *derselbe*, in: ZKredW 1994, 780. Diesem folgend: *Ransiek*, „Die Information der Kunden über strafprozessuale und steuerrechtliche Ermittlungsmaßnahmen bei Kreditinstituten", in: *wistra* 1999, 401 ff. (403), vgl. auch Teil 2 der Arbeit unter A. I. 3. und II. 4..

996 Vergleiche dazu auch schon die bisherigen Ausführungen unter Teil 2 A. dieser Arbeit.

ches Tatunrecht", dessen Dimension der Gehilfe nach herrschender Meinung erkannt haben muss, und zwar im Hinblick auf einen *bestimmten Tatbestand* (vgl. dazu: Teil 2 B. II) und im Hinblick auf das *Wissen* um die Risikoerhöhung des Haupttatrisikos durch den eigenen Tatbeitrag.[997] Denn die Haupttat stellt ein Ereignis in der Zukunft dar, auf das sich der Vorsatz – insbesondere das hier geforderte kognitive Wissenselement – nicht beziehen kann, weil nur Zustände oder Ereignisse der Gegenwart faktisch gewusst werden können.[998] Der Vorsatz des Bankmitarbeiters kann sich also nur auf die Schaffung einer bestimmten Gefahr, also auf die Hilfeleistungshandlung(en), beziehen. Wird seine Handlung als rechtlich missbilligte Erhöhung des Haupttatrisikos definiert, so enthält der darauf bezogene Vorsatz – also *das Wissen* darum auf Grund von *hinreichenden Indizien*, bereits alle Tatumstände, die das spezifische Unrecht der Gehilfenschaft zur Steuerhinterziehung ausmachen.[999] Eine Risikoerhöhung kann immer nur in Bezug auf ein *bestimmtes* Haupttatrisiko beurteilt werden, welches nicht nur ernstlich für möglich gehalten wird. Weiß der Teilnehmer positiv von den das rechtliche Unwerturteil tragenden Tatumständen und erfasst er sie in ihrer konkreten normativen Dimension, handelt er vorsätzlich als Gehilfe einer Steuerhinterziehung. Unerheblich ist dann aber, wann der Kunde konkret die Steuern verkürzt, d.h. wann er den objektiven und subjektiven Tatbestand des § 370 AO erfüllt. Die Dimension des Haupttatsrisikos durch sein förderndes Verhalten muss dem Berater im Hinblick auf den gesetzlichen Tatbestand des § 370 I AO bekannt sein.

IV. Ergebnisse de lege ferenda

Eine konstruktive Möglichkeit *de lege ferenda* wäre sicher, den Wortlaut des § 369 Absatz 2 AO besser *gesetzestechnisch* umzusetzen: In § 369 II AO heißt es, dass für die Steuerstraftaten die „allgemeinen Gesetze" über das Strafrecht gelten, soweit die Strafvorschriften der Steuergesetze *nichts* anderes bestimmen. Der Gesetzgeber hat also explizit die legislative Möglichkeit, für die Beihilfestrafbarkeit im Steuerstrafrecht *„etwas anderes zu bestimmen"* (§ 369 II AO). Der Gesetzgeber sollte deshalb von dieser Möglichkeit Gebrauch machen. Aufgrund der die Existenz des einzelnen Bankmitarbeiters bedrohenden Haftung des

---

997 *Murmann*, „Zum Tatbestand der Beihilfe", in: JuS 1999, 548 ff., 552, 553 und Teil 2 B. II..

998 Ebenso: *Murmann*, „Zum Tatbestand der Beihilfe", in: JuS 1999, 548 ff., 552.

999 Ähnlich *Amelung*, in: Festschrift für Grünwald, S. 9 ff., 24. Im Falle *konkreter Anhaltspunkte* dürfe der Berater sich nicht mit einem „und wenn schon" über die drohende Straftat des Dritten hinwegsetzen.

Gehilfen für die Steuerschuld des Kundens nach §§ 71, 235 AO bei dessen Zahlungsunfähigkeit wäre eine konkrete Bestimmung des Gesetzgebers eine gute Lösung der aufgezeigten Probleme im Ausgangsfall.

Gegen die Forderung nach *sicherem Wissen bzw. sicherer Voraussicht* im subjektiven Beihilfetatbestand spricht nicht das Analogieverbot im Sinne des § 1 StGB und Art. 103 II GG, welches für alle materiellrechtlichen Vorschriften Geltung beansprucht.[1000] Die Forderung nach sicherem Wissen auf Grund von hinreichenden Indizien des Bankmitarbeiters wäre allenfalls eine Gesetzesauslegung *in bonam partem*, welche als zulässig erachtet wird.[1001] Gegen die Forderung nach sicherem Wissen als „Privileg" im Steuerstrafrecht spricht ebenfalls nicht ein etwaiger Wertungswiderspruch zu § 261 I, V StGB, wo schon der „Leichtfertige" im Kreditwesen bestraft wird. Unterschiedliche Schutzrichtungen der Tatbestände, unterschiedliche Beweisschwierigkeiten in der Praxis, der unterschiedliche Unrechtsgehalt der Delikte und unterschiedliche Zeitspannen zwischen Tatbeteiligtenbeitrag und Haupttat sprechen, wie im Teil 3 unter Ziff. I. 2. dieser Arbeit gezeigt wurde, unter anderem gegen einen solchen Wertungswiderspruch. Auch ist zu beachten, dass die Beihilfe zur Steuerhinterziehung eine *akzessorische* Verantwortung begründet, während § 261 StGB systematisch in Absatz 5 den *Täter* bestraft. Denkbar wäre allerdings – als „kriminalpolitischer Paradigmenwechsel" – eine Einordnung der einfachen Steuerhinterziehung in der Katalog den § 261 I 2 StGB. Diese hätte allerdings eine erhebliche Pflichtenausdehnung für den Bankmitarbeiter zur Konsequenz. Die Erörterungen im dritten Teil haben zudem gezeigt, dass die §§ 138 I, 323 c StGB nicht den *materiellrechtlichen* Grund dafür bilden, ein Verhalten zugleich zwingend als Beihilfehandlung einzustufen. Die in diesen Vorschriften zum Ausdruck gekommene „*Vor-Bewertung*" der strafrechtlichen Situation ist im Ergebnis nichts weiter als ein einzelnes, jedenfalls nicht völlig untergeordnetes Wertungskriterium im Vorfeld der Qualifikation eines risikoschaffenden Verhaltens als tatbestandsmäßige Beihilfehandlung zu §§ 370 AO, 27 I StGB. Generell wird man eher das Unterlassen einer Förderung einer fremden Vorsatztat fordern dürfen als die Anzeige fremder steuerdeliktischer Vorhaben. Eine Verantwortungs*steigerung* der Bankberater für das eigenverantwortliche Fehlverhalten Dritter könnte auch durch staatliche Auferlegung weiterer Aufklärungs-, Anzeige und Auskunftspflichten an Kreditinstitute vom Gesetzgeber bewirkt werden, wobei hier ein *erheblicher Interessenkonflikt* mit Grundrechten (Datenschutz) und europäischen Freiheiten (Art. 73 d EGV) sowie dem Bank- und Steuergeheimnis (§§ 30, 30 a AO) besteht.

1000 Vgl. dazu: Tröndle/Fischer-*Tröndle*, § 1 Rn. 10.

1001 Vgl. *Tröndle / Fischer*, StGB, 49. Aufl., § 1 Rn. 10 .

Verfassungsrechtlich lässt sich die „Privilegierung" einer bestimmten Berufgruppe im Grunde nur mit Blick auf den Rechtsgüterschutz und die systemimmanente Rechtsgüterhierarchie rechtfertigen, denn beim Steuerhinterziehungehilfen steht im Gegensatz zum Totschlagsgehilfen, bei dem grundsätzlich Eventualvorsatz genügt, nicht das Rechtsgut Leben als höchstes verfassungsrechtlich geschütztes Rechtsgut auf dem Spiel, sondern der dazu niederrangigere staatliche Steueranspruch (vgl. dazu auch Teil 2 dieser Arbeit unter A. III.).

Auch aus der Ratio der Vorsatzbestrafung ergibt sich nichts Abweichendes. Vorsätzliches Handeln ist wesentlich die subjektive Entscheidung des Tatbeteiligten gegen das Rechtsgut, das heißt gegen die Integrität des Rechtsguts. Das Vorhandensein einer solchen Entscheidung gegen das Rechtsgut liefert einen entscheidenden Grund für das schärfere Vorgehen gegen den Teilnehmer, der eben *nur* bei Vorsatz strafbar ist: Dieser dokumentiert durch seine Entscheidung nicht nur, dass er nach anderen Maßstäben urteilt als die Rechtsordnung, er gibt durch die Entscheidung auch ein besonderes negatives, das Vertrauen in die Geltung der Rechtsordnung erschütterndes Beispiel. Die subjektive Entscheidung gegen das Rechtsgut steht so letztlich für die typischerweise besonders hervorgehobenen spezial- und generalpräventiven Bedürfnisse.[1002] Notwendig ist das Wissen um das der Handlung eignende, normativ ihre Tatbestandsmäßigkeit begründende Risiko. Nur das Verhalten eines solchen Tatbeteiligten, der dieses Wissen hat und gleichwohl handelt, kann als Entscheidung nach von den Verhaltensweisen der Rechtsordnung abweichenden Prinzipien angesehen werden. „Wissen" oder „Kenntnis" bzw. „sichere Voraussicht" im Sinne des hier verlangten kognitiven Vorsatzelements bedeutet dabei *mehr* als bloßes Erfassen im Bewusstsein und mehr als bloßes Vorstellen. Es setzt voraus, dass der Tatbeteiligte für sich selbst von etwas Bestimmten ausgeht, ein bestimmtes Bild zu *seiner* Sicht macht (vgl. auch Teil 2 dieser Arbeit unter Ziff. B. II. 5.). Demzufolge erfüllt nur derjenige den subjektiven Gehilfentatbestand, der für sich von einem seinem Handeln eignenden normrelevanten (nicht mehr tolerierten) Risiko ausgeht. Nur derjenige Gehilfe entscheidet sich auch – durch dieses *sein* Handeln – gegen das Rechtsgut, nur er besitzt jenes spezifisch erhöhte Vermeidungspotenzial, welches mitlegitimierend hinter der erhöhten Verantwortlichkeit für das vorsätzliche Fehlverhalten eigenverantwortlich handelnder Dritter steht. Der Gehilfe muss also seiner Handlung eine Risikodimension zuschreiben, die nach den Wertmaßstäben der Rechtsordnung als nicht mehr tolerierte Risikoschaffung (Risikokoerhöhung) ge-

1002 Vgl. zu diesen tragenden zweckrationalen Grundgedanken der Vorsatzbestrafung auch Teil 2 dieser Arbeit.

genüber dem Rechtsgut des staatlichen Steueranspruchs zu qualifizieren ist. Aus der „sicheren Voraussicht“ um die notwendigen Auswirkungen des eigenen Tuns ergeben sich zudem erst die den Einsatz des *Strafrechts* und nicht nur des Berufs- und Haftungsrecht *tragenden Bedürfnisse*: Der Einsatz des Strafrechts ist durch das generalpräventive Moment der Erschütterung des Vertrauens in die Geltung der Rechtsordnung und das spezialpräventive Moment der besonderen Gefährlichkeit des Täters für das hier geschützte Rechtsgut, den staatlichen Steueranspruch, gerechtfertigt. Bloßes Mitbewusstsein, Bewusstsein am Rande oder Sachdenken kann als Gegenstand des Willens für eine Bestrafung nicht ausreichen. Alles, was man nur am Rande zur Kenntnis nimmt, ohne darüber nachzudenken, nimmt man weder billigend in Kauf, noch findet man sich damit ab, noch beurteilt man es ernsthaft als möglich oder sieht es für sich in diesem Sinne.[1003] Das Beihilfeproblem ist folglich bei den Sachverhalten, in denen dem Tatbeteiligten der zeitliche und örtliche Zusammenhang zur Haupttat fehlt (fehlende „Tatnähe“) ein *reines Vorsatzproblem* trotz objektivem Tatbeitrag.

Hinzu kommt, dass bei einer Beratung, einer Geldtransaktion und dem Zurverfügungsstellen eines Systems zur Zinsverschleierung zwar *noch* nicht direkt der staatliche Steueranspruch als Rechtsgut beeinträchtigt wird, dies aber aus eben genannten Gründen (Vorbereitungshandlungen werden im Steuerstrafrecht von § 27 I StGB erfasst)[1004] auch nicht erforderlich ist. Zu bedenken ist nämlich, dass die Steuerhinterziehung zwar Erfolgsdelikt ist, nicht *notwendig* jedoch Verletzungsdelikt.[1005] Ihr Erfolg setzt bei Taten im Festsetzungsverfahren nicht notwendig die wirkliche Verletzung des staatlichen Steueranspruchs oder die Beeinträchtigung des Steueraufkommens voraus. Wie sich aus dem Wortlaut des § 370 Absatz 4 AO ergibt, reicht es schon, wenn der staatliche Steueranspruch durch „nicht rechtzeitige Zahlung“ nur gefährdet ist.[1006] So wird die Steuerverkürzung als *Gefährdung des vollen Ertrags* der einzelnen durch § 370 AO geschützten Steuern bzw. der *Gefährdung der rechtzeitigen und vollständigen Verwirklichung des Steueranspruchs*[1007] umschrieben.[1008] Also muss auch der Teilnehmer nicht notwendig das Rechtsgut selbst konkret verletzen. Der „Rechtsboden“ der

---

1003 In diesem Sinne schon in Teil 2 der Arbeit unter Ziff. B II. dargelegt.

1004 Vgl. dazu insbesondere Teil 2 A. I. 3. c. bb. dieser Arbeit.

1005 Vgl. *Hetzer*, „Geldwäsche und Steuerhinterziehung“, in: WM 1999, 1306 ff., 1316.

1006 So auch: *Hetzer*, „Geldwäsche und Steuerhinterziehung“, in: WM 1999, 1306 ff., 1316.

1007 Vgl. BGHSt 24, 178, 181; ebenso: BayObLG, wistra 1982, 238.

1008 Vgl. nur *Kohlmann*, Steuerstrafrecht, § 370 Rn. 126 ff., vor allem Rn. 128.

nachfolgenden Steuerhinterziehung ist jedenfalls durch die Hilfeleistungen im *Vorbereitungsstadium*[1009] der Steuerhinterziehung hinreichend bereitet.

Für die Beihilfestrafbarkeit ist eben typisch, dass der Haupttäter das Rechtsgut *primär* verletzt und dadurch die Akzessorietät zum Gehilfenbeitrag erst herstellt. Der Gehilfe aber verletzt im Gegensatz dazu nur sekundäre Pflichten, nämlich die mögliche Vermeidung einer fremden Vorsatztat bzw. die Pflicht, Steuerdelikte nicht zu fördern, welche zu der ihm *subjektiv* zuzurechnenden Rechtsgutsverletzung führt. Nur in den Fällen, in denen der Gehilfe auch für sich von einer in Richtung auf die Integrität des Rechtsguts *offenen* und mit einem Risiko in bestimmter (normrelevanter) Höhe belasteten Situation wissentlich ausgeht, liegen diese Wesensmerkmale des Beihilfeunrechts vor. Der Gehilfe hat dann bekundet, dass er bestimmte Situationen nach Maßstäben entscheidet, die von denen der Rechtsordnung und der Rechtsgemeinschaft abweichen. Er hat damit jenes spezial- und generalpräventive bedeutsame Zeichen gesetzt, welches eine Strafbarkeit begründen kann. Erst ab einem *konkreten Wissensgrad* wird das Tragen eines *weitergehenden* Risikos für einen Nichtgaranten für das geschützte Rechtsgut des staatlichen Steueranspruchs ersichtlich und verständlich. *Dann korrespondiert Wissen mit Verantwortung im Steuerstrafrecht* (vgl. Teil 2 unter Ziff. A. und B.) und begründet die Strafbarkeit des Verhaltens. In diesem Falle ist folglich eine Durchbrechung des Selbstverantwortungsprinzips steuerstrafrechtlich geboten. Der Gehilfenvorsatz ist in Anbetracht dessen dann auch trotz der möglicherweise langen Zeitspannen zwischen Tatbeitrag und Haupttat hinreichend *bestimmt*. In diesem Fall kann sich der Berater dann nicht mehr auf das grundsätzliche Strafrechtsprinzip der Eigenverantwortlichkeit eines jeden einzelnen Individuums berufen, zumal in Anbetracht des Umstandes, dass im wirtschaftlichem Bereich *besonders* eigenverantwortlich gehandelt wird.

Der Forderung nach *sicherem Wissen* für eine Beihilfestrafbarkeit zur Steuerhinterziehung im Kreditwesen kann auch nicht der Einwand entgegenstehen, dass mit der Lösung mit Hilfe der *subjektiven Zurechnung* des Ausgangsfalles eine Rückbesinnung auf lange kritisiertes „Gesinnungsstrafrecht“ stattfinde. Diese Argumentation ist dreifach fehlerhaft: Zum einen sprechen systematische Erwägungen dagegen. Wissen um die Haupttat des Haupttäters im Sinne der §§ 16 I 1, 15 StGB und Gesinnung, die aus der Tat spricht, hinsichtlich der eigenen Tatbeteiligung sind *ganz verschiedene Kategorien*. Aus § 46 I, II StGB folgt unzweideutig, dass die Gesinnung des Tatbeteiligten erst auf der Ebene der Strafzumessung zu

---

1009 Auf das Vorbereitungsstadium der Haupttat stellt richtigerweise auch ab *Behr*, „Die Strafbarkeit von Bankmitarbeitern als Steuerhinterziehungsgehilfen bei Vermögenstransfers ins Ausland“, in: *wistra* 1999, 245 ff. (247 l. Sp., 249), vgl. auch Teil 1 der Arbeit unter Ziff. III..

berücksichtigen ist und nicht eine strafrechtliche Zuordnung dieser Kategorie zum subjektiven Tatbestand stattfindet. Zum anderen sind die in Teil 1 der Arbeit gefundenen Anknüpfungstatsachen (Geldtransfer, Gesprächsnotizen der Vorstände der Bank, Beratungsgespräch, Kontrollmitteilungen, Cpd- Konteninstallationen zum Schutz der Kunden, Dispositionen über bereits transferierte Geldwerte) im objektiven Tatbestand *hinreichend konkret*, weshalb nicht nur die Mitwisserschaft per se als Beihilfe bestraft wird, sondern *objektiv* tatbestandsmäßiges Verhalten im Falle *sicheren Wissens*. Zum dritten zeigt derjenige, der bewusst an einer Straftat teilnimmt oder eine solche Mitwirkung bei konkreten Anhaltspunkten in Kauf nimmt, nicht nur eine rechtsfeindliche Gesinnung, sondern verursacht eine konkrete Rechtsgutsverletzung mit.[1010] Zuletzt wird beim Vorwurf des „Gesinnungsstrafrechts“ aber schlicht übersehen, das es nicht um einen „rein“ subjektiven Bezug geht. Die innere Tendenz soll ja an objektiven Umständen festgemacht werden.

Nach der hier vorgenommenen Untersuchung steht fest, dass die Frage der Gehilfenstrafbarkeit im Steuerstrafrecht schon allein mit der herkömmlichen Definition des dolus directus zweiten Grades gelöst werden kann, bei dem die Auswirkungen eines im Vorbereitungsstadium geleisteten Beitrags auch „an sich unerwünscht“ bleiben kann und damit das (oft fehlende) voluntative Element nicht nachgewiesen werden muss. Dies ist aber der entscheidende Punkt: Der direkte Vorsatz verlangt nicht nur Wissen, sondern alternativ genügt auch die *sichere Voraussicht*,[1011] dass das eigene Handeln – sei es als Täter oder als Teilnehmer – zur Verwirklichung eines gesetzlichen Tatbestandes führt (vgl. auch zu diesem Ergebnis Teil 2 dieser Arbeit unter Ziff. A. III.). Wer trotz dieser Kenntnis handelt, nimmt in seinen Verwirklichungswillen genau dasjenige auf, was er sich als die „notwendige (nicht zwingende, da die Zukunftsbezogenheit im Wege steht) und sichere Folge“ seines Verhaltens vorstellt. Der BGH will im subjektiven Beihilfetatbestand die „sichere Voraussicht“ letztlich an den Grad der *Risikoerhöhung* des Tatbeitrages des Gehilfen koppeln.[1012] Dies kann zu Unsicherheiten und Wertungsproblemen führen, wenn der Grad der Risikoerhöhung nicht eindeutig geklärt ist. Die Formel des *„derart hohen“* Risikos des BGH lässt viele Wertungsspielräume für den Vorsatz offen. Jedenfalls sollte klar sein, dass allein das bloße Fürmöglichhalten des Erfolges der Steuerverkürzung allein nicht aus-

---

1010 So auch: *Amelung*, „Neutralisierung geschäftsmäßiger Beiträge zu fremden Straftaten“, S.9 ff., S. 25.

1011 Vgl. nur Teil 2 der Arbeit unter A. III. 1. c..

1012 BGHSt in: NStZ 2000, 34 ff. = wistra 1999, 459 ff. und jetzt auch BGHSt 46, 107 ff.

reichend ist,[1013] weil sonst der Tatbestandvorsatz zu weit in den Bereich der bewussten Fahrlässigkeit ausgedehnt würde und die fahrlässige Beihilfe de lege lata nicht strafbar ist.

Will man aber Wertungsspielräume und Beweisprobleme bei der Beihilfestrafbarkeit, soweit dies auf Grund der Abstraktheit des Gehilfenvorsatzes überhaupt möglich ist, vermeiden, sollte die *„sichere Voraussicht"* beim direkten Vorsatz wegen ihrer Zukunftsbezogenheit in der strafrechtlichen Bankpraxis so bestimmt werden, dass objektiv hinreichende Indizien für das künftige Delikt so *konkret subjektiv* (nicht: objektiv) *voraussehbar* sind, dass die daraus resultierenden Auswirkungen als *notwendig* erscheinen. Die *subjektive* sichere Vorhersicht unterscheidet sich dabei von der abgelehnten objektiven Vorhersicht, die nur beim Fahrlässigkeitsdelikt geprüft wird, dadurch, dass wirklich nur auf den Tatbeteiligten und dessen persönliche Situation abgestellt wird. Auf dasjenige Wissen, was ein objektiver Dritter in der Lage des Beraters hätte vorhersehen können, wird dabei nicht rekurriert. Damit werden die Wertungspielräume und Beweisschwierigkeiten im Steuerstrafrecht vermieden.

Dies muss auch gelten, wenn das Sozialübliche, nicht jedoch das berufsrechtlich Zulässige verlassen wird, denn bei diesem Befund *allein* entsprechen berufsrechtliche und steuerrechtliche (haftungsrechtliche) Konsequenzen ohne Anwendung des Strafrechts dem Verhältnismässigkeitsgrundsatz. Die Überschreitung des „Berufsüblichen" (Systembildung) führt noch nicht zu Straftaten, vielmehr muss stets ein zusätzlicher Kontakt zwischen den Tatbeteiligten stattfinden. Allein aus der Überschreitung des „Berufsüblichen" folgt noch keine Haupttat.

Unter der Prämisse des geltenden Strafrechts, dass das Individuum auf freie, verantwortliche und sittliche Selbstbestimmung angelegt und deshalb befähigt ist, sich für das Recht und gegen das Unrecht zu entscheiden, setzt Strafe und strafrechtliche Verantwortung des Gehilfen Schuld voraus (nulla poena sine culpa). Dabei muss die Strafe schuldangemessen sein, § 46 StGB. Erst bei *sicherer Voraussicht* – unabhängig davon, ob man diese *subjektive* Voraussicht nach den Grundsätzen des BGH nach dem Grad der Risikoerhöhung für die Haupttatsbegehung oder anhand von konkreten Indizien im Hinblick auf die notwendigen Auswirkungen des eigenen Tuns bestimmen und konkretisieren will – korrespondiert *Wissen* mit der gesteigerten Verantwortung für das Fehlverhalten vorsätzlich und eigenverantwortlich agierender Dritter bei wirtschaftlichem Handeln.

1013 Siehe näher zum Ganzen: *Küpper*, in: GA 1987, 479; *Wessels / Beulke*, Strafrecht AT, Rn. 205.

Peter Lang · Europäischer Verlag der Wissenschaften

Michael Kaufmann

Die Bedeutung der Einbeziehung von Bankmitarbeitern in die strafrechtliche Bekämpfung der Geldwäsche

2., überarbeitete und ergänzte Auflage

Frankfurt/M., Berlin, Bern, Bruxelles, New York, Oxford, Wien, 2003.
XVIII, 291 S. Europäische Hochschulschriften:
Reihe 2, Rechtswissenschaft. Bd. 3056
ISBN 3-631-50313-X · geb. € 46.–*

Geldwäschebekämpfung gilt, auch nach den Terroranschlägen vom 11. September 2001, als eines der wichtigsten Mittel zur Abwehr Organisierter Kriminalität. Dazu wurde nicht nur ein fast flächendeckender Straftatbestand der Geldwäsche geschaffen, der auch berufstypische Handlungen erfassen kann. Es werden auch Bankmitarbeiter durch Verdachtsmelde-pflichten, die eine eigene Verdachtsprüfung voraussetzen, in die Ermittlungen bei Geldwäschefällen im Bankverkehr eingeschaltet. Das Geldwäschegesetz und das Kreditwesengesetz in der Fassung des 4. Finanzmarktförderungsgesetzes führen zugleich dazu, dass eine Art Rasterfahndung anhand der Daten von Bankkunden zur Verdachtsgewinnung durchgeführt wird. Aus dem gesamten Regelungswerk ergibt sich eine neue Rolle der Bankmitarbeiter, die Ermittlungsgehilfen, zugleich aber auch Beschuldigte sein können. Der Verfasser untersucht die vom Regelungssystem des einfachen Rechts und vom Verfassungsrecht gezogenen Grenzen, die das formelle und materielle Recht erreicht.

FSC
www.fsc.org
MIX
Papier | Fördert gute Waldnutzung
FSC® C083411

Kolibri 360 GmbH
Ferdinand-Jühlke-Straße 7
99095 Erfurt, Deutschland
produktsicherheit@kolibri360.de

Druck:
CPI Druckdienstleistungen GmbH
im Auftrag der
Kolibri 360 GmbH
Ferdinand-Jühlke-Str. 7
99095 Erfurt